통일한국 지식재산권

글로벌 IP허브국가를 꿈꾸며

담원 박종배(潭圓 朴鍾培)

고려대학교 경영학과 졸업, 충남대학교에서 법학석사 학위를 받고 배재대학교에서 법학박사 학위를 받았다. 현재 드림월드 국제특허법률사무소 대표 변리사로 활동 중이다. 사단법인 동북아공동체문화재단 이사 및 글로벌사이버대학교 홍보대사, 중소기업 CEO 및 산학협력단 지식재산권 전문강사로도 활동하고 있다.

군 장교생활 20년 근무 경력과 특허청에서의 14년 이상 근무경험을 통해 남북한 지식재산권의 교류협력과 통합이 무엇보다 중요하다는 것을 깨닫고 이 책을 집필하게 되었다.

저서로는『기업생존의 핵심 지식재산권』이 있다. 주요 논문으로「3극과 한국특허제도의 비교연구」,「남북한 산업재산권 법제의 비교에 관한 연구」,「남북한 저작권 법제의 비교에 관한 연구」등이 있다.

통일한국 지식재산권

글로벌 IP허브국가를 꿈꾸며

2023년 10월 25일 초판 인쇄
2023년 10월 31일 초판 발행

지은이 | 담원 박종배
펴낸이 | 이찬규
펴낸곳 | 북코리아
등록번호 | 제03-01240호
주소 | 13209 경기도 성남시 중원구 사기막골로 45번길 14
우림2차 A동 1007호
전화 | 02-704-7840
팩스 | 02-704-7848
이메일 | ibookorea@naver.com
홈페이지 | www.북코리아.kr
ISBN | 978-89-6324-999-5 (93360)

값 23,000원

통일한국 지식재산권

글로벌 IP허브국가를 꿈꾸며

박종배 지음
변리사/법학박사

북코리아

추천사

"남한 첨단기술-북한 전통산업 융합하고 지식재산권 확보하면 '대박'"

지식재산(IP) 강국이 다음 세대의 지배자다. 21세기 국부(國富)는 지식재산이 좌우할 것이다. 지식재산경영만이 살길임이 분명하다. '보이지 않는' 게 '보이는 것'을 지배하는 세상이 된 지 오래다. 세계 500대 기업들 중 무형자산 비율이 80%를 넘을 것이란 전망이 지배적이다. 세계는 지식재산권을 놓고 '총성 없는 전쟁'을 벌이고 있다.

훌륭한 아이디어가 한 나라의 경쟁력이자 온 국민이 먹고 살 수 있는 세상을 만들어주는 시대가 됐다. 세계지식재산기구(WIPO)가 발표한 '2022 세계 특허출원' 순위에서 우리나라는 단위인구당 내국인 특허출원 세계 으뜸이다. '2022 WIPO 글로벌 혁신지수'에서도 세계 6위에 올랐다. 지식재산권 분야에서 눈부신 성장을 거듭하는 우리나라는 ▲특허출원 세계 4위 ▲세계 5대 특허청협의체(IP5) 상임이사국 ▲국제특허출원(PCT) 공식언어지정국 지위에 있다. 지난 50년 사이 글로벌산업기술이 3극체제(미국, 유럽, 일본)에서 우리나라가 포함된 5극체제로 바뀐 것이다.

미국과 중국이 패권을 다투는 핵심도 기술이다. 결국엔 지식재산권 싸움이다. 우리나라도 여러 모로 보나 기술추격국이 아닌 기술선도국으로서 지식재산 활용 · 보호에서 새로운 접근이 필요한 때다. 이런 흐름에서 "남북지식재산권 통합으로 대한민국의 성장을 넘어 글로벌 IP허브국가를 꿈꾸며 미래 먹을거리를 만들어가자"는 저자의 안목에 찬사를 보낸다.

오늘날 대표적인 국제지식재산 허브 역할을 하는 곳은 미국 텍사스 법원이다. 최근엔 유럽통합법원(UPC)이 유럽의 중심법원으로 닻을 올렸다. 앞으로 아시아에선 통일한국의 특허법원이 그 역할을 맡아야 한다고 생각한다. 무영(無影)의 영토인 지식재산권의 통일로 다국적기업들이 지재권을 사고파는 거래시장이 상설장터가 돼 글로벌지식재산 중심 역할을 한다면 다음 세대의 '확실한 미래 먹을거리'로 자리 잡을 것이다.

남한의 첨단기술에 북한의 전통산업(굴뚝산업)을 융합하면 세계 어느 나라도 흉내 내거나 따라올 수 없는 통일한국만의 새로운 성장산업을 이끌 수 있다. 나아가 이를 바탕으로 지재권 생태계를 갖추고 세계를 앞서 이끌면서 자랑스러운 한민족의 문화와 혼을 지구촌에 퍼트릴 수 있으리라 확신한다. 그렇게 되면 '통일한국에 대박'이 터질 것이다.

통일한국의 미래를 내다보는 통찰력으로 의미 있는 책을 내는 박종배 변리사(법학박사)에게 축하를 보내며 많은 이들에게 영감(靈感)이 됐으면 하는 바람이다.

2023년 10월

국가지식재산위원장 백만기

추천사

"남 · 북한 지식재산권의 통합 중요성을 깨닫는 계기가 되길"

통일은 우리 세대에서 이뤄져야 하며 반드시 성취해야 할 목표다. 꼭 풀어야 할 한민족사의 당면과제이기도 하다. 특히 '통일한국'은 더 이상 우리 민족만의 문제가 아니다. 세계경제에도 새로운 성장동력이 될 중요한 이슈가 될 수 있음을 주변국들과 지구촌 사람들에게 알리고 설득하는 노력을 다해야 한다. 우리 국민들도 '통일한국'을 위한 한마음, 한목소리는 물론 실천 가능한 행동에 적극 나서야 한다.

동 · 서독 통일을 최일선에서 주도했던 헬무트 콜 서독 총리는 "지금 통일열차를 타지 않으면 언제 다시 그 열차가 올지 모른다"며 동 · 서독인들을 설득하고 주변국들의 도움을 받아 아무도 예상하지 못했던 기적 같은 동 · 서독 통일을 이뤄냈다. 통일독일은 우리에게 명쾌하고 현실적인 교훈으로 다가온다.

이제 한반도에도 거대한 통일의 기운이 다가오고 있음을 느낄 수 있다. 북한 내부 상황은 물론 국내 · 외 환경도 이를 뒷받침하고 있다. 중국의 유명 정치평론가 덩위원(鄧聿文)이 "북한은 이미 평화로 갈 수 있는 모든 가능성을 잃었다. 남은 것은 필연적인 붕괴뿐이다. 언제 무너지느냐는 시간문제"라고 강조했다.

"지구의 좋은 기운이 한반도로 몰려오고 있다"는 세계적인 천문학 연구자들의 예측에도 눈길이 모아진다. 연구자들은 "이때를 놓치면

3,000년 후에 이런 기회를 맞을 수 있다"며 지금이 '통일한국'의 적기임을 말해준다.

'통일한국'이란 대과업은 우리 기성세대들의 마지막 사명이자 필연적인 역할일 수밖에 없다. 이와 때를 같이해 "비정치적 분야인 남북지식재산권의 통합에 따른 비전과 미래전략에 대한 사전준비로 통일의 경제적 효과를 극대화할 수 있고 미래세대 먹을거리가 될 수 있다"는 저자의 선견지명에 놀라지 않을 수 없다. 이 책을 통해 '보이지도 않고 만질 수도 없는 자원'인 지식재산권의 중요성을 새삼 깨닫는 계기가 될 것으로 본다. 그동안 책 집필을 위해 노력한 박종배 변리사(법학박사)에게 감사의 뜻을 전하고 싶다.

머잖아 우리 앞에 통일열차가 다가온다면 과감히 그 열차를 타지 않으면 안 된다. 통일열차를 놓치면 언제 또다시 이런 기회가 올지 모른다. 이해득실에 따라 수시로 바뀌는 국제환경과 경제상황 등이 '통일한국'의 가능성을 가로막을 수 있기 때문이다.

이 책이 자유민주주의 통일한국을 염원하는 많은 이들에게 통일에 대한 기대감과 희망이 됐으면 하는 바람이다. 아울러 "통일은 결코 경제적인 비용이 아니라 한반도 발전을 위한 투자"란 사실을 후세들에게 전하고 싶다.

2023년 10월

(사)세계북한연구센터 이사장/정치학 박사 안찬일

머리말 | PREFACE

통일된 한반도 지식재산권 비전과 미래전략의 최종 목표는 '글로벌 IP(Intellectual Property: 지식재산)허브국가'로서 '미래 먹거리'를 만들어 가는 데 있다. 이에 부응하고자 이 책은 지식산업의 중요성이 날로 높아지고 있는 가운데 제도와 체제를 달리하고 있는 남북한의 지식재산권에 대한 전반적인 사항을 앞으로의 통일에 대비하기 위해 ▶'통일 전 선행과제' ▶'통일 과정상 선결과제' ▶'통일 후 이행과제' 순으로 나눠 구체적인 실천방안들을 제시하기 위한 것이다.

새로운 세기를 맞아 세계 모든 나라들은 지식기반경제시대로 급격하게 바뀌어가고 있으며 지식과 정보의 창출 · 확산 · 활용을 통해 새로운 국가경쟁력을 높이려고 더욱 노력하고 있다. 미래사회의 부국과 강국은 바로 그 나라 국민들의 지적 · 정신적 수준의 고도화와 지식재산권의 질과 양에 따라 결정될 것이라는 예측이 지배적이다.

이런 시대흐름에 발맞추어 선진국은 국가의 모든 역량을 집중시켜 강력한 특허중시정책을 펴면서 미래 신성장 동력산업의 발굴 · 육성에 힘을 쏟고 있다. 고부가가치를 낼 수 있는 융합 · 복합산업으로의 전환을 꾀하고 있는 것이다.

따라서 이와 같은 융합 · 복합산업을 키우려면 핵심인프라인 지식산업을 먼저 활성화시켜야 한다. 법률 · 회계 · 경영컨설팅 · 교육 · 의료 ·

문화 · 관광 등 서비스분야는 그 자체가 고부가가치를 낳는 신성장동력인 동시에 기존 제조업의 경쟁력을 높이는 촉매제 역할을 한다. 이러한 지식산업의 세계적 흐름에 맞춰 한국의 지식산업 또한 많은 발전을 이루었다. 인구 100만 명당 특허출원 건수 세계 1위(2021년 기준), PCT(특허협력조약) 국제 특허출원 건수 세계 4위(2021년 기준), IP5를 설립하여 주도하는 등 상당한 성과를 냈다. 하지만 2023년 기준 지재권 무역수지는 13억 3,000만 달러(약 1조 7,200억 원) 적자를 기록했고, 국제 지식재산 지수는 세계 12위 수준에 정체돼 있는 것으로 나타났다(미국 상공회의소 글로벌혁신정책센터).

이런 현실을 감안할 때 세계 유일의 분단국으로서 남북한 간의 지식재산권에 대한 상호보호 및 교류협력은 더 이상 늦출 수 없는 시대적 소명이다. 우리 한민족의 운명이 걸린 중대한 사안임을 인식하고 원활한 교류협력과 통합이 이루어져 민족의 공동자산을 보호 · 발전시키기 위한 기틀을 마련하고자 이 책을 발행하게 됐다.

이 책은 먼저 지식재산권의 개관과 남북한 지식재산권의 교류협력 실태를 짚어보고 보다 활성화할 수 있는 방안을 모색한 다음 통일에 대한 법적 접근을 바탕으로 북한 지식재산권 법제도상에 어떤 문제점이 있는지를 규명해 보고자 한다.

남북한은 오랜 분단으로 법질서와 법체계 면에서 상당한 차이가 있다. 따라서 통일에 대비, 각 분야의 개별법을 통합하기 위해서는 북한법의 특성과 체계를 이해하는 것이 중요하다. 아울러 남북한 지식재산권 법제도 통합을 위한 방향을 설정하기 위해 법치국가의 법질서를 근간으로 하는 남한의 법 가치를 기본으로 하여 통일한국의 법통합 방향을 설정해 나가야 한다.

이런 법적 바탕 위에 바람직한 법제 통합방안을 이끌어낼 수 있도록 현행 북한 지식재산권 법제도의 문제점을 파악하고 외국의 지식재산권 법제도에 대한 통합 · 협력사례를 비교해 살펴본다. 즉 동 · 서독의 산업재산권 법제도 통합사례는 남북한 지식재산권 법제도 통합 때 좋은 모델이 될 수 있다. 또 중국 · 대만 및 중국 · 홍콩 간 지식재산권 법제도와 교류협력 사례는 남북한 상황과 대비해 볼 때 우리가 유념해야 할 사안이다. 중국과 대만은 정치적으로 민감하지만 기본적으로 지식재산권 교류협력을 위한 법적 근거와 지식재산권의 꾸준한 교류는 현행제도 아래에서 우리에게 많은 참고가 될 것이다. 그리고 중국 · 홍콩 간에도 각자의 지식재산권 법률제도를 유지하면서 교류하고 있는 점 또한 우리에게 교훈이 될 것이므로 더 깊이 있게 분석하고자 한다.

다음으로 앞에서 나온 법제 통합상의 문제점과 외국사례연구를 바탕으로 남북한 지식재산권에 대한 제도 소개와 공개되어 있는 북한 지식재산권법을 중심으로 5개 영역(특허, 실용신안, 디자인, 상표, 저작)의 지식재산권 법제를 깊이 있게 비교 · 분석했다. 발명보호법제, 실용신안법제, 디자인보호법제, 상표법 및 저작권법에 대해 각각 법제구성상 · 실체법상 · 절차법상 측면에서 비교하되 외국법제와 국제협약 측면에서 동시에 분석함으로써 국내는 물론 국제적 기준에도 맞도록 했다. 이를 토대로 통일을 대비한 남북한 지식재산권 법제의 통합방안에 대해 법제 통합의 목적과 범위, 통합법(안)의 주요내용을 분석해 주요 쟁점사항을 파악토록 했다. 통합법(안)은 남한과 북한의 통합에 따른 각 지식재산권 효력을 '한반도 전체'로 넓힘으로써 기술발전을 촉진, 산업발전은 물론 권리자의 이익보호에 그 목적이 있다. 이를 위한 법제의 체계는 총칙, 권리 확장, 권리 충돌 및 권리 침해, 지식재산권 분쟁의 조정절차, 보칙으로 구성됐고 본문 58개 조항과 부칙으로 이루어졌다. 그리고 통합법(안)의 주요 내용은 옛 남북한지역에서 생긴 구 권리의 확장, 심사와 등록 때 적용법률과 심사기준, 중복권리에 대한 효력인정 범위, 선사용권 및 계속사용권에 관한 사항, 선 · 후원관계, 침해 시 조치와 권리자의 보호를 포함해 지식재산권 분쟁의 조정절차에 관해 서술했다. 그리고 이 책의 실질적 핵심쟁점이라 할 수 있는 한반도 지식재산권 법제의 통합법(안)을 조문별로 제시했다.

궁극적으로 남북 지식재산권 통일로 세계를 앞서 이끌기 위한 통일 한국 지식재산권의 비전과 미래전략은 개요를 포함 1, 2, 3, 4단계별 전략을 제시하면서 단계별 실행계획 및 보완체계도 언급하며 맺음말로 마무리했다.

10여 년 만에 개정판을 낼 수 있도록 초안작성과 자료수집에 도움을 준 이현송 변리사에게 무한한 감사를 드리며 특허청 이승관 과장에게도 고마움을 전하고 싶다. 그 밖의 도움을 주신 주위 분들께도 진심으로 감사를 드린다. 2011년 『통일한국 지식재산권의 이해』라는 제목으로 책을 출판할 때는 특허청 공무원 신분으로서 여러 가지 제약이 있었고, 시야도 한계가 있었지만 10여 년이 지난 현재 변리사 신분으로서 견문도 넓혀서 한 차원 높은 대국적 관점에서 시대를 뛰어넘어 미래세대들 입장에서 기술하고자 힘썼다.

특히 김정은 북한 국무위원장은 2018년 10월 "'전국 정보화 성과 전람회'에서 지적소유권에 대한 국제화를 추진하고 그 경과를 보고하라"고 지시했다. 이에 부응하고자 북한 당국은 2019년 8월 '지적소유권국(知的所有權局)'이란 전담조직을 만들어 지식재산권 제도 마련에 박차를 가하고 있는 실정이다. 이와 때를 같이하여 보다 밝은 통일한국의 미래를 준비하기 위해 개정판을 준비하게 됐다.

끝으로 '통일 한반도'의 앞날을 열어가면서 통일한국의 지식재산거래시장이 상설화되어 미래세대들이 먹고살 수 있는 '미래 먹거리'를 만들어 가는 데 이 책이 조금이나마 밑거름이 됐으면 하는 바람이다. 출판을 승낙해주신 북코리아 이찬규 대표님께 고개 숙여 큰 인사를 올린다.

2023년 10월

담원(潭圓) 박 종 배

차례 CONTENTS

추천사 ········· 5
머리말 ········· 9
들어가며 ········· 21

제I부 통일 전(前) 선행과제

제1장 총 설

제1절 지식재산권 개관 ——— 29
1. 지식재산권의 개념 ········· 29
2. 지식재산권의 분류 ········· 31
1) 산업재산권 /31
2) 저작권 /33
3) 신지식재산권 /34
3. 지식재산권의 국제화 ········· 35

제2절 남·북한 지식재산권의 교류협력과 통합 필요성 ——— 37
제3절 서술 범위 및 중점 ——— 40

제2장 남·북한 지식재산권 교류협력 실태 분석

제1절 교류협력에 관한 일반적 논의 ——— 44
1. 교류협력 의의와 추진 경위 ········· 44
2. 교류협력 법령의 체계와 문제점 ········· 48
1) 교류협력 법령의 체계 /48
2) 교류협력 법령의 문제점 /52

제2절 지식재산권 교류협력의 현황과 문제점 —— 58
1. 지식재산권 교류협력의 현황과 상호보호 …… 58
1) 교류협력의 현황 /58
2) 상호보호 /67
2. 지식재산권 교류협력상의 문제점 …… 72
1) 지식재산권 협력의 장애요인 내재 /72
2) 북한 내에서 우리 기업의 지식재산권 보호장치 및 제도 부재 /74
3) 우리 기업의 북한 내 지식재산권 침해 우려 증대 /75

제3장 남 · 북한 지식재산권 교류협력 활성화 방안 모색

제1절 지식재산권 교류협력의 발전요인 발굴 및 관심유도 —— 79
1. 지식재산권 교류협력을 위한 북한의 관심유도 및 접촉유지 …… 79
2. 지식재산권 교류협력을 위한 북측 설득논리 개발 …… 81
1) 출원 및 등록의 상호인정에 따른 직접적인 경제적 이익 홍보 /81
2) 현행제도 아래에서 교류협력 가능 설득 /82
3) 국제사회에서의 신뢰도 제고 및 투자확대 인식고취 /83
4) 기술이전 촉진 및 남북 간 투자확대를 통한 과학기술 발전에 기여 /83
5) 북한의 특허행정 개선 지원에 기여 /83
6) PCT 국제조사 및 국제예비심사를 통한 지원 설득 /84
3. 북한 지식재산권에 대한 지속적 연구 …… 84
제2절 지식재산권 교류협력 보호장치 및 제도개선 —— 85
1. 남 · 북 간 지식재산권 교류협력에 관한 세부합의서 채택 …… 85
1) 의의 /85
2) 세부합의서 주요내용 /85
3) 추진방법 /87
4) 합의서(안)에 따른 남북 간 교류협력 추진체계 /88
2. 지식재산권실무협의회 구성 운영 …… 90
3. 상호 출원 · 등록 인정 …… 90
1) 출원 방법 /90
2) 상호 등록 보장 /92
3) 대리인 선임 합의 /93
4) 상대 측 권리의 모방출원(模倣出願) 및 등록방지 문제 /93
4. 중 · 장기적 과제 선정 추진 …… 94
1) 남 · 북한 지식재산권 전문가의 협상채널 상설화 /94
2) 남 · 북한 지식재산권 제도의 통일화 기반 조성 /94
3) 남 · 북 협력사업 추진 /95
4) 지식재산권 분야 분쟁조정 /95

5) 지식재산권 제도의 통일화 /96
5. 통일 후의 과제 조치 ········· 96

제3절 지식재산권 침해방지 및 교류활성화를 위한 사업추진 —— 98

1. 선(先) 신뢰구축 후(後) 다각적인 대북 지원사업 발굴 추진 ········· 98
2. 정보 및 인적교류 등 이벤트성 행사 추진 ········· 99
1) 발명진흥행사 상호방문 및 공동개최 추진 /99
2) 남 · 북한 심사관 상호파견 등 인적교류 추진 /100
3) 민간단체의 공동심포지엄 개최 및 상호방문 교류지원 /100
4) 남 · 북 간 연락사무소 또는 주재관 설치 /100
5) 남 · 북한 지식재산권 제도 연구회 구성 · 운영 /101
6) 남 · 북한 지식재산권 교류협력대책위원회 구성 /101
7) 민간분야 협력 활동 지원 /102
8) 남 · 북 간 경제 관련 회의에 지식재산권 의제 포함 적극 추진 /102
9) 교류협력 추진방안의 계속적 수정 · 보완 /103

제Ⅱ부 통일 과정상 선결과제

제4장 남 · 북한 지식재산권 법제도 통합을 위한 논의

제1절 법통합의 방향 설정 —— 107

1. 통일에 대한 법적 접근 ········· 108
2. 통일한국의 법통합 방향 ········· 109

제2절 남 · 북한 지식재산권 법제도의 차이점 분석 —— 112

1. 지식재산권 관리구조상의 차이 ········· 112
2. 지식재산권 보호체계상의 차이 ········· 113
3. 주요 용어 및 제도상의 차이 ········· 117
4. 기술 격차에 따른 보호경향의 차이 ········· 120

제5장 지식재산권 교류협력과 통합에 관한 외국사례 연구

제1절 동 · 서독의 지식재산권 법제도 통합사례 —— 124

1. 지식재산권 법제도 통합 이전 선결조치 ········· 124
2. 동 · 서독의 산업재산권 통합법 분석 ········· 126

1) 확장법이 이루어지기까지의 과정 /126
2) 확장법의 체계와 주요내용 /130

제2절 중국 · 대만 간 지식재산권 교류협력 사례 — 138
1. 지식재산권 교류현황 …… 138
2. 지식재산권 교류협력을 위한 법적 근거 …… 139

제3절 중국 · 홍콩 간 지식재산권 협력 사례 — 143
1. 중국과 홍콩 간 지식재산권 운영실태와 교류현황 …… 143
2. 지식재산권의 법적 근거와 지식재산권 법률제도 …… 145
1) 중국 내 홍콩의 지식재산권의 법적 근거 /145
2) 홍콩의 지식재산권 법률제도와 업무체계 /147

제6장 남 · 북한 지식재산권 법제의 비교 · 분석

제1절 남 · 북한 법체계의 차이와 북한 지식재산권 제도 개관 — 152
1. 남 · 북한 법체계 차이점 …… 152
2. 북한 지식재산권 제도 개관 …… 156

제2절 발명보호법제의 비교 — 159
1. 남 · 북한의 발명보호법제 …… 159
1) 개관 /159
2) 남 · 북한 특허(발명)법제의 주요내용 /161
2. 법제구성 비교 …… 191
3. 실체법 비교 …… 193
1) 근거법령 /193
2) 담당기관과 권리 부여 /193
3) 권리존속기간 /196
4) 국가수용과 강제실시권 /196
5) 벌칙 /198
4. 절차법 비교 …… 203
1) 출원공개와 심사청구 /203
2) 이의신청 /203
3) 거절불복 /204

제3절 실용신안법제의 비교 — 205
1. 남 · 북한의 실용신안법제 …… 205
1) 개관 /205
2) 남 · 북한 실용신안법제의 주요내용 /207
2. 법제구성 비교 …… 215

3. 실체법 비교 ········ 217
1) 근거법령 /217
2) 담당기관과 권리 부여 /217
3) 권리존속기간 /218
4) 국가수용과 강제실시권 /218
5) 벌칙 /219
4. 절차법 비교 ········ 221
1) 출원공개와 심사청구 /221
2) 이의신청 /223
3) 거절불복 /223

제4절 상표법의 비교 ———— 223

1. 남 · 북한 상표법 ········ 223
1) 개관 /223
2) 남 · 북한 상표법의 주요내용 /225
2. 법제구성 비교 ········ 246
3. 실체법 비교 ········ 248
1) 근거법령 /248
2) 담당기관과 권리인정 /248
3) 권리존속기간과 갱신 /249
4) 부등록상표 /250
5) 불사용상표의 취급 /251
6) 벌칙 /252
4. 절차법 비교 ········ 255
1) 출원공고와 심사 /255
2) 상표등록출원 시의 특례 /255
3) 이의신청 /257
4) 거절불복 /257

제5절 디자인보호법제의 비교 ———— 258

1. 남·북한 디자인보호법제 ········ 258
1) 개관 /258
2) 남 · 북한 디자인보호법제의 주요내용 /259
2. 법제구성 비교 ········ 272
3. 실체법 비교 ········ 273
1) 근거법령과 담당기관 /273
2) 개념과 보호대상 /273
3) 부등록대상 /274
4) 권리존속기간 /275
5) 권리의 양도 /275
6) 벌칙 /277

4. 절차법 비교 ········· 278
1) 절차보정과 출원공개 /278
2) 심사절차 /279
3) 출원 시 우선권 특례주장 /279
4) 이의신청과 거절불복 /281

제6절 저작권법제의 비교 ——— 282

1. 남·북한의 저작권법제 ········· 282
1) 개관 /282
2) 남·북한 저작권법제의 주요내용 /284
2. 법제구성 비교 ········· 303
3. 실체법 비교 ········· 304
1) 근거법령과 담당기관 /304
2) 저작권자의 정의와 저작권의 대상 /305
3) 권리보호기간과 저작물의 이용대가 지급 /307
4) 외국인의 저작물 보호와 저작권의 제한 /308
5) 벌칙 /310
4. 절차법 비교 ········· 314
1) 저작물 이용 원칙과 이용 조건 /314
2) 공동저작물의 권리와 행사방법 /314
3) 저작물의 이용절차 /315

제III부 통일 후(後) 이행과제

제7장 남·북한 지식재산권 법제의 통합방안 모색

제1절 법제 통합의 목적과 범위 설정 ——— 321

1. 법제 통합의 목적과 기본 원칙 ········· 321
2. 법제 통합의 범위와 체계 ········· 322

제2절 통합법(안)의 주요내용 분석 ——— 324

1. 권리 확장 ········· 324
1) 옛 남한지역에서 생긴 구 권리의 확장 /324
2) 옛 북한지역에서 생긴 구 권리의 확장 /325
2. 심사와 등록 때 적용법률과 심사기준 ········· 329
3. 중복권리에 대한 효력인정 범위 ········· 330
4. 선(先)사용권과 계속사용권에 관한 사항 ········· 331

5. 선·후원 관계 ···· 332
6. 침해 때 조치와 권리자의 보호 ···· 332
7. 지식재산권 분쟁의 조정절차 ···· 333
8. 보칙 ···· 334
9. 부칙 ···· 335

제8장 남·북한 지식재산권 법제의 통합법(안) 제시

제1절 총칙 ―― 337
제2절 권리 확장 ―― 338
1. 옛 남한지역에서 생긴 구 권리의 확장 ···· 338
2. 옛 북한지역에서 생긴 구 권리의 확장 ···· 339
1) 일반규정 /339
2) 특허에 관한 특별규정 /340
3) 실용신안에 관한 특별규정 /344
4) 디자인에 관한 특별규정 /345
5) 상표에 관한 특별규정 /347
6) 저작에 관한 특별규정 /350
제3절 권리충돌과 권리침해 ―― 351
1. 특허권, 실용신안권과 디자인권 ···· 351
2. 상표권과 기타 식별력 있는 표장 ···· 353
3. 권리자의 보호 ···· 355
제4절 지식재산권 분쟁의 조정절차 ―― 356
제5절 보칙 ―― 358
부칙 ―― 360

제9장 통일한국 지식재산권의 비전과 미래전략

제1절 개요 ―― 362
제2절 통일한국 지식재산권의 비전 ―― 363
1. 첫째 단계 목표 ···· 363
2. 둘째 단계 목표 ···· 363
3. 셋째 단계 목표 ···· 364
4. 넷째 단계 목표 ···· 365

제3절 통일한국 지식재산권의 미래전략 ——— 365
1. 첫째 단계 전략 ······ 365
2. 둘째 단계 전략 ······ 366
3. 셋째 단계 전략 ······ 366
4. 넷째 단계 전략 ······ 367
제4절 단계별 실행계획 및 보완 체계 ——— 367
제5절 맺음말 ——— 369

부록
1. 북한 발명법 ······ 373
2. 북한 발명공보 견본 ······ 385
3. 북한 상표법 ······ 403
4. 북한 공업도안법 ······ 412
5. 북한 창의고안에 관한 규정 ······ 420
6. 북한 저작권법 ······ 423

참고문헌 ······ 433
찾아보기 ······ 440

들어가며

왜 '통일은 대박'인가?

전통문화 속 보편적 소재계발로 세계화, 한류콘텐츠 접목하면 금상첨화

통일한국의 미래는 과거나 전통에 답이 있다. 5천 년 역사를 이어온 한민족의 우수한 제도나 문화유산이 잘 말해준다. 『한국인만 모르는 다른 대한민국』의 저자 페스트라이쉬 박사(Emanuel Pastreich/한국 이름: 이만열)는 의미 있는 말을 했다. "한국은 고유성과 보편성을 동시에 지닌 독특한 전통문화를 지녔다. 얼마든지 전통문화 속에서 보편적인 소재를 계발해 세계화시킬 수 있다. 그 핵심은 전통문화로 '지식한류'를 조성할 수 있다."

남 · 북한 전통가치, 잠재력 엄청나

하지만 우리 사회는 각종 난개발로 소중한 문화유산과 민족 고유의 전통들이 무너지고 있다. 매우 안타까운 일이다. 반면 북한사회는 그렇지 않다. 옛 전통문화, 기초과학, 풍부한 지하자원들과 자연환경이 보존되고 있다. 그렇기에 북한에 남아있는 전통문화와 소프트웨어가 우리나라 과학기술(ICT) 인프라를 만나면 세계 어느 나라도 흉내 낼 수 없는 우리 민족만의 독특한 신성장산업들을 만들어갈 수 있을 것으로 본다. 경북 영주에서 40년 이상 된 '대장간'에서 장인(匠人)의 호미를 만들어 미국 아마존에서 인기를 끄는 건 '미래 먹을거리'의 본보기다.

이처럼 우리나라는 깊고 오랜 역사와 전통, 문화의 힘을 갖고 있다. 이를 통해 한국인이 자신을 인식하는 방법이나 국제사회가 우리나라를 제대로 아는 방법을 획기적으로 바꿔갈 수 있다. 중국, 일본, 미국 등 다른 나라 사람들이 각각 자신을 인식하는 방식도 바꿀 수 있다. 이처럼 우리나라 전통의 가치와 잠재력은 엄청나다.

한반도는 '지구의 가나안 땅'이다. 세계에서 유례가 없을 정도로 반도 전체가 화강암으로 이뤄져 있다. 그럼에도 사계절이 뚜렷하다. 반도 국가의 기(氣)도 모여있다. 이러한 삼박자로 다양한 식물들이 자라고 있다. 한국 인삼을 외국에 가져다 심으면 일반 무만도 못하다. 우리나라 은행잎으론 혈액순환제 '징코민'이나 '기넥신' 등을 만들 수 있다. 그러나 외국산 은행잎으론 해당 성분의 함유량이 매우 적다. 우리나라 은행나무를 외국에 옮겨 심어도 그렇다. 미래 천연신약 대부분은 우리나라에서 나올 가능성이 높다. 그래서 한반도는 '축복의 땅'이다.

일제강점기 때 우리나라 광복을 위해 헌신한 미국인독립운동가 호머 헐버트(Homer B. Hulbert) 박사는 "한국인은 세계에서 가장 빼어난 민족"이라며 한글, 거북선, 기록문화 등 우리나라 사람의 우수성을 높이 평가했다. 세계 3대 투자가로 꼽히는 '짐 로저스'도 마찬가지다. 그는 "통일된 한국은 세계에서 가장 흥미롭고 자극적인 나라가 될 것이다. 그 안에서 기회와 환호의 소리를 듣고 싶다. 기회가 되면 자신의 모든 재산을 북한에 투자하고 싶다"고 말했다.

자연환경 잘 보전된 DMZ는 보물공간

통일이 현실화되면 어떻게 될까. 밝은 장밋빛이요 '통일대박'이 점쳐진다. 한반도 전체가 무궁무진한 '금덩어리 땅'이 될 게 분명하다. 천혜의 자연환경이 잘 보전된 비무장지대(DMZ)는 인류역사와 지구촌에 이바지할 보물공간이 될 것이다. 세계의 눈과 귀가 한반도에 쏠려 관광천국, 보물

나라로 거듭난다. 특히 K팝, K드라마, K반도체, K푸드, K뷰티, K바이오, K패션, K게임 등 한류문화콘텐츠를 접목하면 금상첨화다. '통일한국의 시대'가 활짝 열린다. 더욱이 북한은 '기회의 땅'이 된다. '대동강의 기적'으로 '한강의 기적'을 뛰어넘어 해마다 10% 넘게 성장할 전망이다. 세계 기업들이 북한에 투자하기 위해 줄을 설 것이다. '통일한국'의 위상은 상상을 뛰어넘게 된다.

미국투자회사 골드만삭스(Goldman Sachs)는 우리나라가 통일되면 2050년에는 세계 2위(통일한국 1인당 GDP 83,808달러, 미국 94,264달러)의 경제대국으로 떠오를 것으로 내다봤다. 유럽을 이끄는 독일이 '통일 대박' 효과를 톡톡히 보고 있음은 눈여겨볼 대목이다. 독일경제가 유럽을 떠받치는 '버팀목' 역할을 하고 있다.

통일 분위기가 무르익을수록 염려스러운 것도 없지 않다. 젊은 세대들이 통일비용에 큰 부담을 느끼고 있다는 점이다. 구체적인 근거자료 없이 짊어져야 할 현실적 두려움에서 비롯된 생각이라 보인다. 국회 예산정책처 분석자료에 따르면 45년간 생길 경제적 편익(1경 4,451조 원)이 통일비용(4,657조 원)의 3배 이상 될 것이라는 전망을 내놨다. 통일은 경제적으로도 충분한 가치가 있다. 통일은 비용이 아니라 나라 전체 발전을 위한 투자로 봐야 한다고 덧붙였다. 통일 기회를 놓치면 3천 년 후에나 기회가 올 것으로 내다보는 석학들도 적지 않다.

한글이 통일한국의 미래

통일은 우리 세대에서 이뤄져야 함을 강조하면서 다음 세대에게 전해주고 싶은 얘기가 있다. 우리 민족의 위대함과 한글의 우수성만큼은 강한 자부심을 가졌으면 하는 바람이다. 민족의 유전자(DNA)라 할 수 있는 지능지수(IQ)는 지구촌 사람 모두가 인정하는 세계 으뜸이다. 오늘날 세계인들이 열광하는 'K-POP 한류'도 동이족(東夷族)의 '흥'과 '끼'에 바탕을 두고 있다. 또 지구상에서 인기가 날로 치솟는 한글이 '통일한국의 미래'란 점도 기억해줬으면 한다.

1972년부터 약 50년간 한국어 연구의 외길을 걸어온 알브레히트 후베 전 독일 본대학 한국어번역학과장(교수)은 "한글처럼 과학적이면서 철학을 품은 문자는 유일하다"고 극찬했다. 최근 정치 · 경제적 불안에 청년들 입에서 '헬(hell)조선', '불반도'란 신조어까지 나오고 있는 우리나라 상황에 대해 후베 교수는 "한국은 작은 땅이지만 어디에서도 수입하지 않은 독창적 문자체계를 일군 나라"라며 "훌륭한 언어를 가진 한국인들이 나라에 대한 자부심을 잃지 않았으면 한다"고 조언했다.

통일은 우리 민족 염원, 꼭 이뤄야 할 목표

따라서 통일은 우리 민족의 염원이자 반드시 이뤄야 할 목표다. 꼭 풀어야 할 한민족사의 당면과제이기도 하다. 통일한국은 더 이상 우리들만의 문제가 아니다. 세계경제에 신성장동력을 제공할 수 있는 중요 이슈로 거듭날 수 있음을 주변국들에 꾸준히 설득하는 노력을 다해야 한다. 미래경쟁력의 핵심은 사람과 기술이다. 미국과 중국이 패권을 다투는 핵심도 기술이다. 4차 산업혁명시대에 과학기술은 첨단군사무기와 직결되기 때문이다. 첨단기술이나 훌륭한 아이디어는 한 나라의 경쟁력이다. 온 국민이 먹고살 수 있는 '미래 먹을거리'다. 그래서 각국은 나라 이익을 위해 강력한 지식재산보호정책을 펼친다. 특허권, 저작권 등 지식재산권을 먼저 차지하려고 안간힘이다.

세계는 보이지 않고 만질 수도 없는 자원, 지식재산권을 놓고 '총성 없는 전쟁'을 벌이고 있다. 빠른 산업화로 급속발전을 꾀하는 우리 기업들이 주공격 목표다.

따라서 범정부적 대책과 방어작전이 시급하다. 세계지식재산기구(WIPO) 사무총장은 "특허강국 · 지식재산강국이 다음 세기를 지배한다"며

21세기 국부(國富)는 지식재산이 좌우할 것임을 밝혔다. 마이크로소프트의 빌 게이츠(Bill Gates)는 "특허, 오늘날 나를 이 자리에 있게 한 일등공신"이라고 말했다. 삼성은 2005년 'No Patent No Future (특허 없이 미래 없다)'라는 슬로건으로 특허경영을 시작해 세계 10대 기업으로 컸다. 지식재산권의 중요성과 필요성은 아무리 강조해도 지나치지 않는다.

필자는 특허청에 15년 가까이 몸담아오면서 지식재산권의 중요성을 일찍이 깨달았다. 남 · 북한이 지재권을 합치고 지식재산권법제 통합법(안)까지 만들면 세계를 앞서 이끌 수 있다는 확신을 가졌다. 그 결과 10여 년의 연구 끝에 지재권 관련 법학 박사학위를 받았다. 논문내용을 바탕으로 한 책 『통일한국 지식재산권의 이해』도 냈다. 관련 특강, 대학 출강, 언론 기고도 수년째 해오고 있다.

10년 만에 『통일한국 지식재산권: 글로벌 IP허브국가를 꿈꾸며』이라는 제목의 개정판을 내면서 통일한국의 지식재산권 비전과 미래전략에 대한 준비는 통일의 경제적 효과를 극대화할 수 있는 구체적 수단이 될 수 있다고 굳게 믿는다. 통일대박을 위해서는 통일한국이 '글로벌 IP(지식재산)허브국가'로서의 역할을 충실히 하는 것이며 지금 바로 준비해야 한다. 더 늦어지면 곤란하다. 중국에 선점당하는 결과를 불러오기 때문이다.

통일한국 지재권시장은 '미래 먹을거리'

지구촌에서 대표적인 국제지식재산 허브 역할을 하는 곳은 미국 텍사스주다. 텍사스법원의 빠른 특허소송으로 세계 지식재산분쟁사건들이 몰리면서 세계 지식재산의 중심지가 됐다. 이를 통해 일자리증가율, 경제성장률이 미국에서 가장 높다는 분석이다.

이른 흐름에서 세계의 지식재산권 출원이 통일한국에서부터 확산되고 우리 특허법원이 국제적인 지재권 전장(戰場)이 돼야 한다. 다국적기업들이 천문학적인 돈으로 지재권을 사고파는 글로벌 지식재산 허브로 통일한국 지재권 거래시장이 상설화돼 그 역할이 커지면서 충분한 기능을 갖는다면 경제적 파급효과는 엄청날 것이다. 통일한국 다음 세대의 '확실한 미래 먹을거리'로 이어진다. 통일한국이 세계 속에 우뚝 서 자손만대(子孫萬代) 복을 누릴 수 있는 지름길이기도 하다. 그래서 마지막 결론은 '통일은 대박!'이다.

I

통일 전(前) 선행과제

제1장 총설

제1절 지식재산권 개관

1. 지식재산권의 개념

지식재산권(Intellectual Property Rights)[1]이란 인간의 지적 창작물에 대한 지배권을 총칭하는 것으로, 산업의 발전을 목적으로 하는 '산업재산권'(Industrial Property Rights)과 문화의 발전을 목적으로 하는 '저작권'(Copyright)으로 대별된다. 또한 지식재산권은 생명공학 · 컴퓨터 소프트웨어 · 인터넷 또는 기타 첨단기술 같은 새로운 형태의 지적인 창작을 포괄한다. 지식재산권은 과학 · 기술이 발달함에 따라 새로운 지식재산권이 탄생하고 그에 따른 지식재산권의 보호수준과 보호대상이 확대됨으로 인해 그 범

1 지적재산권 또는 지적소유권이란 용어는 'intellectual property rights'를 번역한 것으로 모두 일본에서 사용한 용어이다. 일본어를 그대로 번역하여 지적재산권이라는 용어를 사용한 바 있다. 21세기는 지식기반사회라는 새로운 용어가 등장하면서 우리 특허업계는 지식재산권이란 용어를 사용하고 있다. 따라서 이 책에서는 '지식재산권'으로 통칭하기로 한다(김원준, 『특허법원론』(서울: 박영사), 2009. 3, p. 3).

위도 점차 넓어지고 있다.[2]

한편, 세계지식재산기구(WIPO)[3] 설립조약 제2조는 "지식재산권이라 함은 문학·예술 및 과학적 저작물, 실연자의 실연, 음반 및 방송, 인간 노력에 의한 모든 분야에서의 발명, 과학적 발견, 디자인, 상표, 서비스표, 상호 및 기타의 명칭, 부정경쟁으로부터의 보호 등에 관련된 권리와 그밖에 산업, 과학, 문학 또는 예술분야의 지적 활동에서 발생하는 모든 권리를 포함한다"라고 규정하고 있다. 즉 특허권, 과학적 소유권, 디자인권, 상표권, 상호권이나 서비스표권, 부정경쟁방지법에 의하여 보호되는 원산지 표시나 영업비밀 등 일체의 것, 저작권, 저작인접권 등 소위 종래 산업재산권(공업소유권)과 저작권이 모두 지식재산권에 포함됨을 알 수 있다.

또 1995년에 체결된 무역관련 지식재산권에 관한 협정(TRIPS: Agreement on Trade-Related Aspects of Intellectual Property Rights, 이하 '지재권협정'이라 한다)은 산업재산권과 저작권에 관한 다자간(多者間) 협정으로 지식재산권에 대한 국제법상의 통일적인 보호를 강화한 협정이다. 동 협정에서는 '지식재산'이라는 용어를 직접 정의하지 않고 대신 간접적으로 정의하고 있다. 즉 협정문의 보호대상인 "지식재산권은 특허·디자인·상표·지리적 표시·집적회로 배치설계 및 영업비밀·저작권·저작인접권을 포함한다"라고 하고 있다.

2 시간이 경과함에 따라 과거에는 지식재산권으로 보호받지 못했던 것도 지식재산권으로 보호되거나 과학의 발달로 새로이 보호의 필요가 있는 것이 발생할 것이다. 영업비밀이 전자의 예라면, 반도체칩의 배치설계는 후자의 예이다(송병식·이상정·김병일, 『지적재산법』(서울: 세창출판사), 2009. 8, p. 5).

3 World Intellectual Property Organization의 약자로 본부는 스위스 제네바에 있다. WIPO는 지식재산권에 관한 조약을 관장하고 지식재산권의 국제적 보호를 추진하고 있다. 우리나라는 1979년 3월 1일 WIPO 설립조약에 가입했으며 현재(2022. 5. 31) 가입국은 193개국이다.

2. 지식재산권의 분류

지식재산권은 크게 산업재산권, 저작권 및 신지식재산권으로 분류된다.[4] 최근 기술의 발전에 따라서 반도체 배치설계권, 인터넷 도메인네임, 컴퓨터 관련 발명, 유전공학 관련 특허 등 새로운 지식재산권이 지속적으로 출현하고 있다. 이처럼 과학기술의 발전으로 인해 지식재산권의 분류도 시대에 따라서 변해가는 특성이 있다.[5]

1) 산업재산권

산업재산권은 산업활동과 관련된 인간의 정신적 창작물이나 새로운 발명・고안에 대해 그 창작자에게 일정한 독점배타적인 권리를 부여하는 무체재산권이다. 산업재산권은 그 보호대상에 따라 발명에 대한 지배권인 특허권(patent right), 고안에 대한 지배권인 실용신안권(utility model right), 상표에 관한 지배권인 상표권(trademark right), 디자인에 대한 지배권인 디자인권(design right)으로 나눠진다.

특허권은 자연법칙을 이용하고, 새롭고 유용한 발명에 대해 일정기간 주어지는 독점배타권이다. 특허의 대상은 크게 물건의 발명과 방법의 발명으로 나뉜다. 예를 들어 1876년 벨(A. G. Bell)이 발명한 전화기[6]같이

---

4 이 책에서는 남북한 상호 비교가 가능한 5개 영역의 권리, 즉 특허권・실용신안권・상표권・디자인권・저작권에 한해서 논의할 것임을 밝혀둔다.

5 산업재산권・영업비밀・컴퓨터 관련 발명・반도체칩 배치설계권, 저작권 등은 특허청에서 관장하고, 데이터베이스, 뉴미디어 등은 문화체육관광부에서, 컴퓨터 프로그램 보호법은 산업통상자원부에서 관장하고 있다. 동식물 변종의 보호는 농림수산식품부에서, 전자상거래 관련 지식재산권의 보호는 특허청・문화체육관광부・산업통상자원부 등 여러 부처와 관련되어 있다. 김원준, 앞의 책, p. 5.

6 벨(Alexander Graham Bell, 1847-1922)은 1876년 3월 7일 "전화기와 전화방법"에 대해서 미국 특허(제174, 465호)를 받았다. 그 당시 장거리 의사소통이 모스 부호를 사용하고 있어서 불편했으나 이 발명품의 출현으로 종래의 문제점이 해결됐다. 따라서 벨은 오늘날 정보통

새로운 물건을 발명했을 경우 특허권이 주어진다. 즉 특허제도는 발명자에게는 특허권이라는 독점배타적인 재산권을 부여해 보호하는 한편 그 발명을 공개하게 함으로써 그 발명의 이용을 통해 산업발전에 기여하고자 한다. 이런 점에서 특허제도를 신기술보호제도, 발명장려제도 또는 사적독점보장제도라고 부르기도 한다.

실용신안권은 본래 중소기업이나 개인발명가의 소발명을 보호·장려하기 위해 마련된 제도로서 특허제도를 보완하려는 취지에서 출발한 것으로 볼 수 있다. 즉 실용신안법은 기술적 사상의 창작 중에서 '방법'과 '물질'에 관한 고안을 제외하고, '물품'의 형상·구조 또는 조합에 관한 고안만을 권리의 보호대상으로 한다. 예를 들어 휴대전화기의 전자파를 완전히 제거하기 위해 안테나 형상을 달리하거나, 폴더식 휴대전화기를 고안한 경우는 실용신안으로 보호받을 수 있다.

상표권은 상품의 표지인 상표를 보호대상으로 하고 있으며, 여기서 상표라 함은 상품을 생산·가공·증명 또는 판매하는 것을 업으로 영위하는 자가 자기의 업무와 관련된 상품을 타인의 상품과 식별되도록 하기 위해 사용하는 기호·문자·도형·입체적 형상 또는 이들의 결합과 이들과 색채의 결합으로 표현된 표장이거나 소리·냄새상표 및 증명표장(2012. 3. 15 시행)의 독점적인 사용권을 말한다. 상표는 출처표시 기능, 품질보증 기능, 판매·광고선전 기능을 가지고 있으므로 특별현저성(distinctiveness)이 있어야 등록이 가능하고 보호를 받을 수 있다. 특별현저성은 상표사용자의 상품 또는 서비스를 다른 사람의 상품이나 서비스와 식별하는 성질을 말한다.[7] 예를 들어 휴대전화기에 붙이는 상표를 특허청에 등록

신 산업발전에 크게 기여한 개척자(pioneer)라 할 수 있다.

7 등록된 상표가 시일이 지나 소비자들에게 널리 알려져 상품 전체에 대한 통칭으로 인식되면, 그 상표는 보통명칭의 상표가 되거나 주지·관용상표가 될 수 있다. 예를 들면 복사기의 상표인 제록스(Xerox)가 복사기를 지칭하는 일반명칭으로 인식되고 있다.

하면 상표권이 주어진다.

디자인권의 보호대상인 디자인이라 함은 물품의 형상·모양·색채 또는 이들을 결합한 것으로 제품의 장식적 또는 심미적인 외관을 그 보호 대상으로 한다. 즉 독점거래의 대상이 되는 유체동산(有體動産)인 물품의 외관에 관한 디자인으로서 제품디자인 분야를 주된 대상으로 하여 주어지는 권리이다. 예를 들어 휴대전화기를 세련되게 디자인하였다면, 등록절차를 거쳐서 디자인권을 획득할 수 있다. 참고로 종래에는 '의장'이라는 용어를 사용하였으나, 2004년 12월부터 '디자인'으로 개칭하여 사용하고 있다.

2) 저작권

저작권은 저작자의 권리(author's right)로서 인간의 사상 또는 감정을 표현한 창작물의 이용을 허여하거나 금지시키기 위해 저작자에게 인정해 주는 권리이다. 이런 저작권의 대상은 사람의 모든 정신적 창작물로서 논문, 도서, 음반, 그림, 사진, 악보, 조각물 등이다. 저작권자는 자신의 창작물에 대한 복제, 공연, 공중송신, 전시, 배포 등의 권한을 일정한 존속 기간 동안 독점적으로 갖게 된다.

저작권법의 보호를 받는 저작물로 인정받기 위해서는 독창성 또는 창작성이 있어야 하는데, 이런 창작성이란 극히 상대적인 개념으로 특허권의 발생에 요구되는 신규성 및 진보성과는 다른 개념이기 때문에 신규하지 않더라도 주관적인 창작이 인정되는 저작물 또는 높은 수준의 창작이 아닌 저작물도 보호대상에 포함된다.[8]

또 저작권은 저작물을 창작한 때부터 발생하여 어떤 절차나 형식의 이행을 필요로 하지 않는다. 이 점은 특허권, 디자인권, 상표권 등의 다른

8 유사한 작품이 그 전에 수없이 존재한다 하더라도 창작성을 인정하는 데는 조금도 지장이 없고, 표현물의 학문적 가치·예술적 가치의 높고 낮음은 문제가 되지 않는다.

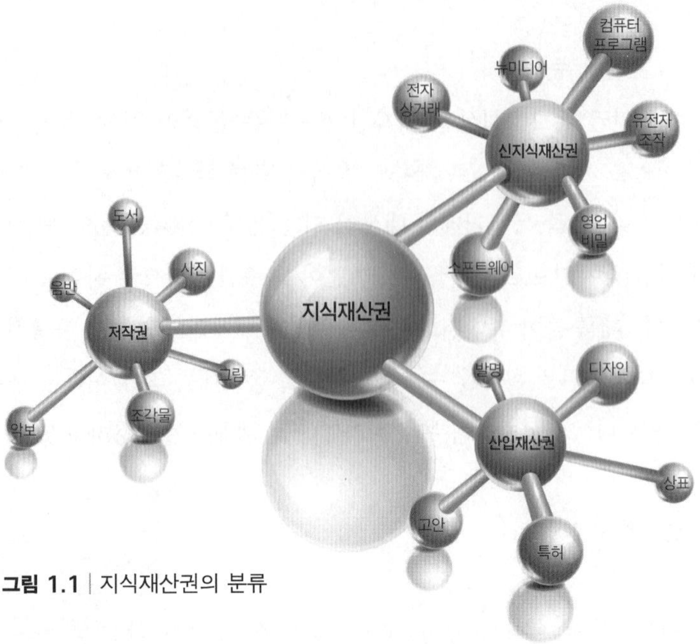

그림 1.1 | 지식재산권의 분류

지식재산권들이 일정한 요건이 심사되고 등록된 후에 권리가 발생하는 것과는 다른 점이다.

그리고 저작권은 산업재산권과는 달리 저작인격권, 저작재산권, 저작인접권으로 넓은 의미로 분류된다.

3) 신지식재산권

최근 생명공학 · 정보통신기술 등 첨단기술의 발전으로 새로 탄생되는 지식재산권을 신지식재산권(new intellectual property right)이라고 한다. 이는 컴퓨터 프로그램, 소프트웨어 같은 산업저작권, 유전자조작과 반도체 집적회로 배치설계권 같은 첨단산업재산권, 그리고 영업비밀, 뉴미디어 및 데이터베이스 같은 정보산업재산권으로 분류할 수 있다. 최근 인터넷의 광범위한 활용으로 전자상거래, 퍼블리시티권(right of publicity), 트레이드 드레스(trade dress) 등이 새로운 지식재산권으로 등장했다.

3. 지식재산권의 국제화

세계무역기구(WTO)체제 수립 이후 지식재산권이 상품, 서비스와 더불어 3대 국제교역 요소로 부각됨에 따라 지식과 이를 권리화한 지식재산권을 둘러싼 국가 간의 경쟁이 더욱 치열해지고 있다. 이런 추세에 맞추어 세계지식재산기구(WIPO)를 중심으로 지식재산권과 관련한 국제적 규범을 마련하고 정비하기 위한 논의가 더욱 활발하게 이루어지고 있는 실정이다. 이에 남북한도 국제 지식재산권 질서와 규율에 부응하고 서로의 이익을 극대화하기 위해서 국내는 물론 국제적으로도 지식재산권을 보호해야 할 필요가 있다.

현재 남북한은 지식재산권의 국제적 보호와 관련하여 WIPO를 중심(〈표 1.1〉 참조)으로 한 산업재산권 보호에 관한 파리조약, 저작물의 보호를 위한 베른협약 등 11개 지식재산권 조약에 동시 가입해 있다. 이는 앞으로 남북한이 어떤 절차나 형식의 이행 없이도 상호 간에 지식재산권을 즉

표 1.1 | WIPO 관장 지재권조약 남북 가입현황

구 분		조약명	총 가입국	채택일 (발효일)	남한 가입일	북한 가입일
기구설립(1)		WIPO설립협약	193	1967. 7. 14 (1970. 4. 26)	1979. 3. 1	1974. 8. 17
산재권 (14)	일반 (1)	파리협약 (산업재산권 보호)	177	1883. 3. 20 (1884. 7. 7)	1980. 5. 4	1980. 6. 10
	특허 (4)	스트라스부르그협정 (IPC 특허분류)	64	1971. 3. 24 (1975. 10. 7)	1998. 10. 8	2002. 11. 21
		특허협력조약(PCT)	156	1970. 6. 19 (1978. 1. 24)	1984. 8. 10	1980. 7. 8
		부다페스트조약	86	1977. 4. 28 (1980. 8. 19)	1988. 3. 28	2002. 2. 21
		특허법조약(PLT)	43	2000. 6. 1 (2006. 1. 1)	미가입	2000. 6. 2

(계속)

구 분		조약명		총 가입국	채택일 (발효일)	남한 가입일	북한 가입일
산재권 (14)	상표 (7)	마드리드협정 (상표의 국제등록)	본협정	55	1891. 4. 14 (1893. 3. 1)	미가입	1980. 6. 10
			의정서	112	1989. 6. 27 (1995. 12. 1)	2003. 4. 10	1996. 10. 3
		상표법조약(TLT) (상표출원절차 통일화)		54	1994. 10. 27 (1996. 8. 1)	2003. 2. 25	미가입
		마드리드협정 (허위출처방지)		36	1891. 4. 14 (1892. 6. 15)	미가입	미가입
		니스협정 (상품의 국제분류)		91	1957. 6. 15 (1961. 4. 8)	1999. 1. 8	1997. 6. 6
		리스본협정 (원산지 명칭 보호 및 등록)		30	1958. 10. 31 (1966. 9. 25)	미가입	2005. 1. 4
		비엔나협정 (도형상표분류)		35	1973. 6. 12 (1985. 8. 9)	2011. 4. 17	미가입
		나이로비조약 (올림픽심볼 보호)		54	1981. 9. 26 (1982. 9. 25)	미가입	1983. 6. 28
	디자인 (2)	헤이그협정 (디자인의 국제등록)		77	1925. 11. 6 (1928. 6. 1)	2014. 7. 1	1992. 5. 27
		로카르노협정 (디자인의 국제분류)		60	1968. 10. 8 (1971. 4. 27)	2011. 4. 17	1997. 6. 6
UPOV관장 (1)		식물신품종보호조약 (UPOV)		78	1961. 12. 2 (1968. 8. 10)	2002. 1. 7	미가입
저작권 (7)		베른협약(저작권 보호)		179	1886. 9. 9	1996. 8. 21	2003. 4. 28
		제네바협약 (음반불법복제방지)		80	1971. 10. 29	1987. 10. 10	미가입
		로마협약 (저작인접권 보호)		96	1961. 10. 26	2009. 3. 18	미가입
		브뤼셀협약 (위성통신신호배분)		38	1974. 5. 21	2012. 3. 19	미가입
		필름등록조약 (시청각물 국제등록)*		13	1989. 4. 18	미가입	미가입
		WIPO저작권조약 (저작권 보호)		112	1996. 12. 20	2004. 6. 24	미가입
		WIPO실연음반조약 (저작인접권 보호)		111	1996. 12. 20	2009. 3. 18	미가입

자료: 특허청 다자국제기구협력팀, "WIPO 관장 국제조약 해설", 2020년 12월 기준.

* 필름등록조약에 의하여 설립된 시스템의 운영은 1993년 FRT Union 총회 및 2000년 WIPO 총회에서 일시정지 된 상태이다.

각적으로 교류 협력할 수 있는 확실한 규범이 될 것이다.

따라서 남북한은 해가 거듭될수록 국가 간 경쟁이 치열해지고 있는 지식재산권 분야에 있어서만이라도 정치적 이유를 배제하고 대승적 차원에서 조속히 상호 협력하고 보다 효율성을 높일 수 있는 방안을 모색해 나가는 것이 그 어느 때보다 필요한 시점이라 생각된다.

제2절 남 · 북한 지식재산권의 교류협력과 통합 필요성

우리나라 특허청은 세계 5대 특허청 중의 하나이다.[9] 그러나 특허협력조약(PCT)에 의한 출원 건수 세계 4위(2021년 기준), 특허출원 4대 강국[10] 등의 명성에도 불구하고 우리의 지식재산권 보호 수준은 이를 뒤따르지 못하고 있다.[11] 더욱이 북한과의 지식재산권 보호 및 교류협력, 지식재산권 법제도적 측면에 있어서는 너무나 열악한 상황에 놓여 있는 실정이다.[12] 현재 우리 기업이나 개인이 우리 국적을 가지고 북한에 지식재산권을 등록받을 수 있는 길은 사실상 막혀 있는 상태다. 또 남북 사이의 무역규모가 확대되고 경제협력이 활성화되면서 개성공단을 비롯한 경제특구지역에 진출한 우리 기업의 특허나 상표 등의 지식재산권 보호문제가 새

---

9 Francis Gurry, "특허 강국이 다음 지배자다", 『조선일보』, 2009년 5월 29일자, p. 25 참조.

10 한국지식재산협의회, "Business IP Today 2009", KINPA Annual Conference, 2009. 11, p. 7 참조.

11 우리나라의 내국인 특허 획득 수는 세계 3위이지만 지식재산권 보호수준은 조사대상국 55개국 중 37위를 나타내고 있다. 최장준, "지식재산권 보호 못하는 대한민국은 짝퉁 공화국", 『충청투데이』, 2009년 4월 9일자, p. 1 참조.

12 남북한 상호 출원 · 등록이 이루어지지 않고 있으며, 체제 및 이념상의 차이로 인해 지식재산권 분야의 정보가 부족하고 우리 기업에 대한 지식재산권의 보호장치가 없는 상태이며 지식재산권의 보호체계, 관리구조, 주요 용어 및 법제도상 나타나고 있는 차이점도 시급히 해결되어야 할 과제이다. 또 외국의 경쟁업체나 제3자에 의한 지식재산권의 침해가 우려되는 등 많은 문제점을 내포하고 있다. 윤선희, "남북 지식재산권 협력 필요", 『경향신문』, 2009년 1월 2일자, p. 31 참조.

로운 문제점으로 대두되고 있다.

남북 간의 지식재산권 분야 교류협력과 법제도상의 통합이라는 과제는 단순히 어느 개인이나 기업체의 기술이나 상표권의 보호 문제에만 국한되는 것이 아니다. 재화와 서비스, 물자, 자본, 기술적 사상, 지적 창작물 등 모든 유·무형의 재산이 남북 간에 원활히 유통되는 데 필요한 제도적 '틀'(framework)을 발전적으로 구축해 나가는 것이 필요하다.[13] 글로벌 자원위기 극복 차원에서 남북 공동 노력으로 경제구조를 점차 금융·소프트웨어 등 자원소비가 적은 지식기반 고부가가치 산업으로 바꾸고, 자원 다소비 업종도 기술집약형으로 단계적으로 바꿔 융합·복합산업으로 육성·발전시켜 우리 민족의 지식재산보호시스템의 큰 틀을 짜는 작업이 그 어느 때보다 절실히 요구되고 있다.[14]

이런 맥락에서 이 책의 출간 배경은 "지식기반산업시대로 급격하게 변모해 가고 있고 '아이디어가 곧 국가경쟁력'인 동시에 아이디어 하나로 온 국민이 부(富)를 누릴 수 있는 고부가가치 지식산업시대를 맞아 전 세계적으로 지식재산권에 대한 관심과 중요성이 높아지고 있는 때[15]에 어느 때까지 남한과 북한이 이런 '산업 르네상스'[16]에 역행할 수 있겠는가?"라는 문제의식에서 출발한다. 따라서 미래 신성장 동력산업의 발굴과 육성에 국가의 모든 역량을 집중시켜 남한의 첨단 IT기술과 북한의 전통산업을 결합시킴으로써 세계 속에 새로운 영역의 산업을 주도해 나갈 수 있도록 남북한 지식재산권 제도를 통합해야 할 것이다. 이를 위해 먼저 현행 남북한 지식재산권의 교류협력 실태를 분석하고 보다 활성화할 수 있는 방안을 논의한 후 남북한 지식재산권 법제도의 통합을 위한 기초 논의

13 최현규, "지식재산 교류 인프라에 관심을", 『전자신문』, 2007년 3월 13일자, p. 27 참조.

14 최형석, "지식기반 고부가가치 산업으로 국내 경제구조 전환시켜야", 『조선일보』, 2008년 5월 8일자, p. 2 참조.

15 이재성, "직무발명에 대한 연구", 한남대학교 대학원 박사학위논문, 2002. 8, p. 1.

16 임채민, "산업 르네상스 기술 융·복합", 『서울경제』, 2009년 11월 20일자, p. 39 참조.

로써 법통합의 방향을 설정하고 북한 지식재산권 법제도의 문제점을 이끌어낸 후 지식재산권 법제도의 통합 및 협력에 관련된 외국의 사례와 현행 남북한 지식재산권에 대한 제도 소개를 포함한 법제를 동시에 비교·분석함으로써 남북한 지식재산권 법제의 바람직한 통합방안을 제시하고자 한다. 그리고 그 결과로 남북한 지식재산권의 효력확장에 관한 통합법(안)을 마련함으로써 지금까지 남북한 지식재산권의 조화 및 협력위주의 연구경향과 차별화를 두기 위해 남북한 지식재산권 법제의 통합에 대한 새로운 연구 및 분석방법을 제시하고 연구자료의 제한에 따른 기존 연구의 한계를 극복해 학문적으로도 기여하고자 한다.

따라서 이런 학문적 필요성과 목적을 달성하기 위해 이 책의 구성은 첫째, 현행 남북한 지식재산권 교류협력의 현황과 문제점을 살펴본 후 현 체제 아래에서 교류협력을 보다 활성화할 수 있도록 발전요인을 부단히 발굴하고 관심을 유도하며 각종 보호장치와 제도를 개선시킬 수 있는 방안을 모색하고자 한다.

둘째, 남북한 통일에 대한 법적 접근을 바탕으로 북한 지식재산권 법제도상에 어떤 문제점이 있는지 규명해 보고자 한다. 이를 위해 남북한 법체계의 차이를 먼저 인식한 후 남한의 법 가치를 기본으로 하여 통일한국의 법통합 방향을 설정하고자 한다. 이런 법적 바탕 위에 바람직한 법제 통합방안을 이끌어내기 위해 북한 지식재산권 법제도의 문제점을 파악하고 외국의 지식재산권 법제도에 대한 통합·협력사례를 비교 고찰한다. 즉 동·서독의 산업재산권 법제도 통합사례는 앞으로 남북한 지식재산권 법제도 통합 때 좋은 본보기가 될 수 있으며, 중국·대만 및 중국·홍콩 간 지식재산권 법제도와 교류협력 사례는 현행 남북한이 놓여있는 상황과 대비해 볼 때 우리가 유념해야 할 사안이다. 중국과 대만은 정치적으로 민감하지만 기본적으로 지식재산권 교류협력을 위한 법적 근거와 지식재산권의 지속적인 교류는 현행제도 아래에서 많은 참고가 될 것이며, 중국 · 홍콩 간에도 각자의 지식재산권 법률제도를 유지하면서 상호 교류하고 있는 점 또한 우리에게 교훈이 될 것이므로 더 깊이 있게 분석하고자 한다.

셋째, 법제 통합을 위한 남북한 지식재산권의 비교 · 분석을 위해 남북한 법체계의 차이점을 이끌어내고 각각의 지식재산권에 대한 제도 소개와 현재 공개되어 있는 북한 지식재산권법을 기준으로 하여 5개 영역의 지식재산권 법제를 보다 깊이 있게 살펴봄으로써 통합방안에 대한 기틀을 마련한다. 즉 발명보호법제, 실용신안법제, 디자인보호법제, 상표법 및 저작권법제에 대해 각각 북한 지식재산권 법제의 문제점을 이끌어내 법제구성상 · 실체법상 · 절차법상 측면에서 비교하되 단순비교가 아닌 외국법제와 국제협약 측면에서 동시에 분석함으로써 지식재산권의 국제적 통일화에도 부응하고자 했다.

넷째, 남북한 지식재산권 법제도 통합을 위한 기초 논의와 남북한 지식재산권 법제의 비교 · 분석을 통해 나온 내용을 바탕으로 하여 통일에 대비한 남북한 지식재산권 법제의 통합방안을 제시한다. 이는 이 책의 핵심부분으로서 법제 통합의 목적과 범위, 통합법(안)의 주요내용 분석과 더불어 실제 통합법(안)을 조문별로 제시함으로써 앞으로 남북한의 많은 법안들을 통합할 때 참고가 될 수 있도록 고려했다.

제3절 서술 범위 및 중점

우리나라는 계속해서 지재권 무역수지[17] 적자 구조가 확대되고 있으며,[18] 이는 원천기술 부족으로 인해 응용기술을 개발하더라도 특허료

17 해외에서 받은 특허료 등에서 해외에 지급한 금액을 뺀 차액을 뜻한다.

18 유영욱·김대기, "제조업 이어 지재권도 무역적자 수렁", 『매일경제』, 2023. 3. 25, 1면 참조.

를 외국에 물어야 하는 구조가 갈수록 심화되고 있기 때문이다. 국가의 생존전략으로 두뇌전쟁이나 특허전쟁이 심각하게 이루어지고 있는 이때 북한의 지식재산권과 남북지식재산권의 협력 및 조화 방안에 관한 연구가 극히 부분적으로 이루어지고 있을 뿐, 우리 민족의 생존과 직결되는 지식재산권의 교류와 법제 통합에 대한 거시적 · 조망적 연구와 구체적인 통합법(안)을 제시하는 등의 연구는 아주 미흡한 실정이다. 따라서 이 책은 이런 현실을 감안해 이번 기회에 남북한 지식재산권에 대한 제도 소개와 법제의 비교 · 분석을 통해 북한법제의 개선방향을 이끌어내고, 이를 바탕으로 통일에 대비한 통합법(안)을 제시할 수 있도록 다음과 같은 서술범위를 설정했다.

첫째, 교류협력에 관한 일반적 고찰을 통해 교류협력 법령의 체계와 문제점을 파악한 후 지식재산권 분야 교류협력의 현황과 문제점을 이끌어내고 그런 바탕 위에 교류협력을 보다 활성화할 수 있는 방안을 제시했다.

둘째, 남북한 통일에 대한 법적 접근을 바탕으로 일반적인 법규범의 균형적 통합이 선행될 수 있도록 인류 보편적인 법치국가 질서에 입각한 통일한국의 법통합 방향을 설정했다.

셋째, 북한 지식재산권 법제도는 사회주의체제에 따른 특수성으로 인해 정치적 영향을 크게 받기 때문에 이에 대한 정확한 현실진단이 무엇보다 필요하다. 따라서 이를 위해 제도 및 법제상의 문제점을 이끌어내더 깊이 있게 분석했다.

넷째, 외국의 지식재산권 법제도 통합 · 협력에 대한 비교 고찰로서 동 · 서독의 산업재산권 법제도 통합 사례를 제시했는바, 이는 산업재산권 법제도를 통합하기 이전에 선결조치사항은 무엇인가를 파악한다. 또 확장법이 이루어지기까지의 경과 과정을 포함해 실제 확장법의 기본원칙 및 주요내용을 분석함으로써 앞으로 남북한 통합법(안)을 작성하는 데 우리의 모델로 삼고자 했다. 그리고 중국과 대만 간의 지식재산권 교류협력을 위한 법적 근거와 교류현황을 분석하고, 중국과 홍콩 간의 지식재산권의 법적 근거 및 법률제도, 전반적인 운영실태 및 교류현황을 제시함으로써 우리가 유념해야 할 교훈으로 삼고자 했다.

다섯째, 남북한 지식재산권 법제, 즉 발명보호법제, 실용신안법제, 디자인보호법제, 상표법 및 저작권법제에 대해 현행 북한법제의 문제점을 파악한 후 각각의 지식재산권에 대한 제도 소개와 더불어 법제구성상, 실체법상 및 절차법상 비교 분석을 하여 그 차이점을 구체적으로 제시하면서 남북 공통적인 내용을 중심으로 서술 범위를 한정했다.

여섯째, 앞에서 논의된 내용들을 바탕으로 이 책의 사실상 결론이라고 할 수 있는 남북한 지식재산권 법제의 통합방안을 제시했는바, 이는 통일 때 남북한 지역에 공통적으로 적용시킬 수 있는 법제 통합의 기본원칙과 범위를 포함해 통합법(안)의 주요 쟁점사항들을 분석 정리했다. 마지막으로 각 상대영역으로 효력을 넓히는 데 필요한 실제 통합법(안)을 각 조문별로 제시했다.

이 책은 남북한 지식재산권 법제의 통합을 위해 주로 비교법적 서술방법을 통한 통합법(안)을 작성하는 데 중점을 뒀다. 본 통합법(안)은 남한과 북한의 통합에 따른 각 지식재산권의 효력을 '통일 한국'으로 넓힘으로써 기술의 발전을 촉진해 산업발전에 이바지함과 아울러 권리자의 이익을 보호하는 데 그 목적이 있다.

이를 위한 법제의 체계는 총칙, 권리확장, 권리충돌 및 권리침해, 지식재산권 분쟁의 조정절차, 보칙으로 구성됐고, 본문 총 58개 조항과 부칙으로 이루어졌다. 그리고 통합법(안)의 주요내용은 구남북한 지역에서 생긴 구권리의 확장, 심사와 등록 때 적용법률과 심사기준, 중복권리에 대한 효력인정 범위, 선사용권 및 계속사용권에 관한 사항, 선·후원관계, 침해 시 조치와 권리자의 보호를 포함해 지식재산권 분쟁의 조정절차에 관해서 쟁점사항별로 분석했다.

끝으로 통일이 대박이 되기 위해선 미래 세대들이 먹고살 수 있는 '미래 먹을거리'를 만들어 나가는 것이 무엇보다도 중요하다고 할 것이다. 그러므로 '글로벌 IP허브국가'로서의 역할을 증대시켜 나갈 수 있도록 통일한국 지식재산권의 비전과 미래전략을 제시했다.

제2장
남·북한 지식재산권 교류협력 실태 분석

제1절 교류협력에 관한 일반적 논의

1. 교류협력 의의와 추진 경위

남북한은 분단으로 인한 이질화를 극복하고 민족공동체 의식을 함양해 궁극적으로 평화통일을 이룩하려는 효과적인 접근으로 교류협력을 추진하고 있다.[1] 교류협력은 인적교류와 경제교류 및 협력을 포괄적으로

1 남북 간의 교류협력은 정부의 통일방안과도 밀접한 관련을 맺고 있다. 남북교류협력은 남북화해협력단계와 남북연합단계에서 추진되는 것으로 통일국가 완성단계에 진입하기 위한 과도기에서 진행되는 것이다. 따라서 남북한 간의 경제협력은 대단히 중요하다. 이는 우리의 통일방안이나 대북정책에 잘 나타나고 있다. 남한의 역대정부가 발전시켜온 통일방안은 「민족공동체통일방안」이다. 「민족공동체통일방안」은 1989년 9월 노태우 정부 시기에 「한민족공동체통일방안」이라는 이름으로 처음 제시됐으며, 1994년 8월 김영삼 정부가 「한민족공동체 건설을 위한 3단계 통일방안」(민족공동체통일방안)으로 보완 · 발전시킨 것이다. 「민족공동체통일방안」은 하나의 민족공동체를 건설하는 것을 목표로 점진적 · 단계적으로 통일을 이루어나가야 한다는 기조 위에서 통일 과정을 '화해협력단계', '남북연합단계', '통일국가 완성단계'로 설정하고 있다. 「민족공동체통일방안」은 '1민족 1국가 1체제 1정부'로, 민족구성원 모두가 주인이 되며, 민족구성원 개개인의 자유와 복지, 인간존엄성이 보장되는 선진민주국가를 통일국가의 미래상으로 제시하고 있다. 최명길, "남북교류협력법제 개선에 관한 연구", 국민대학교 대학원 박사학

지칭하고 있다. 인적교류는 이산가족교류와 사회문화교류를 의미하고, 경제교류는 교역과 투자를 의미한다. 이와 함께 인센티브 제공 차원에서 정부의 재정지원도 포함하고 있다.[2] 결과적으로 남북한의 교류협력은 남북한 주민의 접촉[3], 남북한 왕래[4], 재외국민의 북한 방문, 교역, 협력사업 등을 의미하며 결국 남북한 교류와 협력을 통해 정치적 · 군사적 변화를 유도하기 어려운 부분에 대해 상대적으로 보다 쉽게 북한의 개혁과 개방[5]을 유도할 수 있다는 것이 가장 큰 의의라 하겠다.

위논문, 2005. 7, pp. 26-27.

2 최의철, 『남북한 교류 · 협력 활성화 방안』(서울: 통일연구원, 2000), p. 1.

3 「남북교류협력에 관한 법률」에 의하면 남한 주민이 북한 주민과 접촉하고자 할 때에는 통일부 장관에게 사전에 신고해야 한다. '접촉'은 남한과 북한 주민 사이의 정보나 메시지의 교환과정을 말하며, 쌍방 간에 특정내용의 의사가 교환됐을 경우 접촉으로 간주된다. 따라서 남북한 주민의 직접적인 대면 이외에 중개인 혹은 여타의 통신수단을 통한 의사교환도 모두 접촉에 해당한다. 『남북교류협력에 관한 법률』 제9조의2 참조.

4 '왕래'는 남북한 주민이 상대방의 지역을 방문하는 것을 말하며, 판문점뿐만 아니라 제3국을 경유한 방문 역시 남북 간의 왕래에 해당한다. 왕래를 희망하는 주민은 「남북교류협력에 관한 법률」에 따라서 통일부 장관이 발급하는 증명서를 소지해야 한다. 그러나 외국정부로부터 영주권을 취득했거나 이에 준하는 장기체류 허가를 받은 재외국민은 재외공관장에게 신고함으로써 북한을 방문할 수 있도록 되어 있다. 조한범, 『남북사회문화교류협력의 평가와 발전방향』(서울: 통일연구원, 1999), p. 5 참조.

5 여기서 말하는 개혁과 개방이란 공산당 일당독재체제를 유지하면서 시장경제 원리를 도입하는 중국이나 베트남과 같은 방식의 정경분리형 개혁개방이다. 이에 비해 구소련의 고르바초프가 추진했던 페레스트로이카(perestroyka, 개혁)와 글라스노스트(glasnost, 개방)는 사회 모든 분야의 변화를 추구하는 정경일체형 개혁개방이었다. 고르바초프는 1985년 4월 소련공산당 중앙위원회 전원회의에서 신경제개발전략을 선언했는데 그 핵심이 바로 페레스트로이카와 글라스노스트다. 고르바초프는 1970년대부터 시작된 경제난이 1980년대 들어 더욱 심화되자, 위기감을 느끼고 체제개혁에 착수했다. 페레스트로이카는 개인기업, 자유시장, 임금격차, 기업책임제, 외국자본 합작기업 유치 같은 자본주의적 요소를 대거 도입한 것이 특징이다. 국가의 보조금과 모스크바의 지령에 의존해왔던 산업체들이 스스로 생산과 자금과 이윤을 관리하게 된 것은 획기적인 일이었으며, 소규모의 가내생산과 개인영업도 용인했다. 글라스노스트는 복수후보제의 일부 실시, 소비에트사 재검토, 학문 자유화, 출판검열의 자유화 같은 사회 · 정치면의 개혁으로 나타났다. 글라스노스트는 페레스트로이카보다 먼저 시작됐다. 이에 따라 표현의 자유와 알 권리는 크게 확장되고, 언론은 보도와 현실비판에 있어서 전에 없는 자유를 구가하고, 정부당국은 스탈린주의 독재체제와 영원한 결별을 선언하기에 이르렀다. 복수후보자의 경합 하에 부분적으로 비밀투표를 행했다. 외교정책에 있어서도 탈이데올로기와 탈군사화, 경제외교의 중시가 두드러졌다. 탈이데올로기란 소련의 국가이익우선주의를 의미하며, 계급의식에 기초한 외교노선의 상대적 약화를 말한다. 탈군사화는 국내 경제개혁에 발맞추어 해외군사

한편, 일반적으로 사용하고 있는 남북경제협력(경협)이란 용어는 그동안 별도의 정의 없이 남북교류협력의 한 부분으로서 사용되어 왔는데 통상적으로 교역, 협력사업 및 대북지원을 포괄하는 것으로 이해되고 있다. 그런데 「남북교류협력에 관한 법률」에 의하면 '교역'은 남북 간 물품, 기술, 통일부 장관이 정하는 용역 또는 전자적 형태의 무체물의 반입 · 반출[6]을 말하며, '반입 · 반출'은 제3국을 경유하는 물품의 이동을 포함한 모든 형태의 남북 간 매매 · 교환 · 임대차 · 사용대차 · 증여 등을 원인으로 하는 물품의 이동을 뜻한다.[7] 남북교역 통계도 세관을 통과하는 모든 물품의 반출과 반입을 기준으로 집계되고 있어 남북교역규모에는 무역거래뿐만 아니라 협력사업으로 인한 물품의 반 · 출입과 무상 지원되는 물품의 반 · 출입도 포함되어 있다.[8] 마지막으로 '협력사업'은 남북한 주민(법인 · 단체 포함) 등이 공동으로 행하는 문화 · 관광 · 보건의료 · 체육 · 학술 · 경제 등에 관한 제반 활동을 의미한다고 규정하고 있다.[9]

이처럼 현재 사용되고 있는 '교역'이란 용어는 남북경협의 일부를 의미하기도 하며 모든 형태의 남북 간 물자이동, 즉 경협 전체를 의미하기도 한다. 그로 인해 경협 전체를 의미하는 남북교역을 좁은 의미의 일반적인 무역으로 오해함으로써 북한이 남북거래로 인해 큰 폭의 무역적자를 보고 있는 것으로 실상이 왜곡될 여지가 있다. 뿐만 아니라 남북경협의 정의와 포괄범위가 명시되어 있지 않은 데다 남북경협의 구성을 분명

개입의 축소, 국내군비와 군사력의 삭감을 목적으로 했다. 심양섭, 『미국은 남북 화해를 방해했나?』(서울: 오름, 2006. 3), p. 150 참조.

6 2007년 6월 30일 「남북교류협력에 관한 법률」 개정 시 '교역'의 개념이 종전의 '물품의 반입 · 반출'에서 '물품, 기술, 통일부 장관이 정하는 용역 또는 전자적 형태의 무체물의 반입 · 반출'로 확대 적용됐다. 통일부, 남북교류협력시스템, 「법/제도안내: 최근 주요개정사항」, 2008. 10, p. 10. 〈http://www.tongtong.go.kr/web/jsp/usrsys/main/index.jsp, 2008. 10. 26.〉

7 「남북교류협력에 관한 법률」 제2조(정의).

8 이영훈, "남북경협의 현황 및 평가", 한국은행, 2006. 12, p. 2.

9 「남북교류협력에 관한 법률」 제2조. 또 1997년 6월에 제정된 「남북사회문화협력사 업무처리에 관한 규정」은 보다 세밀한 규정을 하고 있다.

하게 구분하지 않음으로써 혼동과 오해를 사고 있다. 또 경제 부문에 있어서 협력사업의 물자이동은 대부분 대북투자로서 남에서 북으로의 일방적인 흐름을 보이고 있어 협력사업이라고 보기에 어려운 점도 있다.

이 책에서는 이런 오해의 소지를 줄이기 위해 남북경협을 남북 간 무역, 투자 및 지원을 포괄하는 용어로 정의하고 이 세 가지 범주의 물자이동을 의미하는 것으로 남북교역이란 용어를 사용하고자 한다.[10] 그리고 그동안 협력사업으로 분류되던 거래 가운데에는 순수한 투자로 볼 수 없는 부분도 있으나 투자의 주체를 민간, 정부 등으로 분류함으로써 성격을 달리하는 투자의 범주로 구분해 모두 투자에 포함했다.[11]

한편, 남북한 교류협력을 하게 된 실질적 추진경위는 1991년 12월 채택된 「남북 사이의 화해와 불가침 및 교류협력에 관한 기본합의서」에 근거해 1992년 9월 채택된 「제3장 남북교류협력의 이행과 준수를 위한 부속합의서」는 제2조 제2항에서 "남과 북은 쌍방이 합의해 정한 바에 따라 특허권 · 상표권 등 상대측의 과학 · 기술상의 권리를 보호하기 위한 조치를 취한다."라고 명시함으로써 남북한 지식재산권에 관한 논의의 근거를 마련하게 됐으며[12] 2000년 6월 15일 채택된 「6 · 15 남북공동선언」 제4항에서 "남과 북은 경제협력을 통해 민족경제를 균형적으로 발전시킨다"라고 명시함으로써 각 부문별 교류협력을 활성화하도록 했다. 즉 남북한 공동선언을 통해 원칙적으로 남북 간의 기존합의를 존중하면서 이를 실천해 나가기 위한 구체적 사업에 합의한 것으로 볼 수 있다.[13] 또 6 · 15 남북공동선언 채택에 따른 후속 실무회담인 제4차 남북 장관급회담(2000년 12월) 때 「남북 사이의 투자보장에 관한 합의서」에서 지식재산권

10 남북교역은 남북경협에서의 물자이동만을 의미하므로 양자가 반드시 같지 않다. 예를 들어 현금투자의 경우는 남북경협에는 포함되지만 남북교역에는 포함되지 않는다.

11 이영훈, 앞의 논문, p. 3.

12 특허청(기획조정관실), "남북 산업재산권 교류협력 추진방안", 2004. 4, p. 2 참조.

13 특허청(국제협력담당관실), "북한의 산업재산권 제도", 2001. 2, p. 2 참조.

과 유사한 권리가 '투자자산'[14] 개념에 포함되는 것으로 정의하고 보호할 것을 합의함으로써 지식재산권 보호를 위한 토대를 마련했다.[15] 아울러 남과 북은 민족경제의 균형적 발전과 공동번영을 위해 '남북경제협력추진위원회'(차관급을 수석대표로 하여 5~7명으로 구성)를 구성·운영하기로 함으로써[16] 실질적이고 공식적인 협상채널을 구축하게 됐다. 이를 바탕으로 2003년 12월 발표된 「남북경제협력제도 실무협의회 제4차 회의 공동보도문」에서 남과 북은 남북 사이의 경제협력에 필요한 관련 법령 및 규정들을 상호 교환하기로 하고 차후 문서교환 방식으로 하기로 했으며, 추후에도 지식재산권 관련문제에 대해서는 남북한 간에 계속적으로 협의해 나가기로 합의하는 등[17] 남북한 간 교류협력을 위한 범정부 차원의 노력이 지속적으로 추진되어 왔다.

2. 교류협력 법령의 체계와 문제점

1) 교류협력 법령의 체계

남북한 교류협력을 위한 법체계로는 헌법, 남북한 간 협정·조약 그리고 국내법령을 들 수 있다. 먼저 헌법에서 말하는 영토조항(헌법 제3조)[18]과 평화통일조항(헌법 제4조)[19]에 담긴 헌법적 명령을 실현하려면 북한과의

14 제1조 제1항에서 투자자산을 저작권, 상표권, 특허권, 디자인권, 기술 비결을 비롯한 지식재산권과 이와 유사한 권리를 포함하는 것으로 정의하고 있다.

15 특허청, 『지식재산백서』, 2008. 4, p. 468 참조.

16 특허청(국제협력담당관실), 앞의 연구서, p. 2 참조.

17 특허청(기획조정관실), 앞의 연구서, p. 2 참조.

18 헌법 제3조: "대한민국의 영토는 한반도와 그 부속 도서로 한다."라고 규정하고 있다.

19 헌법 제4조: "대한민국은 통일을 지향하며, 자유민주적 기본질서에 입각한 평화적 통일정책을 수립하고 이를 추진한다."라고 규정하고 있다.

대화와 타협이 불가피한 것임을 기본적으로 보여주고 있다. 다음으로 남북한 간 협정 · 조약으로는 남북한 간의 교류 및 협력을 위한 기본 틀이라 할 수 있는 남북기본합의서와, 상호불신 관계를 청산하고 통일지향적 평화공존체제를 구축해 나갈 것을 선언한 6 · 15남북공동선언과, 투자보장 · 이중과세방지 · 상사 분쟁조정절차 · 청산결제 등 4개 부문으로 구성된 남북경협 4개 합의서가 교류협력을 위한 법적 뒷받침을 하고 있다. 마지막으로 국내법령으로는 남북교류협력의 기본법이라 할 수 있는 남북교류협력법과 남북한 간의 상호교류와 협력을 지원하기 위해 제정된 남북협력기금법이 그 법적 토대를 이루고 있다.[20]

이런 법체계를 기반으로 남북교류협력에 관한 법령은 행정조직법과 행정작용법으로 나눠 살펴볼 수 있다. 행정조직법령으로는 우선 정부조직법에서 남북교류협력의 주무부처인 통일부의 업무를 규정하고, 그 구체적 조직과 정원은 「통일부와 그 소속기관직제」에서 규정하고 있다.

한편, 남북 및 북방교류협력조정위원회규정에 의해 설치된 동 위원회에서는 남북교류협력에 관한 기본방침과 그 추진에 관한 중요사항을 심의 · 조정하는 기능을 수행하도록 하고 있다. 그밖에 협력사업 승인에 관한 관계부처의 의견을 조정하기 위해 남북경제협력조정위원회 및 남북일반교류협력조정위원회가 국무총리훈령에 의해 설치되어 있다.

행정작용법령에는 남북교류협력에 관한 법률과 남북협력기금법 및 각 법의 시행령 · 시행규칙이 있다.[21] 남북교류협력에 관한 법률은 그 제안 이유에 나타난 바와 같이 남북 간의 인적 · 물적 교류와 협력을 촉진해 우리 민족의 염원인 민족통일을 위한 기반을 조성하려는 취지에서 제정

20 신현윤, "남북한 교류협력의 제도적 발전방향", 『대법원 주제발표문』, 2004. 5, pp. 271-278 참조.

21 박윤흔, "남북기본합의서 이행에 따른 남북교류협력법령의 보완 · 발전방향"(통일원, 1996), 『남북교류협력법제 논문자료집』, p. 6 참조.

됐으며, 북한을 적대관계의 당사자가 아닌 교류와 협력의 당사자로 인정한 최초의 실정법으로서 7·7선언에 나타난 남북한 동반자시대의 지평을 여는 법률이라고 할 수 있다.[22] 이 법은 "남북교류와 협력을 목적으로 하는 행위에 관해 정당하다고 인정되는 범위 안에서 다른 법률에 우선해 이 법을 적용한다"(제3조)라는 규정을 둔 점에 비추어 남북관계의 기본법의 역할을 수행한다고 보는 견해가 있다.[23]

그러나 남북교류협력에 관한 법률은 이 분야에 관한 최초의 근거법일 뿐 이것이 앞으로 제정될 모든 남북교류협력 관련법령에 대해서까지 기본법의 지위를 갖는다고 볼 수는 없으며,[24] 위 제3조의 규정취지는 국가보안법에서 범죄로 규정하고 있는 남북 간의 접촉행위 중 "정당하다고 인정되는 범위"에 드는 행위에 대해서는 국가보안법에 우선해 이 법을 적용한다는 데 있는 것으로서 결국 국가보안법에 대한 특별법의 지위에 있다고 볼 수도 있다.[25] 어쨌든 이 법은 제정 당시 남북기본합의서의 채택 등 남북관계 개선의 가시적 성과가 없었던 상태에서 우리 정부의 방침을 일방적으로 법제화한 데 지나지 않았다고 할 수 있으며,[26] 당시 정부의 통일정책 추진 차원의 대북접촉과 일부 인사들의 불법입북을 둘러싼 법적 근거 내지 법적용 원칙의 설정 등 당면문제를 해결하는 것이 입법추진

---

22 이 법의 제정 의의를 "남북교류협력을 개방함을 선언함"과 "통일을 현실적 문제로 공식화함"이라고 설명하는 견해도 있다. 김천식, 『법적 보장으로 본 남북교류협력법』(통일한국, 1996. 9), p. 82 이하.

23 오준근, "남북교류협력에 관한 현행법제와 그 개선방향"(통일원, 통일문제연구 1992년 봄호), p. 31.

24 환경분야에서 환경보전에 관한 포괄적 입법으로서 환경보전법이 제정됐으나 그 후 환경정책기본법을 비롯한 대기·수질·소음진동 등 분야별 규제법률로 분화된 예에서 보듯이 남북교류협력에 관한 입법체계도 앞으로 얼마든지 달라질 수 있다.

25 남북교류협력에 관한 법률은 최초 성안 당시 『남북교류협력에 관한 특별법』이라는 제명을 갖고 있었는데 이는 국가보안법의 특별법이라는 인식에서 비롯된 것으로 보인다.

26 연기영, "남북한 경제교류협력과 법률문제"(법과 사회, 제5호), p. 68; 박윤흔, 앞의 논문, p. 7 이하 참조.

의 단초가 되지 않았나 생각된다.[27]

그러나 실제 입법과정에서는 7·7선언의 정책의지를 뒷받침함과 아울러 남북관계의 개선을 기대하면서 당시 예상할 수 있는 범위 안에서 교류협력에 관한 사항을 포괄적으로 담고자 고심했던 것으로 생각해 볼 수 있다.[28] 그 결과 이 법은 입법체계상으로도 상당히 예외적인 모습을 보여주고 있는데 그것은 ① 다른 대외교류협력 관계법령을 광범위하게 준용하고 있다는 점, ② 하위법령인 시행령에 위임하고 있는 폭이 다른 행정법령의 경우보다도 훨씬 넓다는 점, ③ 통일부 장관 등 행정당국의 법규보완적 처분 내지 의사결정의 폭도 널리 인정되고 규제의 정도가 강하다는 점 등을 들 수 있다.

이는 우리의 헌법해석 내지 통일정책과 관련해 북한을 형식논리적으로는 우리 영토로 보면서도 실질적으로는 통치권이 미치지 않는 외국과 유사하게 다루지 않을 수 없는 상황에서 하나의 법으로 남북 간의 교류협력에서 예상되는 제반문제를 모두 규율하려 한 데에서 빚어진 것이다. 그리고 법제정 당시 남북기본합의서의 채택 등 남북관계의 개선을 충분히 예견하지 못했을 뿐만 아니라 북한지역의 왕래 등 당시 이미 발생했던 문제를 제외하고는 물자교역·경제협력 등에 관해서는 입법의 필요성을 절실히 느끼지 못했기 때문이라고 할 수 있다.[29]

---

27 그 전까지 정부의 통일정책은 북한을 적대관계의 당사자이면서도 통일을 향한 동반자라는 『남북관계 이중성론』과 그 결과로서 대북관계는 정부주도로 일사불란하게 이루어져야 한다는 『창구단일화론』에 입각하고 있었으며 정부의 대북접촉은 국가보안법 등 실정법의 적용에서 배제된다는 통치행위론·정당행위론으로 설명하면서 민간 차원의 대북접촉은 정부승인이 없는 한 국가보안법의 적용대상으로 보았다.

28 남북교류협력에 관한 법률의 정부안이 성안된 후 국회에서 법안심의가 지연되자 1989년 6월 12일 대통령 특별지시 제1호로 남북교류협력에 관한 기본지침이 마련되어 법 제정 때까지 한시적으로 적용됐는데 이는 7·7선언의 구체적 실현을 위해 통일정책의 추진 주체인 정부의 승인과 지도 아래 남북교류협력이 이루어지도록 하려는 것으로서 남북한 주민 간 접촉·인적왕래, 물자교역, 협력사업의 절차를 규정하고 있었다. 그리고 이 지침의 하위지침으로는 남북교류협력 세부시행지침이 제정·시행됐다.

29 박윤흔, 앞의 논문, p. 7.

남북교류협력에 관한 법률은 모두 30개 조문으로 이루어져 있는데 목적 · 정의 · 다른 법률과의 관계 등 총칙적 규정(제1조 내지 제3조), 남북교류협력협의회의 설치 · 운영에 관한 규정(제4조 내지 제8조), 남북한 왕래에 관한 규정(제9조 내지 제11조), 물자교역(제12조 내지 제15조) · 협력사업(제16조 내지 제18조)에 관한 규정, 결제기구 · 교통 · 통신 · 검역 등 부수적 규정(제19조 내지 제23조), 행정지원 및 협조요청 · 다른 법률의 준용 등 보칙적 규정(제24조 내지 제26조), 벌칙(제27조 내지 제29조)과 북한 주민의 제규정(제30조)을 내용으로 하고 있다.

반면에 동법 시행령은 모법(母法)과 달리 장별 편성을 하여 총 6개장 53개 조문으로 되어 있으며 모법의 위임을 받아 그 미비점을 보완하고 있다. 동법 시행규칙은 주로 서식에 관해 10개 조문을 두고 있다.

남북협력기금법은 남북 간의 상호교류와 협력을 지원하기 위해 남북협력기금을 설치하고 이를 관리 · 운영하기 위해 제정된 법으로서 시행령 · 시행규칙과 더불어 다른 기금법령과 유사한 체제로 되어 있다.

2) 교류협력 법령의 문제점

일부에서 현행 남북교류협력 법령의 문제점으로 지적한 바를 살펴보면,[30] 이는 법령의 운영과정에서 현실적으로 제시된 문제점이라기보다는 주로 입법체계상의 문제라거나 정책방향 내지 그 수행수단의 선택에 관한 문제라고 할 수 있다.

한편, 이들 법령이 제정된 후에도 경제협력 · 인적교류 등 모든 분야에서 남북교류협력이 본격적인 실천단계에 접어들지 못하고 있는 상태에서 제정된 법을 제대로 집행해 보지도 않고 개정을 검토하는 것은 성급하게 느껴질 수도 있다.

30 오준근, 앞의 논문, p. 32; 이장희, "남북합의서의 법제도적 실천과제"(아시아사회과학연구원 주최 제1회 통일문제 학술세미나, 1992), p. 5 참조; 박윤흔, 앞의 논문, p. 8 참조.

그러나 법령 제정 후 남북기본합의서 및 그 부속합의서가 채택되는 등 제도적 측면에서 획기적 진전이 있었고 이에 따라 실제 운영도 활성화 될 것으로 예측되기 때문에 제정 당시 현행법령이 미처 예상하지 못했거나 미흡하게 규정했던 사항을 추출해 정비하는 것은 당연하다고 본다.[31]

(1) 남·북 간의 합의내용과 우리 법령내용 상호 간의 관계

남북교류협력은 상대방이 있는 사안으로서 우리 측의 일방적인 법제화 조치만으로는 소기(所期)의 목적을 달성할 수 없으며 쌍방이 상대측의 입법조치를 승인하고 그 실효성을 보장할 것을 약속해야 한다. 우리 측의 입법내용과 그에 따른 집행도 쌍방의 합의에 어긋나지 않는 범위 내에서 이루어지되 상호주의에 따라 북측의 상응한 조치가 병행되도록 해야 한다. 예를 들어 남북교류협력에 관한 법률에서 남북한 주민의 왕래에 통일부 장관이 발행한 증명서를 소지하도록 했음에도(제9조 제1항) 북한 측이 그 증명서를 인정하지 않는 경우라든가, 남북 간 교역에 대한 관세면제(제26조 제2항)를 북한 측이 인정하지 않는 경우 남북교류협력에 문제가 발생하게 될 것이다.

특히 우리 체제가 엄격한 법치주의 원리와 시장경제에 바탕을 둔 반면에 북한은 우리와 상이한 입법체계를 갖고 있을 뿐만 아니라 행정지시나 결정이 법령과 같은 효력을 가지며 세밀한 계획경제에 따라 움직이는 체제라는 점도 남북교류협력에 장애가 될 수 있다. 예컨대 남북한 주민의 상호 왕래에 있어 북한은 국내여행도 허가를 받아야 하는 반면에 우리는 '여행의 자유'라는 용어 자체가 생소하게 느껴질 정도로 이동에 제한이 없다. 따라서 쌍방 간에 자유왕래를 합의하더라도 그 의미가 다를 수밖에

31 박윤흔, 앞의 논문, p. 8.

없으며, 합작투자를 함에 있어서도 원자재의 구입이나 제품의 판매는 물론 노동력의 채용 · 해고까지도 북한의 계획경제는 틀 안에서 엄격한 제한을 받기 때문에[32] 여기에 관한 별도의 합의가 세부적으로 이루어지고 남북한이 각각 국내법적으로 보장할 필요가 있는 것이다.

(2) 준용규정 · 위임규정 등의 과다

앞에서 지적한 것처럼 현행 남북교류협력에 관한 법률은 다른 법령의 준용 및 하위법령으로의 위임 그리고 행정처분 내지 행정당국의 의사에 의한 법규보완 등에서 일반적인 행정법령보다 그 정도가 지나치다는 문제점이 있다. 먼저 다른 법령의 과도한 준용에 관한 문제를 살펴보면, ① 교역에 관해 대외무역법 등 무역에 관한 법률의 준용(제26조 제1항), ② 남북 간 투자 · 물품의 반출, 반입 기타 경제에 관한 협력사업 및 이에 수반되는 거래에 대해 외국환관리법 · 외자도입법 · 각종 세법 등 19개 법률의 준용(제26조 제3항, 시행령 제50조 제3항)의 경우로서 준용대상이 되는 행위의 유형이 추상적이고 준용되는 법률의 범위도 막연하거나 지나치게 넓어 법규의 명확성을 기할 수 없게 하고 법적용을 곤란하게 한다. 또 관련법령의 준용에 있어서는 대통령령으로 그에 대한 특례를 정할 수 있도록 하고 있는바(제26조 제4항), 시행령에서는 부가가치세 · 특별소비세 등 조세부과에 관한 몇 가지 특례를 규정하되(시행령 제51조 내지 제53조) 나머지 특례는 관계행정기관의 장이 남북교류협력추진협의회의 의결을 거쳐 고시하도록 함으로써(시행령 제50조 제5항) 결과적으로 고시에 의해 수많은 관계법령의 적용여부를 결정하도록 하는 문제를 야기하고 있다.

한편, 이와 같은 준용규정은 북한을 외국과 마찬가지로 취급하는 결

---

32 여기에 관한 구체적인 내용은 법제처, "북한의 합영법제", 1992, pp. 44-52 참조.

과가 되어 남북기본합의서에서 남북관계를 "나라와 나라 사이의 관계가 아닌 통일을 지향하는 과정에서 잠정적으로 형성되는 특수관계"로 규정한 취지에 위배된다는 주장이 있다.[33] 그러나 이 견해는 '준용'과 '적용'의 입법실무상 용례를 잘못 이해한 까닭이며 남북관계가 국가 간의 관계는 아니지만 실무처리상 북한을 외국에 준해 취급할 수밖에 없다는 점을 간과한 것이다. 또 경제분야의 교류협력에 대해 상세한 규정을 두지 않고 외국과의 무역에 관한 관련법규를 광범위하게 준용한 것은 통상 부문에 대한 법적 근거의 마련을 의식적으로 회피한 것이라는 지적도 있다.[34]

다음으로 하위법령에의 과도한 위임이라는 문제점을 살펴보면, 이 법은 거의 모든 조문에서 시행령에의 위임을 규정하고 있는데 그중 남북한 왕래에 대한 증명서 발급절차(제9조 제4항)등 모법의 시행에 필요한 절차적 사항을 위임한 경우도 있으나 남북한 왕래에 대한 심사(제11조), 물품의 반출·반입에 대한 승인(제13조), 협력사업자의 승인(제16조), 협력사업의 승인(제17조) 등 중요한 사항을 포괄적으로 시행령에 위임하고 있는데 이는 하위법령에의 위임은 "법률에서 구체적으로 범위를 정해"하도록 한 헌법 제75조 제1항에 위반된다는 비판이 뒤따를 수 있다.

(3) 규제입법인지 조장입법인지에 관한 논란

남북교류협력에 관한 법률은 제1조에서 남북 간의 교류협력을 촉진시키기 위한 입법임을 명시하고 있으나 실제로는 행정당국의 과도한 규제 일변도로 되어 있어 입법 목적에 맞지 않는다는 비판이 있다.[35]

---

33 오준근, 앞의 논문, pp. 33-34.

34 장명봉, "남북한 기본관계 정립을 위한 법적 대응"(한국공법학회 제21회 학술발표회), p. 18 이하 참조.

35 오준근, 앞의 논문, pp. 37-40; 이장희, 앞의 논문, p. 5.

현 단계에서 남북교류협력을 완전한 자율에 맡겨야 한다는 주장은, 북한의 실체 등 남북관계의 특수성을 일부러 외면한 처사이거나 국내에서도 경제활동에 관한 수많은 규제입법이 있다는 점을 간과한 주장이라고 할 수 있다. 따라서 법의 제정목적이 어디에 있든 간에 합리적인 범위 안에서의 규제는 반드시 필요한 것이며 그 완화여부는 남북관계의 진전에 따라 신중히 고려되어야 할 것이다.

한편, 이 법의 성격과 관련해 벌칙규정이 과중하다는 비판도 있다.[36] 여기에 따르면 남북 간의 자유왕래와 교역이 남북기본합의서의 기본정신임에 비추어 각종 승인을 받지 않고 왕래·교역행위를 한 자에게 자유형을 과하는 것은 잘못이기 때문에 이를 행정질서벌인 과태료로 바꾸고 미승인 입북에 대한 제재 및 계도 등 행정적 대응으로 해결해야 한다고 한다. 이와 같은 견해 역시 남북관계의 본질을 잘못 이해하고 특히 국가보안법에 규정된 엄격한 처벌규정과의 균형을 고려하지 않았으며 행정질서벌 내지 행정조치의 성격에도 맞지 않는 견해라고 본다.

(4) 남북교류협력 업무의 관할에 관한 문제점

남북교류협력에 관한 법률과 남북협력기금법은 통일부 소관 법률에 속하며, 따라서 교류협력 및 기금운용에 관한 제반 사항은 통일부 장관의 권한으로 규정되어 있다. 그러나 남북교류협력에 관한 업무는 그 유형이 다양한 만큼 통일부가 독자적으로 수행하기 어려우며 관계 행정기관의 협조가 있어야 한다. 즉 남북교류협력에 관한 법률에 의해 설치된 남북교류협력추진협의회가 정책의 협의·조정 외에 중요업무의 집행을 심의·의결하도록 하는 것이나 국무총리훈령에 의해 남북경제협력조정위원회

36 오준근, 앞의 논문, pp. 39-41.

와 남북일반교류협력조정위원회를 따로 구성하고 여기에서 중요사항을 사전 조정하도록 하며, 아울러 각종 민원사항을 관계부처에 사전 통보하도록 하는 것은 모법에서는 통일부 장관의 권한으로 규정한 사항에 대해 시행령에서 관계행정기관의 관여를 광범위하게 인정함으로써 모법의 관할지정의 취지를 벗어난 느낌을 주고 절차의 번잡화를 초래하는 등 문제점을 야기하고 있다고 하겠다.[37]

(5) 교류협력 관련규정의 내용상 문제점

남북교류협력에 관한 법률은 인적교류 · 물자교역에 관한 사항을 규정함과 아울러 남북 간의 협력사업에 관해 규정하고 있는데 교류분야에 관해서는 어느 정도 세분화해 규정하고 있다. 그러나 협력분야의 경우 사업영역이 광범위한 데 비해 단지 3개의 조문만을 둠으로써 지나치게 단순하게 규정되어 있다는 지적을 받을 수 있으며, 인적교류 활성화에 대비한 남북한 주민들 상호 간에 신분상 · 재산상 복잡한 법률관계가 문제될 수 있다는 점에 대해서는 아무런 대책이 없다. 또 절차적 번잡으로 인해 비슷한 절차를 중복해서 거치도록 한다거나 제출서류가 불필요하게 많다거나 처리기관이 여러 곳으로 분산되어 있다거나 처리기간이 너무 길다는 것 등이 내용상 문제점으로 대두되고 있다.[38]

마지막으로 남북협력기금법상의 문제점으로 거론되는 사항을 보면, 기금의 지원대상이 너무 광범위하다는 것과[39] 기금운용의 구체적 원칙과 기준이 결여되어 있다는 것[40] 등이 있다.

37 박윤흔, 앞의 논문, pp. 12-13 참조.

38 전홍택 · 조동호, "남북한 투자협력의 정책과제: 남북한 경제협력의 당면과제와 두만강 지역개발계획", 『국제학술회의자료집』, 1993, pp. 37-38.

39 전홍택 · 조동호, 앞의 논문, p. 46.

40 오준근, 앞의 논문, p. 42.

이상과 같이 교류협력 법령상 나타난 문제점들이 보다 현실적으로 개선되어 일반적인 경제협력이나 인적교류 등 모든 분야에서 남북교류협력이 더욱 활성화될 때 지식재산권 분야의 교류협력도 활발히 이루어지리라 판단된다.

제2절 지식재산권 교류협력의 현황과 문제점

1. 지식재산권 교류협력의 현황과 상호보호

1) 교류협력의 현황

개성공단 같은 경제특구 개방으로 북한 내 우리 기업의 진출이 활발해짐에 따라 우리 기업이 북한에서 상표로 보호받기 위해 마드리드 국제상표제도(다국가 1출원제도)를 통해 북한에 상표출원하는 경우가 점차 증가하고 있다. 우리나라가 마드리드 가입 이전의 경우, 한국인(남한) 또는 한국(남한) 기업의 보유 상표를 1969년부터 타국을 통해서 북한에 출원하였다.

프랑스, 이탈리아, 독일(서독 또는 동독), 베네룩스, 카자흐스탄을 통해서 35건의 상표가 출원되었다.[41]

1969년 남영 비비안(현재 비비안)이 처음 프랑스를 통해서 '바바라'를 북한에 출원하였다. 삼성은 1989년 서독을 통해서 출원하였다.

2003년 4월 마드리드 국제상표제도가 우리나라에 시행된 이후 우리나라 상표가 2003년 6건, 2004년 12건, 2005년 13건, 2006년 6건, 2007년 3건, 2008년 1건, 2009년 3건, 2010년 3건, 2011년 2건, 2012년 4건, 2013년

41 WIPO 상표 관련 통계자료, 2022. 3. 10 기준

2건, 2014년 2건, 2015년 4건, 2016년 1건, 2017년 1건, 2018년 48건, 2019년 12건, 2020년 1건, 2021년 2건으로 총 127건의 상표가 북한에 출원됐다.

한편, 2003년 이후에도 카자흐스탄, 이탈리아, 유럽연합을 통해서 14건이 출원되었으나, 2015년 이후에는 모두 남한 특허청을 통해서 출원되었다. 롯데가 42건을 출원하여 2018년만 48건으로 급증하였다.

북한에서는 우리나라에 1건도 출원하지 않은 것으로 파악되었다.[42] 이들 상표의 출원인을 살펴보면, 대기업이 출원한 상표로서 삼성전자 및 삼성물산이 'SAMSUNG'으로 전기 모터 등에 각각 1건, LG생활건강이 'REACH', 'WONDER GRIP', 'JUNIOR', 'ACCESS', 'REACH JUNIOR', 'MEGABITE' 등으로 치약, 구강용품 등에 9건, 지금은 카카오로 변경된 다움이 'Elegance' 등으로 향수 등에 3건, (주)이랜드가 'E-LAND'로 신발, 의류에 1건 출원했다.

LG화학은 '하이샤시', 'YEDAZI', '하이막스', 'BENIF'의 상표로 비금속제 건축재료에 4건, 주식회사 이원이 'E1'으로 공업용 어유, 부탄가스 등에 2건, 주식회사 지에스가 'GS'로 브레이크액과 부동액 등의 상품에 2건, 주식회사 엘지가 'LG'로 컴퓨터용 스피커 등의 상품에 1건, LS전선이 'LS'로 미가공 플라스틱 등의 상품에 1건, 현대중공업이 'HYUNDAI HEAVY INDUSTRIES CO. LTD'로 비수송기계 기구용 구동모터 등의 상품에 1건 출원했다.

롯데는 'LOTTE' 등으로 유통과 관련된 류에 48건 출원하였으며, KT&G 2건, 빙그레가 바나나우유 포장형 형태 등으로 4건, 신세계가 '신세계'로 3건, 이마트가 '이마트' 등으로 2건을 출원하여 총 85건이 출원됐다.[43]

---

42 WIPO 상표 관련 통계자료, 2022. 3.10 기준

43 WIPO 상표 관련 통계자료, 2022. 3.10 기준

중견, 중소기업 및 개인은 77건 출원됐는데, 화장품류에 ‘MISSHA’가 출원됐고, 약제류에 ‘LEVOVIR’, ‘Rebovir’, ‘Revovir’이, ‘COWON’과 ‘BLUESIDE’가 컴퓨터 소프트웨어, MP3 등에, ‘DORCO’가 비전기식 면도기에, ‘Act’ Z와 ‘ ’가 세탁용 표백제 등에, ‘WCO’가 쇼제작업 등에, ‘북경한일전기설비’가 리프트용 무선조종장치 등에, ‘NUX’와 ‘KCB’가 압력계, 화물운송업 등에 출원됐고 그 외 8건의 개인 출원인으로 ‘MIDAS’로 전기청소기, 전기다리미 등에, ‘천비탕’으로 생수 등에, ‘지도표’와 ‘성경’으로서 파래, 김치 등에, ‘지구인’으로 기업경영 및 조직컨설팅 등에, ‘Z-COiL’로 각막계 등에, ‘ORACLE’로 치과업 등에 출원된 것으로 나타났다. YG엔터테인먼트는 한류의 흐름에 따라 ‘싸이’와 ‘강남스타일’을 2012년과 2013년에 각각 출원했다.

최근 북한에서는 우리나라의 국제출원된 상표를 모두 거절하고 있다. 마드리드를 통하지 않고 출원된 1969년 바바라 등의 상표는 등록이 된 경우도 있었다. 2018년 이전 출원에 대해서는 선행상표를 근거로 거절하거나, 지리적 표시, 성질 표장, 제3자의 성명 포함 등 각각에 대해서 실체적인 심사를 진행한 것으로 보인다. 2018년 이후 출원은 거의 대부분 국내 출원이라는 이유만으로 거절하는 것으로 보인다.

남한과 북한은 제8차 남북 고위급회담의 부속합의서(1992. 9. 17), 6 · 15 남북공동선언 이행을 위한 남북 사이의 투자보장에 관한 합의서(2000. 12. 16) 등을 통해 지식재산권 보호에 관한 원칙에 합의하였다. 이후 후속조치가 마련되지 않아, 실제로 한국인(남한) 또는 한국(남한) 기업의 상표는 북한에서 보호받지 못하고 있다. 2011년 이후 북한으로의 출원을 원할 시 남측 출원인의 경우에는 외국(법)인의 명의를 이용해 제3국을 우회하는 출원에 한해서만 가능하도록 되어 있다. 현행 대북 출원경로는 첫째, 북한 내 대리인을 이용한 특허 · 상표 출원으로 파리협약 혹은 PCT 루트를 통해서 하는 경우이다. 현재 북한 내의 15개 특허대리 사무소에 대한 주소 및 연락처를 제공하고 있다. 이들은 철산 특허 및 상표 대리소, 무지개 특허 및 상표 대리소, 해금강 특허 및 상표 대리소, 금강산 특허 상표 대리소, 장수봉 특허 상

표 2.1 | 북한 특허대리사무소 현황

	특허대리사무소 명칭	영문 명칭	홈페이지
1	철산 특허 및 상표 대리소	Cholsan Patent and Trademark	175.45.176.14/ko/notice/cholsan
2	대동강 특허 및 상표 대리소	Taedonggang Patent & Trademark Law Office	www.tptloffice.com
3	룡산 특허 상표	Ryong-San & Co. Patent and Tradmark	www.rspat.com
4	무지개 특허 및 상표 대리소	Koryo PAT Rainbow	175.45.176.14/ko/notice/rainbow/index.php?en
5	해금강 특허 및 상표 대리소	Haekumgang IP Centre	-
6	평양 지적소유권 센터	Pyongyang IP Centre	-
7	남산재 특허 상표 대리소	NAMSANJAE Patent & trademark Agents	-
8	오운 특허 사무소	Oun Patent Attorneys	www.ounpatent.com
9	룡성 특허 사무소	Ryongsong Patent Office	-
10	금강산 특허 상표 대리소	Kumgangsan Patent & Trademark Agency	-
11	준마 특허 상표 사무소	Junma P&T Office of D.P.R Korea	www.dprk-patents.com
12	장수봉 특허 상표 법률 사무소	Jangsubong Patent & trademark Law Office	-
13	조선 문수봉 회사	Korea Munsubong company	-
14	모란봉 특허 상표 대리소	Moranbong Patent & Trademark Agency	www.star-co.net.kp
15	묘향산 법률사무소	Myohyangsan Attorneys	-

표 법률사무소, 준마 특허 상표 사무소, 룡산 특허 상표, 룡성 특허 사무소, 조선 문수봉 회사 등이 있다. 이는 주로 외국인이 이용하는 경로로 우리 기업은 대리인 지정을 할 수 없도록 되어 있다.[44] 따라서 PCT 국제출원제도를 이용한 남측의 출원은 북한 내 대리인 선임의 어려움으로 인해 북한으로의 국내단계 진입이 불가능한 상태에 놓여 있다.

둘째, 제3국을 통한 대북 특허 및 상표를 출원하는 경우이다. 북한은 외화획득 등을 위해 북경, 선양, 홍콩 등에 지식재산권 출원대리소를 설립해 외국인의 출원 편의를 도모하고 있다. 우리 기업은 북측대리소와 협약을 맺고 있는 중국, 홍콩 등지의 대리인을 선임해 현지법인 또는 현지인 명의를 이용해 지식재산권을 출원하고 있으며, 주로 상표에 국한하고 있다. 이나마 남한기업이 배후에 있다는 사실이 밝혀질 경우 거절되고 있는 실정이다.[45]

셋째, 마드리드 루트를 이용한 국제상표를 북한에 출원하는 경우이다. 마드리드 의정서 가입국은 동 마드리드 의정서를 이용해 국제상표 출원이 가능하다. 마드리드를 통해서 출원된 상표에 대해서 거절이유를 통보할 때, 해당 나라의 현지 대리인을 선임할 것을 요구하는 나라가 많다. 마드리드 루트를 이용한 국제상표 출원은 거절이유가 없으면 자동으로 등록하도록 되어 있다. 2003년 4월 우리나라가 마드리드 의정서에 가입함으로써 우리 출원인(개인 및 기업 포함)이 우리나라 특허청을 본국관청으로 하여 총 127건의 상표를 북한에 출원했으나 현재까지 1건만 등록된 것으로 보인다.[46]

이처럼 북한에서 현실적으로 등록이 어려운데도 출원이 꾸준히 늘

44 특허청(기획조정관실), 앞의 연구서, p. 7 참조.

45 특허청(산업재산정책국), "남북총리회담대비 산업재산권 분야 의제 검토결과보고", 2007. 10, p. 1.

46 WIPO IP 통계자료, 2021년.

어나는 이유는 앞으로 북한의 정책적인 변화를 기대하면서 시장개방 때 선점의 효과를 누리기 위한 시험적 시도라고 보아야 하겠다. 우리 기업은 북한에 대한 본격적 상표출원을 당분간 자제해야 하지만 마드리드 국제상표출원을 한 후 북한에서의 상표등록이 가능한 여건이 되면 추가로 북한을 지정해 출원이 가능하므로 북한의 지식재산권 관련 방향을 잘 주시해 적절히 대응하는 것이 바람직하다 하겠다. 제3국(중국, 홍콩 등지의 대리인)을 통해 우리 기업이 북한에 상표출원한 것은 총 143건이며 이 중 108건(76%)이 거절 결정됐다(2020. 12 기준).

표 2.2 | 제3국을 통한 대북한 상표출원 현황

– 조사 방법: 2006년 400개 국내 다출원기업을 대상으로 설문조사

– 조사 결과: 총 출원건수 143건(등록 35, 거절 108건)

(2007. 10. 12. 현재)

번호	업체명	출원건수	지정상품	경유국(출원인)	등록현황	거절사유
1	태평양	30	화장품	홍콩, 중국(현지법인)	30건 거절	유사상표
2	피죤	20	세제, 화장품	중국(현지법인)	6건 등록, 14건 거절	유사상표
3	SK	20	소비재, 화학재	캐나다(현지법인)	8건 등록, 3건 거절, 9건 갱신취소	유사상표
4	LG전자	8	전자제품	독일(현지법인)	8건 거절	한국기업(추정)
5	동원	6	식품류	중국(현지인)	6건 등록	
6	노루페인트	5	페인트	중국(현지인)	5건 거절	접수거부
7	농심	9	라면	홍콩(현지인)	9건 거절	한국기업(추정)
8	삼양사	5	식품류	홍콩(현지인)	접수거부 추정	한국기업(추정)
9	오리온	4	초코파이 등	홍콩(현지인)	거절	한국기업(추정)
10	LG생활건강	3	세제, 화장품	중국(현지법인)	거절	
11	신세계백화점	3	백화점 운영업	중국(현지법인)	2건 등록, 1건 거절	유사상표
12	CJ주식회사	11	밀가루 설탕류	홍콩(현지법인)	11건 거절	한국기업(추정)

(계속)

번호	업체명	출원건수	지정상품	경유국(출원인)	등록현황	거절사유
13	코오롱	2	일상용품	홍콩(현지법인)	등록	
14	대우	2	전자, 식품	캐나다(현지인), 중국(법무법인)	거절	한국기업(추정)
15	삼성전자	2	전기, 전자	중국, 홍콩(현지법인)	거절	한국기업(추정)
16	KT	1	통신업	홍콩(현지법인)	등록	
17	금강주식회사	6	신발류	미국(현지법인)	6건 등록	
18	한국야쿠르트	2	라면, 유제품	중국 개인	2건 거절	한국기업(추정)
19	신영와코루	3	의류	중국 개인	3건 등록	
20	오뚜기	1	식품류	미국 개인	1건 등록	

대남한 출원 · 등록의 경우, 북한인이 직접 우리나라에 출원한 사례는 없지만 북한 상표를 남한 무역상들이 출원한 사례는 많이 있다. 이 경우에도 내국인에 의해 이미 선점되어 수입판매 시 통상사용권이나 전용사용권을 허여받아야 하는 등 남북한 간 원활한 상품교역의 걸림돌이 되고 있는 실정이다.[47]

북한의 유명상표 대부분이 90년대 초에 국내인에 의해 선점됐다. 즉 1990년의 옥류관, 안국우황환, 1991년의 신덕, 만년양게론, 1995년의 강서약수 등이 그 대표적인 사례들이다. 따라서 북한상품 수입판매업자나 체인점 개설업자 간에 상표권 분쟁이 치열한 경우가 많은데 그 대표적인 예로는 '신덕' 상표권자로부터 통상사용권을 설정등록 한 후에 신덕샘물을 수입 판매한 사건, 상표 전용사용권자인 (주)옥류관과 (주)평양옥류관 간의 상표 분쟁사건을 들 수 있다.[48] 이런 남북한 상품, 서비스 교역의 왜곡을 방지하기 위해 상호 출원등록 이전이라도 상호 유명상표 보호나 남북 교역상품에 대한 특별보호조치가 강구되어야 할 것으로 사료된다.

한편, 북한은 외국기업에는 지식재산권에 대한 전체적인 출원등록의 문호를 개방했다.[49] 해외 국가의 북한 내 특허 출원 전체 건수를 비교하면 2009년 55건에서 2012년에는 27건으로 매년 감소하고 있는 것으로 조사된다. 2010년 기준으로 북한에 출원한 국가는 스위스 · 미국 각 10건, 영국 · 라트비아 각 3건, 독일 · 이탈리아 각 2건 순이다. 남한기업에는 1995년을 전후해 상표권에 한해서 제3국을 통한 출원만을 허용하고 있다. 특허권의 경우는 기술적인 표준과 국가기술의 보호 등 민감한 부분으로 인해 2003년에 북한 국적을 가진 자가 남한 특허청에 1건의 특허를 출원한 적이 있었지만, 현재까지 남한기업의 북한 내 출원등록이 없는 상

47 강경호, "남북한 산업재산권분야 교류협력 추진방안", 『연구과제』, 2004. 8, p. 16 참조.

48 강경호, 위의 연구과제, p. 16 참조.

49 해외 주요국가의 **북한 내 특허출원 현황**

태로 파악되고 있다.

이런 현실을 감안할 때 북한의 지식재산권 제도와 관련해 남한과의 관계에 있어서는 상호 협력관계의 구축이 시급한 실정임에도 불구하고, 아직은 남북한 사이의 교류와 협력 기반이 확보되지 않은 상태라고 볼 수 있다.

2) 상호보호

남북한의 지식재산권 보호제도를 모색하는 데에 있어 현재의 남북한의 상호 지식재산권의 보호에 관한 사례는 그 실태를 분석하고 그 대안 마련에 필요하다 할 것이다. 그러나 남북한의 지식재산권 관련 교류에 대한 자료와 사례는 그리 많지 않다. 직접 또는 간접적인 교류협력의 사례조차도 찾아보기 어려운 실정이므로 남북한의 상호 지식재산권 보호제도를 논의한다는 것은 극히 초보적인 대응방안을 모색하는 의미를 가진다고 볼 수 있다.[50] 따라서 남북한 상호 지식재산권에 관한 일부 보호사례

국가	2009	2010	2011	2012
알 수 없음	55	1	39	27
호주	-	1	-	-
브라질	-	1	-	-
스위스	-	10	-	-
중국	-	1	-	-
독일	-	2	-	-
프랑스	-	1	-	-
영국	-	3	-	-
인도네시아	-	1	-	-
인도	-	1	-	-
이털리아	-	2	-	-
라트비아	-	3	-	-
노르웨이	-	1	-	-
세르비아	-	1	-	-
미국	-	10	-	-

자료: WIPO IP 통계자료, 2013.

50 박정원, "북한의 공업소유권 보호제도에 관한 연구", 한국법제연구원, 2001. 12, p. 101.

와 지식재산권보호에 대한 국제법적 태도에 대해서 살펴보기로 한다.

(1) 남한에서 북한 지식재산권의 보호

북한의 기관·기업소가 남한에서 직접 특허나 상표를 출원하거나, 등록을 받은 경우는 없는 것으로 보인다. 다만, 우리 기업이나 개인이 제3자인 중개인을 통해 그에 관한 권한을 가진 북한의 사회단체 등과 상표 등의 사용에 관한 계약을 체결하고 그 서비스표를 등록한 경우는 있다. 이 경우, 법원은 우리 법을 적용하고 있다.[51] 예를 들면 북한의 옥류관과 관련한 서비스표 등록사례를 들 수 있다.

즉, 남한의 주식회사 발원무역은 1998년 '평양옥류관'의 해외분점 개설 권한을 북한의 조선대성무역총상사로부터 수여 받았다는 일본 파르무역과 '평양옥류관'의 남한 내 분점개설 계약을 체결하고, 1999년에 북한 측의 담당창구가 조선옥류무역회사로 변경됐다는 이유로 파르무역과 동일한 내용의 분점개설 계약을 다시 체결했다. 발원무역은 1999년 '옥류관'이라는 문자로 구성된 서비스표의 등록권리자로부터 1999년 3월 16일부터 2002년 3월 11일까지의 전용사용권을 설정 받아 1999년 5월 18일 등록을 마쳤다.[52] 동신수산식품 주식회사는 상표 '신덕'의 통상사용권 취득을 전제로 하여 1995년 중국 단동시 수출입공사를 송화인으로 하고 조

---

51 이은정, "남북교류와 지식재산권의 보호", 『대법원주제발표문』, 2002. 6, p. 132.

52 그런데 위 서비스표는 최재인이 1992년 3월 11일 등록번호 제15902호로 지정서비스업 제112류에 등록했고 윤웅이 1998년 8월 8일 이전등록을 마친 것이다. 한편, 주식회사 옥류물산은 1998년 9월 18일 북한의 조선옥류무역회사로부터 권한을 수여받았다고 하는 중국의 심양비행선광고 유한공사와 '평양옥류관' 체인점 계약을 체결하면서 평양에서 제조한 냉면사리를 공급받기로 약정했고, 1994년 4월 2일 주식회사 평양옥류관을 설립했다. 따라서 이 상호의 등기일은 1999년 4월 2일이며, 그 표장 중 도형 부분은 2000년 5월 30일 제61606호로 등록된 서비스표이다. 이에 대해 우리 법원은 '평양옥류관' 표장이 '옥류관' 등록서비스표와 동일·유사하고 그 사용서비스업도 등록서비스표의 지정서비스업과 유사해 등록서비스표의 권리범위에 속한다고 했다(특허법원 2000. 11. 17. 선고 2000허40008 판결).

홍은행 명동지점을 사후 관리은행 겸 승인권자로 하여 북한 조선능라도 무역회사가 제조한 신덕샘물 10,200병의 수입승인을 받았고, 같은 해 4월 1일 상표권자와 '신덕'에 관한 통상사용권 설정계약을 체결하고 1995년 4월 13일 본 상표에 관한 통상사용권 설정등록을 마쳤다.[53]

(2) 북한에서 남한 지식재산권의 보호

「발명 및 창의고안에 관한 규정」은 "이 규정에 지적된 조항내용들이 조선민주주의인민공화국이 가입한 국제조약, 협정이나 다른 나라와 체결한 조약, 협정조항들에 저촉되는 경우에는 그 조약협정들의 규제조항에 준하는 것으로 한다."(제47조)라고 명시하고 있고, 「상표 및 공업도안에 관한 규정」도 "파리조약 제2조 1항에 따라 파리조약 성원국의 기관, 기업소와 공민이 우리나라에 상표등록을 신청하려고 할 때에는 우리나라 기관, 기업소와 같은 권리를 가진다."(제50조)라고 규정하고 있다.

그러나 체제 인정문제 등 정치적인 이유로 북한이 우리 기업(주민)의 출원접수를 거부하고 있는 실정이다. 2009~2018년 사이 마드리드 시스템을 통해 남한 국적자가 북한 내에 출원한 63건의 경우 단 1건도 등록되지 못한 상황으로 확인되고 있다.[54] 다만, 일부 대기업을 중심으로 제3국

---

53 이 상표는 국문자 '신덕'으로 구성되고, 지정상품을 구 상표법시행세칙 제6조의 별표 1 상품류 구분 제5류 '광천수, 인공광천수, 생수, 약수'로 하는 상표에 관해 1991년 1월 18일 등록출원해 1992년 6월 9일 제240297호로 상표권 설정등록을 마쳤다. 상표 '신덕'이 상표법 제7조 제1항 제11호 '상품의 품질을 오인하게 하거나 수요자를 기만하게 할 염려가 있는 상표'와 제6조 제1항 제3호 '그 상품의 산지 · 품질 · 원재료 · 효능 · 용도 · 수량 · 형상(포장의 형상을 포함한다) · 가격 · 생산방법 · 가공방법 · 사용방법 또는 시기를 보통으로 사용하는 방법으로 표시한 표장만으로 된 상표'에 해당해 등록이 무효라는 청구에 대해, 법원은 등록상표 '신덕'은 그 지정상품의 성질(산지)을 직접적으로 표시한 표장이라고 보기 어렵고, 피심판청구인이 인용상표 '신덕샘물'과 유사한 이 사건 등록상표를 그 지정상품에 사용하더라도 수요자로 하여금 인용상표의 상품으로 오인하게 하거나 상품의 출처의 오인을 초래해 수요자를 기만할 염려가 있다고 할 수 없어 이 사건 등록상표는 제7조 제1항 제11호와 제6조 제1항 제3호에 해당하지 않는다고 판시했다(대법원 1999. 7. 27. 선고 98후218 판결).

의 제3국적 명의로 북한에 출원을 하여 등록을 시도하고 있을 뿐이다.[55] 이런 상황 아래에서, 우리 정부의 허가를 받아 임가공 또는 수출 등의 형태로 대북경협을 하는 기업의 경우에는 그 대상 상품에 표시하는 상표를 북한 내에서 상표등록 여부에 관계없이 법적으로 보호한다는 보장을 북한으로부터 받아 놓는 것이 필요하다.[56] 이를 위해서 남북한 지식재산권 보호에 관한 합의서의 채택과 합의에 대한 법적 구속력의 확보가 시급하다고 하겠다.

(3) 남·북한의 지식재산권 보호에 대한 국제법적 태도

북한은 대내적인 법정비와 아울러 대외적으로 세계지식재산기구(WIPO), 파리협약(PARIS Convention), 특허협력조약(PCT) 등 지식재산권 보호와 관련한 국제조약에 가입해 외국기업의 지식재산권 보호를 보장하고 있다. 파리협약을 제외한 거의 모든 조약의 가입시기가 남한보다 앞서고 남한이 가입하지 않고 있는 마드리드협정[57], 리스본협정[58] 같은 조약에도

---

54 WIPO IP 통계자료(2019).

55 현재 남한은 북한에 대해 기업의 상표 및 특허에 관한 권리주장을 함에 있어 중국 또는 홍콩의 대리인을 통해 행하고 있는 실정이어서 이에 대한 대안은 시급한 과제로 대두하고 있다. 특허청(기획조정관실), "남북 산업재산권 교류협력 추진방안", 2004. 4, p. 7 참조.

56 정문영, "북한 상표법에 관한 고찰"(세창출판사, 1995), 『창작과 권리』, 창간호, p. 128.

57 본 협정은 1891년에 제정됐으며, 2020년 12월 현재 55개국이 가입해 있다. 본 협정은 파리협약 가맹국들에게 가입이 개방되어 있다. 국제등록 요건과 효력으로는 본 협정은 제네바에 있는 WIPO 국제사무국에 상표(서비스표 포함)의 국제등록을 하도록 규정하고 있다. 본 협정하의 모든 등록은 국제적이라 불리는데 그 이유는 본 협정하에서의 등록은 가능하면 모든 체약국(본국을 제외하고)에 효과를 갖기 때문이다. 본 협정상의 혜택을 누리기 위해서는 출원인은 체약국의 한 나라의 국민이어야 하거나, 체약국의 한 나라에 주소를 두고 있거나, 이들 국가 내에 실질적이고 효과적인 공업 혹은 상업적인 영업소를 가지고 있어야 한다. 출원인은 먼저 본국의 국내 혹은 지역(베네룩스) 상표청에 상표를 등록해야 한다. 일단 이것이 이루어지면 출원인은 국내 혹은 지역(베네룩스) 관청을 통해 국제등록을 할 수 있다. 국제등록이 일단 유효하게 되면, 국제사무국에 의해 공표되고 출원인이 보호받기 원하는 체약국(벨기에, 룩셈부르크 및 네덜란드의 경우 베네룩스 상표청)에 통보된다. 그 체약국(혹은 베네룩스 상표청)은 1년 내에, 그 체약국 내에서는 그런 통보를 받은 상표에 대한 보호를 인정할 수 없다고 선언할 수 있다.

가입함으로써 지식재산권의 보호에 대한 적극적인 조치를 취하고 있다.

북한의 지식재산권의 보호를 위한 국제법적인 태도는 국제조약의 가입이란 형식적인 기준으로 보면 매우 적극적인 태도를 보이고 있음을 알 수 있다. 그러나 실제적으로 북한이 지식재산권의 보호를 위해 얼마만큼 국제규범을 준수하고 있는가에 대해서는 확실하지 않다. 다만 최근 북한이 대외경제 개방과 관련해 국제적으로 특허출원을 증대하고 있다는 통계는 북한이 외국의 지식재산권의 보호를 강화하고자 하는 긍정적인 움직임으로 파악할 수 있는 부분이라 할 수 있다.

다시 말해 북한이 지식재산권 제도의 근간을 이루고 있는 국제조약의 가입에 적극성을 보이고 있는 것은 적어도 북한이 지식재산권 제도 개선 및 현대화에 적지 않은 관심을 갖고 있다는 단서가 될 수 있다. 이 점에 있어 남북한이 모두 가입해 있는 11개 조약들의 경우 남북한 간에 '내국민대우의 원칙'이 무차별하게 적용되지 않고 있다는 문제점이 당국자 간에 해결되어야 할 현안으로 남아있다.[59] 바로 이런 사안이 남북 간 지식재산권 보호 및 교류협력 방안의 구체적인 합의가 필요하게 된 배경인 것이다.

이 경우 이런 결정의 이유를 명시해야 한다. 만약, 그런 선언이 1년 내에 이루어지지 않는다면, 국제등록은 국내등록(또는 지역등록)의 효과를 가지게 된다. 특허청(국제협력과), "세계지식재산기구" 참조.

58 본 협정은 1958년에 체결되어 1967년 스톡홀름 회의에서 개정되었고, 1979년에 수정되었다. 파리협약국에 가입이 개방되어 있으며, 비준서나 가입서는 WIPO 사무총장에게 기탁하여야 한다. 협정의 목적은 원산지 명칭 즉 "배타적으로 또는 본질적으로 제품의 품질과 특성이 자연적·인적 요소를 포함하여 지리적 환경에 연유하는 경우 그러한 지역에서 연원하는 제품임을 표시하는 국가, 지역이나 지방의 지리적 명칭"(제2조)을 보호하자는 데 있다. 그러한 명칭은 관련 체약국의 주무관청의 신청에 의해 WIPO 국제사무국에 등록된다. 국제사무국은 다른 체약국에 그 등록을 통지하여야 한다. 본 협정에는 2020년 12월 현재 30개국이 가입해 있다.

59 이 부분에 대해서 WIPO(세계지식재산기구) 사무총장은 2000년 7월 남북한 간의 특수한 정치적인 사정을 고려해 남북한 공동의 노력이 전제될 때 WIPO 차원의 협력이 가능할 것임을 표명한 바 있다. WTO/TRIPS 협정과는 달리 이 조약은 회원국들에 대한 기속력(binding power)이 없기 때문에 사실상 조약의 이행 여부는 회원국들의 의사에 달려 있다. 권규우, "북한 산업재산권제도 현황 및 남북한 산재권 교류협력방안", 『지식재산 21』, 통권 제64호, 2001. 9, p. 40.

2. 지식재산권 교류협력상의 문제점

1) 지식재산권 협력의 장애요인 내재

(1) 북한의 시장경제의 미숙으로 지식재산권의 인프라 구축 미흡

북한은 폐쇄적 사회주의를 고수하고 있기 때문에 21세기 미래핵심 산업이라고 할 수 있는 지식재산권의 유통 및 인프라 구축이 미성숙한 단계일 뿐만 아니라, 시장경제의 미성숙으로 인해 지식재산권 협상에 소극적으로 대응할 수밖에 없는 한계가 존재하고 있음을 짐작할 수 있다. 최근 북한의 발명·특허출원 및 등록추이를 보면,[60] 발명·특허등록은 2010년 이후 꾸준히 증가추세에 있지만 남한의 특허등록 건수에 비하면 극히 미미한 수준에 불과한 실정이다. 또 10년간 외국인 출원건수도 291

---

60 북한 내 발명·특허출원 및 등록 현황

구 분	2009	2010	2011	2012	2013	2014	2015	2016	2017	2018	2019	합 계
발명출원	6,147											6,147
발명등록	2,588	1,479	1,500	1,223	1,108	1,118	1,358	1,502	1,065	1,013	1,093	15,117
특허출원												
특허등록	10	70	36	50	144	76	67	149	59	133	120	914
합 계	8,745	1,549	1,536	1,273	1,252	1,264	1,425	1,651	1,124	1,146	1,213	22,178

자료: 특허청, "남북한 지식재산권 협력을 위한 실행방안 연구", 한국지식재산연구원, 2020. 12, p. 31 참조.

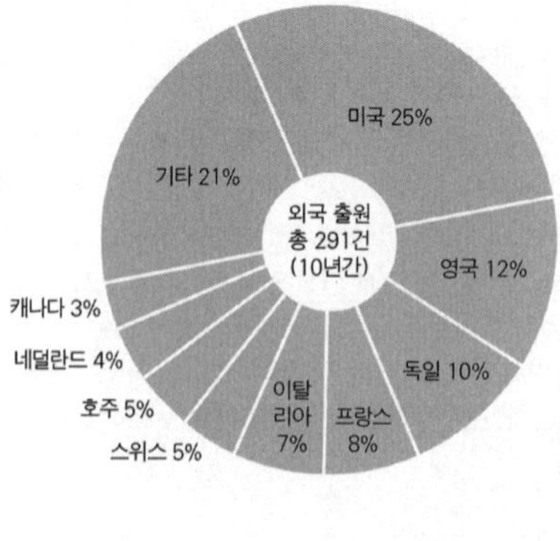

외국인 출원 국가별 분포

주: 출원을 받지 않는 나라는 남한과 일본뿐임.
자료: 최현규, 위의 자료, p. 9 참조.

건에 불과하며, 그것마저도 미국, 영국, 독일, 프랑스, 이탈리아 등 주요 선진국들의 출원건수가 60% 이상을 차지하고 있으므로 국내외에 걸친 지식재산권 전반에 관한 인프라가 미흡한 실정임을 알 수 있다.

(2) 정치적인 이유로 상호출원 불인정 및 권리 미보호

지식재산권의 문제가 다른 문제에 비해 비정치적 사안인 것은 사실이나 상대방의 체제인정문제 등 정치적인 이유로 북한에서는 남한의 출원을 인정하지 않고 있는 실정이며 한국국적 출원인의 출원서는 접수 자체를 거부하고 있다. 또 북한출원인이 남한특허청에 출원한 사례는 1건이 있지만 등록이 거절되었으며 상호 간에 지식재산권의 권리를 보호하지 않고 있는 실정이다. 따라서 남북한 주민을 상호 내국민으로 인정하는 정치적 결단의 문제가 존재하고 있음을 알 수 있다.[61]

(3) 북한의 지식재산권에 대한 정보 부족

북한의 개방정책에 따라 북한의 지식재산권 법률이 소개되고는 있지만 아직 여러 분야에서 공개되지 않은 사항이 많으며, 특히 지식재산권 제도 및 관행, 권리보호 집행 및 절차, 심사관행 등 지식재산권 제도 전반에 대한 정보가 부족하며 이에 대한 전문기관이 전혀 없는 실정이라 할 수 있다. 그나마 최근 국가정보원에서 발행한 '북한 법령집'(2020)에서 일부 북한 법제를 확인할 수 있어서 다행이라 생각된다. 이런 정보 부족 및 전문기관의 부재는 남북한 지식재산권 협상 때 전문지식 및 전략의 부재로 인한 협상의 장애로 작용할 위험이 크다고 볼 수 있다.[62]

---

61 특허청, "남북의 지식재산권 협력 및 통일화 방안", 『정책과제』, 2006. 8, p. 41.

62 북한 지식재산권 법령과 제도를 연구하는 데 있어서 명확한 정보는 북한법제의 비체계성으로

2) 북한 내에서 우리 기업의 지식재산권 보호장치 및 제도 부재

현재 남북한이 모두 WIPO, 파리협약, PCT 및 마드리드 의정서[63] 등 주요 지식재산권 관련 조약의 가입국이므로 관련규정에 의해 상호 출원 및 등록이 가능하나 정치적인 이유로 우리 기업이나 개인의 출원·등록이 이루어지지 못하고 있는 실정이다. 따라서 상호출원이 인정되지 않음으로 인해 제3국을 통한 출원 및 등록이 이루어지고 있으며, 특히 상표는 제3국 및 북한 주민들의 악의적인 선점이나 도용의 위험이 상존할 수 있다. 이런 악의적인 선점이나 도용이 횡행할 경우 통일 과정에서 상표권의 충돌 및 분쟁이 필연적으로 발생할 것이 예상되며, 제3국을 통한 출원 및 등록을 하게 되면 비용상의 문제도 심각하게 대두될 것으로 보인다. 또 남북한 양측에 동일 및 유사상표가 공존해 해당상표가 부착된 상품이 남북 간 교역이 이루어질 경우 해당상품에 대한 소비자의 오인, 혼동문제가 야기될 수 있다.[64] 이처럼 북한 내에서 우리 기업의 지식재산권에 대한 보호장치와 제도가 마련되지 않는다면, 타인이 우리 기업의 상표를 사용해도 이를 제지할 수 없으며, 특히 타인이 상표를 선점하는 경우에는 사업을 지속할 수 없는 피해가 예상되어 사업 진출을 포기하거나 회수해야

인해 정상적인 절차가 마련되어 있지 않고 관련법령 간의 연관성을 파악하는 데에도 어려움이 있으며 그 입수경로도 비공식적인 것이어서 자료의 신빙성이 떨어지는 경우가 많다. 최근 북한이 공식적으로 새로 제정되거나 정비됐다고 밝힌 창의고안에 관한 규정은 그 전문(全文)이 공표되지 않고 있거나 입수되지 못한 실정이다. 또 1998년 제정된 발명법, 상표법, 공업도안법도 기존의 발명 및 창의고안에 관한 규정과 상표 및 공업도안에 관한 규정을 대체하는 것인지 보완하는 것인지 현재로서는 명확히 알 수가 없다. 박정원, "북한의 공업소유권 보호제도에 관한 연구", 한국법제연구원, 2001. 12, p. 15 참조.

63 본 의정서는 파리협약국 및 특정 정부 간 기구에 가입이 개방되어 있다. 마드리드 의정서(Madrid Protocol)는 국제상품등록제도(기존의 마드리드협정)에 새로운 특징들(features)을 도입하기 위해 채택됐다. 새로운 특징들은 어떠한 국가들이 마드리드협정을 준수하는 데 방해가 되고 있는 문제점들을 제거한다. 마드리드 의정서는 마드리드협정과 상호 보완적으로 운영된다. 2020년 12월 본 의정서에 112개국이 가입되어 있다. 특허청(국제협력과), 앞의 자료, pp. 55-56 참조.

64 정문영, "북한 상표법에 관한 고찰", 『창작과 권리』 창간호(서울: 세창출판사, 1995), p. 128.

하는 사태가 일어날 수 있게 된다. 이는 남북경협의 지속적인 발전을 어렵게 함은 물론 지식재산권의 교류협력도 더욱 어렵게 할 것으로 보인다.

3) 우리 기업의 북한 내 지식재산권 침해 우려 증대

남북 상호 간 지식재산권 분야 교류가 불가능한 틈을 이용해 외국인이 우리나라 국민 소유의 지식재산권을 출원할 가능성이 상존하는 문제점을 지닌다고 볼 수 있다. 뿐만 아니라 남북 간 지식재산권의 상호교류가 이루어지지 않을 경우 중국, 러시아 등 주변국 및 개발도상국으로부터 지식재산권을 침해한 상품들이 아무런 제재(制裁) 없이 남북한 내로 유입될 우려가 있어 우리 기업 및 산업에 막대한 손실을 야기할 수도 있을 것이다.[65] 이는 곧 민족지식재산의 보호 및 보존상의 문제로 대두될 것이다. 또 앞으로 북한의 개방이 진전됨에 따라 개성공단 등 경제특구에 진출할 우리 기업의 지식재산권의 침해가 증대될 것이며 기업들의 직무발명[66]에 대한 처리도 곤란해질 것으로 예상된다. 따라서 안정적인 남북경협을 위해서는 지식재산권의 보장이 우선적으로 선행되어야 할 과제임을 많은 전문가들은 지적하고 있다.[67]

북한에서 생산한 제품 포장지 가운데는 같은 품목의 한국산 제품을

---

65 특허청(국제협력담당관실), "북한의 산업재산권 제도", 2001. 2, p. 2.

66 직무발명이라 함은 근로자(법인의 임원 또는 공무원을 포함한다) 등이 그 직무에 관해 발명한 것이 성질상 사용자(법인 또는 국가나 지방자치단체를 포함한다) 등의 업무범위에 속하고 그 발명을 하게 된 행위가 근로자 등의 현재 또는 과거의 직무에 속하는 발명을 말한다(발명진흥법 제2조 제2호). 여기에서의 직무발명의 개념은 특허법상 발명의 개념이나 특허법의 규정이 실용신안법과 디자인보호법에도 준용되고 있어서 고도의 기술적 창작으로서 발명만을 의미하는 것은 아니다. 발명진흥법상의 직무발명은 특허법상의 발명뿐만 아니라 실용신안법상의 고안과 디자인보호법상의 창작까지도 포함한다. 그러나 근로자 등이 한 발명이 일반적으로 모두 직무발명이 되는 것이 아니라 발명진흥법 제2조 제2호의 소정의 요건을 구비한 발명만이 직무발명으로서의 취급을 받게 된다. 윤선희, "종업원의 발명에 대한 고찰", 『변시연구』, 1996. 5, p. 42; 이재성, "직무발명에 관한 연구", 한남대학교 대학원 박사학위논문, 2002. 8, p. 6 참조.

67 KDI, 북한경제리뷰, 2003. 11.

카피한 듯한 디자인들이 많았다. 전체적인 색상이나 특정 도안 그리고 내용물의 형태가 비슷한데 특히 과자류 제품에서 많이 발견됐다. 한국산 초코파이와 북한산 쵸콜레트단설기, 한국산 바나나킥과 북한산 바난튀기과자, 한국산 새우깡과 북한산 새우맛튀기, 한국산 웨하스와 북한산 백합과자 등은 포장지와 제품류를 그대로 모방했다. 특히 한국산 신라면과 북한산 즉석국수, 한국산 쇠고기면과 북한산 소고기즉석국수는 포장지 디자인이 거의 같았다.

북한 개성시 자남산 여관 로비 상점에 전시된 북한 술 가운데 한국 진로의 참이슬을 연상케 하는 '참대술' 소주가 등장해 눈길을 끌었다. 이름도 비슷하지만 병 모양과 상표 디자인까지 흡사하다.

자료: 연합뉴스, 2005. 7. 26

코카콜라 상표를 모방한 북한의 음료수 상표 '코코아'

출처: 연합뉴스, 2011. 10. 5.

그림 2.1 | 우리 상품과 유사한 북한상품

그림 2.2 | 한국산 초코파이(오른쪽)과 북한산 초코파이

자료: 동아대 강동완 교수가 서해5도에서 수집한 북한 제품 포장지(708종 1414점) 분석한 결과(2020.9~2021.10)

그림 2.3 | 한국산 신라면(오른쪽)과 북한산 즉석국수

자료: 강동완 교수

헬로키티 캐릭터 원본

평야곡산공장 '딸기향 크림속 사탕' 포장지 캐릭터

그림 2.4 | 헬로키티를 카피한 듯한 평양곡산공장 사탕 제품 포장지 캐릭터

자료: 강동완 교수

제3장
남·북한 지식재산권 교류협력 활성화 방안 모색

제1절 지식재산권 교류협력의 발전요인 발굴 및 관심 유도

1. 지식재산권 교류협력을 위한 북한의 관심유도 및 접촉유지

북한은 최근 과학기술중시정책을 시행함에 따라 지식재산권 협력의 필요성이 점점 높아지고 있는 상태라 볼 수 있다.[1] 이른바 새로운 자력갱생 노선을 추구하고 있는데 이는 신사고 · 종자론 등 사고의 전환을 촉구하는 가운데 과학기술에 바탕을 둔 실리를 지향하는 정책을 추진해 나가고 있는 것으로 볼 수 있다. "오늘날의 자력갱생은 최신 과학기술에 토대해 새것을 창조할 줄 아는 높은 수준의 열린 자력갱생"이라고 하고, 최고인민회의 제10기 제4차 회의(2001. 4. 5)와 내각 전원회의(2001. 4. 12) 등을 통해 내각중심으로 경제과업을 추진할 것을 결의했다. 또 북한은 과학기술중시정책을 경제

1 특허청(정책과제), 앞의 연구서, p. 42 참조.

난 극복의 중요한 정책수단으로 인식하고 있을 뿐만 아니라 그를 위한 제도적 기반을 정비하면서 각종 국제조약에 적극 가입하고 있음을 알 수 있다.[2]

더불어 지식재산권의 중요성을 조기에 인식하여 WIPO 대표단을 초청해 매년 '지식재산권에 관한 토론회'를 가질 만큼 놀라울 정도로 이 분야에 신속하게 대응하고 있음을 볼 수 있다. 토론회는 2007년 9월 13일부터 14일까지 이틀간 열렸으며 2007년 주제는 「상표, 공업도안, 원산지명」으로 한정해 '지식재산권에 대한 전반적인 이해'에 중점을 뒀던 2006년에 비해 다소 진전된 면을 보여줬다. 토론회에는 WIPO 대표단을 비롯해 국가품질감독국 부국장 등 중앙기관의 담당자, 여러 단위 전문가들이 참석해 '마드리드 체계와 북한의 경험', '헤이그협정과 북한의 경험', '북한의 원산지명 보호체계', '세계경제에서 상표 · 공업도안', '원산지명의 중요성' 등을 주제로 토론을 진행했다.[3] 동시에 지식재산권 관련 법 · 제도적 측면에서도 여러 차례에 걸쳐 정비를 꾸준히 진행해 오고 있는 가운데 최근 지식재산권 보호를 위한 행정조직인 '지적소유권국'을 설치한 것으로 나타났다.[4] 따라서 남북한 간의 지식재산권 교류협력을 위한 북한 자체의 내부적 환경은 어느 정도 마련되어 가고 있다고 볼 수 있지만 외부로의 전환을 위한 관심과 그 필요성에 대해서는 지속적으로 여러 가지 경로를 통해 꾸준히 접촉해 나가야 할 것으로 본다.[5]

---

2 특허청(정책과제), 앞의 연구서, p. 4 참조.

3 NK테크: 북한과학기술네트워크, 뉴스레터 118호, 2007. 8.

4 "우리는 나라의 지적소유권 보호 사업을 더욱 확대 강화하여 경제건설과 과학기술 발전에 적극 이바지할 것"이라고 김영철 국장이 말했다고 북한 대외선전매체가 전했다(연합뉴스, 2019. 8. 18일자 참조).

5 이를 위해 중국이나 WIPO를 통해 북측 지식재산권 담당자와 비공식 접촉을 함으로써 지식재산권 분야가 경제협력 고위급 회담 의제에 상정될 수 있도록 부단히 설득하고 협조를 요청해 나가야 한다. 그 동안 남북 지식재산권 담당자 간의 비공식 협의사례는 3회(2005년 중국, 2006년 몽골, 2007년 프랑스)에 걸쳐 이루어졌으나 더 많은 접촉이 이루어지도록 관심을 기울여야 한다. 또 언론을 통한 관련부처 및 국민들에게 남북 간 지식재산권 분야 협력의 중요성에 대한 인식을 제고시킬 수 있도록 대북한 상표출원현황 등을 분석해 보도자료를 작성하고 홍

2. 지식재산권 교류협력을 위한 북측 설득논리 개발

1) 출원 및 등록의 상호인정에 따른 직접적인 경제적 이익 홍보

북측은 남측 기업의 출원 및 등록 허용으로 수수료 수입 및 대리인 선임료 등 직접적인 경제적 이익을 창출할 수 있을 것이다. 남측 출원의 상당부분이 북측에도 출원될 것으로 예상되어 질뿐만 아니라 남측에 대해 출원, 등록을 허용한다면 제3국에 의한 대북 출원도 크게 증가할 것으로 예상된다. 또 상표의 경우 남측에 기등록된 권리의 상당부분이 북측에도 출원될 것으로 보인다.[6]

남측의 지식재산권 관련 수수료 수입도 출원증가 추세에 힘입어 2017년 5,001억 4,700만 원에 비해 2021년에는 5,920억 6,000만 원으로 무려 919억 1,300만 원(18.4%)이 증가했다. 따라서 남측의 수수료 수입증가에 따른 북측의 예상수입은 연간 1억 9,920만 달러(1달러=1,200원 기준)로 추정되고 있다. 가정으로 2021년 기준, 남측 전체 출원의 10%가 북측에 출원되고 있다고 보고 남북의 수수료 체계가 동일하다고 보면, 1건당 대

표 3.1 | 남측의 최근 지식재산권 출원현황

구 분	2017	2018	2019	2020	2021
특허 · 실용신안	211,584	216,224	224,422	231,740	242,007
상표 · 디자인	246,371 (301,266)	264,021 (330,861)	286,546 (357,321)	325,516 (392,349)	350,608 (424,414)
계	457,955 (512,850)	480,245 (547,085)	510,968 (581,743)	557,256 (624,089)	592,615 (666,421)

주) 1. ( ) 안은 복수디자인(디자인 수), 다류상표(상품분류 수) 기준
2. 2015년부터 국제출원(PCT, 마드리드, 헤이그) 포함
자료: 특허청, 2021년 지식재산 통계연보, pp. 27~28 참조.

보를 강화해 나가야 한다. 특허청(산업재산정책국), 앞의 보고서, p. 9 참조.

6 특허청(기획조정관실), 남북 산업재산권 교류협력 추진방안, 2004. 4, p. 22.

표 3.2 | 남측의 지식재산권 관련 수수료 수입현황

(단위: 백만 원)

구 분	2017	2018	2019	2020	2021
출원료	19,522	20,516	22,064	25,051	27,243
심사청구료	72,727	77,628	81,175	106,522	114,667
신규등록료	65,537	63,913	69,020	69,075	78,081
연차등록료	279,191	276,390	282,069	292,595	311,328
기타 수수료[1)]	63,170	59,472	58,293	54,662	60,742
합 계	500,147	497,919	512,621	547,905	592,060

주: 1) 기타 잡수입 포함
자료: 특허청, 세입결산 통계자료(2017~2021년 기준).

리인 선임료는 2,000달러로 산정했을 때 계산식은 5억 9,200만 달러 × 0.1 + 7만여 건 × 2,000달러와 같이 된다고 하겠다.[7]

이처럼 남북 간 출원 및 등록의 상호인정은 북측에 직접적인 경제적 이익이 됨을 지속적으로 홍보하고 설득시켜 나가야 한다.

2) 현행제도 아래에서 교류협력 가능 설득

북측은 지식재산권 관련 국제적인 규범에 이미 참가하고 있으므로 지식재산권 관련 기본 골격은 국제규범과 상응한 것으로 추정되고 있다. 따라서 복잡한 추가적 조치 없이 지식재산권 분야는 교류협력체제 구축이 가능하다고 하겠으며 이 분야는 비정치적인 분야이므로 외생변수에 관계없이 지속적인 교류협력이 가능함을 주지시키고 설득해 나가야 한다.[8]

7 특허청(기획조정관실), 앞의 보고서, p. 22.
8 특허청(기획조정관실), 앞의 보고서, p. 23.

3) 국제사회에서의 신뢰도 제고 및 투자확대 인식고취

남북 간 지식재산권 출원 · 등록의 상호인정은 지식재산권 관련 국제조약상의 권리와 의무를 성실하게 이행하는 것을 의미하게 된다. 이는 곧 북한에 대한 국제사회의 신뢰도 제고로 연결될 뿐만 아니라 남측기업이나 외국기업의 투자확대로 연결될 수 있음을 인식시킨다.[9]

4) 기술이전 촉진 및 남북 간 투자확대를 통한 과학기술 발전에 기여

지식재산권에 대한 문제를 해결할 때 라이선스 계약 등을 통한 기술이전이 가능할 뿐만 아니라 기술이전을 촉진해 무역을 원활히 하는 효과가 있으며 이는 북한의 산업발전에도 긍정적으로 작용할 것으로 예상된다. 또 지식재산권의 출원 및 등록인정은 장기적으로 남북 간 투자기회를 확대하고 기술이전에 따른 권리화 지원사업을 통해 북한의 유망 기술에 대해서도 조기 발굴이 가능하며 결국 경제 발전과 과학기술 발전에 이바지할 수 있음을 동시에 인식시켜 나가야 할 것이다.[10]

5) 북한의 특허행정 개선 지원에 기여

특허출원건수 세계 4위, PCT 출원건수 세계 4위 등 그동안 남한의 지식재산권 제도 및 운영에 대한 가시적인 성과와 노하우를 전수함은 물론 정보화 컨설팅 등을 통해 북한의 특허행정 개선에 크게 기여할 수 있음을 지속적으로 설득시켜 나간다.[11]

---

9 특허청(기획조정관실), 앞의 보고서, p. 23.

10 특허청(산업재산정책국), 앞의 보고서, 2007. 10, p. 8.

11 특허청(산업재산정책국), 앞의 보고서. p. 8.

6) PCT 국제조사 및 국제예비심사를 통한 지원 설득

북한이 남한 특허청을 국제조사기관 및 국제예비심사기관으로 지정할 경우, 한국어의 PCT 국제공개어 채택[12]에 따라 남한 특허청에서 북한의 국문 PCT 출원에 대한 국제조사 및 예비심사가 가능함을 주지시켜 나가야 한다.[13]

3. 북한 지식재산권에 대한 지속적 연구

북한의 지식재산권에 대한 정보가 극히 제한되어 있으므로 인해 연구환경 역시 아주 열악한 상태에 놓여 있음은 더 이상 말할 나위도 없다. 하지만 현재 상황에서 할 수 있는 사안으로서는 우선 북한 발명공보를 분석 검토하는 것으로서 분석 대상은 2009년 이후 발간된 북한 발명공보 약 16,000건이 되겠으며, 활용은 북한 과학기술의 수준을 분석해 협력가능한 기술분야를 탐색함으로써[14] 상호협력을 용이하게 할 뿐만 아니라 남북 간의 기술격차를 최소화해 상호발전을 도모해 나가는 데 견인차 역할이 되도록 지속적인 관심을 갖고 추진해 나가야할 것으로 본다.

---

12 국제공개어 채택: 2007. 9. 27 세계지식재산기구(WIPO) 제34차 총회에서 183개 회원국들이 만장일치로 결정함에 따라 한국어가 최초로 국제기구에서 공식언어로 인정받게 됐다.

13 특허청(산업재산정책국), 앞의 보고서. p. 8.

14 특허청(기획조정관실), 앞의 보고서, p. 25 참조.

제2절 지식재산권 교류협력 보호장치 및 제도개선

1. 남 · 북 간 지식재산권 교류협력에 관한 세부합의서 채택

1) 의의

남북 간 상호 지식재산권의 출원을 인정하지 않음에 따라 제3국을 경유해 출원하거나 아예 등록을 받지 못하는 관계로 각종 권리침해의 위험이 상존한다고 볼 수 있다. 따라서 이를 해결하고 남북경제협력의 실질적인 심화를 위한 인프라를 구축하기 위해서는 지식재산권 교류협력의 기본 출발점이라 할 수 있는 남북한 상호 출원 및 등록이 인정될 수 있도록 남북 간 지식재산권 교류협력에 관한 세부합의서 도출이 무엇보다 필요하다. 이는 그 어떤 과제보다도 최우선적으로 해결되어야 한다.[15] 세부합의서의 채택은 그 자체로 의미 있는 일이지만 그것이 법적 구속력을 발휘하지 못하고 실질적인 효력을 갖지 못한다면 아무 소용이 없게 될 것이다. 따라서 이런 세부합의서의 채택과 함께 이에 대한 국내법적 구속력을 확보하고 그 실효성을 제고할 수 있는 제도적 장치를 마련하는 것 또한 우선시되어야 할 과제로 여겨진다.

2) 세부합의서 주요내용

남북 간 지식재산권 교류협력에 관한 세부합의서에 포함시킬 주요내용으로는 교류협력 활동에 대한 추진체계를 비롯해 기본 정책방향 등 기본사항 규정을 명시해야 할 것으로 본다.[16]

15 특허청, "남북의 지식재산권 협력 및 통일화 방안", 『정책과제』, 2006. 8, p. 43 참조.

16 특허청(기획조정관실), 앞의 보고서, p. 14.

남북 간 지식재산권 교류협력에 관한 세부합의서(안)

남과 북은 1992년 발효한 『남북 사이의 교류협력에 관한 기본합의서』 및 『남북 사이의 경제분야 교류협력의 이행과 준수를 위한 부속합의서』에 따라 호혜의 원칙에 의해 특허권, 상표권 등 상대측의 과학기술상의 권리(이하 '지식재산권'이라 한다)를 보호하기 위한 조치를 이행하기 위해 다음과 같이 합의했다.

제1조 남과 북은 지식재산권 분야의 교류협력이 남북한 경제협력의 활성화와 민족경제의 균형 있는 발전에 기여한다는 데 인식을 같이하고 양측의 지식재산권 보호와 제도발전을 위해 서로 협력한다.

제2조 남과 북은 지식재산권 보호에 관한 상대측의 체제를 인정하고 상대측 관련 법규에 따라 상대측 영역에 지식재산권을 등록하기 위해 출원하는 것을 인정하고, 그 출원에 의해 등록된 권리의 보호를 상호 보장한다.

제3조 남과 북은 양측이 동시에 가입하고 있는 지식재산권 관련 각종 국제조약상의 권리와 의무를 서로 성실히 이행한다.

제4조 남과 북은 상호출원 방법과 절차를 포함한 지식재산권 분야의 제반 교류협력 방안을 협의하고 이를 추진해 나가기 위해 양측 지식재산권 정책담당 실무책임자급으로 "남북 지식재산권실무협의회"(이하 '실무협의회'라 한다)를 구성해 운영한다.

제5조 남과 북은 양측의 지식재산권 제도의 통일을 지향하고 지식재산권 분야의 교류와 협력을 활성화해 나가기 위해 전문 인력의 교류와 지식재산권 관련 정보 및 자료의 교환을 추진한다.

제6조 이 합의서는 쌍방의 합의에 따라 수정 보완할 수 있다.

제7조 이 합의서는 쌍방이 서명해 교환한 날로부터 효력을 발생한다.

○○○○년 ○월 ○일

남측 대표 ○ ○ ○ | 북측 대표 ○ ○ ○

구체적으로 살펴보면, 우선 남북 간 지식재산권실무협의회를 구성해 상시 운영하도록 명시한다. 즉 남북한의 지식재산권 상호 출원 · 등록에 따른 절차 및 실체법적 도출과 실무적 방안, 분쟁해결 절차 및 기구에 대한 구성, 상호권리보호 방안, 제3국에 의한 지식재산권 선점 방지, 남북한에 기등록된 권리의 모방출원의 처리, 기등록된 권리충돌 해결방안, 수수료 송금, 대리인 선임문제 등에 대해서 논의할 기구의 구성 및 상설화가 선행되어야 한다. 또 지식재산권 제도의 상호 이해 및 정보교환을 위한 상호 교류협력의 정기화가 필요함을 명시해야 하고 지식재산권과 관련한 다양한 분쟁에 대한 조정의 필요성도 광범위하게 언급되어야 한다.[17]

3) 추진방법

남북 간 지식재산권 교류협력에 관한 세부합의서 채택을 위한 추진방법으로는 기존에 운영중인 '남북경제협력제도실무협의회'나 부총리급으로 격상된 '남북경제협력공동위원회'의 논의 의제로 상정해 북측과 계속 협의를 해나가야 할 것이다.[18] 이를 위해 2003년 12월 열린 제4차 남북경협제도실무협의회 공동보도문에서 차기 논의 의제로 합의한 바 있으며, 2007년 11월 열린 남북총리회담 시 회담 의제에 지식재산권 분야가 포함될 수 있도록 추진했으나 채택되지는 못했다. 앞으로도 기회 있을 때마다 각종 회의나 회담 시 지식재산권 교류협력에 관한 세부합의서가 조속히 채택될 수 있도록 지속적으로 추진해 나가야 할 것으로 본다.

17 특허청(정책과제), 앞의 연구서, p. 45 참조.

18 특허청(기획조정관실), 앞의 보고서, p. 14.

4) 합의서(안)에 따른 남북 간 교류협력 추진체계

현재 남북한 교류협력의 추진체계는 부총리급으로 격상된 경제협력공동위원회를 중심축으로 하여 장관급회담을 비롯해 경제협력제도분과위원회에서 경제협력에 관한 사항을 총괄하고 분야별 구체적인 사항을 논의하기 위해 각 부서의 담당국장급을 대표로 하는 실무협의회를 구성해 운영하고 있다.

따라서 경제협력공동위원회나 경제협력제도분과위원회의 안건으로 지식재산권 교류협력문제가 채택되어 지식재산권 교류협력에 관한 원칙이나 범위가 어느 정도 합의되고 이의 구체적인 논의를 위한 별도의 지식재산권실무협의회를 상설기구화할 필요성이 있다고 하겠다.[19]

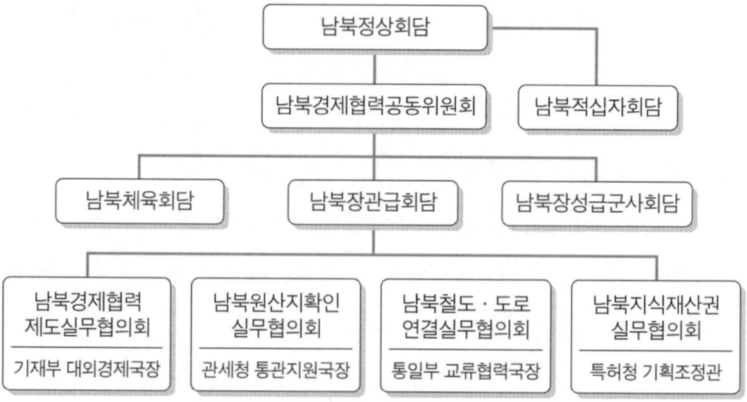

그림 3.1 | 남북 간 교류협력 추진체계(안)

주: 청산결제, 개성공단 건설, 남북 전력협력, 남북 해운협력, 자원개발 협력 등에 관한 다수의 실무협의회가 있음.

19 본문 〈그림 3.1〉에서 보듯이 교류협력 추진체계는 남북경제협력공동위원회(부총리급)를 중심으로 장관급 회담→각 실무협의회로 이어지는 체계로 되어 있으며 지금까지 경제협력제도실무협의회를 통해 남북 지식재산권에 관한 정보를 상호 교환해왔지만 앞으로는 남북 지식재산권실무협의회를 별도 편성해 지식재산권 전반에 관한 협의를 구체화시켜 나가는 것이 바람직할 것으로 생각된다.

앞서 언급한 바와 같이 남북한 지식재산권실무협의회를 구성한 후 실무협의를 통해 개성공단을 비롯한 대북 진출기업의 출원 · 등록을 보장하고 남북한 상호출원을 인정함으로써 인적교류 및 정보자료를 교환하고 상대지역 출원 · 등록권리에 대한 상호 보호방안을 강구하면서 상호 간에 나타날 수 있는 여러 가지 지재권 분쟁을 해결하는 등 남북한 지식재산권 교류협력의 활성화를 이루어 궁극적으로 남북한 지식재산권 통일체제를 구축해 나가야 할 것이다.[20]

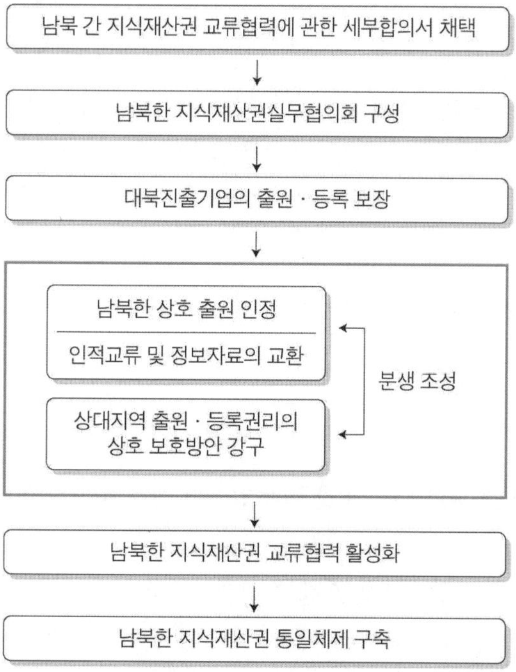

그림 3.2 | 남북한 지식재산권 교류협력 단계별 추진방안

자료: 특허청(기획조정관실), "남북 산업재산권 교류협력 추진방안", 2004. 4, p. 15 참조.

20 본문 〈그림 3.1〉을 참조해 서술식으로 설명했다.

2. 지식재산권실무협의회 구성 운영

세부합의서 채택 후 남측 특허청과 북측 발명총국 및 지적소유권국의 국장급을 수석대표로 하는 실무협의회를 통해 구체적 협력방안을 논의해 나가야 할 것이다.[21] 서로 다른 지식재산권 관련 용어를 통일시키기 위한 용어의 정의를 포함해 쌍방이 가입한 국제조약에 대한 효력 문제, 무차별 원칙에 입각한 상호출원 절차 및 방법, 심사등록 절차 합의, 상대지역에서의 대리인 선임에 관련된 문제, 기등록된 권리의 보호방법과 상호 저촉되는 권리의 이용방법, 분쟁의 해결절차, 정보자료 및 인적교류, 서류 및 자료의 송달, 비용청구 및 송금절차 등 여러 가지 과제들을 의논하기 위한 지식재산권 교류협력 실무협의회가 구성되어 상시 운영되도록 해야 할 것이다.[22]

3. 상호 출원 · 등록 인정

1) 출원 방법

(1) 제1안: 지식재산권 출원에 있어서 상호 국가로 의제하는 방안

이는 상호 지식재산권 조약상의 체약국으로 인정해 외국인에 의한 출원 절차를 준용하는 것으로서 외국인이 양측 특허청에 출원 · 등록하는 경우와 동일하게 남(북)한 주민이 북(남) 발명총국(특허청)에 상대지역 대리인을 통해 출원하게 되며 PCT 및 마드리드 의정서 등 국제조약에 따른

21 특허청(기획조정관실), 앞의 보고서, p. 16.

22 송만호, "남북 산업재산권 교류방안", 『지식재산권논단』, 1996, p. 3 참조.

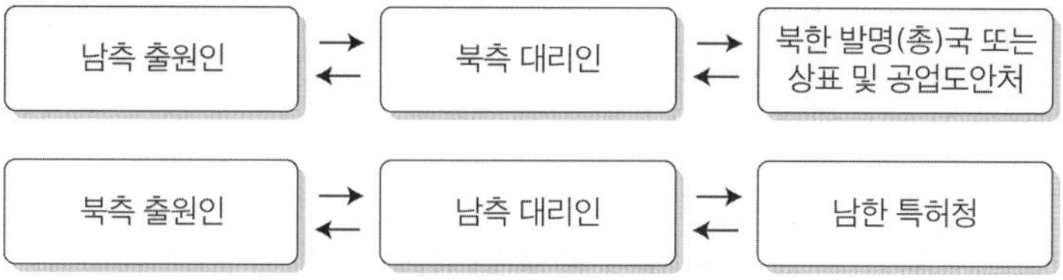

그림 3.3 | 남북상호출원 절차도

출원을 상호 인정하게 하는 것을 말한다.[23] 따라서 제3국을 경유한 방법 등을 통해 별다른 준비나 법령개정 없이 즉시 시행이 가능하나 절차 및 소요기간의 장기화, 남북한의 주민을 외국인으로 기정사실화해야 하는 단점이 있다고 하겠다.[24]

(2) 제2안: 남 · 북한 주민을 상호 내국인으로 인정하는 방안

남북이 각각 상대방 주민을 내국민으로 인정해 직접 또는 대리인을 통해서 출원을 접수하게 하는 것으로서 절차도 간단하고 경제적이라 할 수 있으나, 상대측 대리인의 대리권한 인정, 직접 출원에 대한 사전 합의 및 지식재산권 용어 · 출원 서식 등에 관한 상호 인정, 전산망의 구축 및

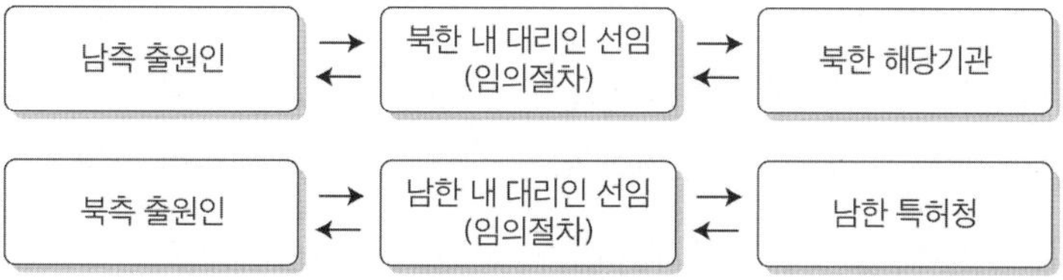

그림 3.4 | 남북 상호출원 접수도

23 특허청(기획조정관실), 앞의 보고서, p. 16.

24 특허청(정책과제), 앞의 연구서, p. 44 참조.

통합, 수수료 송부 등 선결 과제가 많아 남북한이 당장 시행하기에는 어려울 것으로 판단된다.[25]

(3) 제3안: PCT 출원 방법을 원용하는 방안

남북 간 합의하에 상호출원서식을 통일화하고 대북(남)출원은 남(북) 특허청(발명(총)국)에서 접수, 방식심사만 한 후 북(남)한 발명(총)국(특허청)으로 송부해 심사하게 하는 것으로서, 이는 제1안 또는 제2안과 혼용방법으로 병행해 운영이 가능하다고 하겠다.[26]

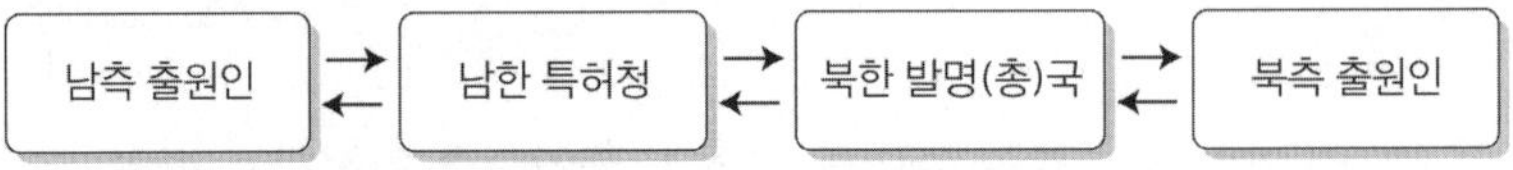

그림 3.5 | 남북 상호출원 접수 및 절차도

2) 상호 등록 보장

출원이 인정되더라도 대한민국 국적을 가진 출원인에 대해서 북측에서 등록을 거부할 가능성이 항시 존재한다고 볼 수 있다. 따라서 남북한 모두 상대측의 출원·등록을 거절하지 않는다는 합의가 필요하다고 하겠다. 즉 지식재산권의 등록보장은 남북한 경제교류 협력을 활성화하고 민족경제의 균형 있는 발전과 남북한 모두의 과학기술의 발전에 기여하는 매우 중요한 제도적 인프라임을 강조해야 할 것이며, 양측 모두 정치적인 이유로 상대측 국적을 가진 자의 출원을 거절하도록 하고 있는 관련 심사 관행에 대해서 반드시 정비가 이루어지도록 해야 할 것이다.[27]

25 특허청(정책과제), 앞의 연구서, p. 44 참조.

26 특허청(기획조정관실), 앞의 보고서, p. 17.

3) 대리인 선임 합의

상호출원 및 등록을 인정하는 데 우선적으로 해결되어야 할 점은 남과 북은 현재 외국인의 지식재산권 출원 때 대리인 선임을 강제하도록 되어 있다는 것이다. 북한은 "발명법 제16조에 신청자는 발명권, 특허권등록의 신청을 발명대리기관에 위탁하여 할 수 있다."라고 규정하고 있으며, 남한은 "특허법 제5조에 재외자가 국내에 출원을 하고자 하는 경우에는 국내대리인을 경유해야 한다."라고 규정하고 있다.[28] 따라서 대리인 선임 문제와 관련한 검토사항으로는 출원 때 대리인의 선임 필요성에 대해서는 남과 북이 사전에 협의해 결정해야 하며 북한 주민을 대한민국 국민으로 인정할 때 대리인 문제에 대해서 신축적 입장이 가능할 것으로 보인다. 과거 서독이 헌법에 따라 동독주민을 서독국민으로 인정해 대리인 선임 없이 관련 절차를 진행하도록 한 것은 좋은 선례로 참고가 될 것이다.

4) 상대 측 권리의 모방출원(模倣出願) 및 등록방지 문제

상호출원 및 등록을 인정함으로써 나타날 수 있는 문제점으로는 모방출원 등으로 경쟁업체에 의해 부당한 권리가 선점될 가능성이 있으며 이에 따른 경협 당사자 간 지식재산권의 분쟁이 야기될 뿐만 아니라 남한 기업의 북한 진출 및 활동에 제약을 받을 가능성이 있다는 점이다.[29] 이에 대한 검토 방안으로는 양측의 등록권리에 대한 정보 및 기타 데이터를 상호 교환함으로써 모방출원 또는 이에 따른 등록에 대해 거절하거나 무효화할 수 있도록 관련 법령과 심사기준을 상호 정비해야 할 것이다.

---

27 특허청(기획조정관실), 앞의 보고서, p. 18.

28 특허청(기획조정관실), 앞의 보고서, p. 19.

29 특허청(기획조정관실), 앞의 보고서, p. 19.

4. 중 · 장기적 과제 선정 추진

1) 남 · 북한 지식재산권 전문가의 협상채널 상설화

남북한의 지식재산권 제도에 대한 이해, 심사관행, 정보 및 인적교류를 위해 전문가 및 지식재산권 관련 정부기관이 참여하는 협상 채널을 상설화해야 하며 지식재산권 통일화 작업에서 나타나는 문제의 해결 방안과 구체적 실행을 위한 실무자 회의도 활성화되도록 주기적으로 추진해 나가야 할 것이다.[30]

2) 남 · 북한 지식재산권 제도의 통일화 기반 조성

전문가 협상채널의 상설화를 통해 양측의 제도에 대한 비판적 고찰로 지식재산권 제도의 통일화가 가능한 부분에 대해서는 우선적으로 조치를 취해 앞으로 대비를 위한 궁극적 기반을 단계적으로 조성해 나가야 할 것이다. 또 지식재산권 관련 국제조약에 대한 적극적 대응과 함께 국제적 기준(standard)에 부합하도록 남북한의 지식재산권 법령도 동시에 정비할 수 있는 합의를 도출시켜야 한다.[31]

한편, 북한은 WTO에 아직 가입되어 있지 않아 TRIPS 협정 및 DOHA AGENDA에서 정해지는 국제적 기준에 미흡할 수 있으므로 향후 북한의 WTO 가입을 적극 유도해 남북한 지식재산권 제도의 통일화를 위한 국내외적 기반을 점진적으로 조성해 나가야 할 것으로 본다.

30 특허청(정책과제), 앞의 연구서, p. 46 참조.

31 특허청(정책과제), 앞의 연구서, p. 47 참조.

3) 남·북 협력사업 추진

상호실행이 가능한 기술분야에 한해서는 국가차원의 기술이전과 공동기술을 적극 개발시켜 나가야 하며 발명진흥사업의 공동 수행을 통해 한민족 공동체 형성기반을 마련해 나가야 할 것으로 본다. 아울러 특허출원, 심사, 등록, 심판에 이르는 절차를 전산화한 특허시스템을 북한에 원조(援助)하고 서로의 전산망을 연결해 업무 및 자원의 통일화를 기할 수 있도록 전산망을 구축하고 공유시켜 나갈 수 있도록 해야 할 것이다.

한편, 특허정보나 상표공보 등 검색 자료를 전산망을 통해 공유함은 물론 심사기준의 통일화 작업을 추진해 남북한의 특허나 상표 심사결과를 상호 인정할 수 있는 기반을 조성하는 등 지속적인 남북 협력사업을 추진함으로써 업무의 간격을 줄이고 상호 간의 업무에 대한 공감대를 형성시켜 나가야 할 것으로 본다.[32]

4) 지식재산권 분야 분쟁조정

분쟁조정 기구의 필요성이 우선 대두될 것으로 보인다. 이는 권리의 침해 또는 문제의 발생이 일방당사국에 한정되지 않고 서로 관련이 있는 경우 통일적이고 일관된 분쟁해결을 위한 지원이 이루어져야 하기 때문이다. 따라서 분쟁조정 참가자는 분쟁조정 기구 남북 양측 조정위원, 남측의 특허청, 북측의 발명총국 등 유관기관 소속 공무원과 분쟁 당사자가 될 것이며, 이런 분쟁조정기구 설치 및 운영절차에 관한 세부사항은 실무협의회에서 구체적으로 방안을 협의해야 할 것이다. 한편, 현재 구성이 합의된 남북상사중재위원회를 활용하는 방안도 검토해 볼 수 있을 것이다.[33]

32 특허청(정책과제), 앞의 보고서, p. 47 참조.

5) 지식재산권 제도의 통일화

남북경협 활동의 항구적 보장과 경제교류의 활성화를 지속하기 위해서는 남북 간 상이한 지식재산권 제도를 통일화하는 것이 급선무라 할 것이다. 다만, 단일법 체제로의 진입이 급속히 이루어지는 데 따른 혼란을 최소화하기 위해서는 사전준비를 통해 점진적으로 추진해 나가야 할 것으로 본다. 지식재산권 제도 통일화 추진시기로는 상호 출원인정 및 등록보장단계 도달 후 논의가 진행되어야 할 것으로 생각되며, 구체적인 통합 추진대상은 지식재산권 관련 용어, 권리출원 · 등록 및 절차 관련사항, 심사기준 및 심사관행, 권리의 효력 및 소멸, 침해 시 구제절차 및 방법, 지식재산권의 공동심사 관련 심사기관의 업무영역 등 폭넓게 다루어져야 될 것으로 보인다.[34]

5. 통일 후의 과제 조치

쌍방의 지식재산권 법제를 통일시키는 일련의 작업들이 통일 전에 이루어질 수 있을지 통일 후에 이루어질지는 통일의 시기와 방식의 문제와 관련된 것이므로 단순예측이 무의미하다. 그러나 법제의 통일화를 중 · 장기적 과제로 언급했으므로 통일 후의 과제에서는 남북한에서 각각 등록된 지식재산권 또는 당시 출원계속 중인 지식재산권의 효력을 어떻게 조정하고 정리해야 할 것인가 하는 처리 문제가 관건이 될 것으로 보인다.[35] 따라서 독일의 사례를 통해 그 교훈으로 찾고자 한다.

---

33 특허청(기획조정관실), 앞의 보고서, p. 20.

34 특허청(기획조정관실), 앞의 보고서, p. 18.

35 송만호, "남북 산업재산권 교류방안, 『지식재산권논단』, 1996. 6, p. 6.

독일은 통일 전부터 동・서독 국민이 서로 상대지역에 지식재산권을 출원해 등록받도록 허용해왔다. 서독이 동독을 흡수・합병하는 방식으로 독일의 통일이 이루어졌지만 이미 동독에 등록되고 출원 중이었던 기득권리를 강제 소멸시킨다는 것은 소급 입법에 해당되는 것이기 때문에 통일 독일정부는 동독에서 창설됐던 제반권리의 효력을 서독의 것과 같이 전 영토에서 자연 소멸될 때까지 효력을 유지하도록 허용했다. 통일된 날 이후에 출원된 지식재산권은 서독법(통일법)에 따라 처리되지만 통일되기 전에 동독에 출원됐던 지식재산권은 동독법에 의해 절차가 진행되도록 했다.[36] 또 사회주의국가 특허제도에서의 가장 특징적인 것이라 할 수 있는 발명자증제도[37]는 통일 직전 폐지했으며 대신 개정법 발효 후 6개월 이내에 독점특허(exclusive patent)로 변경할 수 있도록 허용했고 라이선스 실시를 허용하면 특허와 동일한 취급을 하도록 규정했다. 이는 만일 북한이 통일 전에 특허법 개정을 하지 않는다 하더라도 남북 통일특허법이나 효력확장법 등의 경과규정을 통해 반영할 수 있을 것이라 생각된다.

이상에서 살펴본 바와 같이 통일 후 동・서독 지식재산권의 처리문제와 관련한 선례는 만일 북한체제가 붕괴되어 남한의 의지와 무관하게 흡수통일이 되는 경우는 물론 그렇지 않은 경우에도 우리가 참고할 만한 가치가 있다고 사료되며 타산지석(他山之石)의 교훈으로 삼아야 할 것이다.

36 송만호, 앞의 논문, p. 6.

37 구동독에서는 이를 경제특허(economic patent, wirtschafts patents)제도라 칭한다.

제3절 지식재산권 침해방지 및 교류활성화를 위한 사업추진

1. 선(先) 신뢰구축 후(後) 다각적인 대북 지원사업 발굴 추진

민족의 지식재산을 보호하고 보존하는 차원에서 제3국으로부터 지식재산권의 침해를 방지하면서 교류협력을 활성화하기 위해서는 상호출원 · 등록이 제도적으로 인정이 되어 선 신뢰가 구축되면 이와 병행해 다각적인 대북 지원사업을 적극 발굴 · 추진함으로써 상호 교류협력체계를 더욱 공고히 할 수 있을 것이다. 가장 먼저 지원 가능한 사업은 정보화 지원으로 지식재산권 정보에 대해 공동활용 가능한 전산 DB 구축지원 · 전

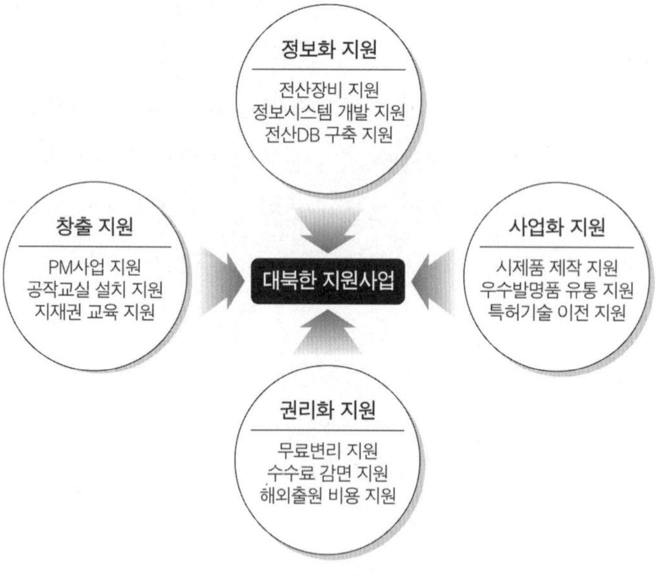

그림 3.6 | 대북 지원사업 내용

자료: 강경호, 앞의 연구서, p. 26.

산장비 및 정보시스템개발 지원 등이 이루어져야 하며, PM사업[38] · 공작교실 설치 및 지재권 교육지원 등 지식재산권 창출지원도 이루어져야 하며, 수수료 감면 · 해외출원비용 및 무료변리 지원 등 권리화 지원도 병행해서 이루어져야 하고, 시제품제작 · 우수발명품 유통 및 특허기술 이전지원 등 사업화 지원이 동시에 이루어짐으로써 조기에 교류협력이 활성화될 수 있을 것이라 판단된다. 그리고 각종 사업지원 간에 자금이 부족할 때는 남북협력기금을 활용하는 방안도 강구되어야 할 것이다.[39]

2. 정보 및 인적교류 등 이벤트성 행사 추진

1) 발명진흥행사 상호방문 및 공동개최 추진

이를 효과적으로 추진하기 위해서는 북한에서 실시하고 있는 '발명 및 새기술전람회', '과학기술축전' 등의 행사와, 남한에서 실시하고 있는 '발명의 날', '특허기술대전', '학생발명전시회' 등의 행사를 상호방문 개최하거나 공동개최[40]하는 방안을 모색할 수 있다. 이는 지식재산권과 관련

38 'Patent Map'의 약자로서 선행 특허정보를 분류 · 가공 · 정리 · 분석해 필요한 기술정보를 쉽게 파악할 수 있도록 한 특허기술정보 해석서이다. 이는 기술트리(Tech-Tree)별로 선행기술 연계도(Map)를 작성해 선 · 후행 특허의 인용관계를 한눈에 파악할 수 있도록 정리한 특허분석 보고서이며, 사용자는 이를 통해 핵심특허, 길목특허 등의 선행기술을 쉽게 파악할 수 있어 공백기술 개발 및 회피설계에 활용할 수 있다. 주요사업으로는 특허청은 한국발명진흥회와 공동으로 신성장동력 기술분야를 중심으로 2000년부터 2004년까지 매년 24개 테마(기술 분야)를 선정해서 PM사업을 실시해 120개 테마에 대한 PM사업을 완료해 CD롬과 웹사이트(http://www.patentmap.or.kr)를 통해 국민들에게 무료서비스를 제공하고 있다. 그 후, 신기술동향조사사업 형태로 운용되어 오다가, 2008년부터는 '지재권 중심의 기술획득전략'이라는 명칭으로 변형되어 수요자 중심의 맞춤형 기술획득전략 수립사업을 수행하고 있다. 특허청, "2010년도 중점추진업무(산업재산정책국)", 2010. 3, p. 1 참조.

39 본문 〈그림 3.6〉을 서술식으로 설명했다.

40 강경호, 앞의 연구서, p. 27 참조.

한 각종 행사에 대한 이해의 폭을 넓혀 상호 교류협력을 위한 공감대를 지속적으로 확산시켜 나아갈 것으로 보인다.

2) 남 · 북한 심사관 상호파견 등 인적교류 추진

이는 남북 간 교류협력 사업의 원활한 추진과 정보자료 교환 등 제반 행정사항을 효과적으로 처리하기 위해서 선행되어야 할 사항으로 남북한 심사관 상호파견[41]을 통해 지식재산권 권리에 대한 전반적인 제도, 절차, 심사기준 및 관행, 심사 노하우(know-how) 등을 교환함으로써 인적 전문성을 확대시켜 나갈 필요성이 있을 것으로 보인다.

3) 민간단체의 공동심포지엄 개최 및 상호방문 교류지원

남북지식재산권학회, 변리사회, 여성발명가협회, 발명진흥회 등 민간주도의 공동 심포지엄을 개최하거나 상호방문을 하는 등 민간단체의 교류를 활성화하고 정부에서 적극 지원해야 한다.[42] 앞으로 남북기관 주도의 교류협력이 보다 순탄하게 진행되기 위한 교두보를 만들어 간다는 일념으로 보다 적극적이고 능동적으로 추진해 나가야 할 것으로 본다.

4) 남 · 북 간 연락사무소 또는 주재관 설치

상대방의 출원등록 절차 안내, 특허자료 및 정보의 교환 지원, 각종 서류송달, 인적교류 지원 및 업무협의 등 제반 행정사항을 처리하고 양측 간 교류협력의 원활한 추진을 지원하기 위해 상호 간 합의하에 일정 규모

41 강경호, 앞의 연구서, p. 27 참조.

42 강경호, 앞의 연구서, p. 27 참조.

의 연락사무소 또는 주재관을 설치 · 운영함으로써 업무 공유를 통해 상호 간에 신뢰를 구축해 나가야 할 것으로 본다.

5) 남 · 북한 지식재산권 제도 연구회 구성 · 운영

남 · 북한 특허청, 변리사, 교수 등 각계 각층의 다양한 인사가 참여해 남북 간 지식재산권 제도 발전 방안 등의 연구를 통해 앞으로의 법제 통일화를 위한 기반을 마련할 수 있도록 민 · 관 합동으로 지식재산권 제도 연구회가 구성되어 지속적으로 운영되어야 한다고 본다.

6) 남 · 북한 지식재산권 교류협력대책위원회 구성

2004년 5월 특허청내외 관계자로 '민 · 관 합동 남 · 북한 지식재산권 교류협력대책위원회'를 구성해 여론 및 의견 수렴을 실시한 바 있다. 대책위원회 구성으로는 위원장에 특허청 산업재산정책국장이 임명됐고 청외 대책위원으로는 학계, 변리사회, 민간기업체, 지식재산권연구소 등에서 선발했으며 청내 대책위원으로는 출원서비스과, 상표 · 디자인심사정책과, 특허심사정책과 등 관련부서에서 편성되도록 했다.[43]

한편, 2000년 8월 남북 지식재산권 교류협력 대책회의를 개최해 교류협력과 관련된 민간의 의견을 수렴한 바 있으나, 북측의 소극적인 태도로 별로 결실을 거두지 못했으며 2007년 10월 남북정상회담의 후속조치의 일환으로 남북총리급 회담 시 지식재산권 분야도 정식의제로 제시하기 위해 준비한 바가 있다.

---

43 특허청(기획조정관실), 앞의 보고서, p. 25 참조.

7) 민간분야 협력 활동 지원

대한변리사회, 한국발명진흥회 등을 통한 민간분야 협력 활동을 지원해 나가면서 남북 학생발명전 개최 등 사회적 협력 기반을 조성해 나가야 할 것이다.[44] 뿐만 아니라 민간분야에서의 남북 간 지식재산권 교류 현황을 지속적으로 파악해 나감으로써 앞으로 정부 차원의 지식재산권 분야 교류협력을 위한 초석을 다져 나가야 할 것으로 본다.

8) 남·북 간 경제 관련 회의에 지식재산권 의제 포함 적극 추진

'남북경제협력공동위원회' 또는 그 하위기구인 '남북경협제도실무협의회'에서 지식재산권 의제가 포함되도록 적극 추진해 나가야 할 것이다. 한편, 경협제도실무협의회의 현 의제는 대부분 마무리 단계에 진입한 것으로 보이며, 2003년 12월의 제4차 경협제도실무협의회 공동보도문에 지식재산권 문제가 언급된 것은 앞으로 새로운 의제로 우선적으로 포함될 가능성이 높음을 의미할 뿐만 아니라 2007년 11월 남북총리급 회담에서도 지식재산권 분야를 정식 의제로 채택하기 위해 노력하는 등 남북고위급 및 실무자급 회의 때 지식재산권 관련 의제가 논의될 수 있도록 지속적인 관심과 노력을 기울여 나가야 한다.[45] 한편, 북측도 우리의 지식재산권 법령을 요청해오면서 지식재산권 분야에 상당한 관심을 보이고 있는 것은 아주 다행스러운 일이며 앞으로 지식재산권 분야의 교류협력에도 희망적인 일이라 하겠다.

아울러 관계부처(기획재정부, 통일부, 산업통상자원부)와 지속적 접촉을 통한 협력과 지원을 확보해 나가야 할 것이며, 지식재산권 분야 협력은 경협추

44 특허청(기획조정관실), 앞의 보고서, p. 25 참조.

45 특허청(산업재산정책국), 앞의 보고서, p. 9 참조.

진의 안전판임을 지속적으로 홍보해 나가야 할 것이다. 그간 개성공단에 입주해서 제조활동을 해왔던 남한기업들이 수많은 지식재산권을 출원등록함으로써 남북 지식재산권 분야의 교류협력을 위한 초석을 다져온 것은 작은 성과라 할 수 있다. 하지만 보다 진전된 발전을 이루기 위해서는 북측을 설득하기 위한 논리를 지속적으로 개발해 나가야 할 것으로 본다. 북측은 가시적인 경제성을 확보할 수 있는 분야를 우선적 교류협력 대상으로 고려하고 있는 것으로 추측되기 때문에 지식재산권 분야 협력 시 북측이 기대할 수 있는 경제적 효과에 대한 계량화가 반드시 필요하다고 하겠다.

9) 교류협력 추진방안의 계속적 수정 · 보완

앞으로 남북 간 지식재산권과 관련한 상황변화에 따라 교류협력의 추진방안에 대한 지속적인 수정 · 보완이 필요할 것이며,[46] 이를 효과적으로 추진해 나가기 위해서는 각 분야별 전문가를 위촉하여 철저히 대비함은 물론 정부 차원의 지속적인 관심과 지원도 뒤따라야 할 것으로 생각된다.

46 특허청(기획조정관실), 앞의 보고서, p. 25 참조.

표 3.3 | 남북한 지식재산권의 교류협력 방안[1)]

구 분	주요내용
기본방침	• 민족공동체의 지식재산을 보호하고 보존하는 수단으로서 추진 • 지식재산권 교류를 통한 민족경제의 균형 있는 발전도모 • 기합의된 사항 이행 및 상호신뢰 구축
추진단계	• 1단계: 상호 출원등록 인정 – 출원방법 ① 지식재산권 출원에 있어서 상호 국가로 의제하는 방안 ② 남북한 주민을 상호 내국인으로 인정하는 방안 ③ PCT 출원 방법을 원용하는 방안 – 상호 등록보장 합의 – 대리인 선임을 강제하도록 합의 – 상대측 권리의 모방출원 및 등록방지를 위한 법령 및 심사기준 정비 등 • 2단계: 남북 간 권리충돌 문제 등에 관한 잠정조치 및 합의 • 3단계: 지식재산권 제도의 상호 조화와 도모를 통한 법제 통합 추진
추진방안	• 남북 간 지식재산권 교류협력에 관한 세부합의서 채택 • 동 합의서에 근거해 남북 지식재산권실무협의회 구성[2)] 상시 운영 – 논의사항: 용어정의, 국제조약에 대한 효력문제, 무차별 원칙에 입각한 상호 출원 절차 및 방법, 심사등록절차 합의, 상대지역에서의 대리인 선임에 관련된 문제, 기등록된 권리의 보호방법과 상호 저촉되는 권리의 이용방법, 분쟁의 해결절차, 정보자료 및 인적교류, 서류 및 자료의 송달, 비용청구 및 송금절차 등 • 구체적 실무협의를 통한 현안과제 및 장기적 과제 논의 – 논의사항: 남북한 지식재산권 전문가의 협상채널 상시화, 남북한 지식재산권 제도의 통일화 기반 조성, 발명진흥사업 등 남북 협력사업 추진, 지식재산권 분야 분쟁조정, 지식재산권제도의 통일화 등 • 지식재산권 법제의 통일화를 위한 상호 합의점 도출
교류협력 활성화를 위한 실천 및 추진사항	• 다각적인 대북 지원사업 적극 발굴 추진 – 정보화지원: 전산장비, 정보시스템개발 및 전산DB 구축지원 등 – 사업화지원: 시제품 제작, 우수발명품 유통 및 특허기술 이전 지원 등 – 권리화지원: 무료 변리, 수수료 감면 및 해외출원 비용지원 등 – 창출지원: PM사업, 공작교실 설치 및 지재권 교육지원 등 • 정보 및 인적교류 등 이벤트성 행사 적극 추진 – 발명진흥행사 상호 방문 및 공동개최 추진 – 남북한 심사관 상호 파견 등 인적교류 추진 – 민간단체의 공동심포지엄 개최 및 상호 방문 교류지원 – 남북 간 연락사무소 또는 주재관 설치 – 남북한 지식재산권 제도 연구회 구성·운영 – 남북한 지식재산권 교류협력대책위원회 구성 – 북한 지식재산권의 연구 분석 – 대한변리사협회를 통한 민간분야 협력활동 지원 – 남북 간 경제 관련 회의에 지식재산권 의제 포함 적극추진 – 교류협력 추진 방안의 계속적 수정·보완을 위한 전문가 위촉

주: 1) 본 내용은 남북한 지식재산권 법제 통합을 위한 전(前)단계로서 현실적으로 교류협력이 원활히 추진되는 가운데 법제 통합단계로 발전시키는 것이 타당할 것으로 사료됨에 따라 본문에 언급된 남북한 교류협력을 위한 주요 추진사항들을 요약·정리했음을 밝혀둔다.
2) 남북한 각각 국장급을 수석대표로 하는 실무협의회 구성을 의미한다.

II
통일 과정상 선결과제

제4장 남·북한 지식재산권 법제도 통합을 위한 논의

제1절 법통합의 방향 설정

남·북한은 오랜 분단으로 사회적인 여러 분야에서 많은 차이가 생겨났고, 그동안 국가의 근간이라고 할 수 있는 법질서와 법체계에 상당한 괴리가 발생했다. 북한은 남한의 체제와는 달리 사회주의를 지향하고 있기 때문에 앞으로 통일에 대비한 각 분야의 개별법을 통합하기 위해서는 북한법의 특성과 체계를 이해하는 것이 중요하다. 따라서 남북한 지식재산권 법제도 통합을 위한 방향을 설정하기 위해 통일에 대한 법적 접근을 기반으로 통일한국의 법통합 방향을 설정해야 하며, 이를 위해서는 남한의 법 가치를 기본으로 하여 북한법의 특성과 이에 따른 남북한 법체계의 차이를 비교하고 이를 바탕으로 남북한의 지식재산권 법제의 통합을 위한 방안을 제시하고자 한다. 이를 위해 유사한 법통합 사례에 대한 비교법적 고찰을 함께 했다.

1. 통일에 대한 법적 접근

남북한 통일의 실현 여부가 불투명하여 통일이 어떻게 이루어질 것인지를 예측하거나 미리 구상한다는 것은 결코 쉽지 않다.[1] 그렇지만 남북한 통일의 방식이나 내용은 법통합의 근간을 이루고 있는 것이므로 이를 기초로 남북한 지식재산권의 통합의 방식과 내용이 결정될 것이다.

우리와 같은 분단국이었던 동・서독은 20여 년 간의 장기 평화공존을 지속한 뒤 서독의 경제력을 바탕으로 동독을 서독에 편입시킴으로써 통일을 이뤘다.[2] 독일 통일은 장기 평화공존의 과정 속에 동독이 서독으로 편입하겠다는 결정을 함으로써 편입의 방식으로 통일됐다. 이런 동・서독의 장기 평화공존을 거친 편입식 통일방안은 평화적이었으나 그 자체도 사회적으로는 많은 어려움을 노정하고 있다. 하물며 남한은 서독보다 북한에 대한 주체적 통일역량이 취약한 것이 현실이다. 이런 점에서 조기 흡수식 통일방안은 한반도에 대혼란을 가져올 것이 예상되고, 또 우리의 여건을 감안할 때 한반도 통일의 방식으로는 적합하지 않은 것으로 보인다. 따라서 한반도의 통일은 동・서독의 통일 이전처럼 장기적 평화공존의 과도적 단계를 거친 후 양측의 합의에 의한 점진적 통일의 절차가 적절한 것으로 사료된다.

아울러 남북한 통일로 인해 발생할 수 있는 사회적 분쟁과 비용을 최소화하고 단기간에 정치적・경제적 안정을 유지하기 위해서는 법규범

1 남북한의 통일에 대한 다양한 시나리오에 관해는 홍준형, "한국통일과 공법적 과제", 『2008 남북 법제 특별세미나』, 2008. 9, p. 21 참조; 이장희 교수는 한반도의 통일방법에는 크게 4가지 가능성, 즉 흡수(吸收: absorption), 편입(編入: accession), 합의(合意: agreement)에 의한 단계적 통일, 장기 평화공존(長期 平和共存:peaceful coexistence)의 지속의 4가지를 제시하고 있다("한국통일과 국제법적 과제", 『2008 남북법제 특별세미나』, 2008. 9, p. 60).

2 서독의 통일정책에 대해서는, 이장희, "한반도에서의 동・서독통일 모델의 적합성에 관한 연구", 통일연구논총, 1988년 8권 1호, 통권 84호, pp. 103-130 참조; 독일의 상세한 통일 과정에 대해서는, Horst Tetschik, 329 Tage, Innenansichten der Einigung, Siedler Verlag, 1991 참조.

의 균형적 통합이 선행되어야 한다. 이런 목적을 달성하기 위해서는 공법과 사법의 유기적 조화가 필요하다. 왜냐하면 공법상의 통합방식에 따라서 사법질서, 특히 지식재산권 제도는 그 실질적 내용이 상이하게 달라질 수 있기 때문이다.[3]

2. 통일한국의 법통합 방향

'법통합(法統合)'은 두 개 이상의 상호 이질적인 법체계 내지 법질서가 단일한 법질서로 융합하는 것을 말한다. 이런 법통합의 방식은 다음의 세 가지로 나눠 볼 수 있다. 첫째는, 하나의 법질서가 다른 법질서를 대체하는 것이다. 둘째는, 양자가 절충된 제3의 법질서로 새로이 제정되는 것이다. 그리고 셋째는, 어느 하나의 법질서가 절충변형된 형태로서 다른 쪽에 부과되는 방식으로 확대되는 것이다.[4]

이런 법통합 방식의 결정을 위해서는 통일이 전제되고 국가통일의 문제는 국가체제의 기본에 관한 문제로서 국법(國法)의 근간이 되는 헌법의 뒷받침이 있어야 한다.[5] 그런데 통일은 시간적으로 다음과 같은 세 가지 단계를 거치게 된다. 즉 통일이 실현되기 이전 단계(pre-unification stage), 통일이 실현되기 시작하는 전환기로서 정치적 통일 또는 통일조약 등에 의한 법적 통일이 달성되기까지의 이행기(transitional period), 그리고 통일 이후의 단계(post-unification stage)이다.[6] 그러므로 통일에 관한 각 단계에 맞는

3 김성욱, "한국의 통일과 토지소유제도의 재편: 토지소유제도의 근대화 과정을 고려해", 고려대학교 대학원 박사학위논문, 2006. 6, p. 154.

4 제성호, "남북통일과 법체계통합", 『통일정책연구』, 2000. 8, p. 103.

5 김승대, "동·서독 통일 과정에서의 헌법적 문제에 대한 이론적 고찰", 서울대학교 대학원 박사학위논문, 1996. 8. p. 1 참조.

6 통일 이후 단계는 단기와 중·장기로 구분할 수 있다. '전환'(transformation)의 단계를 통일 이후로 포함시킨다면 이는 주로 단기적 의미를 가지게 될 것이다. 홍준형, "한국통일과 공법적

헌법의 개헌이 이루어져야 하고 또 이를 바탕으로 헌법에 적합한 특별법의 개정이 뒤따라야 한다. 이런 점에서 지식재산권의 통합도 통일에 따른 헌법에 기초해 점진적으로 이루어져야 할 것이다.

그러나 남북한의 통일이 우리 민족의 염원이라 할지라도 한반도가 공산화되거나 인간의 존엄과 가치가 희생되는 방향으로 이루어질 수는 없다. 따라서 남북한의 법통합은 남북한 주민들의 인권보장과 평화 유지를 목표로 하여 이루어져야만 한다는 점에 대해서는 이설이 있을 수 없다. 이와 관련해 법통합은 다음 몇 가지의 방향성을 가지고 추진되어야만 한다.[7]

첫째, 통일한국의 법질서는 '인간존중주의'에 바탕을 둬야 한다. 인간의 존엄과 가치의 존중, 즉 통일한국을 구성하는 개개인의 인격발현을 보장하는 법질서여야 한다. 인간존중주의는 자유민주주의, 실질적 법치주의, 사회적 시장경제, 복지국가주의, 다원주의와 상통하는 것이다. 그러므로 남북한 간의 법통합은 자유민주주의와 사회적 법치국가 질서에 입각해서 추진해야 한다.

둘째, 현재 남한법은 자본주의 사회를 기반으로 하는 개인주의적인 법이고, 북한법은 사회주의를 기반으로 하는 주체사상의 법으로서 서로 상극적인 관계에 있다. 이런 극단적인 법체계가 서로 대립해 있다는 것은 민족적 불행이지만, 그럼에도 불구하고 남북한 법통합 때는 이런 법체계의 이질성 속에 최대한 한국적 공통성을 찾도록 노력해야 한다.

셋째, 통일한국의 법질서는 분단의 상처를 치유하고 실질적인 민족통합(유무형의 내적 통합)을 이룩하면서도 통일 후유증을 최소화하는 것이어야 한다. 이는 법질서가 남북한 주민 간은 물론 이해집단 간의 사회적·심리적 갈등을 줄임으로써 통일한국의 평화와 안정, 질서에 이바지해야

과제", 『2008 남북법제 특별세미나』, p. 22.

7 제성호, "남북통일과 법체계통합", 『통일정책연구』, 2000. 8, pp. 121-123.

한다는 것을 말한다.[8] 이처럼 남북한 법통합에 따른 후유증을 극소화하기 위해서는 법적 안정성 보장 차원에서 일정한 사항에 대해서는 경과조치를 취할 필요성이 있다.[9]

넷째, 남북한 법통합은 반세기 이상에 걸친 남북한 주민들 간의 적대의식 심화와 민족이질화, 그리고 법체계의 상위성을 고려할 때 점진적이고 단계적으로 추진하도록 하는 것이 보다 현실적이다. 이는 남북한 법통합 때 과도기의 설정이 필요함을 의미하는 것이다. 그러나 동시에 상호 모순되는 이야기이지만 점진적으로 법통합을 실시하더라도 전체적으로 그 기간(과도기)은 최대한 단축해 신속하게 추진해야 할 것이다.

이와 같은 통일의 방향성을 고려할 때 남북한의 법통합은 기본적으로 대한민국 법질서의 북한지역에 대한 확장적용이 불가피할 것이다. 남북한이 통일헌법을 채택해 합의통일을 하는 경우에도 우리의 법질서를 근간으로 하여 법통합을 추진해야만 한다. 왜냐하면 자유민주주의와 시장경제질서는 이미 세계사적으로 그 보편성이 널리 인정받고 있으며, 남북한 주민들의 절대다수가 지지하는 국가이념 내지 국가구성 원리가 될 것이기 때문이다. 또 남북한 주민들에게 예측가능성과 법적 안정성을 제공할 수 있고, 그것이 평화적이고 안정적인 통일을 가능하게 하는 길이기 때문이다. 물론 남한법의 일방적이고 절대적인 북한지역에의 적용은 곤란하며 독일의 경우에서 보는 바와 같이 어느 정도의 변용과 조정을 통한 동화가 요구된다.[10]

---

8 제성호, "'통일한국의 바람직한 법제도에 관한 원론적 연구'에 대한 토론내용," 국가정보연구원, 『바람직한 통일국가의 모형』, 제2회 국가정보학술회의(서울: 국가정보연수원, 1997), p. 93.

9 통일 후 북한지역에서 북한 주민들을 위한 경과조치가 필요한 법령으로는 신분관계법령, 공해관계법령, 자동차관리법령, 도로교통법령 등을 예시할 수 있을 것이다.

10 이와 관련, 독일의 경험은 우리에게 많은 교훈을 준다. 통일 이후 구동독지역의 주들이 추진한 방대하고 급속한 입법활동에 따라 새로운 법제, 특히 구서독 파트너 주들의 법제들이 대거 도입됐다. 그러나 법치국가적 입법절차를 구축하기 위한 구서독 파트너 주들의 협조에도 불구하고 이들이 일종의 '후견'(Bevormundung) 또는 '꼭두각시놀음'(Gängelei) 같은 역할을 수행

제2절 남 · 북한 지식재산권 법제도의 차이점 분석

1. 지식재산권 관리구조상의 차이

북한의 지적소유권에 관한 업무는 발명 및 특허, 창의고안에 관한 업무와 상표 및 공업도안에 관한 업무로 분리되어 운영되고 있다. 먼저 우리의 '부'(部, Ministry) 단위인 '국가과학원'[11]에서는 발명 및 특허, 창의고안업무 전반에 대한 정책수립 및 총괄 · 조정 업무를 담당하고 있으며 그 산하조직인 '발명총국'(invention office of DPR Korea)[12]과 그 예하소속인 발명심의처에서 발명 및 특허, 창의고안의 접수, 심사, 등록 등의 실질적인 집행업무를 담당하고 있다. 그리고 '국가품질감독위원회' 예하 소속기관인 상표 및 공업도안처에서 '상표 및 공업도안, 원산지명사무소'로 변경되면서 상표 및 공업도안에 관한 정책수립, 상표 및 공업도안의 접수, 심사, 심판 등의 업무를 관장하고 있으며[13] 그 소속 상표심사과와 공업도안심

하게 됐다. 또 이들의 협조를 통해 도입된 새로운 법제도들이 각 지역의 특수한 실정을 충분히 고려하지 않은 채 무분별하게 차용됨으로써 결국 주민들의 불신을 조장하는 결과를 초래하고 말았다. 이런 점을 고려해 남한의 자유민주적 · 법치국가적 법질서를 북한지역에 확대적용하되, 일정한 조정과 적응은 반드시 필요하다고 하겠다. 제성호, "남북통일과 법체계통합", 『통일정책연구』, 2000. 8, p. 123 참조.

11 내각 소속의 '부'(部, Ministry) 단위에 해당하는 북한 최고의 과학연구기관으로 19국, 5처, 3실, 1위원회, 10개 분원, 40여 개의 직속연구소와 종합공장, 천문대 등으로 구성되어 있다. 특허청(기획조정관실), "남북 산업재산권 교류협력 추진방안", 2004. 4, 붙임 2 참조.

12 내각 과학원 소속의 차관급 기관으로 발명 및 특허의 장려, 발명 및 창의고안의 심의 · 등록, 발명 및 창의고안의 보호 등의 업무를 수행하고 있으며 발명심의처, 발명장려처, 특허대리처, 문헌실, 은하수 합작회사 등으로 구성되어 있다. 최근 과학원으로부터 분리되어 외국으로 독립했다는 주장이 제기되었으나 현재까지 정확히 확인되지 않고 있다. 특허청(기획조정관실), 앞의 보고서, 붙임 2 참조; 한편, 2019년 8월 북한 대외선전매체인 내나라를 통해 '지적소유권국'이라는 기관이 처음으로 알려지게 되었다(연합뉴스, 2019. 8. 18). 이는 기존의 조직과 별도로 존재하는 것인지의 여부, 기존에 지식재산권에 관한 실무를 총괄하던 발명총국을 대체하는 것인지의 여부, 기관의 명칭이 변경된 것인지의 여부 등에 대하여는 아직까지 확인되지 않고 있다. 다만 지적소유권 보호를 위한 법률적, 제도적 조건과 환경을 더욱 완비하기 위하여 설치된 것으로 추정하고만 있다(특허청, 앞의 연구과제, p. 15 참조).

사과에서 실체심사업무를 수행하고 있다. 반면에 남한의 산업재산권 업무 전반에 대한 사항은 특허청에서 관장하고 있다. 즉 주요정책 업무는 산업재산정책국 및 해당 지원부서에서 수행하고 있으며 특허 및 실용신안에 관한 심사업무는 기술분야심사국에서 담당하고 상표 및 디자인에 관한 심사업무는 상표디자인심사국에서 각각 담당하고 출원접수, 방식심사 및 등록에 관한 업무는 정보고객지원국에서 담당하고 있다.

한편, 북한의 저작권에 관한 업무는 정무원 문화예술부에서 담당하고 있다. 반면에 남한의 저작권에 관한 업무는 문화체육관광부에서 관장하고 있다.

2. 지식재산권 보호체계상의 차이

남북한 공히 지식재산을 권리로서 인정하고 있음을 각각 헌법에 명시[14]함으로써 그 법적 근거를 마련하고 있다. 남북한 공히 지식재산권 체계 역시 산업재산권과 저작권으로 나뉜다. 그러나 북한의 지식재산권 보호체계에서는 사회주의 체제에서만 볼 수 있는 특이한 점을 발견할 수 있다.

남한의 경우 지식재산권으로 특허권, 실용신안권, 디자인권, 상표권 및 저작권 등을 들 수 있는데 이런 권리들을 각각 특허법, 실용신안법, 디자인보호법, 상표법 및 저작권법 등 독자적인 법률로서 보호하고 있다. 반면에 북한의 지식재산권은 발명권, 특허권, 창의고안권, 공업도안권,

13 특허청, 앞의 연구과제, p. 15 참조.

14 남한은 대한민국 헌법 제22조 제1항 "모든 국민은 학문과 예술의 자유를 가진다.", 제2항 "저작자 · 발명가 · 과학기술자와 예술가의 권리는 법률로써 보호한다."라고 규정하고 있으며, 북한은 조선민주주의인민공화국 사회주의헌법 제74조에서 "공민은 과학과 문학예술활동의 자유를 가진다. 국가는 발명가와 창의고안자에게 배려를 돌린다. 저작권과 발명권, 특허권은 법적으로 보호한다."라고 규정하고 있다.

원산지명권, 상표권 및 저작권 등으로 나뉘는데 이중 발명권이 남한에는 없는 특이한 제도라 여겨진다. 북한 역시 이런 권리들을 보호하기 위해 1998년 이후 각각의 독자적인 법률 형태를 갖추게 됐다. 즉 발명법, 창의고안에 관한 규정, 공업도안법, 원산지명법, 상표법 및 저작권법 등을 분리해 제정하게 됐는데 이중 '창의고안에 관한 규정'은 그 전문이 공개되지 않아 기존의 '발명 및 창의고안에 관한 규정'을 완전히 대체하는지에 대해서는 아직 명확하지 않다.[15] 북한 발명법의 가장 뚜렷한 특징은 우리의 특허에 해당하는 발명을 특허권과 발명권이라는 이원적인 권리보호체계를 취하고 있다는 점이다.[16] 특허권이란 새로운 생산방법을 발명한 사람에게 일정한 기간 동안 그 생산과 판매에 대한 독점권을 부여해 주는 법적 권리이다. 이런 독점적 권리는 도입 · 이용에 대한 권리일 뿐만이 아니라 처분에 대한 권리도 포함한다. 따라서 특허권으로 보호되고 있는 기술을 이용하기 위해서는 반드시 그 소유자로부터 특허권 자체 또는 그 기술을 사용할 수 있는 권리, 즉 이용권을 넘겨받아야 한다.[17] 이 경우 특허권 소유자에게 해당한 보상을 한다(제44조).[18]

---

15 육소영 · 윤권순, 앞의 논문, p. 46.

16 "발명 및 창의고안에 관한 규정(1986년 개정법률)"과 "발명법"에는 그 규정의 범위가 중복되는 경우도 있으나, 그렇지 않은 경우도 있다. 발명법의 경우 시행세칙이 아직 없다는 점에서 볼 때, 발명법에 의해 "발명 및 창의고안에 관한 규정(1986년 개정법률)"이 폐기된 것으로 보기 어렵다. 더욱이 "발명 및 창의고안에 관한 규정(1978년 개정법률)"이 1986년 개정될 당시에 동 개정법 말미에 개정 전의 법이 동법에 의해 폐기됨을 명시했으나, 발명법에는 별도의 설명이 없다는 점도 유의해야 할 것이다. 또 2000년에 작성된 북한의 공업소유권 설명 논문에도 "발명 및 창의고안에 관한 규정(1986년 개정법률)"을 북한의 관련법으로 소개하는 것으로 보아 "발명법"이 1986년 개정법률을 대치했다고 보기가 어렵다. 그렇다고 두 법이 완전히 독립되어 있다고 보기도 어렵다. 예컨대 특허권 보호기간 등 유사한 내용을 중복해서 담고 있고, 그 경우 "발명법"이 적용될 것으로 보인다. "발명 및 창의고안에 관한 규정(1986년 개정법률)"과 "창의고안에 관한 규정(2001년 제정)"과의 관계는 후자의 법령이 입수되지 않아 명확히 판단하기가 어렵다. 육소영 · 윤권순, 앞의 논문, p. 46 참조.

17 최정희, "공업소유권과 공업소유권보호제도에 대한 일반적 리해"(평양: 과학백과사전출판사, 2000), 『김일성종합대학학보: 력사 · 법학』, p. 61; 박정원, "북한의 공업소유권 보호제도에 관한 연구", 한국법제연구원, 2001. 12, p. 21.

18 보상액과 보상조건과 방법은 따로 정하며, 국가가 특허권이나 그 이용권을 넘겨받는 경우로는

이에 반해 발명권이란 “과학기술 분야에서 이미 알려진 기술에 비해 본질적으로 새롭고 발전적이며 공업적으로 실현해 보다 좋은 경제적 효과를 나타내는 기술을 발명한 자에게 부여되는 인격적 및 재산적 권리”라고 설명한다. 즉 발명권이란 기술을 발명한 자에게 부여되는 인격적 권리[19] 및 재산적 권리[20]라고 할 수 있다. 발명자는 동일 기술에 대해서 특허권 또는 발명권 중 하나의 권리를 선택해야 한다.[21] 다만, 내국인의 경우 실시권을 행사할 대상이 없으므로 보상을 받을 수 있는 발명메달과 상금을 택하게 되고 외국인의 경우 보상보다는 권리보호가 목적이므로 특허권을 선호하게 된다.[22] 이렇게 북한이 특허권과는 별도로 발명권이란 제도를 두고 있는 것은 사회주의적 소유관계의 본질적인 성격에서 찾아볼 수 있다.[23] 또 발명권은 권리를 취소하거나 포기할 수 없으며 다른 사람에게 양도할 수도 없는 반면에 특허권의 경우에는 권리를 포기하거나 타인 또는 다른 국가에 양도가 가능하다. 상호 간 권리전환도 특허권은 그 소유자의 신청에 따라 발명권으로 바꿀 수 있으나 발명권은 특허권으로 바꿀 수 없다. 권리의 효력기간에 있어서도 발명권은 무기한인 반면에 특허권은 15년의 유효기간만 인정받고 있다.[24]

한편, 북한은 1991년까지 상표 및 공업도안에 관한 규정에서 상표 및 기타표지, 공업도안과 본래 명칭을 함께 규정하고 있었는데 1998년 개정

특허권을 받은 후 5년 이상 기술을 이용하지 않을 때, 국가의 경제정책상으로나 나라의 인민경제 발전을 위해 절실히 필요한 대상일 때, 나라의 국방상 필요한 때 등이다(세칙 제48조).

19 인격적 권리란 “발명의 창조자라는 것과 발명의 우선권을 증명 받을 권리”를 말한다.

20 재산적 권리란 “발명가의 허가 없이는 발명한 제품을 만들거나 팔거나 수출 · 수입할 수 없다는 것을 담보하는 권리”를 말한다.

21 윤선희, 앞의 논문, p. 9.

22 김중효, “상표를 중심으로 한 북한의 산업재산권 제도와 통일을 대비한 남북한 산업재산권 상호 보호방안”, 『특허정보』, 1994년 9월호, p. 54; 장상해, “북한의 지식재산권”, 『북한뉴스레터』, 2000년 8월호(KOTRA, 2000).

23 박정원, 앞의 논문, p. 22.

24 외국의 경우 특허권은 대체로 20년의 유효기간을 인정하고 있다.

을 통해 상표법과 공업도안법으로 분리해 규정하기 시작했고 2001년 3월 21일에 저작권법을 제정했으며[25] 2003년 8월 27일에는 『원산지명법』[26]을 별도로 제정했다.

실용신안제도에 있어서는 남한의 실용신안권은 독점배타적인 권리로서 출원일로부터 10년간 권리를 보호하고 있으나 북한은 창의고안권에 해당하는 것으로 권리행사보다는 창의고안 증서와 창의고안 상금을 통한 금전적 보상을 받게 되며 실질적인 권리보호 기간이 없다는 것이 특징이다. 상표제도에 있어서는 남한의 상표권은 독점배타적인 사용권으로서 권리존속(보호)기간은 상표권의 설정등록이 있는 날부터 10년간이나, 북한의 상표권은 독점사용권으로서 상표등록을 신청한 날부터 10년간이다.

디자인제도에 있어서는 남한의 디자인권은 독점배타적인 권리로서 디자인권의 설정등록이 있는 날부터 20년간 권리를 보호하고 있으나, 북한은 공업도안권에 해당하는 것으로 독점사용권이 있으며 공업도안등록을 신청한 날부터 5년간 권리를 보호하고 있지만 5년씩 2회에 걸쳐 연장이 가능하다. 권리존속 및 보호기간에서는 남한과 차이가 있다고 하겠다.

마지막으로 저작권제도에 있어서는 북한은 저작권사업에 국가가 주도적으로 개입해 저작물을 통제하고 저작권을 제한하고 있을 뿐만 아니라 저작물의 이용요금도 가격제정기관에서 일률적으로 정하고 있으며 공표되지 않은 저작물은 재산권 보호 차원에서 보호를 받지 못하는 등 지식재산권 보호체계상 남한과 많은 차이점을 보이고 있다.

25 최고인민회의 상임위원회 정령 제2141호로 채택.

26 2003년 8월 27일 『원산지명법』 최고인민회의 상임위원회 정령 제3964호로 채택.

표 4.1 | 북한의 발명권과 특허권의 비교

항 목	발명권	특허권
개 념	• 발명의 창조자라는 것과 발명내용 및 우선권을 인정해 발명자에게 주는 권리[1] • 발명권 소유자에게 해당증서(발명자증), 발명메달, 상금 수여	• 발명의 창조자라는 것과 발명내용, 우선권 및 발명에 대한 이용권을 인정해 특허증서 소유자에게 주는 권리[2]
권리행사	• 발명자는 현행 법규범들이 허용하는 범위에서 발명권과 국가적·사회적 대우를 받을 권리를 가짐[3] • 발명권을 받은 과학기술의 이용은 기관, 기업소, 단체가 함(발명법 제40조)	• 특허권을 받은 과학기술의 이용은 그 소유자가 함(발명법 제40조) • 특허권자의 독점배타적 권리 행사 가능, 단 특허권을 받은 과학기술이 사회적 이익을 위해 필요한 경우 국가가 특허권이나 그 이용권을 양도받을 수 있음 • 이 경우 특허권 소유자에게 해당한 보상실시(발명법 제44조)
권리취소, 포기	불가능	가능
권리양도	불가능	가능
상호 간 전환	특허권으로 전환불가(발명법 제25조)	소유자의 요구에 따라 발명권으로 전환가능(발명법 제25조)
보호기간	무기한	우선권을 받은 날부터 15년(특허권 소유자의 신청에 따라 5년간 연장 가능)(발명법 제42조)

주: 1) 발명 및 창의고안에 관한 규정 제8조.
2) 발명 및 창의고안에 관한 규정 제10조.
3) 발명 및 창의고안에 관한 규정 제9조.
자료: 신지연 외 3인, 앞의 보고서, p. 10 참조.

3. 주요 용어 및 제도상의 차이

남북한은 오랜 분단으로 인해 정치·사회적인 체제 및 이념과 각종 제도가 달라 지식재산권 분야에서도 주요 용어 및 제도상의 차이점이 많음을 알 수 있다. 먼저 지식재산권 관련 용어 면에서 차이점을 살펴보면, 북한 발명법 제2조와 남한 특허법 제2조에서 발명 및 특허에 대한 정의를

표 4.2 | 남·북한 지식재산권 분야 주요 용어의 차이

남 한	북 한	남 한	북 한
산업재산권	공업소유권	특허청구범위	발명주장범위
특허법	발명법	도면	그림
실용신안법	창의고안에 관한 규정	출원공개공보	발명등록신청공보
디자인보호법	공업도안법	특허등록공보	발명공보
서비스표	봉사표	등록원부	국가발명등록부
지리적 표시/원산지 표시	본래명칭	연차등록료	유효기간년금
사용권, 실시권	허가증, 리용권	존속기간	보호기간
거절결정불복심판	신소청원	존속기간만료	마감기간
선출원	첫공정	거절결정서	상표등록부결정통지서
국공영기업	기업소	존속기간갱신등록신청	상표권보호기간연장신청
특허출원서	발명등록신청서	심사	심의

자료: 특허청(국제협력담당관실), "북한의 산업재산권 제도", 2001. 2, pp. 57-58.

비교해 보면 북한의 '새로운'이 남한의 '창작'에, 북한의 '기술적 해결안'이라는 표현이 남한의 '고도한'이라는 표현과 상응하다고 할 수 있어 표현상에 다소 차이가 있음을 볼 수 있다. 또 발명법상의 발명 및 특허요건을 살펴보면, 북한의 '선행기술에 비하여 새롭다'라는 뜻은 남한의 '신규성'으로 해석되며, '발명수준이 있다는 것'이란 표현은 남한의 '진보성'과 의미가 유사하다고 할 수 있다.[27]

그 외에도 「발명 및 창의고안에 관한 규정」을 '발명 · 기술혁신법'[28] 또는 '특허법 및 실용신안법'[29]이라고 소개하기도 하며, '봉사표'를 '서비스표'로 소개하거나, '본래 명칭'을 '원산지 표시'[30]로 소개하거나 '지리적

27 윤선희, 앞의 논문, p. 10.

28 신응식 · 안성조, "북한의 외국인투자법", 한국무역협회, 1998, p. 283; 박정원, "북한의 공업소유권 보호제도에 관한 연구", 한국법제연구원, 2001, p. 128.

29 박정원, 앞의 논문, p. 58; 육소영 · 윤권순, 앞의 논문, p. 45.

표시 또는 원산지 표시'[31]로 소개하기도 한다. '허가증'을 '사용권'으로, '리용권'을 '실시권'으로, '신소청원'을 '거절결정불복심판'으로 소개하기도 하며, '첫공정'을 '선출원'으로, '기업소'를 '국공영기업' 또는 '공장을 중심으로 한 업체'로 소개되는 것들이 대표적인 사례이다.

다음은 제도나 규정상 차이점으로 남한 특허법은 제2장 제29조에서 제56조까지 특허요건 및 특허출원, 제3장 제57조에서 제78조까지 심사, 제4장 제79조에서 제86조까지, 제5장 제87조에서 제6장 제132조까지 특허권, 특허권자의 보호, 제7장 제132조의16에서 제9장 제191조의2까지 심판 · 재심 · 소송, 제12장 제225조에서 제232조까지 벌칙 등 특허와 관련된 전분야를 상세하게 구체적으로 기술하고 있는 반면에 북한 발명법은 제1장 제3조, 제4조[32]에서 제2장 제27조까지 발명등록의 신청 및 절차, 제3장 제28조에서 제38조까지 발명의 심의등록, 제4장 제39조에서 제58조까지 발명권, 특허권의 보호, 제5장 제59조에서 제64조까지 발명사업에 대한 지도통제 등 발명 및 특허와 관련된 가장 기초적이고 기본적인 개념 위주로 기술되어 있어 발명법만으로는 특허등록요건이나 절차, 특허등록대상[33], 권리의 효력 및 소멸, 권리침해 및 구제 등에 대해서 정

---

30 법무부, "북한법의 체계적 고찰(III)", 1997. 12, p. 367; 김중효, 앞의 논문, p. 51; 정충원, "북한의 산업재산권 법제에 관한 고찰", 경희대학교 법무대학원 석사학위논문, 2002. 2, p. 3.

31 권재열 외 8인, 앞의 연구서, p. 297; 권규우, 앞의 논문, p. 43.

32 발명법 제3조에 "… 국가는 발명권, 특허권등록 신청절차를 바로 정하고 그것을 엄격히 지키도록 한다.", 제4조에 "발명권, 특허권등록의 심의를 바로 하는 것은 발명행정기관의 기본임무이다. 국가는 발명권, 특허권등록의 심의에서 객관성과 과학성을 보장하도록 한다."라고 규정하고 있다.

33 북한의 발명은 기계나 설비의 형태, 장치, 합금제품 및 기술공정이나 생산방법에 관한 것을 대상으로 하고, 기술혁신의 경우는 기계설비나 시스템의 일부분에 대한 재설계나 강화 및 기술공정이나 생산방법에 관한 제안이 포함된다. 즉 특허 출원의 대상은 기계류의 발명이나 과학적 발견 등 구체적이고 가시적인 성과물이어야 한다. 따라서 다음에 열거하는 것들은 발명과 기술혁신에 해당하지 않는다(동법 시행규칙 제6조, 시행규칙 제7조). ① 사회과학이론 및 순수자연과학이론, ② 산업미술과 디자인, ③ 계산도표, 표장, 기호, 컴퓨터 프로그램, ④ 시설물 및 건축물의 디자인, ⑤ 경제조직 및 회사경영의 방법, ⑥ 사회도덕에 반하는 제안, 또 발명에 해당하는 것 중에서도 다음과 같은 대상에는 특허를 부여하지 않는다(동법 제13조). ① 화학적 방

확히 파악할 수 없기 때문에 이 점에 대해서 균형과 조화가 필요하다고 하겠다.

한편, 남한에서는 저작물을 창작한 자인 '저작자'가 권리의 주체가 되지만 북한에서는 사회주의체제에 부합하는 저작물에 대해서만 권리를 인정하는 '저작권자' 중심으로 규율하고 있기 때문에 저작자라는 표현 자체를 사용하지 않고 있는 실정이다. 그리고 남한에서 인정되고 있는 저작자의 추정, 공표동의의 추정, 출판권에 관한 규정 등을 명시하지 않고 있는 것이 큰 차이점이라 할 수 있다.

4. 기술 격차에 따른 보호경향의 차이

남과 북은 기술의 격차로 인해 특허출원 및 등록 동향에도 많은 차이점을 나타내고 있다.[34] 남한의 경우에는 IT중심의 첨단산업사회로 급

법으로 얻어지는 물질, ② 의약품 및 식료품, ③ 원자핵 반응에 의해 제조되는 물질 및 원자력을 리용한 설비, ④ 신변종 식물과 동물육종 및 생물공학적 방법에 의한 발명, 그 외 특허의 요건으로 선행기술과 비교해 발명 내용의 신규성, 기술적·경제적 효과성이 있어야 한다(동법 시행규칙 제4조). 우리의 특허청에 해당하는 발명(총)국 예하 소속인 발명심의처는 출원문건을 접수한 후 신청인에게 신청접수통지서를 발급해주고 발명공보에 게재한다. 발명의 단일성이 유지되도록 발명마다 특허출원을 해야 하고 하나의 신청에 두 개 이상의 발명이 포함되어서는 안 된다. 심사는 출원일로부터 15개월 이내에 마쳐야 하고 신청인에게 결과를 통보해야 한다(동법 제22조). 선출원주의를 취하는 우리의 경우 출원문건에 이상이 생겨 보정지시를 받아도 큰 문제가 없다. 그러나 북한은 출원서류에 문제가 생겨 보정지시를 받을 경우 보정된 날짜만큼 출원일이 순연되므로 이 점에 주의해야 한다. 심사결과 출원을 거절해야 할 경우는 이유를 명시한 부결통지서를 출원인에게 보낸다. 이에 불복하는 신청인은 3개월 이내에 신소청원(불복항고)을 해야 한다. 등록 결정된 발명은 정기적으로 발명되는 발명공보에 게재된다. 발명공보 내용에 이의가 있는 사람은 누구든지 3개월 이내에 이의신청을 할 수 있다(동법 제23조). 외국인은 반드시 평양발명·특허상표대리부를 통해 출원해야 한다(동법 제16조, 동법 시행규칙 제20조). 특허를 직접 출원하거나 특허협약(PCT)에 의거 출원한 뒤 북한 내의 단계와 절차를 밟아야 할 외국인도 위 대리부를 통한 발명심의위원회에서 모든 공식절차를 거쳐야 한다. 박정원, 앞의 논문(부록), 「발명 및 창의 고안에 관한 규정」 시행규칙, pp. 122-143 참조.

34 남과 북의 기술분야별 특허등록 현황을 살펴보면, 남한은 2021년 기준 전기공학(34.8%), 화학일반(20.9%), 기계(19%), 기구(14.8%), 토목공학(4.8%), 기타(5.4%) 분야 순으로

속하게 전환되면서 전기통신 분야인 CDMA[35]기술이나 SRAM[36] 같은 첨단산업기술을 중심으로 특허가 산재해 있는 반면에 북한의 경우에는 사회구조와 산업시설의 낙후로 인해 주로 화학 및 야금기술 분야, 농업 · 식품 등 생활필수품 분야인 1차, 2차 산업중심의 사회로서 대부분의 특허가 이 분야에 집중되어 있다.

그러나 북한은 "제2차 과학기술발전계획"[37](2003~2007)을 수립해 과학기술중시정책과 더불어 '단번도약론'[38]을 제시하면서 IT산업을 성장전

특허등록이 이루어지고 있다(특허청, 『지식재산통계연보』, 2022. 7, p. 167~169). 반면에 북한은 2019년 기준 의료용 물질 및 의약품(42%), 정밀기기, 컴퓨터(39%), 특수기계(18%), 화학, 금속주조(1%) 분야 순으로 특허등록이 이루어지고 있다(특허청, 앞의 연구과제, p. 35~36 참조).

35 'Code Division Multiple Access'의 약자로 부호(코드) 분할 다중접속이라고 하며 미국의 퀄컴사가 개발한 확산대역기술을 채택한 디지털 이동통신 방식으로 사용자가 시간과 주파수를 공유하면서 신호를 송수신하기 때문에 기존 아날로그 방식(AMPS)보다 수용용량이 10배가 더 크고 통화품질도 우수하다. 즉 확산대역(spread-spectrum) 기술을 사용한 다중접속 방식의 한 종류로서 한국에서는 1991년부터 국책연구과제로 지정되어 1995년 연구개발에 성공해 세계에서 처음으로 1996년 1월부터 서비스가 가능해졌다. NAVER, 『백과사전』〈http://100.naver.com/100.nhn?docid=240724, 2008. 9. 21.〉

36 'Static Random Access Memory'의 약자로 램의 한 종류인 플립플롭 방식의 메모리 셀을 가진 정적 임의접근기억장치를 말한다. 즉 한번 쓰인 명령어를 반복해서 읽을 수는 있으나, 변경할 수는 없는 판독전용 기억장치를 롬(ROM)이라고 하는데 비해, 램(RAM)은 기억된 내용을 마음대로 읽거나 변경시킬 수 있는 기억장치로서 주로 주기억장치에 사용한다. 이런 램에는 사용자가 작성한 프로그램이나 데이터를 저장할 수 있으며, 정적 램(SRAM)과 동적 램(DRAM)으로 분류된다. 정적 램(SRAM)이란 전원 공급이 계속되는 한 저장된 내용을 계속 기억하며, 동작 속도가 느리기는 하지만 복잡한 재생 클록(refresh clock)이 필요 없기 때문에 소용량의 메모리나 캐시메모리(cache memory)에 주로 사용한다. 정적 램은 동적 램에 비해 가격이 비싼 편이다. 두산세계대백과, 『Encyber』〈http://kin.naver.com/detail,2008. 9. 22.〉

37 북한은 과학기술발전을 통한 경제강국건설을 목표로 1998년 이래 「과학기술발전 5개년 계획」을 수립, 국가적 역점사업으로 추진하면서 과학기술전람회, 과학기술축전, 발표 및 토론회 등 다양한 과학기술행사 개최와 신기술개발, 과학기술대외협력, 선진기술도입 등 과학기술 부문을 강화해오고 있는 실정이다. NK테크: 북한과학기술네트워크, 『뉴스레터』, 113호, 2007. 7. 4, p. 3 참조.

38 2001년 1월 북한은 사회전반의 의식 · 행동 변화를 독려하는 신사고를 제기하면서 '종자론', '신(新)자력갱생론', '단번도약론' 등 이를 구체화한 각론적 개념을 개발해 인식과 발상의 전환을 촉구하고자 하였다. '단번도약론'은 과학기술중시, IT산업 집중육성 등을 통해 단기간에 경제 발전을 달성하는 것을 주요내용으로 하고 있다. "네이버블로그: 포스트 내용보기"〈http://

략산업으로 설정[39]하고 이와 관련한 인프라의 구축과 전문인력 양성을 위한 노력에 경주하고 있다.[40][41] 또 신기술조사 및 기술수출 등의 목적으로 매년 전국발명 및 새기술전람회를 개최하고 국제발명전시회에 참가하고 있는데, 이는 앞으로 남북한의 기술격차를 줄일 수 있는 바람직한 현상으로 이로 인한 특허보호경향의 차이도 점차 감소할 것으로 전망된다.

---

blog.naver.com/PostView.nhn?blogid, 2008. 9. 21.〉

39 북한은 이미 주요 기관 및 연구소 등을 중심으로 기본적인 컴퓨터망을 형성하였고, 인터넷 운영기술이 일정 수준에 도달해 있어 외부와의 인터넷 연결에 별다른 기술적 문제가 없는 것으로 보인다. 조선컴퓨터센터 관련 인사의 말을 인용보도한 데 따르면 북한은 현재 시스템관련 프로그램, 멀티미디어기술, 운영시스템(OS), 응용프로그램 등의 분야에서 일정 수준에 도달했으며, 나이지리아, 예멘, 일본 등의 지역에 관련 제품을 수출하고 있다. 현재 북한은 윈도우 2000 환경 하에서의 한글입력시스템, 다국어 번역 소프트웨어시스템, 인터넷과 이동통신을 포함하는 대기업정보시스템, 데이터베이스 관련시스템과 네트워크관리 및 인터넷 서버시스템 등의 개발작업을 완료한 것으로 알려졌다. 조선컴퓨터센터의 관련 인사는 "북한은 이미 인터넷을 운영하기 위한 모든 기술적인 준비가 되어 있는 상황이며, 관련 명령을 기다리고 있는 상황이다."라고 밝혀 외부 인터넷 접속을 위한 기술수준에 자신감을 보이고 있다. 북한은 현재 내각의 각 부문과 위원회, 신문 등 주요기관들이 자체적인 인트라넷을 운영하고 있어서 로동신문의 경우, 이미 지방주재 기자들이 네트워크를 통해 기사와 사진을 전송하고 있는 것으로 알려져 있다. 이들 인트라넷도 상당수가 '광명' 과학기술 네트워크를 통해 상호 연결되어 있어서 데이터검색, 전자메일 등을 활용할 수 있는 것으로 알려져 있다. 광명 네트워크에 연결된 컴퓨터단말기 수량은 2000년에 전년 대비 70%의 증가를 보여 북한 내부적으로 컴퓨터 네트워크를 통한 정보 이용이 급속도로 증가하고 있는 것으로 보인다. 베이징 한국무역관, "북한, 인터넷접속 위한 기술준비 완료", 2001. 2. 9; 윤선희, 앞의 논문, p. 12 참조.

40 통일부, 『북한동향』, 제570호, 2001. 12. 25, p. 41.

41 북한은 중국 랴오닝성 선양(瀋陽)시에 전문 소프트웨어 개발회사인 '조선 6.15 심양봉사소'를 설립하고 2004년 3월 26일부터 정식 영업을 시작했다. 이 회사는 북한이 선양에 설립한 최초의 소프트웨어 회사로 본사인 조선 6.15 편집사의 전폭적인 지원으로 시스템 개발 및 대매체 프로그램 개발, 장치조종 프로그램 개발, 각종 광고주문제작 등 여러 가지 업무를 진행할 예정이다. 또 홈페이지 우리민족끼리와 전자출판물 서비스를 통해 북한 사회를 홍보할 예정이다. 조선 6.15 심양봉사소 책임자는 중국 소비자들의 구미에 맞는 저렴하고 우수한 소프트웨어를 개발할 것이라고 밝혔다. NK조선, "북한, 선양에 소프트웨어 개발회사 차려", 2004. 4. 7.

제5장

지식재산권[1] 교류협력과 통합에 관한 외국사례 연구

장래에 어떠한 문제가 발생할 가능성은 존재하지만 그 문제를 정확하게 예측하기 곤란한 경우에는 그 위험성을 최소화할 수 있는 방법을 모색해야 한다. 이를 위해서 우리와 유사한 상황에 있었던 다른 국가의 제도를 비교법적으로 고찰해 보고자 한다.[2]

1 일본의 지식재산권 개념: 지식재산권은 지적 창작과 경제활동에 관한 표식 등에 대한 배타적 독점권의 총칭이다. 이 지식재산권을 분류하면 발명, 고안, 의장 등의 기술과 표식에 대한 배타적인 독점권인 공업소유권과 저작물 및 가수・연주가・배우 등 공연가의 공연, 레코드, 무선・유선방송 등의 예술에 대한 배타적인 독점권인 저작권・저작인접권으로 크게 나눌 수 있다. 공업소유권은 협의로서 특허청에 등록되어 발생하는 특허권, 실용신안권, 의장권, 상표권의 4개의 권리를 의미하나, 광의의 것으로는 미등록 상품 등의 표시 및 영업비밀 등, 부정경쟁방지법에 의해 보호되는 것이 있다. 角田政芳・辰巳直彦, 『지적재산법』(동경: 유비각, 2010), p. 5.

2 김성욱, "한국의 통일과 토지소유제도의 재편: 토지소유제도의 근대화 과정을 고려해", 고려대학교 대학원 박사학위논문, 2006. 6, p. 160.

제1절 동 · 서독의 지식재산권 법제도 통합사례[3]

1. 지식재산권 법제도 통합 이전 선결조치

동 · 서독의 지식재산권법[4]이 통합되기 이전에 선결조치 사항으로 지식재산권의 교류가 통일 20년 전인 1972년부터 이루어졌다. 이로 인해 상호 출원과 등록인정, 정보자료를 교환하는 등 지식재산권법 통합의 기초를 마련했음은 물론 통일 이후 권리충돌을 최소화하고 용이하게 제도 통합이 가능하였다.[5]

이를 구체적으로 살펴보면, 서독과 동독이 서로 내용이 다른 각각의 지식재산권 법률을 가지고 독자적인 특허청에서 각각 권리를 부여했고, 서로 상대방에 대한 특허를 상대방 국가의 대리인을 통해 출원과 등록을 허용했으며, 상대국의 대리인을 선임할 필요 없이 자국의 대리인이 직접 상대국의 특허청에 출원할 수 있도록 했는데, 이는 양국의 합의사항이 아니고 서독이 일방적으로 동독에게 양보한 것으로 동독의 경우는 통일되기 직전에 대리인법 규정을 서독과 동일하게 변경[6]하면서 허용하게 됐다.[7]

---

3 본 내용정리를 위해 동 · 서독의 확장법(1992년 발효), 독일 통일 후 산업재산권의 보호(Johann Adrian, 1992), 동 · 서독의 산업재산권 제도 통일(1996년 이길상 번역본) 그리고 남북 산업재산권 교류협력 추진방안(2004년 특허청) 등을 참고했다.

4 일본의 지적재산법 개념: 지적재산법이란 지적 성과물의 보호와 이용의 촉진을 목적으로 하는 법규의 총칭이다. 지적 성과물에는 여러 종류의 것이 있고, 1967년 세계지식재산기구(WIPO) 설립조약 2조에 의하면 문예, 미술 및 학술의 저작물, 공연가의 공연, 레코드 및 방송, 인간 활동의 모든 분야에 걸친 발명, 과학적 발견, 의장이라는 창작성과물이라고 말할 수 있는 것으로부터, 상표, 서비스 표시 및 상호 그 외의 상업상의 표시와 같은 창작성과물이라고는 말할 수 없는 식별을 위한 표식까지 포함된다. 지적 재산을 무체재산이라고 일컫는 것처럼, 지적재산법의 보호대상은 무체물이라고 말할 수 있어서, 발명 같은 기술사상은 무체물로 생각하기 쉬우나, 의장 및 저작물에 대해서는 반드시 그렇다고 말할 수는 없다. 土肥一史, 『지적재산법 입문』(동경: 중앙경제사, 2010), p. 1.

5 특허청(기획조정관실), "남북 산업재산권 교류협력 추진방안", 2004. 4, p. 10.

6 이길상, "동 · 서독의 산업재산권 제도 통일", 『특허정보지』, 9월호, 1996. 9, p. 24.

7 통일부, "남북 지식재산권 협력 추진 방안", 2004. 10, pp. 40-41.

또 통일 전에 서독법에 준한 동독의 특허법 등 지식재산권법을 개정하여 경제특허(북한의 발명자증제도)를 폐지하는 등 서독법 내용을 상당 부분 수용했으며 1990년 10월 3일 통일조약에 의거 동독을 통일독일연방에 통합함으로써 지식재산권에 관한 특별규정을 두어 구권리의 보호영역을 기존 보호영역으로 한정했고 조약체결 이후 출원된 지식재산권에 대한 잠정조치를 규정해 모인출원(冒認出願)이 명확한 경우 거절 또는 등록을 취소하도록 했다.[8]

한편, 통일 전 발생한 지식재산권을 독일 지역에 효력을 발생시키는 방법을 규정한 확장법이 발효됨으로써[9] 구권리는 재심사 없이 타 지역으로 권리가 확장되고 특허, 디자인 등 존속기간이 한정된 지식재산권은 '공존에 의한 해결 원칙'을 채택하고 권리의 반영구성을 갖는 상표는 '합의해결의 원칙'을 채택해 확장된 지역에서의 상표사용은 동일 상표 권리자의 동의하에 가능하도록 조치했다.[10]

이와 같이 독일의 경우, 통일 전부터 동·서독 국민이 서로 상대지역에 지식재산권을 출원해 등록받도록 허용해왔으며[11] 서독은 동독 주민을 헌법에 따라 내국민으로 인정해 대리인 선임 없이 출원절차 등이 가능하도록 했다.[12]

동·서독의 지식재산권 법제도 통합 및 교류협력이 우리에게 주는 시사점은 통일 전 서독이 동독에 대해서 파리조약 등 국제협약에서 규정한 사항을 넘어서서 동독을 우대하는 정책을 펴고 적극적으로 지식재산권 법제도 통일화를 이끌어 왔다는 점이다.[13] 따라서 이런 점은 앞으로 남

---

8 특허청(기획조정관실), "남북 산업재산권 교류협력 추진방안", 2004. 4, p. 10.

9 통일부, "남북 지식재산권 협력 추진방안", 2004. 10, p. 42.

10 특허청(기획조정관실), "남북 산업재산권 교류협력 추진방안", 2004. 4, p. 10.

11 송만호, "남북 산업재산권 교류방안", 『지식재산권논단』, 1996. 6, p. 54.

12 남영택, "남북 간 산업재산권 분야 교류협력 방안", 『제1회 지식재산권연구포럼발간자료』, 2003. 6, p. 9.

북 간 지식재산권 법제도 통합 및 교류협력에 큰 교훈이 될 것으로 보인다.

2. 동·서독의 산업재산권 통합법 분석

통일독일의 산업재산권 법제도의 통합과정에서는 통일독일 확장법이 이루어지기까지의 과정, 즉 동·서독의 특허청 통합의 경과, 동독의 법개정, 관할 법원의 통합 과정을 살펴본 다음 확장법의 주요내용을 중심으로 살펴보고자 한다.

1) 확장법이 이루어지기까지의 과정

확장법(Erstreckungsgesetz)은 독일이 통일되기 이전에 시작된 산업재산권 통일화 작업과 독일 통일 후 통일조약으로 임시규정을 정했던 중간단계 등 모든 독일 산업재산권 통일화 작업을 위해 제정됐다.[14] 독일에서 다른 법영역과는 달리 산업재산권 분야에서의 법적 통일[15]은 2단계로 이루어졌다. 우선 제1단계로서 통일조약을 체결했고 제2단계인 산업재산권 확장에 관한 법률, 즉 확장법[16]을 통해 산업재산권의 통합이 완성됐다. 즉 확장법이 시행되기 이전에는 통일조약을 통해서 독일 전체에 효력

13 통일부, "남북 지식재산권 협력 추진 방안", 2004. 10, p. 43.

14 이길상, "동·서독의 산업재산권 제도 통일", 『특허정보지』, 9월호, 1996. 9, p. 23.

15 Mühlendahl, Alexander V. Eine ausführliche Übersicht über den Prozeß der Rechtsvereinheitlichung und Rechtsangleichung im Vorgriff auf die staatliche Einheit geben von Mühlendahl, Gewerblicher Rechtssschutz im vereinigten Deutschland - eine Zwischenbilanz, Gewerblicher Rechtsschutz und Urheberrecht (GRUR), 1990, Heft 11-12, S. 719. sowie Faupel, Deutsche Einheit und Schutz des geistigen Eigentums, Mitteilungen der deutschen Patentanwälte, 1990, Heft 11, S. 202.

16 BGBl. I vom 30. April 1992, S. 938.

을 발생할 법적 토대를 마련했다. 이로써 통일조약은 1990년 10월 3일부터 독일특허청에 출원된 특허, 실용신안등록, 활자체, 반도체보호권, 상표 및 서비스표에 대한 출원과 아울러 여기서 허여되고 등록된 보호권은 오로지 연방독일의 법규정을 적용 받도록 규정하고 있다.[17]

이를 '신권리'라고 볼 때, 1990년 10월 3일 이전에 양 독일특허청에 출원되고 등록된 권리, 즉 '구권리'에 대한 출원 및 보호권은 통일에도 불구하고 통일 전 각자의 영역으로 제한되며, 지금까지 그 영역에서 통용된 규정의 적용을 받게 되며 '신권리'에 대한 완전한 법적 통일은 신독일 영역에서의 구동독의 특허[18], 상표[19] 및 디자인[20]에 대한 보호뿐만 아니라 신독일 지역에 존재하지 않던 구동독의 반도체 배치설계[21], 활자체[22] 및 실용신안[23] 등록에 대한 보호도 이루어질 수 있음을 규정하고 있다.[24]

---

17 Vertrag zwischen der Bundesrepublik Deutschland und der Deutschen Demokratischen Republik über die Herstellung der Einheit Deutschlands - Einigungsvertrag - vom 31. August 1990 sowie Einigungsvertragsgesetz vom 23. September 1990, BGBl. II 1990, S. 885.

18 Patentgesetz (PatG) vom 16. Dezember 1980 (BGBl. 1981 I, S. 1) einschl. der Änderungen durch das Gesetz zur Stärkung des Schutzes des geistigen Eigentums und zur Bekämpfung der Produktpiraterie (PrPG) vom 7. März 1980 (BGBl. I, S. 422).

19 Warenzeichengesetz (WZG) vom 2. Januar 1986 (BGBl. I, S. 29) einschließlich der Änderungen durch das PrPG.

20 Gesetz betreffend das Urheberrecht an Mustern und Modellen (GeschmMG) vom 11. Januar 1876 i. d. F. vom 18. Dezember 1986 (BGBl. I, S. 2501) einschließlich der Änderungen durch das PrPG.

21 Gesetz über den Schutz von Topographien von mikroelektronischen Halbleitererzeugnissen (Halbleiterschutzgesetz) vom 22. Oktober 1987 (BGBl. I, S. 2294) einschließlich der Änderungendurch das PrPG.

22 Gesetz zum Wiener Abkommen vom 12. 7. 1973 über den Schutz typographischer Schriftzeichen und ihre internationale Hinterlegung vom 6. Juli 1981 (BGBl. II, S. 382) geändert durch Gesetz v. 18. Dezember 1986 (BGBl. I, S. 2501).

23 Gebrauchsmustergesetz (GebrMG) vom 28. August 1986 (BGBl. I, S. 1455) einschließlich der Änderungen durch das PrPG.

24 Adrian, Johann. Erstreckungsgesetz und Schutz des geistigen Eigentums (Berlin: Berlin-Verl. Spitz, 1992), S. 12.

한편, 통일조약(특별규정 제1조)에서는 동시에 1990년 10월 3일부터 독일에서 산업재산권 분야의 유일한 중앙관청은 독일특허청임을 규정하고 이 시점부터 구동독특허청은 그 업무를 정지하게 된다고 규정한다.[25]

(1) 특허청 통합의 경과

1990년 10월 3일 국가통일과 동시에 구동독특허청을 서독특허청에 흡수 통합함으로써 최초의 동·서독 통일관청이 탄생하게 되면서 1990년 12월 31일부로 구동독 국제 특허대리기관이 폐지됐다.[26] 이로써 구서독 특허청이 독일의 산업재산권에 관한 유일한 중앙관청이 됐으며 구동독특허청은 독일특허청 베를린 지청의 일부로 흡수되어 1990년 10월 3일 이전 동독에 출원한 특허와 관련된 행정업무 및 실체 심사업무를 담당하게 됐다.

(2) 동독의 법개정

독일통일을 대비하고자 1990년 7월 1일 구동독 특허법이 개정되는데 개정법령에서 구서독의 특허법 내용을 상당부분 수용해 통일독일 산업재산권 확장에 관한 법률(확장법)이 시행되기 전까지 어느 정도 내용의 일치를 보게 됐으며 그 주요내용은 다음과 같다.

먼저 특허법에 있어서 경제특허(발명자증제도)[27]는 폐지하고 특허권의

---

25 Adrian, Johann. Erstreckungsgesetz und Schutz des geistigen Eigentums (Berlin: Berlin-Verl. Spitz, 1992), S. 14.

26 박종효, "통일 독일 산업재산권 제도의 변화와 한반도 통일 이후의 산업재산권 체제구축", 『특허청연구과제발표』, 1994. 7, p. 2.

27 동독에서 1990년에 개정특허법이 공포되기까지 사용하던 보호권리 형태로 실질적인 독점권이 없으며 모든 사회주의 기업의 우선적 후사용권과 사용에 대한 발명자 보상청구를 인정하고 있다. 1983년 동독 특허법 제10조에 의하면, 발명자에게는 찬양과 보상이 이루어져야 하며("도

존속기간을 18년에서 20년으로 연장하며 현존하는 경제특허(economic patent: wirtschaftspatente)[28]를 1990년 12월 31일까지 독점권이 있는 특허(exclusive patent:ausschliesspatente)[29]로 전환할 수 있도록 인정하고 있다. 더욱이 연방독일의 종업원발명권에 관한 규정과 유사한 직무발명 규정을 포함하고 있다.[30] 이외에도 출원공개, 심사청구, 국내우선권제도, 물질특허제도 등을 도입하게 됐다.

실용신안법 및 디자인법에 있어서는 서독과 동일한 법률이 시행되도록 했으며 동독에서 출원된 공업디자인 출원은 개정법 발표 후 6개월 이내에 실용신안 출원으로 변경이 가능하도록 조치를 취했다. 이밖에 상표법, 반도체칩 보호법 및 수수료의 변경에 있어서도 서독과 동일한 법률이 시행되도록 개정했다.[31]

(3) 관할법원의 통합

동·서독 특허청의 통합에 이어 1990년 10월 3일 이후 독일특허청에 제기되는 사건 및 구동독 법률에 의해 결정되어야 할 사건에 대해서는 독

덕적 인정과 물질적 보상", 제10조 제1항), 발명을 자유로이 사용할 수 있는 권리는 국영기업과 국가기관에 있다고 규정하고 있다. 이는 북한의 발명자증제도를 의미한다. 이길상, "동·서독의 산업재산권 제도 통일", 『특허정보지』, 9월호, 1996. 9, p. 57 참조.

28 사회주의 국가에서 볼 수 있는 국가경제체제적인 지식재산권 형태로서 독점권이 없는 일종의 발명자증을 말하며, 이는 발명권적인 요소와 특정의 특허권적인 내용을 결합시킨 것을 뜻한다. 주로 도덕적 인정과 물질적 보상이 주어지게 된다. 이길상, "동·서독의 산업재산권 제도 통일", 『특허정보지』, 9월호, 1996. 9, pp. 3-11 참조.

29 자본주의 국가에서 볼 수 있는 시장경제체제적인 지식재산권 형태로서 독점·배타권이 있는 독점특허 또는 전용특허를 뜻하며, 일반적인 특허권으로 볼 수 있으며 독점권이 없는 경제특허와는 구별된다.

30 Adrian, Johann. Erstreckungsgesetz und Schutz des geistigen Eigentums (Berlin: Berlin-Verl. Spitz, 1992), S. 13.

31 박종효, "통일 독일 산업재산권 제도의 변화와 한반도 통일 이후의 산업지식재산권 체제구축", 『특허청연구과제발표』, 1994. 7, p. 2.

일연방재판소(민사 최고 재판소)가 최종 관할하고 소송절차도 구서독 절차법을 적용하게 됐다. 또 1990년 12월 31일 이전 구동독지역에서 유효했던 출원 또는 보호권에 관한 모든 분쟁, 불복신청에 대해서도 통일독일재판소에서 관할함으로써 특허소송에 관한 업무도 관할법원의 통합을 이루게 됐다.

한편, 1990년 12월 31일부로 구동독의 국제 특허대리기관이 폐지됨으로써 구동독 변리사 자격자에게 독일변리사 자격을 인정하게 됐으며 서독의 변리사는 1990년 7월 1일 이후 개시된 구동독특허청에 계류된 사건의 대리업무를 할 수 있게 됐다.[32]

2) 확장법의 체계와 주요내용

동·서독의 산업재산권 법제도 통일을 위한 최종단계로서의 확장법은 1990년 10월 3일 이전에 동·서독 각각에 출원되어 심사 계류 중인 출원 또는 등록된 산업재산권을 타 지역에까지 그 효력을 확대 적용하기 위한 효력확장법을 뜻한다. 동법은 1992년 5월 1일부로 발효됐다. 적용지역의 확장은 법정기준일(1990년 10월 3일) 이후 자동적으로 타지역에도 확장 적용되며 각각의 영토에 효력이 있는 국제조약으로 출원된 출원 또는 등록된 보호권도 동일하게 간주된다.[33] 아래에서 확장법의 체계, 기본원칙 및 주요내용을 살핀다.

---

32 박종효, "통일 독일 산업재산권 제도의 변화와 한반도 통일 이후의 산업재산권 체제구축", 『특허청연구과제발표』, 1994. 7, p. 3.

33 동·서독 확장법 제1조에서는 구서독지역의 기존 산업재산권 및 각 권리에 대한 출원이 구동독지역으로 확장되며 그 우선권도 유지되고, 구서독지역에 대해 효력을 갖는 국제적 협정에 의해 제출된 출원과 등록 또는 허여된 권리에 동등하게 적용된다고 규정하고 있다. 그리고 제4조에서는 구동독지역의 기존 산업재산권 및 각 산업재산권에 대한 출원은 구서독지역으로 확장되며 그 우선권도 유지되고, 구동독 지역에 대해 효력을 갖는 국제적 협정에 의해 제출된 출원과 등록 또는 허여된 권리에 동등하게 적용된다고 규정하고 있다.

(1) 확장법의 체계

확장법은 모두 5개의 장으로 구성되어 있다. 제1장은 3개의 절로 되어 있는데, 여기에서는 동·서독 산업재산권의 상대영역으로의 효력확장을 다루고 있다. 이는 구서독지역에서 발생된 권리의 확장과 구동독지역에서 발생된 권리의 확장 및 권리 확장으로 인한 권리의 충돌의 문제를 다룬다. 제2장은 동독 원산지 표시의 변경에 관해 규정하고 있고, 제3장은 권리의 충돌이 발생할 경우 이를 조정하는 절차를 규정한다. 그리고 제4장은 법의 변경, 특히 상표법의 변경에 관해 규정하고 있으며, 제5장은 경과 규정 등을 규율하고 있다.

구서독의 권리 확장과 관련해 확장법이 통일조약상의 산업재산권에 관한 특별규정[34]에 저촉되지 않는 한, 확장법 제5조[35]는 구동독지역에서 발생됐던 '구권리'에 대해서 1992년 5월 1일부터는 그 이전까지 적용되던 구동독법 규정을 구권리의 등록요건 및 존속기간 등에 관해 적용할 것을 규정한다(통일조약 특별규정 제3조). 그리고 통일조약 규정은 특별규정 제5조 및 제13조와 같이 확장법을 통해 더욱 구체화되지 않는 한 계속 적용된다. 예를 들면 통일조약 특별규정 제10조에 따라 도입된, 구동독에서 발생한 상표에 관한 사용강제에 대해 적용된다. 이런 5년간의 사용강제기

---

34 통일조약은 확장법이 제정되기까지의 임시 경과 규정으로서 1990년 10월 3일 이전의 각각의 구동독 및 구서독의 산업재산권은 통일시점인 1990년 10월 3일 이전에 효력을 인정받던 지역에서만 보호된다고 규정했기 때문에 1990년 10월 3일자로 독일연방공화국의 산업재산권에 관한 모든 법규정들이 구동독지역에 발효됐다. 이와 동시에 구동독의 모든 법규정들이 그 효력을 상실했으며, 이와 관련해 아무런 예외를 인정하지 않았다. 따라서 통일조약상의 이런 내용으로 인해 야기되는 결과에 대해서는 특별규정이 필요했다. 그리하여 구서독법이 구동독지역에 효력이 적용되기 위한 산업재산권에 관한 필요한 특별규정을 두게 됐다.

35 확장법 제5조: 제4조에 의해 확장된 산업재산권 및 산업재산권 출원이 등록요건 및 존속기간과 관계가 있을 시에는 이하 조항과는 별개로 종전까지 적용되던 구동독법 규정을 준용한다. 그 이외의 경우에는 통일조약에 의해 산업재산권 및 산업재산권 출원에 대해 이전된 연방법 규정을 따른다.

간은 1995년 10월 2일로 만료한다.

이 법은 산업재산권에 관한 법, 특히 특허법, 실용신안법, 디자인법 및 상표법 같은 법을 보완하기 위한 법이다. 그래서 독일특허청, 독일연방특허법원 및 일반법원의 절차에 관한 산업재산권법들의 규정은 확장법의 테두리 안에서 확장법에 자세히 규정되지 않은 사항에 대해서만 적용된다.[36]

(2) 확장법의 기본원칙

1990년 10월 3일 이전에 서독과 동독에 존재하던 각 산업재산권과 출원들은 우선일의 인정 아래에 지금까지 영향을 미치지 않던 상대 영역으로의 확장을 위해 다음의 기본원칙을 따른다.[37]

첫째, 확장법의 효력발생 때에 아직 계류 중이고, 아직 특허허여되거나 등록되지 않은 모든 현재의 보호권리 및 출원에 있어서는 신·구독일 모두에 동등하게 그 효력이 확장된다. 즉, 모든 허여된 권리와 계류 중인 출원들은 새로운 제도에 따라 보호를 받을 수 있게 된다.

둘째, 확장은 외형적으로 공식적인 신청절차 없이 이루어지며, 권리자의 내외국인을 불문하고 모든 권리에 대해서 이루어진다.

셋째, 통일조약 특별규정 제3조에 따라 구동독특허청과 독일특허청에 의해 허여된 특허들(경제특허와 독점특허)은 특허공고의 법적 효력에 있어서 동등하다. 심사된 특허뿐만 아니라 무심사 특허도 마찬가지이다.

넷째, 구서독 지역으로 확장된 경제특허는 독일특허법 제23조 제1항의 규정에 따라 라이선스 실시허용이 이루어진 특허로 통용된다.[38] 전

---

36 이길상, "동·서독의 산업재산권 제도 통일", 『특허정보지』, 9월호 1996. 9, p. 28.

37 Adrian, Johann. Erstreckungsgesetz und Schutz des geistigen Eigentums (Berlin: Berlin-Verl Spitz, 1992), S. 16.

환되지 않은 경제특허[39]는 특허요건 충족 여부에 대한 실체심사가 이루어진 것에 한해서만 라이선스 실시허용의 취소가 허용된다.[40]

다섯째, 산업디자인에 대한 창작증 및 특허는 디자인법에 따라 전체가 디자인으로 변경된다. 실체적인 등록요건의 충족여부에 대한 심사는 더 이상 이루어지지 않는다.

여섯째, 상표법의 확장에 있어서는 1990년 10월 3일 이전에 동독특허청에 계류 중이고 아직 등록되지 않은 상표출원은 기본적으로 동독의 실체법 규정 적용의 예외로 등록시점부터 독일상표법을 적용하는 것으로 본다.

일곱째, 본 확장은 보호권리 및 출원뿐만 아니라 지금까지 존재하던 모든 법적인 실시권까지 포함한다.

(3) 확장법의 주요내용

1 심사와 등록

확장법의 특허법에 따른 특허허여[41] 절차상 가장 중요한 차이는, 동

---

38 라이선스 실시허용이 이루어진 특허는 특허법 제23조에 따라 특허권자가 자신의 권리 주요부분의 독점적 사용, 전용실시권의 허여를 할 수 있는 권리, 즉 정당한 대가를 지불하고 권리를 사용할 준비가 된 사용자에 대한 금지권을 포기할 수 있는 효력을 가지는 것을 말한다. Adrian, Johann. rstreckungsgesetz und Schutz des geistigen Eigentums(Berlin: Berlin- Verl. Spitz, 1992), S. 19.

39 일반적으로 그 발명이 모든 특허요건이 충족되어 있는지는 실체심사가 이루어진 것에 한해서 제3자가 출원인에게 발명에 대한 정당한 대가를 지불하고 사용 가능하며, 비로소 특허의 법적 지위를 누릴 수 있는 반면에 전환되지 않은 경제특허는 그 반대의 경우에 해당함을 의미한다.

40 독점특허로 전환되지 않은 경제특허는 모든 특허요건을 충족시키고 있는지에 대해 심사 후에만 효력을 발휘할 수 있기 때문에 가정된 라이선스 실시허용의 취소 역시 모든 특허요건에 대한 심사에 달려 있음을 의미한다.

41 특허출원에 대해 심사한 결과 거절 이유를 발견할 수 없는 때에는 특허결정을 하게 되며 특허결정 등본을 송달받은 출원인은 법령에서 정한 소정의 특허료를 납부하고 특허권 설정등록을 하게 되는데 이런 일련의 행위를 특허허여라 하며, 특허권자가 타인에게 자신의 특허의 실시를 허락함으로써 발생하는 권리인 라이선스(실시권)와는 구별된다. 이인종, 『특허법개론』, 법연

독에서는 실체심사가 원칙적으로 특허허여 후에 이루어진다는 것이다. 즉 특허허여 전에는 오직 직권에 의해서만 심사가 이루어지고 출원자 또는 제3자는 그와는 달리 특허허여 후 발명이 사용될 경우에만 비로소 심사청구를 할 수 있다.[42] 따라서 확장법 제12조[43]에 따라 구권리의 특허권자가 자신의 무심사된 권리의 특허성을 알고 싶을 경우 심사신청을 할 수 있으며 신청기간은 규정하고 있지 않다.[44]

한편, 1990년 10월 3일 이전 동·서독 특허청에 출원되어 심사 계류 중인 산업재산권 출원에 대해서는 통일독일특허청의 심사기준을 적용하게 되며 1990년 10월 3일 이후 통일독일특허청 베를린지청에 의해 부여되는 특허는 통일독일특허청에 이송되어 공고되고 등록됐다. 또 확장법의 시행 전에 동독 특허출원에 대해 허여된 특허는 확장법의 시행일로부터 3개월 이내에 이의신청이 가능하도록 했다.[45]

출판사, 2002, p. 499 참조.

42 이길상, "동·서독의 산업재산권 제도 통일", 『특허정보지』, 9월호, 1996. 9, p. 57.

43 확장법 제12조: ① 제4조에 의해 확장됐으며, 모든 보호요건에 따라 심사를 거치지 않은 특허는 청구에 따라 독일특허청의 심사부서에 의해 심사를 받는다. 해당 청구는 특허권자 혹은 제3자에 의해 신청될 수 있다. 「특허법」 제44조 제1항, 제2항, 제4항 제1문과 「특허법」 제45조는 준용하며, 「특허법」 제44조 제3항 제1문, 제2문은 제11조에 의해 청구가 신청됐을 경우에 준용한다.
② 제4조에 의해 확장된 특허에 대해 정식으로 신청된 심사청구는 심사부서에 의해 처리된다. 직권상 심사가 시작된 경우에는 해당 심사가 계속된다.
③ 제1항, 제2항에 의한 심사는 특허의 유지 또는 취소를 초래한다. 「특허법」 제58조 제1항 제1문, 제2문은 준용한다. 유지 결정에 대한 이의신청은 「특허법」 제59조에 의해 제기될 수 있다.
④ 「특허법」 제81조 제2항은 제1항의 효력범위 내에 있는 특허에는 적용되지 않는다.
⑤ 「특허법」 제130조는 제1항, 제2항에 의한 심사처리 시 준용한다.

44 사후심사에 대한 신청은 기간상 제한을 받지 않으며, 이런 신청을 하지 않았다고 하더라도 특허의 존속 또는 효력에는 하등의 제한이 없다. 그리고 심사청구에 대한 기간에 대해 규정하지 않은 것은 기간만료 직전에 심사청구가 과다하게 제기되는 것을 피하기 위함이었다. Adrian, Johann. Erstreckungsgesetz und Schutz des geistigen Eigentums (Berlin: Berlin-Verl. Spitz, 1992), S. 23.

45 이는 실체심사를 하지 않고 허여된 특허에 대해서 법적 안정성과 경쟁관계의 관점에서 보다 완전한 권리를 보전하기 위함이다. 박종효, "통일 독일 산업재산권 제도의 변화와 한반도 통일 이후의 산업재산권 체제구축", 『특허청연구과제발표』, 1994. 7, p. 4.

2 권리의 저촉관계

법의 효력은 그 나라의 주권이 미치는 영토 내에서만 인정된다. 소위 '속지주의 원칙'[46]이 적용된다. 파리협약상의 각국 '특허독립의 원칙'은 바로 '속지주의 원칙'의 다른 표현에 불과하다. 또 입법론상 대표적인 원칙 중의 하나인 '소급입법금지의 원칙'은 법의 효력이 소급해 적용되기 때문에 야기되는 혼란과 불공평을 막고 법적·사회적 안정성을 지키기 위한 것이다. 이런 두 가지 원칙에서 볼 때 과거 체제에서 과거 법률에 근거해 발생된 기존의 권리에 대해 비록 그것이 과거의 것이라도 그것의 자연적 수명에 반하여 제한을 가할 수는 없는 것이다.[47] 따라서 효력 확장의 결과, 보호범위가 동일하고 상호 저촉되는 중복보호 권리[48]들은 발명의 우선에 관계없이 각각 통일 전 지역 내에서만 쌍방의 기존권리[49]로서 유효한 것이며 상호 효력이 미치고 서로 공존하게 된다.

하지만 쌍방에서 등록된 각 권리가 서로 저촉되고 그 권리가 다른 경우에는 이에 대해 확장법(제30조)[50]은 예외적 규정으로서 효력의 확장지

46 '속지주의 원칙'은 동일한 발명에 대해 상이한 국가에서 획득한 특허는 각각 독립적으로 해당 국가의 법률에 따라 존속·소멸한다는 원칙으로 '특허독립의 원칙'이라고도 한다. 이는 동일 발명에 대해 각국마다 특허를 취득해야 하며, 취득된 특허는 그 권리를 부여한 국가의 법률에 의해 그 국가영역 내에서만 효력을 가지는 것을 의미한다. 특허청, 『특허법(표준교재)』(국제지식재산연수원, 2006), p. 26.

47 송만호, "통일 후 독일의 산업재산권 제도", 『산업재산권논단』, 1996. 6, p. 40.

48 확장법 제26조에 의하면, 권리충돌의 경우 권리의 소유자는 모든 제3자에 대해 발명의 실시를 제한할 수 있지만 충돌되는 권리의 상대방 소유자에게는 실시를 금지시키는 권한을 행사할 수 없다고 규정하고 있다.

49 동·서독에서 종래 법규에 따라 통일된 날 이전에 창설된 권리는 각각 유효한 것으로 본다는 원칙을 '쌍방권리 독립의 원칙'이라 칭한다. 송만호, "통일 후 독일의 산업재산권 제도", 『산업재산권논단』, 1996. 6, p. 40.

50 확장법 제30조: ① 제1조에 의해 『통일조약』 제3조에 지정된 지역으로 확정된 상표가 그 확장의 결과로 제4조에 의해 타 연방 지역(구서독)으로 확장된 동일 상표와 충돌할 경우, 각각의 상표는 타 상표 소유자의 동의를 얻어 확장된 지역 내에서만 사용되어야 한다.
② 이하의 경우에는 타 상표 소유자의 동의 없이도 확장된 지역 내에서 사용될 수 있다.
1. 다수의 자에게 의도된 공표 또는 통신을 이용한 광고의 전파가 종전에 상표가 적용되던 지역으로 합법적으로 제한될 수 없을 경우

역에 대한 실질적인 제한을 가하고 있다. 즉, 2개의 저촉권리는 각각 유효한 것으로 하나 일방지역에서 등록받은 권리자가 효력 확장된 지역에서 사용하거나 실시하고자 할 때에는 효력 확장된 지역, 즉 타방지역에서 등록받은 권리자의 승인을 받아야 하도록 규정하고 있다.[51]

❸ 선사용권

확장된 산업재산권과 관련된 선사용권은 확장법 제27조[52]에 따라 관련한 산업재산권과 동일하게 효력이 확장되는데, 이것은 산업재산권은 원래의 발생지역에서와 동일하게 상대방지역으로 효력이 확장되어야 한다는 기본개념에 근거한 데서 비롯된다. 이런 제27조는 더 나아가서 산업재산권의 원래 발생지역에서는 선사용권이 없었으나 다른 상대방 독일지역에서는 존재하는 경우에 대해서도 규정하고 있다. 선사용자가 이 경우 항상 선의(선사용권 인정을 위한 전제조건)로 후출원된 발명을 사용했기 때문

---

2. 소유권법 규정에 의해 해당 상표의 소유자가 본인이 타 상표 혹은 타 상표가 속한 기업의 수익에 대한 권리가 있음을 설득력 있게 증명할 경우
3. 해당 사건의 정상을 참작할 시와 관계자 및 일반인의 정당한 이익을 가늠할 시에 확장된 지역에서의 상표 사용의 배제가 부당하다고 판명될 경우

③ 제2항에서 언급된 사례 중 제1호와 제3호의 경우, 해당 상표의 소유자가 타 상표 사용자의 사용으로 인해 용인할 수 있는 정도를 넘어선 손해를 입을 경우에는 타 상표 사용자에게 적절한 보상을 요구할 수 있다.

④ 제2항 제2호의 사례에서 수익에 대한 주장이 사실무근으로 판명될 경우에는 확장된 지역 내에서 본인의 동의 없이 상표가 사용됐다는 사실을 근거로 동일 상표 소유자로부터 입은 손해를 해당 상표의 소유자가 보상할 의무가 있다.

51 예를 들면 구서독지역에서 특허등록을 받은 특허권자가 확장법 발효 이후 구동독지역에서 특허권을 사용하거나 실시하고자 할 때에는 구동독지역에서 등록받은 특허권자의 승인을 받아야 함을 의미한다. 송만호, "통일 후 독일의 산업재산권 제도", 『산업재산권논단』, 1996. 6, p. 41.

52 확장법 제27조: ① 제1조 혹은 제4조에 의해 확장된 특허나 실용신안의 효력이 선사용권(「서독특허법」 제12조, 「실용신안법」 제13조 제3항, 「구동독특허법」 제13조 제1항)에 의해 제한될 경우, 해당 선사용권은 「서독특허법」 제12조로부터 발생하는 제한규정 내에서 전 독일지역에 적용된다.

② 제1항은 종전까지 권리가 적용되지 않았던 지역에서의 선사용권 인정을 위한 요구조건이 충족됐을 경우에 준용한다.

에 이런 선사용에 대해서는 부정경쟁조항을 적용하거나 후출원으로 인해 사용이 제한되지도 않았다.[53]

따라서 확장법에 의하면 1990년 7월 1일 이전에 실시된 적법한 행위는 선사용(선의)에 의한 기득권으로 인정해주고 있으나, 1990년 7월 1일 이후 행위에 대해서는 침해로 간주한다. 예를 들면, 1990년 7월 1일(경제, 통화, 사회적 통합일) 이후에 통일로 인해 효력이 확장될 지역(가령 구서독)에서 이미 타지역(가령 구동독)으로 출원됐거나 등록된 산업재산권을 침해하는 행위를 시작한 자(최초 실시 또는 사용자)는 다른 지역 등록 산업재산권(즉, 구동독 산업재산권)이 당해 지역(즉, 구서독)으로 효력이 확장된 후에는 선의(善意)의 점유권(기득권)을 주장할 수 없다. 이는 1990년 7월 1일에 실질적으로 경제적 통합이 이루어진 만큼 선사용권 등 기득권 인정시점을 1990년 7월 1일로 소급해서 적용하기 위한 것이다.[54]

4 선 · 후원 관계

확장법에 의해 선행하는 구동독의 출원은 1990년 10월 3일 이후 독일특허청에 출원되는 모든 출원에 대해 후원 배척력을 갖는다.[55] 그리고 1990년 10월 3일 이후 독일특허청에 출원된 실용신안출원은 선출원인 구동독의 특허출원에 의해 취소가 가능하도록 규정하고 있다.[56]

---

53 선사용자가 자신의 사용권을 확대시켜도 되는지(대규모화, 사용지역 확대 또는 사용의 성격에 따라 사용권을 확대시키는 것)는 각각의 경우에 있어서의 선사용권의 내용에 따라 다르다고 할 수 있다. 이길상, "동 · 서독의 산업재산권 제도 통일", 『특허정보지』, 9월호 1996. 9, p. 65.

54 송만호, "통일 후 독일의 산업재산권 제도", 『산업재산권논단』, 1996. 6, p. 41.

55 확장법 발효 이전에 구동독지역에서 출원된 모든 산업재산권은 확장법 발효 이후 독일특허청에 출원되는 모든 산업재산권에 대해 선원의 지위를 인정받게 됨을 의미한다.

56 박종효, "통일 독일 산업재산권 제도의 변화와 한반도 통일 이후의 산업재산권 체제구축", 『특허청연구과제발표』, 1994. 7, p. 4 참조.

5 중재와 분쟁해결

동·서독 특허청의 통합 후 산업재산권의 분쟁해결 절차는 독일연방 특허법에 따라 처리하되 특허침해 사건은 민사절차법에 따라 특별민사법원(1심법원)에서 관장토록 하고(특허법 제143조 제1항) 동 1심법원의 결정에 이의가 있으면 지방상급법원에 소를 제기할 수 있다. 이때 지방상급법원의 결정에 이의가 있을 경우 최종심인 연방법원에의 상고가 허용되고 있다.[57]

따라서 확장된 산업재산권 간의 저촉으로 분쟁발생 때 이를 중재하는 중재소를 독일특허청에 설치하고 중재소의 결정에 불복하는 자는 연방특허법원에 불복신청이 가능하도록 확장법이 규정한다.[58]

제2절 중국·대만 간 지식재산권 교류협력 사례

1. 지식재산권 교류현황

중국대륙과 대만 간에 지식재산권 교류는 1990년부터 시작됐으며, 초창기에는 주로 민간부문을 통해 교류가 이루어졌다. 그러다가 90년대 초 대만의 과학기술부가 정부 차원에서 기술개발을 장려해 개발한 기술을 중국대륙에 출원하는 것을 지원하기 시작하면서 본격화 됐다. 이후 중국대륙과 대만 양안(兩岸) 간에 지식재산권 교류가 활발하게 이루어지기 시작한 시점은 1990년대 후반부터이고, 특히 1999년도 중국의 국가지식산권국의 부국장이 대만 지혜산권국을 방문하는 등 정부 차원에서 교류가 이루어지기 시작했다. 그 후 2002년부터 양안 간의 지식재산권 교류

57 김준규, "동·서독 특허청 통합과 남북한 특허제도 비교", 『특허청제도연구』, 1992. 6, p. 36.
58 박종효, "통일 독일 산업재산권 제도의 변화와 한반도 통일 이후의 산업재산권 체제구축", 『특허청연구과제발표』, 1994. 7, p. 4 참조.

는 더욱 활발하게 진행됐고 대학 및 민간단체를 중심으로 세미나 등을 개최하며 양안 간에 지식재산권 데이터 교류도 이루어졌다. 대만과 중국 간의 출원 및 등록 현황으로는, 출원 부문에 있어 2002년도에 9만 2,947건에 불과했으나 2020년도에는 54.2%(5만 388건) 증가한 14만 3,335건이 출원됐다. 또 등록 부문에 있어서는 2002년도에는 6만 4,776건에 불과했으나 2020년도에는 88.8%(5만 2,324건) 증가한 11만 7,100건이 등록됐다.[59]

2. 지식재산권 교류협력을 위한 법적 근거

중국과 대만 간의 지식재산권 교류를 위한 법적 근거로는 중국특허청[60]의 내부방침인 "대만동포의 특허출원 접수에 관한 규정"[61]과 "대만동포의 중국특허청에 특허출원절차 중 몇 가지 문제에 관한 처리방법"[62]을 들 수 있는데, 먼저 대만동포의 특허출원 접수에 관한 규정은 다음과 같다.

첫째, 대만동포도 대륙동포와 마찬가지로 발명을 중국특허청에 출원해 특허보호를 취득할 수 있다.

둘째, 대만동포가 중국특허청에 제출한 특허문서에는 '중화민국'이라는 글씨를 사용하면 안 되고, '중국대만'이라는 글씨를 사용해야 한다.

59 중국특허청, 대만특허청 통계연보, 2023. 3 참조.

60 중국의 특허관리기관은 국가지식산권국이라고 하며, 원 명칭은 중화인민공화국전리국(약칭으로 '중국전리국'이라 함)이다. 중국의 전리제도의 이해는 전리(專利)라는 용어의 개념을 명확히 이해하는 데에서 출발해야 한다. 우리는 중국의 전리제도에서 '전리(專利), 전리권(專利權), 전리법(專利法)'을 일반적으로 '특허(特許), 특허권(特許權), 특허법(特許法)'에 대응하는 용어로 이해하고 있으나 그 의미가 반드시 일치하는 것은 아니라는 점에 유의해야 한다. 이는 우리나라와 중국의 관련 법체계에서 오는 차이점으로 볼 수 있는데, 우리나라의 경우 특허, 실용신안, 디자인에 대해 각각의 독립된 법체계를 가지고 있으나, 중국은 발명 · 실용신형 · 외관설계를 발명창조의 한 형태로 보고 이들을 전리법이라는 단일 법체제에서 통일해 규정하고 있다. 박정원, "북한의 공업소유권 보호제도에 관한 연구", 한국법제연구원, 2001, p. 78.

61 國專發法字 제63호, "關于受理台胞專利申請的規定", 1993. 5. 1.

62 中國專利局發布, "中國專利局關于台胞申請專利手續中若干問題的處理辦法", 1993. 4. 23.

셋째, 특허출원을 처리하는 절차, 중국특허청과 대만동포 특허출원인의 통신연락을 원활히 하기 위해 대만 자연인의 특허출원은 특허청에 등기 · 공고된 중국내 특허대리기구를 통해 처리해야 한다.

넷째, 대만의 법인이 출원인으로 중국특허청에 특허출원을 하는 경우, 국무원 및 국무원의 권한을 수권 받은 중국특허청이 지정한 특허대리기구에 위탁해 처리해야 한다.

다섯째, 중국은 이미 파리조약에 가입했으며, 대만동포도 대륙동포와 마찬가지로 중국특허법 규정에 의해 중국특허청에 제출한 제1차 정규의 출원을 기타 국가에 특허우선권 출원을 할 수 있고, 그가 제출한 파리조약의 가맹국의 제1차 정규의 출원을 기초로 중국특허청에 우선권을 요구할 경우 중국특허청은 수리한다.

여섯째, 대만동포의 대륙 특허출원 비용은 인민폐로 지불한다.

다음으로 대만동포의 중국특허청에 특허출원절차 중 몇 가지 문제에 관한 처리방법은 다음과 같다.

첫째, 대만의 법인 또는 개인이 중국특허청에 특허출원 시, 규정에 의한 특허대리기구에 위탁하지 않고 대륙의 기타 단위 또는 개인을 통해 특허출원할 경우, 당해 출원이 수리조건에 부합하다면 수리할 수 있다. 다만, 출원인이 출원일로부터 2개월 이내 또는 중국특허청의 통지를 받은 날로부터 1개월 이내 규정에 따라 특허대리기구에 위탁해야 하고, 기간만료까지 처리하지 않거나 위탁이 규정에 부합하지 않는 경우 거절한다. 출원이 수리조건에 부합하지 않는 경우 불수리 결정을 한다.

대만의 법인 또는 개인이 대륙 이외에서 직접 특허청에 우편으로 출원하거나 또는 특허출원 처리를 도와준 대륙의 단위 또는 개인이 확실한 통신주소가 없는 경우 수리하지 않는다.

둘째, 상기 제1항의 상황 아래에서 특허청의 수리통지서 · 보정통지서 또는 불수리통지서는 출원인의 처리수속을 도와준 원단위 또는 개인에게 전송하고, 상기 제2항의 상황 아래에서 불수리한 출원은 특허청이 관련기관에 위탁해 출원인에게 반환한다.

셋째, 대만출원인이 특허대리기구에 위탁할 경우, 본인이 직접 위탁수속을 처리하거나 대륙의 친지나 친구가 대신해 위탁수속을 할 수 있다. 친지나 친구가 위탁수속을 대리할 경우, 출원인은 위임사항, 위임인 및 피위임인의 성명(명칭)과 주소가 명확히 기재된 전권위탁서에 서명해야 한다.

위탁서는 위탁인이 서명날인하고 위탁일시를 기재해야 한다. 상술한 위탁서가 있을 경우, 특허대리기구에 위탁수속 처리 시 특허대리위탁서를 친지나 친구가 대신해 서명날인할 수 있다.

넷째, 대만의 법인이 출원인으로서 특허청에 출원할 경우, 중국국제무역촉진위원회 특허대리부, 중국특허대리(홍콩)유한공사, 상해특허사무소, 영신특허상표대리유한공사, 북경유심지식산권공사에 위탁해 처리해야 한다. 대만동포 개인이 특허출원할 경우, 특허청에 등록된 특허대리기구에 위탁해 처리해야 한다.

다섯째, 대만의 개인과 법인이 공동으로 특허를 출원할 경우, 대만 법인의 출원절차에 따라 처리해야 한다. 대만의 개인 또는 법인이 대륙의 개인 또는 법인과 공동으로 특허출원할 경우, 출원인의 대표(처음 서명인)가 대만인인 경우 본 규정에 의해 출원절차를 처리하고, 신청인의 대표가 대륙인인 경우 일반 출원절차에 따라 처리할 수 있다.

여섯째, 대만출원인이 파리조약의 동맹국에 처음 제출한 정규의 출원을 기초로 특허청에 우선권을 요구하거나 중국특허청에 처음 제출한 정규의 출원을 기초로 국내우선권을 요구할 경우, 조건이 부합하다면 인정해야 한다. 다만, 출원인이 대만에 출원한 것을 기초로 중국특허청에 우선권을 요구한 경우 인정하지 않는다.

일곱째, 대만출원인이 중국특허청에 출원서류부본 발급을 요구한 경우, 출원서류 중 현행 중국법률과 서로 저촉되는 어구(語句)가 없다면 발급해야 하고, 그렇지 않으면 초보심사 합격 후 처리한다.

여덟째, 대만출원인이 제출한 특허출원 서류 중, 중국 현행법규와 서로 저촉되는 어구가 포함된 경우 출원인에게 2개월 내에 삭제하도록 통지해야 하고, 기간만료까지 회답이 없을 경우 당해 출원은 철회된 것으로 간주한다. 기술내용과 명확하게 관련되지 않는 어구는 특허청이 직권으로 삭제하고 출원인에게 통지할 수 있다. 출원인이 삭제에 동의하지 않거나 또는 보정 이후에도 여전히 규정에 부합하지 않을 경우, 당해 특허출원은 거절되어야 한다.

아홉째, 대만출원인이 모종의 이유로 자신의 주소 공개를 원하지 않을 경우, 출원인 주소란에 '중국대만'이라고 명기할 수 있고 특허청은 이를 공개한다.

열째, 대만출원인이 대륙에 특허출원하는 비용은 외화를 사용하여 인민폐로 지급해야 하지만, 자유롭게 교환할 수 있는 외화로 지급할 수 있다. 외화를 사용하여 인민폐로 지급할 경우 특허청 또는 특허대리처에 직접 납부할 수 있고, 외화를 지급할 경우 은행을 통해 특허청에 지급해야 하고 출원인은 처리비용이 충분하도록 납입해야 한다.

열한째, 본 규정은 1993년 5월 1일부터 시행한다.

앞의 두 규정에서 보듯이 이는 중국의 입장에서 대만출원인의 대(對)중국 특허출원 접수 및 절차에 관해서만 구체적으로 기술하고 있을 뿐, 중국인들이 대만으로 출원하는 사항에 대해서는 관련자료의 한계로 인해 전혀 파악할 수 없으며 이는 앞으로 추가적인 연구가 필요한 분야라 하겠다.

제3절 중국·홍콩 간 지식재산권 협력 사례

1. 중국과 홍콩 간 지식재산권 운영실태와 교류현황

중국과 홍콩은 각각 별개로 출원 및 등록이 이루어지고 있으므로 홍콩에서 등록된 특허나 상표라고 하더라도 중국본토에서 다시 별도의 출원 및 등록이 이루어지지 않으면 보호받지 못하며 그 반대의 경우도 그러하다. 따라서 이로 인한 양 지역 간의 지식재산권 침해행위가 심각하다.[63] 중국본토는 1999년 11월 "홍콩특별행정구역 지식재산권 부서에 처음 제출한 출원의 우선권에 관한 규정"[64]을 반포하였는데 주요내용은 다음과 같다.

홍콩의 특허는 표준특허와 단기특허의 두 종류로 나뉜다. 표준특허의 존속기간은 20년이며 매년 연장된다. 단기특허의 존속기간은 8년으로 매 4년에 한 번 연장 신청을 한다. '중화인민공화국전리법'과 상이하게, 홍콩에서는 디자인이 특허법 보호 범위에 포함되지 않고 '디자인등록조례'에 의해 규정되며 디자인의 존속기간은 25년으로 매 5년마다 1회 연장된다. 홍콩에서 등록된 특허 및 디자인은 중국본토에서 수여 받는 세 종류의 특허와는 서로 독립적이다. 예를 들어 중국본토에서 등록된 세 종류의 특허는 홍콩에서 출원 등록 및 수권과정을 거치지 않고서는 홍콩에서 보호를 받을 수 없다. 동일하게 중국본토에서 등록된 상표는 홍콩에서 출원 등록 받지 않고 어떠한 보호를 받을 수 없다. 홍콩의 단기특허는 일반적으로 실용신안특허와 유사한 점이 있다. 중국본토의 실용신안특허와 디자인특허의 존속기간은 10년인 점이 홍콩과는 상이한 점인데, 만약 기

63 王暢、鄧媛, "內地与香港在CEPA框架下的知識產權法律問題的初析", 『廣東服務』, 2006. 8, p. 191 참조.

64 『關于在香港特別行政區知識產權署提出的首次申請的优先權的規定』, 1999. 11, *available at*, http://CNKI.co.kr(마지막 확인 2009. 9. 1).

업이 홍콩에서 디자인을 등록하면 더욱 긴 시간 동안 보호받을 수 있다.

홍콩의 표준특허는 두 단계의 출원과정이 있다. 제1단계는 중화인민공화국 국가지식산권국 또는 영국특허청 또는 유럽특허청(반드시 영국을 지정해야 함)에 특허출원 후(즉, 만약 홍콩에서 표준특허를 출원하려면 반드시 상기 세 특허청 중 하나에 출원해야 함), 6개월 내 출원기록을 제출해야 한다. 제2단계는 상기 세 특허청에서 특허권을 수여 받은 후 6개월 내 홍콩에 수권청구를 해야 한다. 일단 홍콩에서 표준특허를 받은 다음에는 이 특허는 독립적인 것으로 어떤 나라의 특허상황에도 영향을 받지 않는다. 만약 이 특허를 무효화하려면 반드시 홍콩법원에 무효소송을 제기해야 하고, 이는 동일 특허가 중국본토나 영국 또는 유럽에서 무효된 것과 관계가 없다. 단기특허 및 디자인은 홍콩지식재산권 부서에서 형식 심사를 한 후 등록한다. 특허 및 디자인 침해가 발생한 경우 법원에서 민사소송으로 해결한다.

홍콩에서 상표권을 얻기 위해서는 2003년 4월 4일 발효된 '상표조례'(제559장)에 따라 출원을 해야 한다. 당해 조례는 상표등록제도에 대한 기초 및 준칙을 정하고 있으며 등록상표가 갖는 권리를 기재하고 있다. 상표조례는 출원 및 심사 과정을 간단히 하고 있으며 비용도 크게 감소시켰다. 이런 상표조례를 통해 소리상표와 냄새상표도 등록이 가능해졌다. 출원인은 상표출원 후 상표조례에 따른 규정에 따라 대략 2개월 내지 3개월 내 접수통지를 받게 된다. 상표는 홍콩지식재산권 공보에 공고를 하고 공중은 3개월의 법정기한 내 반대의견을 제출할 수 있다. 반대가 없으면 일반적으로 1개월 후 상표는 등록된다. 따라서 상표가 등록규정에 부합하고 어떤 사람의 반대도 없으면 전체 등록에 걸리는 시간은 6개월 내지 7개월이 된다.

한편, 중국과 홍콩 간의 출원 및 등록 현황으로는, 출원 부문에 있어 2002년도에 1만 1,985건에 불과했으나 2020년도에는 1471%(17만 6,326건) 증가한 18만 8,311건이 출원됐다. 또 등록 부문에 있어서는 2002년도에는

표 5.1 | 홍콩에서 보호받는 각종 지식재산권의 현황표

구 분	보호사항	홍콩에서 출원등록 필요 여부	홍콩에서 법적 구제
상표	상호, 서비스 명칭, 상품 표지, 서비스 표지	예	민사, 형사
특허	발명	예	민사
디자인	공업 물품, 디자인	예	민사
식물품종	신농업 또는 원예식물 품종	예	민사
집적회로설계	집적회로의 배치 설계	아니오	민사

자료: 香港特別行政區政府知識産權署, 『香港的知识产权』, 2004. 2, p. 9, available at http://www.CNKI.co.kr(마지막 확인 2009년 9월 1일).

9,559건에 머물렀으나 2020년도에는 1165%(11만 1,351건) 증가한 12만 910건이 등록됐다.[65] 이런 추세를 감안해 볼 때 양국 간의 지식재산권에 대한 교류협력은 더욱 긴밀히 확대될 것으로 판단된다.

2. 지식재산권의 법적 근거와 지식재산권 법률제도

1) 중국 내 홍콩의 지식재산권의 법적 근거

1997년 7월 1일에 홍콩이 중국으로 반환됨에 따라 영·중공동선언[66]에서 합의한 대로 홍콩은 기존 법제도의 연속성을 보장받게 됐다. 특

65 중국특허청, 홍콩특허청 통계연보, 2023. 3 참조.

66 1984년 선언된 것으로, 영국은 홍콩을 중국에 반환하고 중국은 홍콩의 주권 및 통치권을 반환받는 조건으로 홍콩의 안정된 발전을 위해 홍콩 주민의 요구를 대폭적으로 수용해 홍콩의 정치·법제도의 연속성을 보장한다는 합의를 했다. 이는 공동선언본문과 제1 내지 제3의 부속서로 이루어졌으며, 제1부속서 제1절에 의해 중국은 홍콩특별행정구 기본법을 제정해야 할 뿐만 아니라 더 나아가 그런 기본법이 공동선언의 내용, 특히 공동 선언 제3조에 규정된 대(對)홍콩 방침과 정책에 부합하도록 할 의무를 가지게 됐다. 김기룡, "전환기 국가의 특허권 보호에 관한 연구: 소련, 중국, 독일, 홍콩을 중심으로", 충남대학교 대학원 석사학위논문, 2003. 2, p. 58 참조.

히 과학기술 분야에 관한 것으로 '홍콩특별행정구 기본법'[67] 제139조에 따르면 "홍콩특별행정구 정부는 독자적으로 과학기술정책을 수립하고 시행한다. 법률은 과학기술의 연구성과, 특허권 및 발명창조를 보호한다."라고 규정하여 홍콩특별행정구가 독자적으로 특허에 관한 정책을 수립해 시행할 수 있는 근거를 제공하고 있다.

이처럼 홍콩만의 법률과 제도를 인정하고 있기 때문에 중국에서 발생한 특허권과 홍콩에서 발생한 특허권이 서로 충돌하지 않으며, 중국과 홍콩은 개별적으로 그 영토범위 내에서 각각의 특허권을 갖게 된다. 다만 홍콩의 특허제도가 홍콩 반환을 앞두고 개정되면서 유럽 특허뿐만 아니라 중국 특허도 등록신청의 대상[68]이 되어 중국의 특허권은 홍콩에 출원신청만 한다면 홍콩까지 그 효력범위가 자동적으로 넓혀지게 되겠지만, 이것이 홍콩의 권리와 중국의 권리 간에 문제를 발생시키는 것을 의미하는 것은 아니다. 이런 홍콩의 특별한 상황 때문에 아마도 홍콩에서 '구권리'와 '신권리'가 문제가 될 수 있는 시기는 홍콩의 현재 제도가 끝나는 때인 1997년으로부터 50년 후가 아닐까 한다.[69] 그러나 이런 문제도 그때

67 1990년에 공포된 홍콩특별행정구의 기본법은 헌법적인 성질을 지닌 법률로서 서문과 총 9장 제160조 및 부속서 1, 2, 3으로 구성되어 있으며, 주요내용으로는 기본법 제2조에서 고도의 자치권을 부여한다고 규정하고 있고, 제5조에서 50년간 기존의 자본주의와 생활양식을 유지한다고 규정하고 있으며, 제6조에서는 사유재산권을 보호한다고 규정하고, 제7조에서는 토지와 자연자원은 국유로 규정하고 있다. 또 제8조에서 법률 등은 기본법에 저촉되지 않거나 홍콩입법기관이 개정하지 않는 한 계속 유효하다고 규정하고 있다. 문준조 외 1인, "중국의 일국양체제론과 1997년 이후 홍콩법제", 한국법제연구원, 1992. 12, pp. 191-224 참조.

68 개정 전 홍콩의 특허제도는 영국 또는 유럽에서 허여된 특허가 공고일로부터 5년 내에 홍콩에 등록신청되면 별도의 심사 없이 등록이 가능하도록 한 제도로 존속기간은 원출원의 출원일로부터 20년간이었다. 그 후 홍콩반환을 앞두고 홍콩 특허법을 개정하기 전에 중국과 홍콩은 특허뿐만 아니라 지식재산권 분야에 대한 협상을 진행해 그 협상에서 논의된 내용을 토대로 홍콩은 특허제도를 유럽특허와 중국특허의 허가일로부터 6개월 이내에 홍콩에 등록신청을 하게 되면 별도의 심사 없이 등록시켜주는 제도로 개정하게 된다. 특허청, "경쟁상대국 지식재산권 관련 동향 연구(1): 중국 · 홍콩 · 태국편", 1995. 5, pp. 79-111 참조.

69 김기룡, "전환기 국가의 특허권 보호에 관한 연구: 소련, 중국, 독일, 홍콩을 중심으로", 충남대학교 대학원 석사학위논문, 2003. 2, p. 60 참조.

중국이 홍콩에 대한 정책을 어떻게 결정하느냐에 따라 달라질 것이다.

2) 홍콩의 지식재산권 법률제도와 업무체계

홍콩의 지식재산권 법률은 영국의 지식재산권법의 성문법 및 판례법에 그 연원을 두고 있다. 홍콩 본토에서 제정된 상표법을 제외하고 영국의 특허법, 디자인법 등은 홍콩에서 모두 적용되고 있고 판례법(보통법과 형평법)의 원칙도 홍콩에서 유효하게 적용되고 있으며, 특히 보통법의 판례는 지식재산권 제도의 필요불가결한 부분이 되고 있다.[70]

그러나 1997년 이전의 홍콩의 특허법, 디자인법은 모두 직접적으로 영국법을 인용한 것으로 중국으로 반환된 이후 '홍콩특별행정구 기본법' 규정에 의해 폐기되고, 법률상의 공백을 피하기 위해 '특허조례', '디자인등록조례'를 제정해 예전 법률을 대치했다.[71]

현행 특허법은 1997년 6월 27일 발효된 법률로 명칭은 홍콩 '특허조례'(Patent Ordinance)[72]로 총론, 표준 특허의 출원 및 효력, 종업원의 발명, 특허의 취소, 우선권, 특허침해, 단기특허, 특허문제에 관한 죄형 및 효력 만기에 대한 규정 등을 포함하고 있으며, 실체법과 절차법이 결합된 성문법이다. 또 홍콩은 자체 경제구조와 특징에 따라 단기상품을 보호하는 단기특허제도를 신설했다. 이 제도는 영국법에 없는 제도로 중국본토의 실용신안제도와도 다른 것이다. '특허조례'에서는 단기특허 보호의 조건 및 출원 절차를 규정하고 있다. 중국특허청, 영국특허청 및 유럽특허청에서 획득한 특허권에 대한 등록으로 설정되는 표준특허제도와 홍콩 자체의

70 王秋華, "論 '一國兩制' 下香港知識產權制度的特點", 法學家 2000년 第4期, p. 107 참조.

71 王秋華, "論 '一國兩制' 下香港知識產權制度的特點", 法學家 2000년 第4期, p. 110 참조.

72 왕추화 논문에서는 이를 특허조례라고 번역한다. 그러나 그 실질적 의미가 하나의 '법률'이지만 홍콩의 자치정부인 성격을 감안해서, 이곳에서는 '조례'라는 표현으로 쓴다.

단기특허제도는 모두 홍콩의 특허제도를 이룬다.[73]

디자인법은 1997년 6월 27일 발효된 법률로 명칭은 '디자인등록조례'(Registered Designs Ordinance)로 영국의 '디자인등록법'을 기초로 유럽연합의 디자인등록제도의 일부를 흡수해 홍콩의 실제상황에 맞추어 신설했다. 본 조례는 총론, 디자인의 등록, 등록된 디자인권, 정부수용디자인, 법률절차, 기타사항 및 행정 방면의 조문, 규칙 및 규례, 죄형, 효력 만기 조문 및 관련 수정 및 폐지된 조문 등의 내용을 포함한다. '디자인등록조례'의 시행을 위해 홍콩정부는 '디자인등록규칙'을 반포했으며, 정의된 디자인은 산업 프로세스에 응용되는 물품의 형상, 구조, 모양 또는 장식의 특징을 가지며 이런 특징은 물품상에 나타나야 하고 육안으로 판별할 수 있어야 하는 것이다. 새로운 디자인은 출원에 의해 등록되지만, 선출원과 유사하지 않은 디자인이어야 한다. 미감이 없는 디자인은 등록될 수 없다. 디자인에 대한 등록 절차는 형식심사를 거쳐 이루어진다.[74]

홍콩에서 유일하게 제정된 상표법은 1955년에 반포한 법률로 명칭은 '상표조례'(Trade Mark Ordinance)로 상표출원, 심사, 관리 및 보호에 관한 것이다. 이의 실시 세칙으로 '상표규칙'(Trade Mark Rules), '상표긴급조례'(Trade Mark Emergency Ordinance) 등은 홍콩 상표법의 한 부분을 이루고 있다. 또 홍콩법률 제362장 '상품설명조례'(Trade Descriptions Ordinance)는 상표 보호에 관한 성문법 중 하나로서 1981년에 정식으로 통과 시행됐다. 이 조례의 내용은 형사제재 방식으로 교역 중에 사용되는 허위표시 상품설명 및 위조상표를 금지함으로써 소비자의 이익을 보호하는 것이다. 이런 입법은 홍콩 본토상에 입법기구가 통과 시행한 것으로 '원홍콩법률'에 포함된다. 이외에 홍콩법은 성문법과 보통법으로 구성되므로 홍콩법원의 판례는 '기본법' 제도 아래에서 여전히 유효한 법원(法源)인 것이다.[75]

---

73 王秋華, "論 '一國兩制' 下香港知識產權制度的特點", 法學家 2000년 第4期, p. 110 참조.

74 王秋華, "論 '一國兩制' 下香港知識產權制度的特點", 法學家 2000년 第4期, p. 111 참조.

한편, 홍콩의 지식재산권 업무체계는 지식재산권 부서 및 홍콩세관이 있다. 부서장 및 관장은 공상 및 과기국의 국장에 대해 책임을 지며, 공상 및 과기국 국장은 행정장관에 대해 책임을 진다. 홍콩 지식재산권 부서는 4가지 주요 기능이 있다. 첫째, 공상 및 과기국은 지식재산관련 정책 및 법률에 대한 건의를 한다. 둘째, 정부 부문에 지식재산권 방면의 법률의견을 제공한다. 셋째, 시민에게 특허, 상표 및 디자인의 등록 서비스를 제공한다. 넷째, 지식재산권에 대한 교육 및 홍보 업무를 한다. 또 최근 홍콩 지식재산권 부서는 전자출원제도에 대한 홍보를 하고 있고 인터넷을 통해 출원인은 바로 상표출원을 할 수 있으며, 주소, 전화번호 등의 서지사항의 변경을 실행할 수 있다.

홍콩세관은 지식재산권 방면의 형사집행을 담당하는데, 내부에 저작권 및 상표에 대한 조사과를 설치하고 있으며, 세관특별파견대원은 주로 소매상에 대한 집행을 한다. 세관집행에 대한 법률의 근거는 '저작권조례', '상품설명조례', '수출입조례', '증거법', '형사절차법' 등이다.

홍콩에서 모든 저작권과 상표권 침해는 형사죄에 속한다. 이는 중국본토와 상이한 점으로 누구나 저작권 또는 상표권 침해를 발견한 경우 세관에 보고하거나 손해배상 소송을 제기할 수 있다. 하지만 일반적으로 당사자가 법원에 가서 먼저 소를 제기하는 경우 세관은 그 사건을 수리하지 않는다.[76]

중국본토는 '지식재산권세관보호조례' 같은 별도의 세관 규정이 있으나, 홍콩은 '지식재산권조례'로 저작권법과 상표법에 수정을 가하는 방식으로 세관 규정을 두고 있다. 홍콩의 '지식재산권조례'는 저작권과 상표권의 수입 상품에 대한 규정만을 두고 있어 한계가 있다.

중국본토는 세관에서의 압류를 위한 신청은 '입안'을 전제조건으로

75 王秋華, "論 '一國兩制' 下香港知識產權制度的特點", 法學家 2000년 第4期, p. 110 참조.

76 黃文霞, "香港的知識產權保護", 『廳那經濟』, 2005. 10, p. 55 참조.

표 5.2 | 외국 지식재산권 법제도의 공통점과 차이점

구 분	공통점	차이점
동·서독	• 지식재산권의 기본체계 및 법제 유사 • 상호 지식재산권 출원등록 인정 • 종업원 발명(직무발명)제도 • 국제조약으로 출원된 출원 또는 등록된 보호권 동일하게 상호 인정	• 동독: 경제특허제도 운영 (북한의 발명자증제도에 해당) • 서독: 반도체 배치설계, 활자체 및 실용신안등록에 대한 보호 미규정 • 동독: 출원공개, 심사청구, 국내우선권, 물질특허제도 미운영 • 지식재산권의 보호요건 및 보호기간 상이, 예) 특허권의 존속기간: 서독 20년, 동독 18년 • 특허허여 절차 상이 – 서독: 심사청구 및 실체심사 후 특허허여 – 동독: 특허허여 실체심사 전 직권심사, 특허허여 후 실체심사
중국·대만	• 지식재산권의 기본체계 및 법제 유사 • 상호 지식재산권 출원등록 인정 • 국제조약(파리협약)에 의한 국제출원 상호 인정	• 특허출원 접수 및 절차에 관한 규정적용의 차이 – 대만출원인의 중국출원 시에 한해 적용 – 중국출원인의 대만출원 시에 대해 미규정 • 중국: 국가계획허락제도 운영 (북한의 발명자증제도에 해당) • 특허요건 적용 시 선행기술의 범위: 국내주의(중국) • 상호 우선권제도 미인정
중국·홍콩	• 상호 지식재산권 출원등록 인정 • 공동으로 가입된 국제조약(파리협약, 특허협력조약)은 양국 국제출원 효력을 동시 적용	• 지식재산권 법률제도 및 업무체계 상이 – 중국: 전리법의 단일법체제 및 전리국에서 업무관장 – 홍콩: 각 법률제도 유지, 지식재산권 부서 및 홍콩세관 업무분담(이원화) • 실용신안 및 디자인권의 존속기간 상이 – 중국: 각 10년, 홍콩: 8년 및 25년

하는 반면에 홍콩은 그런 규제가 없다. 신청 수리기관의 경우도 본토의 수리기관은 화물 수출입이 소재하는 세관이 되나, 홍콩은 고등법원이 수리기관이 된다. 즉 홍콩은 권리자의 신청에 의해 세관압류를 결정하지만, 중국본토는 신청인의 신청 또는 세관의 직권에 의한 '입안'이 가능하다.

홍콩법에서는 신청인이 '방출중지'의 통지를 받은 후 10일 내 어느 누구도 침해사건에 대해 소송을 제기하지 않으면 압류된 상품은 방출되도록 한다. 소송은 신청인 또는 권리자가 제기할 수 있다. 본토법규에 규정된 기한은 15일로 신청인이 세관의 압류결정 통지를 받은 날로부터 15일 내 침해사건을 지식재산권 주관부서에 처리를 청구하거나 인민법원에 소를 제기할 수 있도록 한다.[77]

77 易朝蓮, "試論我國大陸与香港知識產權邊境保護之异同", 『武漢公安于部學院學報』, 2004년 제4기, p. 43 참조.

제6장
남·북한 지식재산권 법제의 비교·분석

제1절 남 · 북한 법체계의 차이와 북한 지식재산권 제도 개관

1. 남 · 북한 법체계 차이점

남 · 북한의 법체계 차이를 올바로 인식하는 것은 헌법을 포함한 각 개별법의 법제 통합을 위해 필요한데, 이를 위해서 먼저 북한법의 사회주의 법적 특성을 살펴본다.

첫째, 법의 노동자 계급성이다.[1] 이는 법을 지배계층에게 유리한 생산관계와 사회질서를 유지 · 공고화하기 위해 국가가 제정 · 공포하고 국가의 강제력에 의해 그 준수가 담보되는 행위준칙의 총체[2]로 이해하여 계

1 권재열 외 8인, 『북한의 법체계: 그 구조와 특색』(서울: 집문당, 2004), p. 17.

2 조선민주주의인민공화국 사회과학원 법학연구소 편, 『법학사전』(평양: 사회과학출판사, 1971), p. 276(이하 『법학사전』으로 인용함).

급사회의 산물로 간주하며 프롤레타리아 독재의 무기로서 계급투쟁에 필요한 도구가 되어야 한다고 주장한다.[3] 따라서 북한의 법은 노동자의 권리와 자유를 보장하는 것을 주요한 내용으로 한다.

둘째, 당 정책적 수단으로서의 법규범이다. 북한에서 법은 "당 정책을 실현하는 가장 직접적이고 강력한 일상적인 수단으로 예리한 무기"이며,[4] 더 나아가 "전적으로 당의 정책을 실현하며 당의 정책을 옹호하기 위해 제정된 것이며 법은 정치의 표현이기 때문에 정치에 복종되어야 하며 그것과 분리될 수 없다."[5]라고 함으로써 당의 정책에 따라 법규를 해석하고 적용해야 함을 알 수 있다. 결국 북한에서는 법의 당성(黨性)이 규범성보다 더 중요하게 취급되어 공산당의 결정이 법체계의 위계질서보다 우선해 효력을 발휘하도록 작용하고 있다.

셋째, 사회주의적 계획경제와 소유권의 헌법적 인정이다.[6] 즉 북한의 경제체제는 사회주의적 계획경제로서 이는 소유권제도와 밀접한 관련성을 가지고 있다.[7] 북한에서 소유권은 "일정한 재산을 법이 정한 범위

---

3 『정치사전』(평양: 사회과학출판사, 1973), p. 463. 기존의 "프롤레타리아 독재의 실시"(1972년 개정헌법 제10조)를 1992년 헌법개정에서 "인민민주주의(people's democracy) 독재의 강화"(제12조)로 변경했다. 일반적으로 인민민주주의 독재는 프롤레타리라 독재의 전단계(前段階)에 속하는 것으로 판단된다. 이는 중국의 1982년 개정헌법의 경우와 마찬가지로 북한이 대외관계의 개선과 대외개방정책 같은 실용주의적 정책에 따른 것으로 풀이된다. 『법학사전』(평양: 사회과학출판사, 1971), p. 775.

4 방계문, "공화국법은 우리 당 정책 실현을 위한 강력한 수단", 『공화국은 사회주의 건설의 강력한 무기』(평양: 과학원출판사, 1964), p. 1.

5 방계문, "공화국법은 우리 당 정책 실현을 위한 강력한 수단", 『공화국은 사회주의 건설의 강력한 무기』(평양: 과학원출판사, 1964), p. 1.

6 권재열 외 8인, 『북한의 법체계: 그 구조와 특색』(서울: 집문당, 2004), p. 19.

7 Theodor Pütz, *Grundlagen der theoretischen Wirtschaftspolitik* (Stuttgart: Gustav Fischer Verlag, 1979), S.116. 그러나 사회주의 경제를 견지하는 국가에서도 기업에 대해 폭넓은 처분권을 부여하고 있어서 반드시 경제체제의 형태가 소유권제도에 의해 또는 소유권제도가 경제체제에 의해 결정된다고 할 수는 없다. A.a.O., S.117. 이에 관한 최근의 예로는 중국의 경우를 들 수 있다. 許崇德(변상필 역), 『중국헌법』(서울: 동현출판사, 1996), pp. 140-141.

안에서 자기 마음대로 점유 · 이용 · 처분할 수 있는 권리"로서 정의되고 있으며 수익이라는 개념이 존재할 수 없으므로 이를 사용하지 않고 있다.[8] 이런 사회주의적 소유제도와 계획경제체제 아래에서 집단의 이익은 사회주의적 생활규범 중의 하나인 집단주의에 따라(북한헌법 제82조, 북한민법 제8조 제1항) 바로 개인의 이익으로 간주되므로, 개인은 단체의 구성원으로서의 존재 의미를 가질 뿐이며[9] 독자적 인격체로서의 존재적 의의는 찾아 볼 수 없을 뿐만 아니라 개체로서의 인간으로는 인정하지 않고 있다.

넷째, 법규범의 공법화이다. 북한에서는 사회주의적 소유권과 경제체제로 인해 다른 사회주의국가의 경우와 마찬가지로 거의 모든 법이 공법화되어 있음으로[10] 인해 북한의 법령은 그 법령이 갖는 정치적 기능이나 목적에 따라 분류되고,[11] 자연인인 개인을 공동체의 구성원으로서만 존재 의미를 인정하고 있어 법을 공법과 사법으로 분류할 수 없으며 대표적인 사법인 민법에서도 공법적 색채가 짙어 국가가 관여할 수 있는 가능성을 크게 열어놓고 있는 실정이다.[12]

이상 살펴본 바와 같은 사회주의 법적 특성으로, 북한의 법체계는 1인 독재체제와 공공 소유 내지 사회적 소유에 기반을 두고 이루어져 있다. 북한의 주권이 노동자 · 농민 · 근로인텔리와 모든 근로인민에게 있다고

8 소유권에 관해 대한민국 민법은 '소유자는 법률의 범위 내에서 그 소유물을 사용 · 수익 · 처분할 권리가 있다.'라고 규정하고 있다(대한민국 민법 제211조). 사회주의 국가인 북한에서는 수익이라는 개념이 존재할 수 없으므로 이를 사용하고 있지 않다. 북한의 법학사전에도 '수익'이라는 항목은 없다. 末川博, 『법학사전』(일본: 일본평론사, 1974), p. 388 참조.

9 『사회주의헌법 해설』, p. 61. 집단주의는 "하나는 전체를 위해, 전체는 하나를 위해"라는 것을 원칙으로 한다(헌법 제63조).

10 법무부, 『북한법의 체계적 고찰(Ⅰ): 민사관계법』, 법무자료 제166집(1992), p. 8.

11 북한은 법을 첫째, 헌법, 둘째, 국가 · 경제기관 강화를 위한 법, 셋째, 사상혁명의 심화를 위한 법, 넷째, 기술혁명의 심화를 위한 법, 다섯째, 문화혁명의 심화를 위한 법, 여섯째, 인민생활의 균형발전을 위한 법, 일곱째, 부문법전 등으로 분류하고 있다. 홍극표 편, 『조선민주주의인민공화국 법제정사』(평양: 과학 · 백과사전출판사, 1986), p. 3 참조.

12 권재열 외 8인, 『북한의 법체계: 그 구조와 특색』(서울: 집문당, 2004), p. 24.

명시하고 있어 주권자의 범위를 무산계급으로 국한하고 있으며, 공민의 의무가 지나치게 많아 반입헌주의적 요소가 되고 있다. 또 북한은 사회주의 헌법에서 노동당의 초헌법적 지위와 당규약 및 교시의 최고 규범성을 명문화하고 있으며, 이는 북한 법제도가 입헌주의성을 훼손하는 것으로 간주되고 있다. 북한에서 법이란 소위 계급투쟁과 프롤레타리아 독재를 위한 무기로서 마르크스레닌주의 국가이론과 법이론에 준거해 당규약과 김정일 교시의 최고 규범성 내지 어떠한 법형식에 대한 우월성이 제도적으로 보장되고 있다.[13] 그리고 재판은 당의 사법정책에 충실하게 복무하는 수단에 불과해 법과 재판의 독자성이 철저하게 부정되고 있다. 요컨대, 북한에서는 법이 정치의 시녀로서 사회주의적인 사회질서의 유지를 위해 존재하는 도구적 성격이 강하다고 할 것이다.[14]

반면에 남한의 법체계는 자유와 사적 소유(사유재산권의 보장)를 최대한 인정하는 방향으로 확립되어 있다. 남한의 경우 주권은 정치적 · 이념적 통일체로서의 전체국민에게 있으며, 국민주권의 실현을 위한 방법으로 대의제(간접민주정치)를 원칙으로 채택하고 있다. 다만, 예외적으로 국민(주권행사자 내지 국가기관으로서의 국민)은 국민투표에 의해 직접 주권을 행사하는 경우도 있다. 남한은 권력분립의 원칙, 입헌주의와 법치주의를 채택해 국가권력의 집중과 남용을 방지하는 한편, 국민의 기본권을 최대한 보장하기 위해 노력하고 있다. 이렇게 볼 때 남한에서는 법을 인권의 존중보호 및 사회질서 유지를 위한 독자적이고 독립적인 가치를 갖는 가치체계로 인식되고 있다.[15]

이와 같이 현재 남북한의 법체계는 외형상 너무나 이질화되어 공통

---

13 최종고, 『북한법』(서울: 박영사, 1993), pp. 452-453. 최종고 교수는 북한을 법치국가라기보다는 교시국가라고 규정하면서 북한에서 법은 장식물과 같은 '죽은 법'이라고 말하고 있다.

14 민족통일연구원, 『북한인권 백서 1996』(서울: 민족통일연구원, 1996), pp. 31-36; 통일연구원, 『북한인권 백서 2000』(서울: 통일연구원, 2000), p. 32.

15 황동언, "남북한 법제도 통합상의 과제", 『통일』, 통권 제194호, 1997. 11, p. 30.

점을 찾을 수 없는 상극·대립적인 것처럼 보인다. 하지만 지식재산권의 통합을 추진하는 과정에서 우리는 남북한 법의 이질성과 동질성을 발견해 지식재산권법과 같은 특별법도 가능한 범위 내에서 단계적·점진적으로 하나의 통합법으로 발전시키고 동화 수렴하는 노력이 필요할 것이다.

이하의 절에서는 법제 통합을 위한 남북한 지식재산권을 비교·분석함에 있어서 각각의 지식재산권에 대한 제도 소개와 더불어 현행 북한 지식재산권법을 중심으로 남북 공통사항에 해당하는 내용만을 발췌해 5개 영역의 법제, 즉 발명보호법제, 실용신안법제, 상표법, 디자인보호법제, 저작권법제를 법제구성, 실체법 및 절차법상 측면에서 비교하되, 단순비교가 아닌 이론 및 도표를 통해 심층 비교·분석함은 물론 외국법제와 국제협약 측면에서도 동시에 분석함으로써 통합법(안)의 효율성과 균형성을 갖추도록 하면서 지식재산권의 국제적 통일화에도 부응할 수 있도록 한다.

2. 북한 지식재산권 제도 개관

북한에서는 우리의 산업재산권에 해당하는 개념인 공업소유권[16]이라는 용어를 사용하고 있다.[17] 따라서 북한의 지식재산권은 공업소유권과 저작권으로 대별될 수 있으며 이런 점에서 우리 체계와 크게 다르지 않은 듯하다.[18]

우리의 산업재산권[19]에 해당하는 북한의 공업소유권은 경제 및 과

16 한국의 경우에도 1980년대에는 공업소유권이라는 용어로 현재의 산업재산권을 설명하고 있었다.

17 박정원, "북한의 공업소유권 보호제도에 대한 연구", 한국법제연구원, 2001. 12, p. 16.

18 권재열 외 8인, 『북한의 법체계: 그 구조와 특색』(서울: 집문당, 2004), p. 382.

19 원래는 '공업소유권'으로 번역되어 법령상 용어로까지 사용됐으나, 1990년 급변하는 국내·외

학기술 분야에서 이룩한 인간의 지적 창조물에 대한 소유권으로서 지적 소유권의 하나이며 여기에는 발명에 대한 권리(특허권과 발명권), 실용신형권(발견권과 창의고안권), 공업도안권, 상표권, 원산지명권이 포함된다.[20] 그리고 저작권은 문화적 영역에서의 정신적 창작물을 보호하는 권리로 볼 수 있다. 남한의 법은 각각의 지식재산권에 관해 특허법, 실용신안법, 디자인보호법, 상표법 및 저작권법으로 독자적인 법률을 갖고 있다.

반면에 북한은 1998년 이전까지 발명 및 창의고안에 관한 규정과 상표 및 공업도안에 관한 규정으로 크게 이분하여 규정하고 있었다. 발명 및 창의고안에 관한 규정에서는 특허 · 발명과 우리의 실용신안에 해당하는 창의고안에 관한 사항을 정하고 있었으며, 우리의 디자인에 해당하는 공업도안과 상표 및 원산지명에 대해서는 상표 및 공업도안에 관한 규정에서 정하고 있었다. 이후 북한은 1998년 헌법을 개정하면서 지식재산권 보호에 대한 국가적 의지를 밝힌 바 있으며, 2001년에 비로소 저작권법을 제정함에 따라 지식재산권법 전반에 대한 개정 내지 제정 작업을 단행했다. 특히 원산지명법도 2003년에 새로이 제정했다.

이런 일련의 개정작업을 거쳐 현재는 북한도 우리 법과 동일하게 특허, 실용신안, 디자인, 상표, 저작에 관해 각각 독립된 법률을 갖고 있는 것으로 보인다.[21] 1998년 9월에 개정된 북한 헌법 제74조에서 "공민은 과

경제환경에 대응하기 위해 특허법 전문 개정 시 이 용어의 변경이 고려됐고, 이어 1993년 특허행정쇄신 및 제도 개선과 관련해 1993년 12월 10일 법률 제4594호에 의거 '산업재산권'이라는 용어로 대체됐다.

20 북한의 『민사법사전』에 의하면 공업소유권은 "인민경제 여러 부문과 과학기술 분야에서 이루어진 인간의 지적 창조물에 대한 소유권"이라고 정의하고, 여기에는 "발명권, 특허권, 발견권, 창의고안권, 공업도안권, 상표권, 원산지명권(특정한 생산물의 원산지를 독점할 권리)과 같은 권리들이 속한다"라고 설명하고 있다. 또 공업소유권의 종류를 설명하면서 특허권과 발명권을 분명하게 구별하고 있으며, 실용신형권을 발견권과 창의고안권으로 새로이 설명하고 있음을 알 수 있다. 『민사법사전』(평양: 사회안전부출판사, 1997), p. 58; 박정원, "북한의 공업소유권 보호제도에 관한 연구", 한국법제연구원, 2001, p. 16, 참조.

21 1998년 이후 전면적으로 개정 및 제정된 각 법률 중 "창의고안에 관한 규정"만 공개되지 않은 실정이다.

표 6.1 | 북한 지식재산권 주요 법제의 변천과정

연 도	주요내용
1967	• 10월 5일: 「발명 및 창의고안에 관한 규정」 제정 내각결정
1968	• 1월 1일: 「상표 및 공업도안에 관한 규정」 제정
1974	• 8월: WIPO 가입
1978	• 12월: 「발명 및 창의고안에 관한 규정」 개정 정무원 결정 제279호로 수정
1980	• 6월: 공업소유권보호를 위한 파리협약 가입, 상표의 국제등록에 관한 마드리드협정 가입 • 7월: 특허협력조약 가입
1983	• 6월 1일: 「상표 및 공업도안에 관한 규정」 개정
1986	• 6월 28일: 「발명 및 창의고안에 관한 규정」 개정, 1986년 11월 1일 실시, 발명위원회 정무원 결정 제45호로 개정 및 시행규칙
1989	• 6월: 상표의 국제등록에 관한 마드리드 의정서 가입
1992	• 5월: 헤이그협정 가입
1997	• 6월: 로카르노협정 가입, 니스협정 가입
1998	• 1월 14일: 「상표법」 최고인민회의 상설회의 결정 제106호로 채택 • 5월 13일: 「발명법」 최고인민회의 상설회의 결정 제112호로 채택 • 6월 3일: 「공업도안법」 최고인민회의 상설회의 결정 제117호로 채택
1999	• 1월 14일: 「공업도안법」 최고인민회의 상임위원회 정령 제350호로 수정 • 2월 26일: 「상표법」 최고인민회의 상임위원회 정령 제483호로 수정 • 3월 11일: 「발명법」 최고인민회의 상임위원회 정령 제507호로 수정보충
2001	• 3월 21일: 「저작권법」 최고인민회의 상임위원회 정령 제2141호로 채택 • 6월: 「창의고안에 관한 규정」 제정
2002	• 2월: 부다페스트조약 가입 • 11월: 스트라스부르그협정 가입
2003	• 4월: 본협약 가입 • 6월 11일: 「컴퓨터소프트웨어보호법」 최고인민회의 상임위원회 정령 제3831호로 채택 • 8월 27일: 「원산지명법」 최고인민회의 상임위원회 정령 제3964호로 채택
2004	• 6월 30일: 「소프트웨어산업법」 최고인민회의 상임위원회 정령 제533호로 채택
2005	• 8월 2일: 「상표법, 공업도안법」 최고인민회의 상임위원회 정령 제1235호 수정보충
2006	• 2월 1일: 「저작권법」 최고인민회의 상임위원회 정령 제2141호 수정 보충
2011	• 12월 21일: 「발명법, 상표법, 공업도안법」 최고인민회의 상임위원회 정령 제2052호 수정보충
2014	• 12월 10일: 「발명법」 최고인민회의 상임위원회 정령 제258호 수정보충

학과 문학예술 활동의 자유를 가진다. 국가는 발명가와 창의고안자에게 배려를 돌린다. 저작권, 발명권, 특허권은 법적으로 보호한다"라고 규정하고 있어 국가에서 지식재산권을 법적으로 보호함을 명시하고 있다.[22]

제2절 발명보호법제의 비교

1. 남・북한 발명보호법제

1) 개관

먼저 법제구성 및 체계 면에 있어서 북한의 발명법(총 5장 64조문)은 남한의 특허법(총 12장 232조문)에 비해 형식적이고 단순하게 규정되어 있다. 따라서 개인의 권리취득과 보호 차원에서 여러 가지 미비점과 한계가 내재되어 있다. 또 그만큼 관할기관에서는 규정 외적인 관행에 의한 업무처리 의존도가 높고 업무에 대한 일관성이 결여되는 등 많은 부작용이 따를 수밖에 없는 구조적인 문제점이 있다. 아울러 남한의 시행령(총 4장 20조문)이나 시행규칙(총 7장 121조문)과 같은 규정이 마련되어 있지 않아[23] 상세하고 체계적인 업무를 수행하는 데 있어서도 여러 가지 절차상 한계가 있을 것으로 판단된다.

이밖에 1998년 제정된 발명법만으로는 법제 구성상으로 볼 때 남한

22 북한에서도 인간의 지적 활동(인간두뇌의 활동)에 의한 정신적 창조물에 대한 재산으로서 점유・이용・처분 등을 할 수 있는 소유권의 성격을 인정하고 있음을 알 수 있다. 이는 인류문명의 발전과 함께 인간의 지적 창조물에 대한 권리를 인정하고 이에 대한 법적 보호의 태도를 취하고 있다는 점을 보여준다.

23 북한은 발명 및 창의고안에 관한 규정(1986년 개정법)에 대해서만 별도의 시행규칙(총 5장 75조문)을 두고 있다.

의 특허법에 비해 상대적으로 많은 미비점을 보이고 있으며, 이런 미비점을 다소 보완하기 위해 1986년 개정된 발명 및 창의고안에 관한 규정을 파기하지 않고 동시에 상호 보완관계를 유지하는 등 이원적 법률 구조체제를 가지는 구조적 문제점이 있는 것으로 보인다.

실체법적인 측면에 있어서는 발명에 대한 권리로, 남한은 독점배타권인 특허권을 부여하고 있는 반면에 북한은 발명권과 특허권이라는 이원적 구조를 갖고 있어서 불필요한 행정소요를 낭비하는 문제점을 내포하고 있다. 즉 발명권에 대한 이용권은 국가가 가지며 개인이 발명이용권을 행사하려고 할 때에는 국가의 승인을 받아야 하는 번거로움이 있고, 권리를 마음대로 양도하거나 취소 · 포기할 수도 없는 한계가 있다. 더욱이 발명권을 특허권으로 전환할 수도 없을 뿐만 아니라 발명권의 효력기간을 무기한 인정해 줌으로써 한 번의 발명이 영구히 보장받게 되는 등 오히려 발명의욕을 저하시킬 우려가 있다. 그리고 새로운 기술을 순환시키고 산업상 이용가능성을 증대시켜 국가 산업발전에 기여코자 하는 면에서도 그 영향력이 감소할 것으로 판단된다.

한편, 발명 및 특허에 관한 정책업무와 심사업무의 담당기관이 분리되어 이원화 운영됨으로써 업무의 효율성과 일관성이 결여될 것으로 여겨지며, 사회적 이익을 위해 필요한 경우 해당 특허권에 대해 국가가 독점 실시권을 가지게 되므로 개인의 권리가 쉽게 착취되고 제한받는 등 국가의 영역의 범위에 국한되는 구조적 취약점을 지니고 있다고 하겠다. 아울러 발명권, 특허권을 침해한 경우에 구체적 벌칙 규정이 명시되어 있지 않아 개인의 권리보호에 소홀함이 있으며 국가기관의 재량권이 커짐으로 인해 부실 권리와 부작용이 발생할 소지가 크다고 할 것이다.

절차법적인 측면에 있어서 북한은 발명등록신청문건 접수 시 발명등록신청공보에 발표함으로써 출원을 공개하고 있는데, 이는 특허출원일로부터 1년 6개월이 경과 후 공개하도록 되어 있는 국제 기준인 법정경과

기간을 충족시키지 못하는 문제점을 내포하고 있다. 또 발명 · 특허심사 청구 기간이 규정되어 있지 않아 부작용이 발생할 소지가 있다고 하겠다. 그밖에 발명 · 특허출원 관련 9개 조문, 발명 · 특허등록 관련 10개 조문만을 둠으로써 남한의 절차법적 측면[24]에 비해 지나치게 개괄적으로 언급되어 있다.

2) 남·북한 특허(발명)법제의 주요내용

(1) 북한 발명제도[25]

1 발명제도의 목적

발명법은 "발명권, 특허권등록의 신청과 심의, 발명권, 특허권의 보호에서 제도와 질서를 세워 발명 창조를 장려하고 발명의 이용을 촉진함으로써 과학기술과 인민경제의 발전을 다그치는 데 이바지한다."[26]라고 규정하고 있다.[27] 즉 발명법은 발명한 자에게 발명을 공표하는 대가로 인격적 권리와 금전적 보상금이 동시에 부여되는 발명권이나 독점배타권인 특허권을 부여해 보호하는 한편, 발명권자 · 특허권자 및 제3자에게는 그 공표된 발명을 적절히 이용할 수 있도록 해서 국가과학기술과 인민경제 발전에 기여하는 것을 목적으로 하고 있으며, 이는 결국 '발명의 보호'와

24 남한은 특허출원 관련 28개 조문, 특허등록 관련 18개 조문, 절차 관련 26개 조문, 심사 관련 13개 조문, 국제출원 관련 20개 조문 등 모든 부문에 걸쳐 아주 상세하고 구체적으로 규정되어 있어 권리획득 절차와 관련해 출원인의 편의를 도모하고 있는 것으로 생각된다.

25 여기서는 1998년에 새로 제정된 "발명법"을 중심으로 기술하고자 한다. 다만, 발명법에서 언급되지 않거나 미흡한 부분에 대해서는 1986년에 개정된 "발명 및 창의고안에 관한 규정"에서 보완하고자 한다. 이 두 개의 법령은 상호보완적 관계에 있다고 판단된다.

26 발명법 제1조.

27 발명 및 창의고안에 관한 규정 제1조: "발명을 장려하며 기술혁신운동을 힘있게 벌릴데 대해 주신 방침을 철저히 관철해 발명과 창의고안성과들을 제때에 심의, 등록, 평가하고 도입 일반화함으로써 기술혁명수행에 이바지하는 것을 목적으로 한다"라고 규정하고 있다.

'발명의 이용'이라는 두 개의 축을 통해 이런 목적을 달성하려고 하고 있다.

북한의 발명제도에 있어서 특이한 사항으로 발명권과 특허권의 특성을 살펴보면, 발명권과 특허권은 모두 발명에 대한 법적 보호형태로서 그 내용과 적용범위, 국가에 등록보호를 청원하는 신청절차와 방법, 문건형식, 심의절차와 기준 등이 거의 같다.[28] 하지만 양자는 그 성격상 본질적인 차이점이 있다.[29]

발명권은 과학기술 분야에서 이미 알려진 기술에 비해 본질적으로 새롭고 발전적이며 공업적으로 실현하여 보다 높은 경제적 효과를 나타내는 기술을 발명한 자에게 부여되는 인격적 · 재산적 권리로 발명한 자는 발명의 창조자로서 발명의 과학적 기술내용과 그에 대한 우선권을 가지며 일정한 국가적 · 사회적 대우를 받을 권리를 가진다. 발명권의 인정을 위해 북한에서는 발명증서와 함께 일정한 보상금을 지급해주는 『발명자증』 제도를 운영하고 있다. 다만 이런 발명권은 인격적인 권리와 국가에 대한 금전 청구권이 결합된 것이어서 발명의 수익에 대한 처분권이 인정되는 특허권과는 전혀 성격을 달리한다.

특허권은 새롭고 실용가치가 있는 과학기술적 내용을 발명한 자와 새로운 기술을 넘겨받은 자에게 일정한 기간 동안 인정해주는 생산과 판매에 대한 독점권으로 새로운 생산방법을 발명한 사람에게 일정한 기간 동안 그 생산과 판매에 대한 독점권을 부여해주는 법적 권리이다. 특허권자는 특허권을 받은 기술을 사용해 수익을 처분할 수 있는 독점적인 권리와 배타권을 가진다. 특허기술을 특허권자의 허가 없이 이용하는 것은 특

---

28 최정희, "공업소유권과 공업소유권보호제도에 대한 일반적 리해"(평양: 과학백과사전출판사, 2000), 『김일성 종합대학학보: 력사 · 법학』, p. 65; 신지연 외 3인, "남북한 지식재산권 제도의 조화방안", 한국지식재산연구원, 『특허청 연구보고서』, 2007. 11, p. 8.

29 최정희, 앞의 논문, pp. 61-63 참조.

허권 침해가 된다.

1986년부터 북한 주민에게도 독점배타적인 특허권을 허용하고 있지만, 특허제도는 주로 외국인이 이용하고 발명자증제도는 주로 북한 주민, 기관, 기업소, 협동단체가 이용한다. 이는 사회주의의 특성상 개별적인 공민은 기업경영 활동이 허용되지 않으므로 공민이 특허권을 소유하더라도 특허권으로 보호되고 있는 자기의 발명을 생산과 건설에 도입해 개인기업을 창설하거나 운영할 수 없기 때문인 것으로 추정된다.[30]

2 특허등록 요건

북한에서도 특허를 받으려면 일정한 특허의 요건을 갖추어야 한다. 북한 발명법에서는 "발명은 실천에서 제기되는 문제에 대한 새로운 기술적 해결안이다."[31]라고 규정하고 있다. 여기에서 특허요건으로 신규성, 발명수준(진보성), 도입가능성(산업상 이용가능성)을 명시하고 있음을 알 수 있다.

보다 구체적으로 살펴보면,[32] '신규성'이란 선행기술과 비교해 아직 공중에 널리 알려지지 않았으며 다음 세부사항이 포함되어 있는 과학이나 기술을 말한다. 첫째, 선행기술과 근본적으로 다르며 원리와 방법의 적용에 있어 독특한 과학이나 기술의 내용, 둘째, 종전의 것과는 완전히 다른 특성을 갖고 기존의 원리, 방법 또는 성분의 합리적인 배합의 결과로부터 나오는 특수한 원리, 방법 또는 성분의 개시, 셋째, 공지물질의 새로운 기능이나 특성을 나타내는 기술 및 이를 바탕으로 그 기술을 선출원의 것과는 전혀 다른 목적에 적용하기 위한 특수방법을 포함하고 있는 과

30 신지연 외 3인, "남북한 지식재산권 제도의 조화방안", 한국지식재산연구원, 『특허청연구보고서』, 2007. 11, p. 9.

31 발명법 제2조.

32 북한의 경우 남한이나 여타국가와는 달리 특허권이나 발명대상에 관한 상세한 등록요건을 본 법에서 규정하지 않고 관련 시행규칙에서 규정하고 있다. 따라서 "발명 및 창의고안에 관한 규정"(발명 · 기술혁신법)을 중심으로 기술하고자 한다. 박정원, 앞의 논문, "부록" 참조.

학이나 기술을 의미한다.[33] 여기서 신규성 및 이하의 발명수준(진보성) 등을 판단하는 데 기준이 되는 선행기술이란 특정 발명의 우선일 전에 다음과 같은 방법에 의해 공개된 과학 · 기술을 의미한다. 첫째, 국내 또는 기타국에서 등록된 발명 및 공개된 신기술이나 기술혁신, 둘째, 당해 우선일 6개월 이전에 발행한 간행물, 과학심포지엄, 과학강연, 방송, TV와 영화상영 및 기타 행사에서 공개된 과학 · 기술, 셋째, 당해 우선일보다 6개월 이전에 개최된 국내외 전시회나 국제 박람회에 의해 공개된 과학 · 기술, 넷째, 상기 규정 외에 일반공중에게 널리 알려져 있거나 통상 사용되고 있는 기술이다.[34] 여기서 우선일 산정의 기준이 되는 시기는 등록기관에 발명등록 신청문건이 접수된 날이다.[35] 우리 법과는 달리 신규성 의제 규정은 갖고 있지 않다.

'발명수준(진보성)이 있다는 것'은 그 기술에 숙련된 자가 선행기술에 기초하여 발명을 쉽게 예측할 수 없다는 것이다. 즉, 발명에 특이성이 있으며 현행 기술 수준에 포함되어 있는 과학기술적 내용보다 진보된 과학기술적 내용을 포함하고 있음을 의미한다.[36]

'도입가능성(산업상 이용가능성)이 있다는 것'은 발명을 공업, 농업, 수산업, 임업을 비롯한 인민경제의 여러 부문에서 이용할 수 있다는 것으로서 다음의 네 가지 특성을 갖고 있어야 한다. 첫째, 노동능률의 향상과 제품의 품질개량, 둘째, 힘든 일을 쉬운 일로 위험한 일을 안전한 일로 만드는 또는 근로의 안정성 및 근로조건을 향상시키는 유사한 특성, 셋째, 원료 · 연료 · 반가공재료 · 노동 및 기타 성분을 절약하는 것 또는 국가의 환경에 적합하게 원료 및 생산조건을 변경함으로써 제품의 품질과 효과

33 발명 및 창의고안에 관한 규정 시행규칙 제4조 제2호.

34 발명 및 창의고안에 관한 규정 시행규칙 제4조 제1호.

35 발명법 제17조.

36 발명 및 창의고안에 관한 규정 시행규칙 제4조 제3호.

를 개선하거나 적어도 유지하는 것, 넷째, 의료기구 및 의약품의 부작용을 극소화함으로써 그 효과를 향상시키도록 사용되어야 한다.[37] 따라서 북한법에서 요구하는 도입가능성이 있다는 것은 우리 법에서 요구되는 산업상 이용가능성보다 더 강하게 사회에의 기여를 요한다는 점이 다르다고 할 수 있다.

이밖에 재산권적 성격이 강한 특허권의 경우에는 권리로서 보호받기 위해 특허의 적극적 요건에 해당하는 것 외에 불특허대상에 해당하지 않아야 하는 추가적 요건을 만족시켜야 한다.

불특허대상에는 조선민족의 풍속과 사회주의 생활양식에 맞지 않거나 사회 공동의 이익에 저해를 주는 대상, 식물이나 동물변종 혹은 동식물의 순수 생물학적인 사육 및 재배방법, 사람이나 동물의 수술·치료방법, 사람이나 동물을 대상으로 하는 진단방법, 원자핵 변환의 방법으로 얻어진 물질에 대한 발명이 해당된다.[38] 불특허대상에 해당하는 이런 발명에 대해 특허권만이 금지되는 것으로 규정하고 있으므로 발명권에 대해서는 제한이 없는 것으로 보인다.[39]

3 발명출원 및 등록절차

발명등록의 신청은 발명행정기관에 하도록 되어 있다.[40] 발명권이나 특허권을 받으려는 기관, 기업소, 단체와 공민은 발명권 또는 특허권 등록신청문건을 내야 하는데, 여기에는 등록신청서, 기술설명서 같은 것을 첨부하도록 되어 있다. 이때 출원과정에서 발명행정기관이 요구하는

37 발명 및 창의고안에 관한 규정 시행규칙 제4조 제4호.

38 발명법 제19조.

39 권재열 외 8인, 앞의 책, p. 389.

40 여기서 '발명행정기관'은 기존에는 '발명위원회'가 담당했으나, 현재는 내각 과학원 소속의 '발명총국'에서 담당하고 있다. 특허청(국제협력담당관실), "북한의 산업재산권 제도 안내", 2001. 2, p. 4.

표 6.2 | 북한 특허 대리사무소 현황

대리소 명칭	연혁 및 현황
평양IP센터	• 1980년 설립, 30년 이상 관련 업무 수행, 50명의 전문가로 구성 • 지재권 분야의 외국사건을 취급하는 대리소 중 가장 먼저 설립 • 직원들에 대해서는 알려진 바 없으나 다른 대리소에서 근무하는 변리사는 이 대리소에서 교육을 받거나 일한 적이 있는 사람들임
묘향산 변리사무소 (Myohangsan & Atorney)	• 1995년 설립된 비정부조직의 특허상표대리소 • 대리소장은 권용선이며, 발명위원회 심사관 출신들로 구성 • 3명의 상표대리인과 4명의 특허대리인이 근무하고 있으며, 특허 · 상표 · 저작권 · 라이선스 및 소송에 관한 국제업무를 취급
OUN 특허사무소	• 1996년 설립 • 소장은 김성천이며, PPTA와 문수봉회사에서 근무한 적이 있음
Cholsan Attorney & Consultant	• 북한철산종합무역회사 소속 • 외국인에게 기술서비스, 라이선스, 영업계약 및 특허출원 또는 상표등록에 관한 서비스 제공 • 2명의 특허대리인이 있음
룡산 특허 상표 대리소	• 1998년 설립, 15명의 변호사로 구성된 법률회사 • 발명총국 및 다른 대리소에서 근무한 적이 있는 대리인들로 구성 • 특허 · 상표 · 저작권 · 라이선스 및 번역에 관한 국제업무를 취급하며, 새로운 스타일의 사무소
Kumgangsan Patent & Trademark Agency	• 금강산기술서비스센터 • 평양신제품기술회사에 속해 있으며, 소장은 백희준
Moranbong Patent & Trademark Agency	• 특허상표를 취급하는 2명의 여성대리인이 근무

자료: 특허청, "남북한 지식재산권 협력을 위한 실행방안 연구", 2020. 12, pp. 17~18.

제품의 견본, 모형, 시편, 시료 같은 것을 내도록 규정하고 있으며, 발명행정기관은 발명권 또는 특허권등록신청문건을 받은 날로부터 20일 안에 접수통지서를 신청자에게 보내도록 되어 있으며, 신청자는 정해진 요금을 납부하도록 되어 있다.[41]

41 발명법 제27조.

그림 6.1 | 특허증서

외국법인과 개인은 반드시 발명대리기관[42]에 의뢰하여 발명권, 특허권등록을 신청해야 하며, 특허문서는 중국어, 프랑스어, 독일어 등 외국어로 작성할 수 있으나 문건 접수일부터 3개월 안에 조선어 번역문을 제출해야 하고, 위임서도 함께 제출해야 하며 기한 초과 시 3개월까지 연장이 가능하나 6개월이 지나면 무효로 한다.[43] 또 북한 주민과 외국인이 공동으로 발명한 경우 공동발명자의 이름으로 출원하거나 소속된 기관의 이름으로 출원한다. 발명행정기관은 발명의 등록 또는 부결 통지서를 해당 신청자에게 보내야 하며, 부결 통지서는 그 이유를 분명히 밝히도록 되어 있고, 발명의 심의 결과에 대해서는 재심의를 요구할 수 있다.[44]

42 북한에서는 특허사무소를 "특허상표대리소" 혹은 "대리소"라고 칭한다. 북한에는 현재 모란봉, 철산, 평양, 금강산 등 15개의 대리소가 있으며 모두 평양에 있다고 한다.

43 신지연 외 3인, 앞의 보고서, p. 14.

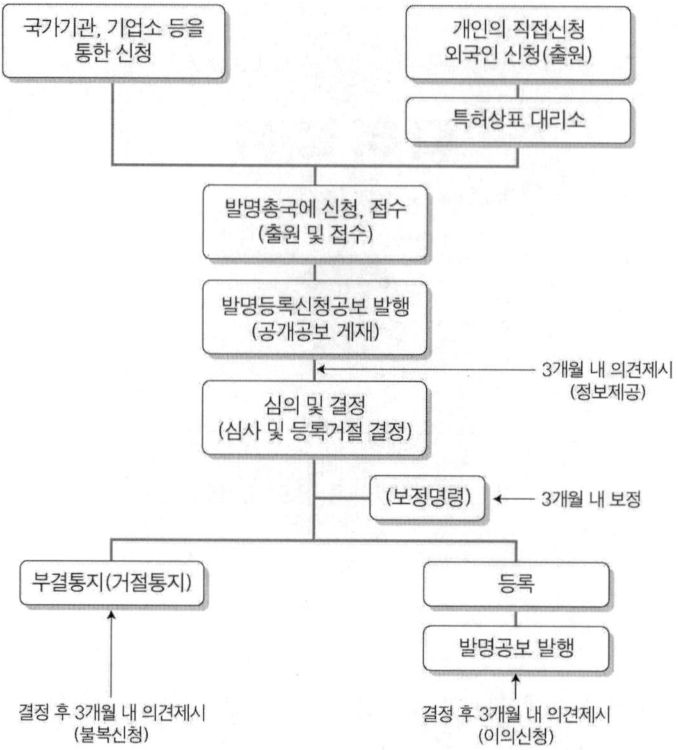

그림 6.2 | 발명출원 및 등록절차

출원구비서류로는 발명등록신청서(출원서), 발명개요(요약서), 발명에 대한 기술설명서(명세서), 한 개 이상의 청구범위, 실험보고서, 인용문헌목록, 한 개 이상의 도면 또는 유사한 재료가 포함되어야 하고, 위임장, 평가서(외국출원인의 경우 제외) 등이 있다.[45]

한편, 등록이 결정된 발명에 대해서는 발명행정기관에 등록하고 등록이 된 발명권, 특허권을 소유한 자에게 해당하는 증서(발명자증 또는 특허등록증)를 주며, 발명등록은 「발명공보」에 게재해 공개하는 것을 원칙으로

44 발명법 제37조.

45 최현규, "북한의 발명특허제도와 최근기술동향분석", 『북한과학기술연구 제1집』, 2003. 7, p. 5.

하나 필요에 따라 비공개할 수도 있다. 발명공보 상의 등록특허 및 등록발명의 정보를 확인해 본 결과 대체로 2~3년 내에 등록번호가 부여되고 있음을 확인할 수 있었다.[46]

4 심사 및 이의신청 절차

북한 발명(특허)의 심의(심사)는 신청문건의 형식에 대한 형식심의와 발명의 내용에 대한 본질심의로 진행되며, 신청일부터 3개월 내에 특허신청 문건에 대해 형식심의가 완료된다. 형식심의가 완료된 특허신청건은 신청자의 요구가 없어도 자동적으로 본질심의로 넘어가며 본질심의는 특허신청일로부터 12~15개월 내로 완료된다.[47] 이처럼 별도의 심사청구 절차 없이 심사결정은 출원일로부터 15개월 안에 처리하고 그 결과를 출원인에게 알려주게 된다.[48] 심사결과 출원을 거절해야 할 경우는 이유를 명시한 부결통지서를 출원인에게 보내게 되며, 이에 불복하는 신청인은 3개월 이내에 재심의를 요구할 수 있다. 등록된 발명은 심사결정 후 발명공보에 공고하며 발명공보의 내용에 이의가 있는 기관, 기업소 또는 공민은 3개월 안에 의견을 제기할 수 있다.[49] [50]

한편, 북한에서는 발명의 우선권은 발명행정기관이 발명등록신청문건을 처음 접수한 날을 기준으로 정하며, 국제협약에 따라 우선권을 주장하는 경우에는 그대로 따르도록 했다.[51] 또 출원서류에 문제가 생겨 보정지시를 받을 경우 보정된 날짜만큼 출원일이 순연되므로 이 점에 주의를 해야 한다.[52]

---

46 신지연 외 3인, 앞의 보고서, p. 16.

47 신지연 외 3인, 앞의 보고서, p. 15.

48 발명 및 창의고안에 관한 규정 제22조.

49 발명 및 창의고안에 관한 규정 제27조.

50 이는 남한의 이의신청제도와 동일한 제도이다.

51 발명법 제23조.

5 발명권 · 특허권의 보호

㉠ **발명권의 효력**: 발명권자는 발명에 대한 창조자로 인정되며 발명내용에 대한 권리와 우선권을 갖는 반면, 발명에 대한 이용권은 국가가 갖게 된다.[53] 발명권자는 발명권을 양도하거나 처분할 수 없으며 특허권으로 전환할 수도 없다. 이처럼 발명권자에게 발명에 대한 이용권은 금지되지만 그 대가로 발명증서 외에 발명메달 및 발명상금이 주어지며, 이 외에 정치적 · 도덕적 특권으로 국가표창, 명예칭호 수여, 국가수훈, 기술자격 급수 승급, 표창장 및 휘장 등이 수여된다. 발명권의 보호기간에 관해서는 특허권과는 달리 명문의 규정을 두고 있지 않다. 다만, 발명권이 발명자에 대한 인격권적인 성격을 갖는 권리라는 점을 고려할 때 발명자의 생존기간 동안 무한대로 인정되는 권리로 추정된다.[54]

㉡ **특허권의 효력**: 특허권자는 발명의 창조자로 인정되며 발명내용에 대한 권리, 우선권 외에 발명에 대한 이용권을 갖게 되며, 발명권과는 달리 재산권적인 성격이 강한 특허권은 그 권리의 양도, 처분이 가능하며, 발명권으로 전환할 수도 있다. 또 특허권자는 특허권 보호에 필요한 요금을 지불해야 하며, 특허권의 보호기간은 특허권등록 신청 날짜로부터 15년간이며 특허권자의 요구에 따라 그 기간을 5년간 연장할 수 있다.[55]

---

52 안은정, "북한의 지식재산권 제도 및 남북한 지식재산권 교류협력방안", 숙명여대 통일문제연구소, 『통일논총』, 제20호(2000), p. 221.

53 발명법 제40조; 발명 및 창의고안에 관한 규정 제9조.

54 권재열 외 8인, 앞의 책, p. 392.

55 발명법 제42조.

표 6.3 | 북한의 발명관련 주요법안 비교

항 목	발명 및 창의 고안에 관한 규정 (1978년 개정)	발명 및 창의 고안에 관한 규정 (1986년 개정)	발명법 (1998년 제정)	창의고안에 관한 규정 (2001년 제정)
권리종류	특허권, 발명권, 창의고안권	특허권, 발명권, 창의고안권	특허권, 발명권	창의고안권
특허권	외국인만 허여	모두 허여	모두 허여	
특허권 보호기간	신청일로부터 15년	신청일로부터 15년	신청일로부터 15년, 단 5년 연장가능	
시행규칙	없음	있음	없음	없음

자료: 윤권순, "남북지식재산권 협력추진방안", 한국지식재산연구원, 2004. 10, p. 19.

㉢ **특허권의 효력제한 및 소멸**: 특허권을 받은 특허기술이 사회적 이익을 위해 긴급히 필요한 경우 국가는 특허권이나 그 특허기술의 이용을 강제허가해 줄 수 있다.[56] 다만, 이 경우에 국가는 특허권자에게 해당하는 보상을 해야 한다.[57] 또 특허권이 부여된 특허기술을 북한에 일시적으로 머무르는 다른 나라 운송수단의 수리정비에 이용하는 경우, 과학연구와 실험에 이용하는 경우, 의사의 처방에 따라 개별적인 환자치료에 필요한 의약품 제조에만 이용하는 경우에는 특허권자의 동의가 없이도 이를 이용할 수 있으므로 특허권의 효력이 제한된다고 하겠다. 뿐만 아니라 특허권은 특허권자가 권리를 포기했을 경우, 특허료를 납부하지 않았을 경우, 발명행정기관이 특허권의 효력을 없앨데 대한 결정을 하였을 경우, 특허권을 넘겨받을 권한 있는 상속자가 없을 경우에 특허권의 효력이 소멸된다고 규정하고 있다.[58]

56 발명법 제48조.

57 발명법 제49조.

58 발명법 제51조.

6 발명권 · 특허권의 침해와 구제[59]

발명권 · 특허권자의 권리를 침해한 경우에 그 손해를 보상하도록 규정하고 있고, 이를 어길 경우 행정적 처벌 또는 형사적 책임을 지우도록 명시하고 있다. 또 발명사업과 관련해 이견이 생긴 경우 협의로 해결함을 원칙으로 하고 발명행정기관과 해당 감독통제기관을 활용할 수 있도록 하고 있다.

(2) 남한 특허제도

1 특허제도의 목적

특허법은 "발명을 보호 · 장려하고 그 이용을 도모함으로써 기술의 발전을 촉진하여 산업발전에 이바지함을 목적으로 한다."[60] 즉 특허법은 발명을 공표하는 자에게는 특허권이라는 독점배타권을 부여하여 보호하는 한편, 제3자에게는 그 공표된 발명을 적절히 이용할 수 있도록 하여 국가산업발전에 기여하는 것을 목적으로 하고 있으며[61], '발명의 보호'와 '발명의 이용'을 통하여 이 목적을 달성하려고 하고 있다.[62]

2 특허요건

특허출원 발명이 특허를 받을 수 있기 위해서는 일정한 요건을 갖추어야 한다. 이런 일정한 요건을 '특허요건'이라고 하는데, 요건의 성질에

---

59 발명법 제63~64조 참조.

60 특허법 제1조.

61 특허법은 실시권제도를 두어 특허권자 이외의 제3자가 이용할 수 있는 법적 제도를 마련하고 있다. 그리고 출원일로부터 18개월 후 출원내용을 강제로 공개하는 출원공개제도를 두어 상기 공개된 출원의 기술내용을 누구든지 열람하고 이를 기술자료로도 활용할 수 있다. 한국발명진흥회, 『특허제도와 출원서 작성』(서울: 성민사, 2007), p. 15.

62 특허청, 『조문별 특허법 해설』(서울: 금강인쇄정보, 2007), p. 1.

따라 출원인이 갖추어야 할 '주체적 요건', 산업상 이용가능성, 신규성, 진보성 등을 갖추어야[63] 하는 '객체적 요건'과 출원절차에서 충족되어야 할 '절차적 요건'과 같이 삼분(三分)하여 나눌 수 있다.[64]

먼저 주체적 요건은 출원인(발명자)이 갖추어야 될 요건으로 특허출원인은 '발명자' 또는 '그 승계인'이어야 하며 타인의 발명을 모인(冒認)한 자가 아닌 정당한 발명자라야 한다. 또 권리능력이 있어야 하는데 외국인은 우리 법에 의해 특허를 받을 수 있는 권리능력을 인정받은 자여야 하며 비법인은 권리능력이 없고 특허청 직원 또는 특허심판원 직원은 상속 또는 유증의 경우를 제외하고는 재직 중 특허를 받을 수 없도록 규정하고 있다.

객체적 요건은 발명이 갖추어야 될 요건으로서 인간의 지능적 창작활동이 특허를 받기 위해서는 그 창작이 특허법상의 발명개념에 해당되어야 한다. 특허법상의 발명이란 '자연법칙을 이용한 기술적 사상의 창작으로서 고도한 것'[65]을 말하며 이는 발명의 요건을 충족해야 한다는 것을 의미한다. 예를 들면 수학적 계산법, 작도법 같은 인간의 정신활동, 기술적 요소를 포함하지 않은 순수한 영업방법, 암호작성 방법, 컴퓨터 프로그램 자체, 과세방법, 운동경기 방법 등은 자연법칙을 이용하지 않은 것으로서 발명이라고 할 수 없다.[66]

또 특허법은 산업의 발달을 목적으로 하고 있으므로 산업상 이용할 수 없는 발명은 특허허여의 가치가 없다고 할 수 있다. 따라서 우리나라 특허법뿐만 아니라 여러 다른 나라의 특허법도 산업상 이용가능성을 특허요건으로 하고 있다. 산업상 이용가능성은 공업, 광업, 농업, 수산업 등

63 특허법 제29조.
64 한국발명진흥회, 『지식재산권입문』(서울: 성민사, 2007), p. 45.
65 특허법 제2조.
66 한국발명진흥회, 『지식재산권입문』(서울: 성민사, 2007), p. 46.

산업에서 실제 활용되거나 이용될 가능성을 의미하는데 산업상 이용가능성에는 '발명이 성립되기 위한 요건'과 '산업상 이용되기 위한 요건'을 포함하는 것으로 해석된다.[67] 산업상 이용할 수 없는 발명으로는 학술적 · 실험적으로만 이용될 수 있는 발명, 현실적으로 실현불가능한 발명, 인체를 발명성립의 구성요소로 하는 발명, 발명개념에 해당되지 않는 발명 등 반복생산이 불가능한 발명이거나 특허명세서에 기재된 내용으로 실시가 불가능한 발명의 경우에는 비록 적용 법조문에 대한 이론의 여지는 있으나 특허법 제29조 제1항 본문규정 위반을 이유로 당해 출원은 거절되며 특허된 경우라 하더라도 무효사유가 된다.

다음으로 신규성이 있어야 하는데 이는 특허제도의 본질로부터 요청되는 제1의 요건이다. 특허법상의 신규성(novelty)이라 함은 공지 · 공용기술이 아닌 것, 즉 발명의 내용인 기술적 사상이 종래의 기술적 지식, 선행기술(先行技術)에 비추어 알려져 있지 않은 새로운 것임을 의미하는 것으로서 종래의 선행기술과 동일한 발명을 배제(排除)하기 위함이다. 우리나라 특허법의 특징으로는 발명의 신규한 요건을 적극적으로 규정하지 않는 대신 발명이 신규성을 잃게 되는 사유를 특허법 제29조 제1항에서 언급하고 있는 발명으로서 공지 · 공용 · 문헌공지 또는 전기통신회선을 통한 공지에 해당되지 않으면 신규성이 있다고 규정하고 있다.[68] 여기서 공지발명이란 '특허출원서'를 기준해 '국내에서 공지됐거나 공연히 실시된 발명' 또는 '국내 또는 국외에서 반포된 간행물에 기재된 발명'과 동일한 발명을 말한다.

마지막으로 진보성(inventive step, non-obviousness)이 있어야 하는데, 이는 발명의 창작수준의 난이도(難易度)를 말하는 것으로서 그 발명이 속하는 기술분야에서 통상의 지식을 가진 자(이를 실무상 '당업자'라 한다)가 특허출원

67 한국발명진흥회, 『지식재산권입문』(서울: 성민사, 2007), p. 48.
68 국제지식재산연수원, 『특허법(표준교재)』, 2008. 2, p. 43 참조.

때 선행기술(종래의 기술수준)에 의해 용이하게 발명할 수 없는 정도를 의미하며 산업상 이용가능하고 신규성을 갖춘 발명이 특허를 받기 위해 다음 단계로서 갖추어야 될 실체적 특허 요건이다. 진보성이 없는 발명에 대해 특허를 허여할 경우 특허권 상호 간의 권리관계가 명확하지 않을 뿐만 아니라 특허권의 난립으로 인해 오히려 산업발전에 저해요인이 될 수 있으므로 특허요건으로서 진보성을 요구하고 있는 것이다.[69]

절차적 요건은 출원절차에서 갖추어야 될 요건으로서 우선 특허출원 절차가 방식에 적합하고 특허출원 명세서의 기재가 법규에 적합해야 한다. 그리고 하나의 발명에 대해 하나의 출원만을 하는 1특허출원 범위(1발명 1출원의 원칙)의 요건을 충족하는 등 형식적 특허요건을 갖추는 것을 말한다.[70]

❸ 특허출원 · 등록

특허출원이란 발명자가 특허를 얻기 위한 객관적 의사표시로서 특허청에 특허결정을 요구하는 출원서를 제출하는 행위를 말한다. 특허출원은 기술에 관한 독점권으로서 제3자에 대한 영향이 크므로 그 내용을 명확히 하기 위해 법령에서 규정한 형식에 맞추어 서면 또는 전자문서를 이용해 특허청에 제출되어야 하며, 필요로 하는 요구사항을 충족시키지 못한 출원은 특허를 받을 수 없게 되거나 특허를 받은 후에도 불이익을 받을 수 있다.[71]

특허를 받고자 하는 자는 규정양식의 특허출원서를 작성해 필요한 서류를 첨부하여 특허청장에게 제출해야 한다. 특허출원서류는 '출원서', '요약서', '명세서' 및 필요한 '도면'으로 구성되며, 특허출원서에는 ① 특허

69 한국발명진흥회, 『지식재산권 입문』(서울: 성민사, 2007), p. 50.

70 한국발명진흥회, 『대학생지식재산권 교육』(사이버국제특허아카데미, 2002), p. 32 참조.

71 국제지식재산연수원, 『특허법(표준교재)』, 2008. 2, p. 89.

출원인의 성명 및 주소(법인인 경우에는 그 명칭 및 영업소의 소재지), ② 대리인이 있는 경우에는 그 대리인의 성명 및 주소나 영업소의 소재지(대리인이 특허법인인 경우에는 그 명칭, 사무소의 소재지 및 지정된 변리사의 성명), ③ 발명의 명칭, ④ 발명자의 성명 및 주소들을 기재해야 한다.

명세서는 출원서에 첨부해야 하는 것 중에서 가장 중요한 서류로서, 기술개발의 성과인 발명을 문장으로 표현하는 부분으로서 발명을 구체적으로 기재하여 공개하고 거기에 기재된 공개내용 중 보호대상을 특정해야 한다. 출원 명세서는 공개되는 경우 공중에게는 발명내용을 나타내는 '기술문헌'으로 이용되는 한편, 발명자에게는 특허권으로서 주장할 기술적 범위를 나타내는 '권리서'로서 기능한다. 명세서가 공개와 보호의 사명을 다하기 위해서는 명세서에 '발명의 명칭', '도면의 간단한 설명', '발명의 상세한 설명' 및 '특허청구범위'가 기재되어야 한다. '발명의 상세한 설명'은 기술문헌으로서의 소임을 달성하고 '특허청구범위'는 특허발명의 보호범위를 특정하는 역할을 하게 된다.[72]

도면은 발명의 내용을 쉽게 이해시키기 위해 발명을 도식화한 것으로서, 명세서의 보조자료로 사용된다. 도면은 발명의 종류에 따라 필요한 경우에만 첨부할 수 있으므로 화학물질의 발명처럼 도면이 불필요하거나 첨부할 수 없을 때에는 첨부하지 않을 수 있으나[73] 물건발명의 경우에는 도면제출이 필수이다.

요약서는 명세서가 기술정보로서 쉽게 활용될 수 있도록 발명을 요약정리하는 서류로서 출원서류에 첨부하며 '요약', '대표도', '색인어'란으로 순서에 따라 작성해야 한다. 기타 구비서류로는 우선권을 주장하는 자, 신규성의제 주장을 하는 자, 미생물을 기탁한 자, 대리인에 의해 출원절차를 행하는 자들은 관련서류들을 출원서에 첨부해 제출해야 한다.

72 한국발명진흥회, 『대학생 지식재산권교육』(사이버국제특허아카데미, 2002), p. 33 참조.

73 국제지식재산연수원, 『특허법(표준교재)』, 2008. 2, p. 92.

이상과 같이 특허출원서 작성이 완료되면 출원인은 출원서를 특허청에 제출해야 하는데, 제출방법은 서면으로 제출하는 방식과 특허청 전자출원시스템을 이용하여 온라인(전자문서)으로 출원하는 방식이 있다.

한편, 특허출원서의 방식이나 출원명세서 또는 도면에 기재된 내용에 하자(瑕疵)가 있는 경우 출원절차의 진행 중에 최초출원명세서 또는 도면의 동일성이 유지되는 범위 내에서 그 흠결을 치유하는 절차를 출원보정(出願補正)이라 하는데, 여기에는 특허에 관한 절차가 법령에서 정한 방식에 적법하지 않은 경우 그 흠결을 적법한 방식으로 치유하는 절차보정과 출원서의 방식에 관한 것이 아니라 특허출원의 명세서 또는 도면의 기재내용에 하자가 있는 경우 그 흠결(欠缺)을 치유(治癒)하는 실체보정이 있다.[74]

다음으로 분할출원(分割出願)과 변경출원(變更出願) 제도가 있는데, 분할출원은 1출원에 2 이상의 발명이 포함되어 있는 경우 그 일부의 발명을 분리하여 별개의 특허출원으로 하는 것[75]으로, 원출원 중에 일부 발명을 분할하는 절차이므로 분할출원이 행해져도 원출원은 계속 존재하며, 분할된 출원의 출원일에도 소급(遡及)혜택이 주어진다. 따라서 1특허출원의 범위를 위반했다는 거절이유 통지를 받았을 경우에는 분할로서 구제될 수 있으며, 2 이상의 발명이 포함된 출원이 여러 개의 발명으로 특허권을 취득하는 것이 유리할 경우에는 출원인이 자발적으로 분할할 수도 있다. 변경출원은 특허출원과 실용신안등록출원이 서로 호환가능할 수 있도록 한 제도이고, 이중출원제도는 출원인이 다른 하나를 포기하지 않고 특허출원과 실용신안출원 상태를 동시에 유지할 수 있는 것이 가능하지만, 변경출원은 출원인이 반드시 둘 중 어느 하나의 출원만을 선택해야 한다는 점에서 차이가 있다.

마지막으로 특허법상에는 2가지의 우선권제도가 있는데, 하나는 파

74 국제지식재산연수원, 『특허법(표준교재)』, 2008. 2, p. 104.

75 특허법 제52조.

리협약에 기초한 조약우선권제도이며 다른 하나는 국내우선권제도이다. 조약우선권제도는 파리협약 동맹국의 제1국에 출원한 자 또는 그 승계인이 그 출원과 동일한 발명을 다른 동맹국에 출원해 우선권을 주장하는 경우에 그 출원일을 제1국의 최초 출원일에 출원한 것과 동일하게 취급하는 제도를 말하며, 이와 같은 주장을 우선권주장이라 한다. 국내우선권제도는 우리나라에 선출원으로 특허출원 또는 실용신안등록출원을 한 자 또는 그 승계인이 당해 선출원을 보다 구체화하거나 개선·추가하는 개량발명을 하고, 최선출원일로부터 12개월 이내에 선출원발명과 개량발명을 하나의 출원으로 후출원을 하여 우선권주장을 하는 경우에 선출원발명은 선출원일에, 개량발명은 우선권주장 출원의 출원일에 출원된 것으로 인정해주는 제도로서 국내에서 출원된 선출원을 근거로 새로운 사항을 추가한 후출원에 대한 우선권주장을 할 수 있는 것을 말하며 각국마다 자국민의 우선권을 보호하기 위해 유사한 제도를 운영하고 있다.[76]

등록이란 특허권에 관한 권리의 설정, 변경, 소멸 기타 특허권에 관련된 일정한 사항을 등록원부에 기재하고 기록하는 일련의 행정행위를 의미한다.[77] 발명 등이 등록결정 됐더라도 등록원부에 등재하여 권리설정이 되지 않으면 독점배타적인 권리가 발생할 수 없으므로 출원에서 특허 결정 때까지의 모든 노력이 수포로 돌아감에 주의해야 한다.[78]

특허결정등본 송달일로부터 3개월 이내에 등록신청서와 함께 최초 3년분의 등록료를 납부한다. 등록신청서의 방식심사에는 보정제도가 없어 신청서에 흠결이 있으면 바로 불수리처분되었으나 2012년 7월 1일 부

76 국제지식재산연수원, 『특허법(표준교재)』, 2008. 2, pp. 107-112 참조.

77 2010년 12월 3일 국내 100만 번째 특허등록이 이루어졌다. 이는 세계에서 9번째로 특허등록 100만호를 달성한 것이며, 세계에서 최단기간인 62년 만에 거둔 성과이다. 100만 번째 특허등록의 주인공은 휴대 폰 힌지 제조업체인 (주)다이아벨이다(특허청 보도자료, 2011년 2월 9일자).

78 국내 특허등록 제1호는 1948년 '황화염료 제조법'에 관한 것이었으며, 이는 품질이 좋은 염료를 저렴하게 생산하는 방법에 대한 것이었다.

터 신청서상 흠결이 경미한 경우[78-1] 등록단계에서도 제출된 서류에 대한 내용의 보정을 할 수 있게 되었다(2012. 7. 1 시행). 등록신청서의 주요 불수리처분 사유로는 설정등록료 부족 납부, 출원번호 오기재, 출원인과 등록료 납부서상의 등록권리자의 상이 등이 있다. 특허권은 설정등록에 의해 발생한다. 특허권이나 전용실시권의 설정, 변경, 이전은 등록이 효력발생 요건임에 주의해야 한다.[79]

등록방법은 최초 3년분의 등록료를 결정등본을 받은 날로부터 3개월 내에 특허청 등록과에 납부하고 4년차 등록료부터는 새로운 연차가 시작되기 전에 매년 또는 일괄하여 권리자가 연차등록료를 자진 납부해야 한다. 등록료 또는 연차료 납부기간 내에 등록료를 납부하지 못했을 때는 납부기간 경과일로부터 6개월 이내에 납부할 수 있다. 이 경우 1개월이 경과하기까지는 100분의 20에 상당하는 금액을, 2개월에서 3개월까지의 기간이 경과하기까지는 100분의 30에 상당하는 금액을, 4개월부터 6개월까지의 기간이 경과하기까지는 100분의 50에 상당하는 금액을 가산하여 납부해야 한다(2009. 7. 1 개정). 추가납부 기간에도 등록료 또는 연차료가 납부되지 않은 특허권은 포기한 것으로 간주해 소멸된다.

위의 추가납부기간 이내에 특허료를 납부하지 않았거나 보전기간[80] 이내에 보전하지 않아 실시 중인 특허발명의 특허권이 소멸한 경우 그 특허권자는 추가납부기간 또는 보전기간 만료일부터 3개월 이내에 특허료의 3배를 납부하고 권리의 회복을 신청할 수 있다.[81] 이 경우 그 특허권은 특허료 납부기간이 경과한 때에 소급하여 존속하고 있었던 것으로 본다.[82]

78-1 이 경우 보정안내서를 발송하게 되는데, 보정기간은 발송일로부터 1개월이고 보정 시 등록 일자는 등록신청 시점으로 소급하여 적용된다.

79 한국발명진흥회, 『특허제도와 출원서작성』(서울: 성민사, 2007), p. 70.

80 특허법 제81조의2 제2항.

81 한국발명진흥회, 『특허제도와 출원서작성』(서울: 성민사, 2007), p. 71.

82 특허법 제81조의3 제3항.

4 특허심사

특허출원된 발명에 대해 특허권을 부여할 것인가 아니면 특허권을 부여하지 않을 것인가를 결정하는 일련의 과정을 특허심사라 한다. 특허출원된 발명에 대해 어떤 방식으로 심사를 진행할 것인가는 크게 심사주의와 무심사주의[83]로 대별될 수 있는 데, 현재 세계적으로 대부분의 국가가 심사주의를 택하고 있다. 이런 심사주의의 특허심사는 출원서의 방식 및 절차의 적법여부를 판단하는 방식심사[84](절차심사라고도 함)뿐만 아니라, 그 출원서에 기재된 발명이 실체적으로 특허를 받을 수 있는지 여부를 심사하는 실체심사도 병행하여 그 결과에 따라 특허부여 여부를 결정하게 된다.[85]

앞에서 말한 심사내용에 따른 방식심사와 실체심사 이외에 절차에 따라 심사를 다시 분류할 수 있는데, 크게 ① 출원된 특허의 심사, ② 특허이의신청의 심사, ③ 심사전치, ④ 특허권존속기간 연장등록출원의 심사로 사분(四分)할 수 있다. 다만, 2007년 개정된 특허법에서는 특허이의신청과 무효심판의 중복을 회피하기 위해 심사관이 수행하던 심사전치제도를 폐지하고 무효심판으로 통합하여 등록된 특허에 대한 특허부여 적부를 효율적으로 다룰 수 있게 됐으나, 제도의 개념 이해를 위해 같이 설명한다.

출원된 특허의 심사는 앞에서 말한 특허법에서 정한 일정한 양식이나 절차에 부합하는 적법한 출원인지 여부를 심사하는 방식심사와 특허출원서에 기재된 발명이 신규성, 진보성 같은 실체적 특허요건을 만족하여 특허를 받을 수 있는지와 같은 특허성(patentability) 여부에 대해 심사관

83 현재 세계적으로 대부분의 국가가 심사주의(신심사주의 포함)를 택하고 있으며, 몇몇 국가에서는 무심사주의를 택하고 있으나 이를 혼용하고 있는 국가도 있다.

84 「방식심사」는 발명의 특허성 여부와는 무관한 특허출원의 방식, 즉 특허출원의 서지적 사항, 첨부서류 등의 존부 내지는 적격성 등을 심사하는 것이다. 이와는 별도로 실용신안에서는 위의 방식심사 외에 기초적 요건 심사라 하여 실용신안 보호대상인 출원인가, 청구범위 기재방법이 적절한가, 고안의 단일성, 명세서 및 도면에 필요한 사항이 기재되어 있는가 등을 심사한다. 국제지식재산연수원, 『특허법(표준교재)』, 2005. 5, p. 180.

85 국제지식재산연수원, 『특허법(표준교재)』, 2005. 5, p. 180 참조.

이 판단의 주체가 되어 심사하는 실체심사를 거치게 된다.

특허이의신청제도는 특허부여 후 일정기간(설정등록이 있는 날부터 등록공고일 후 3월이 되는 날까지) 제3자에게 부여된 특허권에 대한 취소를 요구할 수 있는 기회를 부여하고, 제3자의 이의신청이 있을 때는 특허청이 특허부여에 대한 처분의 적부를 심리하여 하자가 있을 경우 그 하자에 대한 시정을 도모함으로써 부실권리의 존속을 방지하고, 특허부여에 대한 신뢰도를 높여서 공익적 목적을 달성하기 위한 제도이다. 따라서 특허이의신청의 심사는 제3자가 설정등록공고가 된 특허에 대해 특허이의신청을 한 경우 이에 대한 적절성 여부를 심사관의 합의체(3인 합의체)에 의해 심사하도록 하는 것을 말한다.

2007년 개정 특허법에서는 특허이의신청 관련 조문을 삭제하고 기존 무효심판제도의 청구인 적격에 해당하는 내용을 변경(등록일 이후 이해관계인이 청구 → 등록일로부터 3월까지는 누구든지, 그 이후는 이해관계인이 청구)하고 통합해 특허권의 유효성을 판단하는 절차를 단일화했다. 국제적으로 미국, 유럽, 일본 등에서도 이런 단일화된 절차를 따르고 있다.[86]

한편, 2009년 법에서 특허거절결정불복심판을 청구한 후 30일 이내에 명세서 등의 보정을 통해 심사관에게 다시 심사를 받는 심사전치제도가 폐지되고, 대신 심판청구와는 별도로 특허출원서에 첨부된 명세서 또는 도면을 보정하여 해당 특허출원에 관해 심사관이 다시 심사하도록 청구할 수 있는 재심사청구제도가 도입됐다. 이때 출원인은 거절결정불복심판청구와 재심사청구 중에서 선택할 수 있고 재심사 결과에 대해 불복심판청구 여부를 선택할 수 있다.[87]

특허권존속기간 연장등록제도란 특허발명을 실시하기 위해 다른 법령의 규정 등에 의해 허가를 받거나 등록을 받아야 하고, 그 허가나 등록

86 한국발명진흥회, 『지식재산권 입문』(서울: 성민사, 2007), p. 90.

87 김원준, 『특허법 원론』(서울: 박영사, 2009), pp. 400-402.

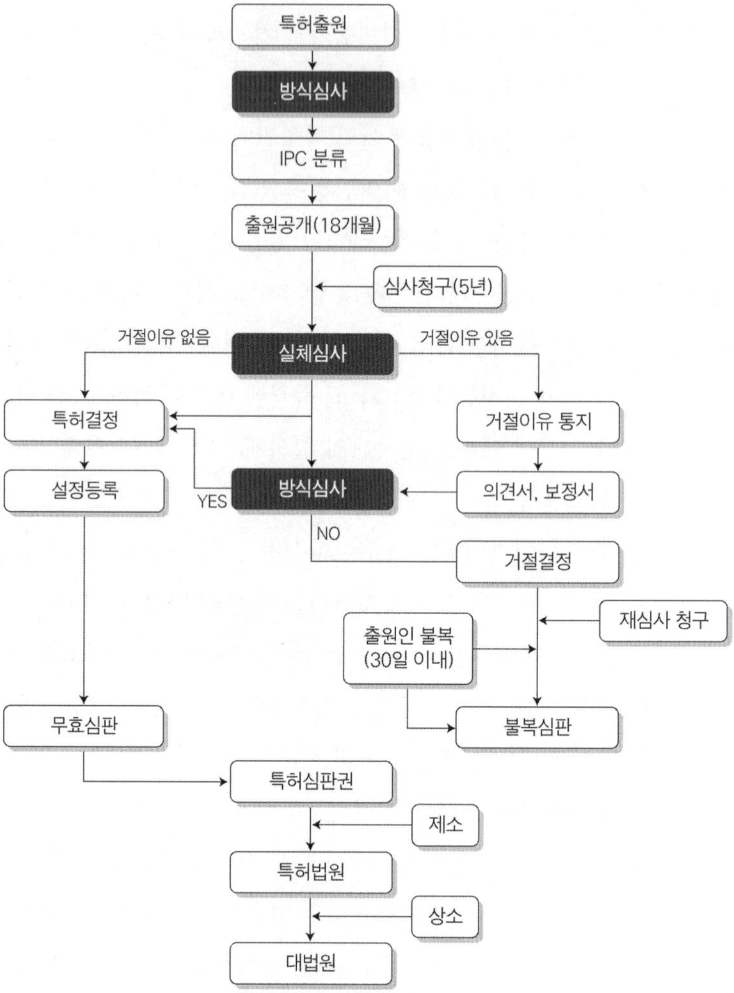

그림 6.3 | 특허심사 절차 흐름도

자료: 김원준, 『특허법 원론』(서울: 박영사, 2009). p. 213.

을 위해 필요한 활성(活性)·안정성 등의 시험기간만큼 특허권의 존속기간을 연장해주는 제도를 말한다.[88] 특허권자는 위에서 말한 특허권의 존속기간을 연장받기 위해서는 특허법에서 정하는 소정의 절차에 따라 존

88 한국발명진흥회, 『지식재산권 입문』(서울: 성민사, 2007), p. 91.

속기간 연장등록 출원을 해야 하며, 심사관은 이런 존속기간 연장등록 출원에 대해 특허법에서 정한 대상에 해당하는지의 여부를 심사하게 된다.

앞에서 특허심사 절차를 다루는 동안 특허심사 관련 제도가 포함되어 있었는데, 무심사주의에 대해 심사주의[89]의 가장 큰 결점인 특허출원 후 권리의 유·무효 판단까지의 시간 지연을 극복하기 위해 몇 가지 보조적인 심사관련 제도를 도입했는데, 이를 일명 신심사주의[90]라고 한다. 이런 신심사주의에 해당하는 제도로 출원공개제도, 조기공개제도, 심사청구제도, 우선심사제도, 등록공고제도가 있는데 각각에 대해 보다 구체적으로 알아본다.

출원공개제도는 특허청에 출원계속 중인 모든 특허출원의 내용을 출원인의 신청 또는 특허출원 후 1년 6개월이 경과한 때에 일반 공중에게 공개하는 대신에 출원인에 대해서는 일정한 법률적 보호를 부여하는 제도를 말한다. 출원 후 1년 6개월이 지나서 공개되는 것은 특허제도가 내국인만을 위한 것이 아니고 외국인의 출원도 고려해야 하는 점을 감안한 것이다. 우선권주장을 수반하는 외국인의 출원은 그 우선권 인정의 효과가 출원의 선·후관계 및 특허요건을 적용함에 있어서는 출원공개 시점에 대한 시기의 기준은 최초 출원일로 하고 있다.

그러므로 우선권주장을 수반하는 출원에 대한 국내출원 시기(우선일로부터 1년 이내)와 출원 후 우선권증명서류 제출기간(우선일로부터 1년 4개월) 및 출원의 공개를 위한 공개공보의 제작에 소요되는 기간 등을 감안해 출원공개의 시기를 출원일(우선일)로부터 1년 6개월로 정한 것이다.

출원공개의 법적 효과는 일반 공중에 대한 효과와 출원인 측에 대한

89 여기서 말하는 심사주의는 전통적 심사주의를 의미한다.

90 심사주의는 모든 출원에 대해 심사를 행하며, 무심사주의는 특허출원의 일정 요건만을 심사하며, 출원의 심사 전 공개를 전제로 심사 청구된 건만을 심사하는 신심사주의가 있다. 심사주의와 무심사주의는 역사적으로 볼 때 특허제도 초기의 심사방식이며, 신심사주의는 양자의 단점을 보완해 필요에 의해 진화된 방식이라 할 수 있을 것이다.

효과로 나눠 볼 수 있다. 일반 공중에게는 기술문헌을 일반 공중에게 제공한다는 효과와 공개된 출원에 대해 심사에 참고가 될 만한 자료를 일반 공중이 제공할 수 있는 기회를 부여함으로써 일반 공중이 해당 출원에 대한 심사에 간접적으로 참여하도록 하는 효과를 나타낸다. 한편, 출원인 측에게는 공개의 결과 제3자가 업으로서 실시함에 따른 손해를 보상받을 수 있는 보상금 청구권과 출원에 대해 선원의 범위가 확대되는 점, 우선심사의 전제조건을 만족하게 되는 것 등이 공개의 효과로 나타난다.[91]

신청에 의한 조기공개에 관한 제도가 조기공개제도이며, 특허출원인이 필요하다고 인정하는 경우 특허출원일로부터 1년 6개월이 경과하기 전이라도 특허청장에게 신청하여 출원의 조기공개를 신청할 수 있다. 특허출원 후 심사기간이 장기화됨으로 인해 권리획득 후 안정적으로 사업화를 추진하고자 하는 출원인에게 공개시점까지는 권리보호수단이 없기 때문에 제3자가 출원발명을 무단으로 실시하는 경우 적절한 대응수단이 없어 기술 라이프사이클이 짧은 발명의 경우 권리보호에 문제점이 생길 수 있다. 이런 문제를 보완하기 위해 특허법은 '신기술의 조기인증제도'를 입법화한다는 취지에서 특허출원일로부터 1년 6개월이 경과하기 전이라도 출원인의 조기공개 신청에 의한 출원공개제도를 도입하게 됐다.[92]

이런 조기공개제도의 도입으로 제3자에 대한 경고 · 보상금 청구권의 조기 획득, 우선심사신청의 기능 등 출원인의 출원발명에 대한 보호에 보다 충실하게 되는 효과가 발생했다. 다만, 일반공개보다는 일찍 출원발명이 공개되므로 개량발명 등을 위해 확보할 수 있는 특허출원 기한인 우선권 주장기간이 단축되므로 실질적으로 우선권 이용이 제한된다는 단점도 있다.

적법하게 출원된 모든 출원에 대해서 출원순서대로 심사를 해서 특

91 한국발명진흥회, 『지식재산권 입문』(서울: 성민사, 2007), p. 94.
92 한국발명진흥회, 『지식재산권 입문』(서울: 성민사, 2007), p. 94.

허여부를 결정하는 것이 원칙이나, 예외 없이 모든 출원을 심사하게 되면 심사 부담이 증가되고 심사 적체 현상이 초래됨으로써 특허심사 행정력 낭비 같은 불합리한 문제가 발생하게 된다. 이런 문제를 해결하기 위해 출원인이 특허화를 원하는 출원에 대해서만 또는 제3자의 입장에서 특허 여부의 조속한 결정을 필요로 하는 출원만을 심사한다는 것이 심사청구 제도이다.[93] 따라서 특허출원은 심사청구가 있을 때에 한해 이를 심사한다.

심사청구의 대상이 되는 출원은 특허청에 그 절차가 계속 중인 출원에 한한다. 즉 출원의 취하 · 포기 및 무효로 된 출원은 심사청구의 대상이 될 수 없다. 또 심사청구의 대상이 되는 출원에 대해서는 '누구든지' 심사를 청구할 수 있다. 즉 당해 출원에 대해서 이해관계를 갖지 않는 제3자도 출원의 심사청구를 할 수 있다. 심사청구기간은 너무 길면 출원발명의 권리화 여부가 불확실해져 산업계는 장기간 불안정한 상태가 지속되는 문제점 등이 발생하므로 출원일로부터 5년으로 규정하고 있다. 이 심사청구기간이 경과하도록 심사청구가 되지 않은 출원은 취하된 것으로 간주된다. 출원인이 아닌 제3자에 의한 심사청구 시에는 특허청장은 그 사실을 출원인에게 통지하는데, 이는 출원인이 당해 출원의 명세서 또는 도면을 보정할 수 있는 기회를 주기 위함이다.

우선심사제도란 특허청장이 출원공개 후 특허출원인이 아닌 자가 업으로서 출원된 발명을 실시하고 있다고 인정되거나 긴급처리가 필요하다고 인정되는 것으로서 대통령령이 정하는 특허출원에 대해서는 심사관으로 하여금 다른 특허출원에 우선하여 심사[94]하게 하는 제도를 말한다.[95] 이런 우선심사제도는 특정 출원을 심사청구 순위와 무관하게 타출

93 한국발명진흥회, 『지식재산권 입문』(서울: 성민사, 2007), p. 95.

94 우선심사 시 실무적으로 약 3개월 내지 6개월의 심사기간이 소요된다.

95 한국발명진흥회, 『지식재산권 입문』(서울: 성민사, 2007), p. 95.

원에 우선하여 심사하도록 하는 제도로서 출원 순서대로 심사하는 심사주의의 예외라고 할 수 있다.

이런 우선심사의 신청대상 출원은 공개됐거나 조기공개 신청 중이어야 한다는 전제조건이 있다. 구체적인 신청대상[96]으로는 제3자가 업으로서 출원발명을 실시하는 경우 이외에 대통령령이 정하는 특허출원[97]으로 한정하고 있다.

등록공고란 심사관이 특허출원에 대해 '실체심사'를 한 결과 그 출원에 대해 법정거절이유를 발견할 수 없을 때 최종적으로 특허결정을 하고 그 등록내용을 공중에게 공고하는 절차를 말한다. 등록공고제도는 공중에게 심사의 결과를 알려 의견제시의 기회를 부여함으로써 심사의 완전

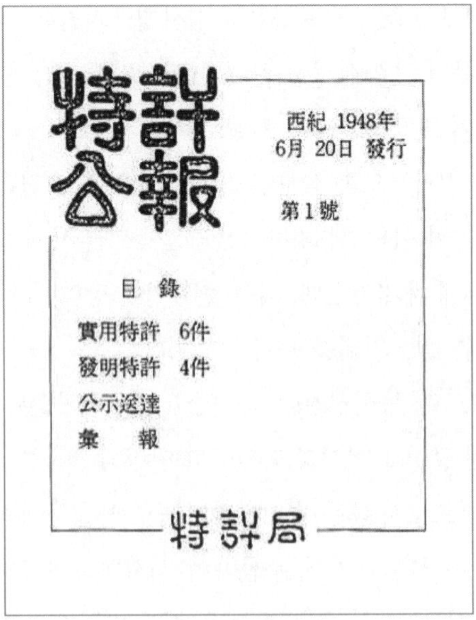
特許公報

西紀 1948年
6月 20日 發行

第1號

目 錄

實用特許 6件
發明特許 4件
公示送達
彙 報

特許局

그림 6.4 | 특허공보 제1호 책자 표지

96 특허청훈령예규집, "우선심사의 신청에 관한 고시", 제4조(우선심사의 대상) 참조.

97 2007년 6월 28일 개정 특허법 시행령 제9조.

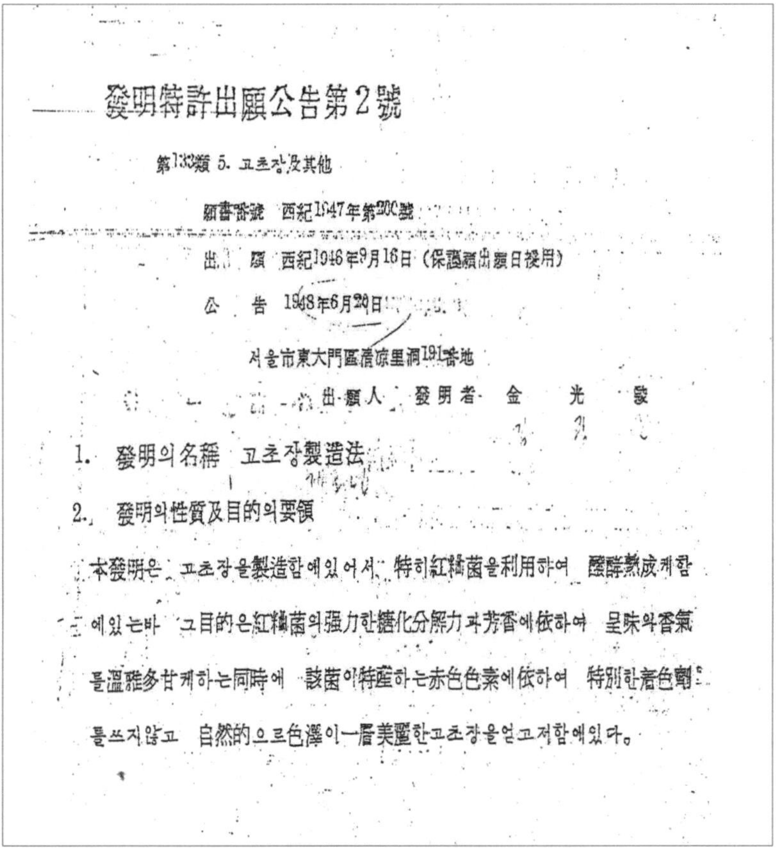

發明特許出願公告第2號

第133類 5. 고초장及其他

願書番號 西紀1947年第200號

出 願 西紀1946年9月16日 (保護願出願日援用)

公 告 1948年6月20日

서울市東大門區淸凉里洞191番地

出願人 發明者 金 光 毅

1. 發明의名稱 고초장製造法

2. 發明의性質及目的의要領

本發明은 고초장을製造함에있어서 特히紅糀菌을利用하여 醱酵熟成케함에있는바 그目的은紅糀菌의强力한糖化分解力과芳香에依하여 呈味와香氣를溫雅多甘케하는同時에 該菌이特產하는赤色色素에依하여 特別한着色劑를쓰지않고 自然的으로色澤이一層美麗한고초장을얻고저함에있다。

그림 6.5 | 최고(最古) 특허공보 제1호

• 발명의 명칭: 고초장제조법
• 출원일자: 1946년 9월 16일
• 공고일자: 1948년 6월 20일
• 등록일자: 1948년11월 20일

성 · 공정성을 담보시키고자 하는 데 그 제도적 취지가 있다. 등록공고는 특허권의 설정등록을 한 권리에 대해 '특허공보'를 통해 행하고, 공고기간은 등록공고일로부터 3개월간이다. 다만, 비밀취급을 요하는 특허발명에 대해서는 비밀취급의 해제 때까지 등록공고를 보류해야 하며, 그 비밀취급이 해제된 때 지체 없이 등록공고를 해야 한다. 등록공고가 되면 공

고기간 중 누구든지 당해 특허에 대해 무효심판을 청구할 수 있다.[98]

5 특허권

특허권은 특허권자가 업으로서 특허발명을 독점배타적으로 실시할 수 있는 권리로서 소유권과 유사한 재산권이지만 그 소유의 대상이 점유가 불가능한 무체재화(발명)라는 점에서 일반 유체재에 대한 소유권과 구분되는 특징을 갖고 있다. 여기서는 특허권의 효력, 양도 및 공유, 존속기간, 특허권의 소멸에 대해 알아보고자 한다.

첫째, 특허권의 효력은 적극적 효력과 소극적 효력이 있다. 전자는 특허권자가 독점적으로 실시할 수 있는 효력(독점적 실시권)을 말하며, 후자는 타인의 실시를 배제할 수 있는 효력(배타적 금지권)을 말한다. 현행 특허법에는 '특허권자는 업(業)으로서 그 특허발명을 실시할 권리를 독점한다'[99]라고 규정하고 있으며, '특허발명의 보호범위는 청구범위에 적혀 있는 사항에 의하여 정하여진다'[100]라고 규정하고 또한 그 독점권에 대한 예외로서 효력제한 규정[101]이 있다.[102]

둘째, 특허권은 무체재산권의 일종으로 권리자의 양도 등에 의한 처

98 한국발명진흥회, 『특허제도와 출원서 작성』(서울: 성민사, 2007), p. 69.

99 특허법 제94조.

100 특허법 제97조.

101 특허법 제96조. 특허권 효력의 제한에는 특허권의 속성에 의해 특허권의 효력이 설정되어 있는 국가 내로 제한되는 지역적 제한과 특허권의 존속기간이 만료되어 특허권이 소멸되는 경우 그 효력이 상실되어 누구나 자유롭게 실시할 수 있는 시기적 제한, 특허청구범위에 기재되지 않는 내용과 특허청구범위에 기재되어 있다 하더라도 공지기술인 경우에는 효력이 미치지 않는 내용적 제한이 있다. 또 특허권의 공익적 속성에 따라 ① 영리를 목적으로 하지 않는 연구 또는 시험을 위한 특허발명의 실시, ② 국내 통과에 불과한 선박, 항공기, 차량 또는 이에 이용되는 기계, 장치 등, ③ 특허출원 때부터 국내에 있었던 물건, ④ 약사법에 의한 조제행위와 조제약의 경우에 특허권의 효력이 제한되는 공익적·산업정책적 제한이 있다. 한편, 자신의 특허발명을 실시하기 위해 타인의 선발명을 실시해야만 하는 경우에 특허권의 효력이 제한되는 이용관계에 의한 제한 등이 있다. 한국발명진흥회, 『지식재산권 입문』(서울: 성민사, 2007), pp. 108-109.

102 국제지식재산연수원, 『특허법(표준교재)』, 2005. 5, pp. 138-139.

분이 자유롭게 이루어질 수 있다. 즉 특허권의 이전은 매매, 증여, 신탁 등의 법률행위나 상속, 경매, 수용 등의 법률행위 이외의 사유에 의해서도 이루어진다. 한편, 하나의 특허권을 2인 이상의 자가 공동으로 소유하게 되는 특허권의 공유는 공동소유로 인한 특수성과 제한사항을 갖고 있다. 특허권이 공유인 경우에는 각 공유자는 다른 공유자의 동의를 얻지 않으면 그 지분(持分)을 양도하거나 그 지분을 목적으로 하는 질권(質權)을 설정할 수 없을 뿐만 아니라 그 특허권에 대해 전용실시권을 설정하거나 통상실시권을 허락할 수도 없다. 다만, 각 공유자는 계약으로 특별히 약정한 경우를 제외하고는 다른 공유자의 동의를 얻지 않고 그 특허발명을 자신이 실시할 수 있다.[103]

셋째, 특허권의 존속기간은 특허권을 적법하게 행사할 수 있는 법정기간으로서 특허권의 설정등록이 있는 날부터 특허출원일 후 20년이 되는 날까지 존속한다.[104] 다만, 장기간의 임상실험, 안정성 시험이 필요한 경우 대통령령이 정하는 발명에 한해 5년의 기간 내에서 존속기간을 연장할 수 있도록 예외적으로 인정하고 있다.[105]

넷째, 특허권의 소멸은 특허권이 일정 사유에 의해 그 효력을 상실하게 되는 것으로서 특허권의 포기 · 취소 · 무효, 특허료 불납(不納), 존속기간의 만료, 상속인 부재(不在) 등의 사유로 소멸하게 된다.[106]

6 실시권(實施權)

실시권이란 특허권자 이외의 자가 특허발명을 업으로서 실시할 수 있는 권리를 말하는데, 그 효력에 따라 독점적인 '전용실시권'과 비독점

103 특허법 제99조.

104 특허법 제88조.

105 특허법 제89조.

106 한국발명진흥회, 『대학생 지식재산권 교육』(사이버국제특허아카데미, 2002), p. 40.

적인 '통상실시권'으로 대별되며, 통상실시권은 그 발생 원인에 따라 실시허락에 의해 발생하는 허락실시권, 특허권의 공익적 성격에 기초하여 허여되는 강제실시권 및 제3자와의 공평성 및 산업시설의 보호를 위해 인정되는 법정실시권으로 구분될 수 있다.[107]

7 특허권의 침해와 구제

특허권의 침해란 제3자가 정당한 권한이 없이 타인의 권리(특허권 또는 전용실시권)로 되어 있는 특허발명을 업으로서 실시하는 행위를 말하는데, 특허권은 무형의 기술사상에 대한 지배권이어서 그 객체를 점유할 수 없는바, 침해가 용이하게 이루어지며 침해된 경우 침해사실의 발견도 쉽지 않을 뿐만 아니라 그 입증도 곤란하기 때문에 특허법은 특허권자의 보호를 위한 특별규정을 두고 있다. 즉 간접침해의 인정, 침해자에 대한 과실의 추정, 생산 방법의 추정 그리고 손해액의 추정 등이 그런 규정이다.

한편, 침해에 대한 구제수단은 민사적 구제, 형사적 구제 또는 행정적 구제로 나눌 수 있는데, 민사적 구제에는 침해금지・예방청구권, 손

107 실시권의 종류 및 내용

<table>
<tr><th>구 분</th><th colspan="2">특 징</th><th>내 용</th></tr>
<tr><td>전용
실시권</td><td colspan="2">절대권, 대세효, 용익물권, 독점 배타성, 등록, 물권성 권리</td><td>타인의 특허권을 일정범위 내에서 독점적으로 실시할 수 있는 권리(기간, 지역, 내용)</td></tr>
<tr><td rowspan="3">통상
실시권</td><td rowspan="3">업으로 실시, 독점권 및 대세효 없음, 상대권, 채권성 권리</td><td>허락
실시권</td><td>특허권자(또는 전용실시권자)와 계약에 의해 발생하는 통상실시권</td></tr>
<tr><td>법정
실시권</td><td>• 직무발명에 의한 통상실시권
• 특허권 효력제한기간 중의 실시에 의한 통상실시권
• 선사용에 의한 통상실시권
• 무효심판청구등록 전의 실시에 의한 통상실시권
• 디자인권 존속기간 만료 후의 통상실시권
• 질권 경락에 의한 통상실시권
• 재심에 의해 회복한 특허권에 대한 통상실시권
• 재심에 의해 통상실시권을 상실한 원권리자의 통상실시권</td></tr>
<tr><td>강제
실시권</td><td>• 국방상의 필요에 의한 실시권
• 재정에 의한 통상실시권
• 통상실시권 허여심판에 의한 통상실시권</td></tr>
</table>

자료: 한국발명진흥회, 『지식재산권 입문』(서울: 성민사, 2007), p. 111.

해배상청구권, 신용회복청구권 및 부당이득 반환청구권이 있으며, 형사적 구제에는 특허권침해죄, 허위표시의 죄, 거짓행위의 죄, 비밀누설죄 등이 있고 행정적 구제에는 산업재산권분쟁조정위원회[108]가 마련되어 있다.[109]

2. 법제구성 비교

남한의 특허법은 2021년 10월 최종 개정된 이래 현재에 이르고 있다. 구성은 총 12장 232조문으로 되어 있으며 제1장 총칙, 제2장 특허요건 및 특허출원, 제3장 심사, 제4장 특허료 및 특허등록 등, 제5장 특허권, 제6장 특허권자의 보호, 제6장의2 특허취소신청, 제7장 심판, 제8장 재심, 제9장 소송, 제10장 특허협력조약에 따른 국제출원, 제11장 보칙, 제12장 벌칙 등[110] 특허에 관한 권리획득절차 및 요건에 대해 상세하게 구체적으로 기술되어 있으므로 특허출원 시에는 물론 타 국가에서 업무협의 및 이용 시에도 보다 명확하고 편리하게 절차가 진행될 것으로 판단된다.

북한의 발명법은 2014년 12월 최종 개정된 이래 현재에 이르고 있다. 구성은 총 5장 64조문으로 되어 있으며 제1장 발명의 기본, 제2장 발명권, 특허권등록의 신청, 제3장 발명권, 특허권등록의 심의, 제4장 발명권, 특허권의 보호, 제5장 발명사업에 대한 지도통제 등 발명에 대한 기본적인 개념 위주로 기술되어 있고 특허요건 및 특허출원, 심사, 특허등

108 특허청훈련예규집, "산업재산권분쟁조정위원회 운영세칙", 특허청고시 제2021-19호(2021. 11. 18).

109 한국발명진흥회, 『지식재산권 입문』(서울: 성민사, 2007), p. 117 참조.

110 특허청 홈페이지, 법령 및 조약, 특허법, 2022. 9. 8 참조.

표 6.4 | 남북한 발명보호법제의 구성 비교

남한	북한
특허법 2021년 10월, 총 12장 232조문으로 구성	발명법 2014년 12월, 총 5장 64조문으로 구성
• 제1장: 총칙 • 제2장: 특허요건 및 특허출원 • 제3장: 심사 • 제4장: 특허료 및 특허등록 등 • 제5장: 특허권 • 제6장: 특허권자의 보호 • 제7장: 심판 • 제8장: 재심 • 제9장: 소송 • 제10장: 특허협력조약에 따른 국제출원 • 제11장: 보칙 • 제12장: 벌칙	• 제1장: 발명법의 기본 • 제2장: 발명권, 특허권등록의 신청 • 제3장: 발명권, 특허권등록의 심의 • 제4장: 발명권, 특허권의 보호 • 제5장: 발명사업에 대한 지도통제

록, 특허권, 특허권자의 보호 등 권리획득 절차 및 요건에 대해 구체적으로 기술되어 있지 않아 특허출원 시는 물론 타 국가에서 업무협의 및 이용 시 절차상 어려움이 있거나 불편한 점이 많을 것으로 사료된다.

〈표 6.4〉에서 보는 바와 같이 특허출원등록에 있어서 중요하다고 판단되는 구체적 특허요건과 심사방식이나 절차는 물론 특허거절결정 등에 대한 심판 · 재심 · 소송을 포함해 특허협력조약에 의한 국제출원에 관한 사항과 특허침해에 따른 벌칙 등에 대해서 북한이 별도 규정을 두고 있지 않다는 것은 특허법 조약을 통해 특허보호내용, 방법, 대상 등이 기술적 우위를 차지하고 있는 선진국 위주로 그들의 수준에 맞게 추진되고 있는 지식재산제도의 국제적 통일화[111]에도 역행하는 반증이라 할 수 있다.

111 특허청, "지재권 관련 국제동향 및 향후 대응 방향", 2009. 2, p. 2 참조.

3. 실체법 비교

1) 근거법령

특허법에 관한 법률근거는 남한은 특허법(2021. 10. 19: 개정)에서 규정하고 있고, 북한의 발명법(2014. 12. 10: 최고인민회의 상임위원회 정령 제258호로 수정보충)은 "발명권, 특허권등록의 신청과 심의, 발명권, 특허권의 보호에서 제도와 질서를 세워 발명 창조를 장려하고 발명의 이용을 촉진함으로써 과학기술과 인민경제의 발전을 다그치는 데 이바지한다."[112]라는 것을 법의 사명으로 규정하고 있다.[113] 이처럼 북한은 특허관련 법령뿐만 아니라 헌법[114]에서조차 특허권과 더불어 발명권을 명시하고 있다는 점이 특이하며, 이는 자본주의 국가의 특허제도시스템과는 차별화를 둔 것이라 볼 수 있다.

2) 담당기관과 권리 부여

남한은 특허에 관한 모든 업무를 일괄적으로 특허청에서 맡아서 처리하고 있으나,[115] 북한은 발명에 관한 정책실무는 발명(총)국에서 맡아서 하고 심사업무는 발명심의처에서 담당하고 있다. 특허의 형태는 남한은 특허권이라는 독점배타적인 실시권[116]을 허여하고 있는 반면에 북한

112 발명법 제1조.

113 국가정보원, 『북한법령집(하)』(2022. 10), p. 524.

114 조선민주주의인민공화국 사회주의헌법 제74조 참조.

115 민병오, "남북 산업재산권의 제도비교 및 교류협력에 관한 연구", 2002. 2, 한남대학교 대학원 석사학위논문, p. 58.

116 이는 지식재산권의 성질이 권리의 객체를 직접 지배하는 권리인 지배권이라고 하는 점에서 유래한다. 동일의 대상물에 대해 여러 개의 권리가 존재한다면 그 대상물을 지배하는 것이 불가능하기 때문이다. 이 때문에 한 개의 대상물에 대해서는 한 개의 권리밖에 성립하지 않는다는 점에서 독점적, 배타적이라는 것이다. 김민희 외 2인, 『특허민법개론』(금강인쇄정보, 2008),

은 발명에 대한 권리로, 특허권과 발명권이라는 이원적 구조를 갖고 있다. 즉 특허권은 새로운 생산방법을 발명한 사람에게 일정한 기간 동안 그 생산과 판매에 대한 독점권을 부여해 주는 법적 권리로서 독점적 권리와 배타권을 갖게 된다. 또 발명권은 실천에서 제기되는 문제에 대한 새로운 기술적 해결안을 발명한 자에게 부여되는 인격적 및 재산적 권리로서 발명을 한 자는 발명의 창조자로서 발명의 과학적 기술내용과 그에 대한 우선권을 가지며 일정한 국가적 · 사회적 대우를 받을 권리를 갖게 되며[117] 이 발명권의 인정을 위해 발명증서와 함께 일정한 보상금을 지급해주는 '발명자증' 제도를 운영하고 있는 것이 큰 특징이라 하겠다.[118]

다만, 이런 발명권은 인격적 권리와 국가에 대한 금전 청구권이 결합된 것이어서 발명의 수익에 대한 처분권이 인정되는 특허권과는 전혀 성격을 달리한다.[119] 남한에서는 이와 같은 발명자증제도가 별도로 존재하지 않고 오로지 단일의 특허권을 인정하고 있지만, 특허출원서에 발명자의 이름이 등재되므로 소정의 명예가 발명자에게 뒤따르며 아울러 직무발명제도가 법정화되어 있어 종업원의 발명이 사용자에게 귀속될 경우 종업원이 사용자에 대해 보상을 요구할 수 있는 금전적 청구권이 존재한다.

---

pp. 17-18 참조.

117 박정원, "북한의 공업소유권 보호제도에 관한 연구", 한국법제연구원, 2001. p. 21.

118 이런 제도는 1991년 이전 구소련의 발명보호제도를 원용한 것으로 추정된다(육소영 · 윤권순, "북한의 지식재산권 제도에 대한 연구", 한국지식재산연구원, 2003. 12, p. 11 참조). 그러나 소련이 해체되고 러시아연방 특허법이 제정되면서 이 제도는 폐지됐고, 동 · 서독도 통일이 되면서 북한의 발명자증에 해당하는 동독의 '경제특허' 제도를 폐지했으며, 중국 역시 2001년 개정전리법을 통해 이와 유사한 '국가계획허락제'를 개인으로서의 발명자의 권리를 보장하는 내용으로 개정했으나, 북한은 오히려 발명권을 강조하는 가운데 사회주의제도의 기본원리에 입각한 특허제도를 유지하고 있다(박정원, "북한의 공업소유권 보호제도에 관한 연구", 한국법제연구원, 2001. p. 95 참조).

119 신지연 외 3인, "남북한 지식재산권 제도의 조화 방안", 『특허청 연구보고서』(한국지식재산연구원, 2008), p. 9 참조.

한편, 권리의 변경에 있어서 남한은 '특허권'을 '실용신안권'으로, '실용신안권'을 '특허권'으로 변경할 수 있다. 그러나 북한의 경우 '특허권'은 소유자의 요구에 따라 '발명권'으로 바꿀 수 있으나 '발명권'은 '특허권'으로 바꿀 수 없게 되어 있다. 또 북한은 1978년 개정법에서는 외국인에 한해서 특허등록출원을 할 수 있도록 했다. 그러나 1986년 개정법에서 내국인에게도 특허등록출원을 제도적으로 허여하고 있다. 아울러 특허등록요건에 있어서도 남북한 간 차이가 있는 것으로 보인다. 예를 들면, 중국의 경우는 신규성 요건의 운용에 있어서 공연실시기술의 국내주의를 취하고 있기 때문에 해외에서 판매된 제품이라도 중국에 알려지지 않았다면 신규성이 인정되어 중국 특허를 받을 수 있는 것처럼 북한에서도 동일하게 적용되는 것으로 보인다.

이와 대조적으로 한국의 경우에는 공연실시에 대해 국제주의를 취하고 있기 때문에 신규성을 인정받아 특허를 받을 수 있는 가능성은 중국이나 북한보다 낮은 상태라 할 수 있다.[120] 이런 사정은 진보성의 경우도 마찬가지인데, 특허 진보성은 출원발명이 선행기술의 용이한 조합 이상인가의 여부를 묻는 것이므로 조합의 용이성에 대한 기준은 국가별 심사실무에 따라 매우 다양한 변이가 존재한다. 따라서 진보성의 요구수위는 구체적인 심사실무가 큰 변수로 작용하므로 구체적인 심사결과의 대비 없이 특허요건의 존재만으로 남북한 간에 요구되는 특허성의 수준을 비교하는 데에 한계가 있다.[121]

그밖에 남북한 지식재산권 제도의 운용을 통합함에 있어서 고려할

---

120 이와 같은 법령 수준의 차이가 아니더라도 개별 참증(특허청 심사에 있어서 구체적으로 인용되는 선행기술을 말함)의 수준에 있어서 각 참증이 쉽게 선행기술로서의 지위를 인정받을 수 있다면 그만큼 선행기술의 범위가 커지고 따라서 출원발명이 특허를 받기는 어려워진다. 예컨대, 참증에 기술이 구체적이고 상세하게 기재되지 않았더라도 당업자가 그 미비한 기재로부터 도출 가능한 내용까지를 선행기술로 인정하는 방식을 들 수 있다.

121 신지연 외 3인, "남북한 지식재산권 제도의 조화 방안", 『특허청 연구보고서』(한국지식재산연구원, 2008), p. 12 참조.

것들로, 특허받을 수 있는 발명의 범위, 특허요건 적용 때 선행기술의 범위 등 국제적인 특허제도 통일화 과정에서 문제되는 거의 모든 쟁점들이 남북관계에서도 유사하게 문제시될 가능성이 있다.[122]

3) 권리존속기간[123]

특허권의 보호기간은 남한은 출원일로부터 20년이나 북한은 특허권 등록 신청 날짜로부터 15년이며 특허권자의 요구에 따라 5년간 연장이 가능하다.[124] 이런 규정은 TRIPs협정에 의해서 국내 특허법을 개정한 대표적인 사례로 볼 수 있으며, 북한 역시 이 협정을 의식해 5년 연장한 것으로 보인다. 권리존속기간 동안 특허권자의 동의 없이는 이것을 사용할 수 없도록 규정하고 있는 것은 남북한이 동일하다.

4) 국가수용과 강제실시권[125]

국가에 의한 수용 및 강제실시권은 남한의 경우 국방상 필요할 때는 수용,[126] 즉 전시, 사변 또는 이에 준하는 비상시와 공익, 재정(裁定),[127]

122 신지연 외 3인, "남북한 지식재산권 제도의 조화 방안", 『특허청 연구보고서』(한국지식재산연구원, 2008), p. 91.

123 『존속기간』이란 권리가 그 경과에 의해 소멸을 가져오는 기간을 말한다. 존속기간의 진행은 시효와 같이 중단하는 일이 없고, 또 권리행사 여부에 관계 없이 존속기간 내에는 권리가 존재하고, 존속기간이 경과한 후에는 권리가 소멸하게 된다. 김민희 외 2인, 『특허민법개론』(금강인쇄사, 2008), p. 88.

124 발명법 제42조.

125 『강제실시권』은 특허발명(고안, 디자인)의 실시가 국익에 도움이 된다거나 실시를 활성화시킬 필요가 있을 경우 권리자의 의사와 상관없이 국가기관이 적법절차를 거쳐 다른 사람에게 강제적으로 설정해 주는 실시권이다. 강제실시권은 국가산업의 발전과 공익증진에 목적이 있으므로 이에 부합하는 경우 사유재산권을 일정 부분 제한할 수는 있으나 권리자에게 적절한 보상이 이루어져야 한다. 이와 같은 강제실시권은 상표권에는 인정되지 않는다. 김민희 외 2인, 『특허민법개론』(서울: 금강인쇄사, 2008), p. 123.

126 특허법 제106조, 실용신안법 제28조 및 디자인보호법 제61조는 특허발명(고안, 디자인)의

[128] 심판에 의한 강제실시[129]가 필요한 경우에 한해 적용하고 있다.[130] 그러나 북한은 특허권을 받은 특허기술이 사회적 이익을 위해 필요한 경우에는 국가가 특허권이나 그 특허기술의 이용을 강제허가 해 줄 수 있다고 규정하고, 이 경우 국가는 특허권자에게 해당한 요금을 물어야 하는 것으로 규정되어 있다. 이처럼 국가에 의한 수용으로 특허권의 효력이 제한되거나 강제실시권이 인정되는 점에 있어서는 남북한 공통점이 있으나 선사용권에 의한 통상실시권의 가능성으로 특허권의 효력이 제한된다든지, 공중보건을 위한 강제실시권의 발동 등과 관련된 구체적인 인정요건 면에서는 큰 차이가 있을 것으로 예상된다. 후자와 관련해 북한은 상대적으로 남한에 비해 기술열위에 있을 가능성이 높기 때문에 북한 내에서 남한 특허권을 형식적으로는 인정해도 강제실시권의 발동요건을 매우 완화

실시가 전시, 사변 또는 이에 준하는 비상시에 있어서 국방상 필요가 있을 때에는 정부는 그 특허권(실용신안권, 디자인권)을 수용하거나 직접 실시할 수 있으며, 제3자로 하여금 실시하게 할 수 있다고 규정하고 있다. 이는 국가안보를 확보하기 위한 취지에서 인정되는 지식재산권의 제한이라 볼 수 있다. 김민희 외 2인, 『특허민법개론』(서울: 금강인쇄사, 2008), p. 123.

127 재정(裁定)의 사전적 의미는 "옳고 그름을 결정함"을 의미하지만 지식재산권법에서는 공익적 필요 등에 의한 특허청장의 처분을 의미한다. 김민희 외 2인, 『특허민법개론』(서울: 금강인쇄사, 2008), p. 124 참조.

128 특허법 제107조 및 실용신안법 제28조는 특허발명 또는 고안이 실시되지 않고 있거나 그 실시가 불충분할 경우 또는 공익적 필요에 의하거나 불공정거래행위를 시정할 필요가 있을 경우 그 발명 또는 고안을 실시하고자 하는 자의 재정청구에 의해 특허청장이 허여하는 강제실시권을 규정하고 있다. 이는 디자인보호법 및 상표법에는 규정되어 있지 않는 실시권이다. 김민희 외 2인, 『특허민법개론』(서울: 금강인쇄사, 2008), p. 124.

129 특허법 제138조, 실용신안법 제32조 및 디자인보호법 제70조는 "특허권자(실용신안권자, 디자인권자), 전용실시권자 또는 통상실시권자는 타인의 권리와 이용·저촉관계에 해당해 타인의 허락을 받고자 할 경우 권리자가 이에 동의하지 않아 발명(고안, 디자인)을 실시할 수 없게 된 경우 통상실시권 허여의 심판을 청구할 수 있다."라고 규정하고 있다. 이는 특허발명(고안, 디자인)의 실시를 통해 산업발전을 이루고자 하는 지식재산권법의 목적을 달성하기 위한 것으로 국가기관이 개입해 심판을 통해 이를 허여하도록 하는 것은 지식재산권자와 실시자 모두 권리를 갖고 있으므로 양 권리의 내용을 신중하게 판단해 권리자 간의 형평을 기하고자 하는 것이다. 김민희 외 2인, 『특허민법개론』(서울: 금강인쇄사, 2008), p. 124.

130 민병오, "남북 산업재산권의 제도비교 및 교류협력에 관한 연구", 한남대학교 대학원 석사학위 논문, 2002. p. 59.

해 실질적인 특허권의 효력이 무효화될 우려도 있는 것이다.[131] 이런 점은 TRIPs협정에 따른 최소 수준의 지식재산권 보호를 위한 이행의무를 고려해볼 때 주요 쟁점사항으로 논의될 수 있다고 하겠다.[132]

5) 벌칙

특허법은 특허권리제도의 취지에 반하는 행위를 한 자에 대해 민사상 책임[133]을 물을 수 있도록 함과 동시에 형사적인 권리보호를 도모하고 있으며 그 벌칙[134]으로 남한은 침해죄, 위증죄, 허위표시의 죄, 거짓행위의 죄, 비밀누설죄 등을 구체적으로 규정하고 있고, 특허권 또는 전용실시권을 침해한 자는 7년 이하의 징역이나 1억 원 이하의 벌금형에 처하도록 규정하고 있다.[135] 그러나 북한은 발명권, 특허권자의 권리를 침해한 경우에는 그 손해를 보상시킨다고 규정하고 있으며[136] 이 법을 어기

131 신지연 외 3인, "남북한 지식재산권 제도의 조화 방안", 『특허청 연구보고서』(한국지식재산연구원, 2008), p. 90 참조.

132 이와 관련해 중국 전리법은 특허의 강제실시에 대해서 상대적으로 많은 규정을 두고 있는데, 다른 나라와 달리 실시허락을 구했으나 합리적인 시간 내 허가를 얻을 수 없는 때 허락을 얻을 수 없다는 사유만으로 강제실시권이 인정되고 있다. 이는 중국이 자국 산업을 발전시키기 위해 자국내 외국인의 독점적 권리를 제한하기 위한 수단으로서 이런 제도를 강력히 추진하고 있는 것으로 보여지며(김기룡, "전환기 국가의 특허권 보호에 관한 연구:소련, 중국, 독일, 홍콩을 중심으로", 충남대학교 대학원 석사학위논문, 2003. 2, pp. 37-38 참조), 국가에서 특허권의 이용을 제한하고 있는 북한과 유사점이 있는 것으로 보인다. 또 북한은 현재 양도나 라이선스 계약 시 발명등록기관에의 등록을 요구해 권리처분성에 대한 국가의 제한정도가 크고 분쟁발생 시 협의에 의한 해결원칙을 두고 있어 특허권자의 이익이 충분히 보호되지 않는 면이 있다(신지연 외 3인, "남북한 지식재산권 제도의 조화 방안", 『특허청 연구보고서』(한국지식재산연구원, 2008), p. 92).

133 지식재산권이 침해된 경우에 권리자가 취할 수 있는 사법상의 구제의 방법으로는 침해행위 자체의 금지청구, 침해행위에 의해 입은 손해에 대한 금전적 배상청구 및 침해행위에 의한 업무상의 신용이 실추된 때는 그것을 회복을 하기 위해 필요한 조치를 취할 것을 청구할 수 있다. 김민희 외 2인, 『특허민법개론』(서울: 금강인쇄사, 2008), pp. 183-184.

134 특허법 제225조 내지 제229조.

135 특허법 제225조.

136 발명법 제41조.

고 발명사업에 엄중한 결과를 일으킬 경우 정상에 따라 해당한 행정적 처벌 또는 형법의 해당 조문에 따라 형사적 책임을 지운다고 규정하고 있을 뿐이다.[137] 따라서 침해로 보는 행위, 침해성립 관련 추정 및 손해액 관련 추정 등 구체적 벌칙 규정[138]은 명시되어 있지 않은 것이 특이하다고 할 수 있으며 이는 권리자의 이익보호를 명확하게 하고 있지 않음을 엿볼 수 있다.

위에서 살펴본 바와 같이 북한이 특허관련 실체법상 규정에서 독특한 제도를 유지할 수 있는 것은 지식재산권법 전체에 걸쳐서 실체법적인 요소가 많이 포함되어 있는 TRIPs협정에 가입하지 않았기 때문이다. 우리나라를 포함한 동 협정에 가입한 나라들의 관련법들은 규정된 조항을 수용해야 한다.[139] 일반적으로 북한 국내법이 북한이 가입한 국제조약에 저촉되는 경우에는 조약협정들의 규제조항에 준하는 것으로 하고 있다.[140] 남한법에는 특허와 관련해 조약과 다르게 규정한 경우 조약의 규정을 따른다고 규정하고 있어 대체로 조약이 국내법에 우선한다고 해석할 수 있을 것이다. 그러나 대부분의 국제조약이 그 실효성을 확보할 수 있는 강제력이 없다는 점에서 북한의 적극적인 국제조약 가입은 국제교류확대를 위한 형식적 행위가 아닌가 생각한다.

137 발명법 제63~64조.

138 특허법 제127조 내지 제130조.

139 육소영 · 윤권순, "북한의 지식재산권 제도에 대한 연구", 한국지식재산연구원, 2003. 12, pp. 48-49 참조.

140 발명 및 창의고안에 관한 규정 제47조.

표 6.5 | 남북한 발명보호법제의 실체법 비교

구분	남한	북한
근거법령	특허법(2021. 10. 19: 개정)	발명법(2014. 12. 10: 최고인민회의 상임위원회 정령 수정보충) 〈발명 및 창의고안에 관한 규정(1986 개정) 일부 참조〉
담당기관	특허청	• 정책실무: 발명(총)국 • 심사업무: 발명심의처
목적	발명의 보호·장려 및 그 이용을 도모함으로써 기술발전을 촉진해 산업발전에 이바지함	발명권, 특허권등록의 신청과 심의, 발명권, 특허권의 보호에서 제도와 질서를 세워 발명 창조를 장려하고 발명의 이용을 촉진함으로써 과학기술과 인민경제의 발전을 다그치는 데 이바지함
보호대상	발명(자연법칙을 이용한 기술적 사상의 창작으로서 고도한 것)	발명(실천에서 제기되는 문제에 대한 새로운 기술적 해결안)
권리보호 형태	특허권(독점배타적 실시권)	• 특허권(독점배타적 권리): 외국인에 허용하나 불특허사유가 많음 • 발명권(실시권 국가 귀속): 주로 내국인에 허용, 인격적 및 재산적 권리, 불특허사유 없음
보호기간	출원일로부터 20년(단, 일정사유에 한해 5년의 기간 내에서 실시할 수 없었던 기간 동안 연장가능)	특허권등록 신청 날짜로부터 15년, 5년 연장가능
불특허 사유[1)	공공의 질서 또는 선량한 풍속을 문란하게 하거나 공중의 위생을 해할 염려가 있는 발명	• 식물이나 동물변종 혹은 동식물의 순수 생물학적인 사육 및 재배방법 • 사람이나 동물의 수술방법, 치료방법 • 사람이나 동물을 대상으로 하는 진단방법 • 조선 민족의 풍속과 사회주의 생활양식에 맞지 않거나 사회 공동의 이익에 저해를 주는 대상 • 원자핵 변환의 방법으로 얻어진 물질에 대한 발명
특허요건	• 신규성 • 진보성 • 산업상 이용가능성 • 선출원주의	• 신규성 • 발명수준(진보성) • 도입가능성(인민경제의 이용가능) • 선출원주의
권리변경	• 특허권 → 실용신안권(가능) • 실용신안권 → 특허권(가능)	• 특허권 → 발명권(가능), 실용기술 특허권(가능) • 발명권 → 실용기술발명권(가능) • 특허권 → 창의고안권(불가능) • 창의고안권 → 특허권(불가능)

(계속)

구 분	남 한	북 한
권리의 양도	임의양도(단, 등록되어야 효력 발생 공유인 경우 공유자의 동의 필요)	양 당사자의 계약에 의한 양도(단, 계약서에 발명(총)국의 동의가 필수)
특허권의 효력이 소멸되는 경우[2]	재정이 있는 날부터 계속해 2년 이상 그 특허발명이 국내에서 실시되고 있지 않는 경우에는 이해관계인의 신청 또는 직권에 의해 그 특허권 취소 가능	• 특허권 소유자가 그 권리를 포기했을 경우 • 특허권 보호요금을 정해진 기간에 납부하지 않았을 경우 • 특허권의 효력을 없앨 데 대한[3] 발명행정기관의 결정 • 특허권을 넘겨받을 권한 있는 단체나 상속자가 없을 경우
특허권의 효력이 미치지 않는 범위[4]	• 연구 또는 시험을 하기 위한 특허발명의 실시 • 국내를 통과하는 데 불과한 선박·항공기·차량 또는 이에 사용되는 기계·기구·장치 기타의 물건 • 특허출원 시부터 국내에 있는 물건 • 2 이상의 의약을 혼합 또는 조제하는 경우	• 우리나라에 일시적으로 머무르는 다른 나라 운수수단의 수리정비에 이용하는 경우 • 과학연구와 실험에 이용하는 경우 • 의사의 처방에 따라 환자치료에 필요한 의약품 조제에만 이용하는 경우 • 특허권등록 신청 전에 그 기술을 이용하고 있었거나 제3자가 그 범위에서만 해당 기술을 이용하는 경우
국가에 의한 수용 및 강제 실시권	• 전시, 사변 또는 이에 준하는 비상시 국방상 필요할 때 국가수용가능 • 공익, 재정(裁定), 심판에 의한 강제 실시권 인정 * 특허권자에게 정당한 보상금을 지급	특허기술이 국가에 매우 중요한 것일 경우 국가가 특허권을 양도받을 권리나 독점 실시권을 가짐 * 특허권자에게 정당한 보상
민사적 구제	• 침해금지청구권[5] • 손해배상청구권[6] • 신용회복청구권[7] • 부당이득반환청구권[8]	손해배상청구권
기타 제재	침해죄, 위증죄, 허위표시의 죄, 거짓행위의 죄, 비밀누설죄 등 구체적·형사적 제재 및 행정적 제재규정 * 상기죄(침해죄)를 범한 경우 최고 7년 이하의 징역 또는 1억 원 이하의 벌금형	구체적 벌칙규정 없음 * 단순하게 형사적·행정적 제재가 있다고만 규정
유사제도	• 선출원주의 • 이의(의견)신청제도 • 공동발명 시 공동출원 • 특허권 및 실시권의 양도	• 등록공고제도 • 등록유지비 납부의무 • 국가의 특허권 수용: 수용 시 보상

(계속)

구분	남한	북한
특유규정 및 제도	• 특허관리인 제도 • 전자서류에 의한 특허출원 • 공지되지 않는 경우로 보는 경우 • 무권리자출원과 정당권리자보호 • 식물발명특허-무성변종식물 • 직무발명제도	• 발명권제도: 발명메달과 상금수여 • 발명권과 특허권의 변경 • 외국법인 또는 외국인은 반드시 특허대리기관을 통해야만 출원가능 • 발명사업에 대한 지도통제 • 중앙가격제정기관에 의한 요금 책정
특유규정 및 제도	• 직무발명제도 • 국방상 필요한 발명인 경우 • 변경출원제도 • 분할출원제도 • 출원의 포기 · 취하 • 심사청구제도 • 우선심사청구제도 • 법정실시권 • 강제실시권 • 특허권의 취소 • 침해로 보는 행위 • 손해액 추정 • 각종 심판제도 • 특허협력조약에 의한 국제출원	• 국제기관, 외국과의 교류 강조 • 국가의 발명사업 적극장려 및 투자지원

주: 1) 중국 대리인에게 제공된 북한 현지 대리인의 정보이다. 신지연 외 3인, "남북한 지식재산권 제도의 조화 방안", 『특허청 연구보고서』(한국지식재산연구원, 2008), p. 13 참조.

2) 발명법 제27조.

3) 북한 발명법에서 표현된 문구를 그대로 기술했다.

4) 발명법 제33조.

5) 지식재산권법은 지식재산권자 또는 전용실시권자는 자기의 권리를 침해하는 자 또는 침해를 할 우려가 있는 자에 대해 그 침해의 금지 또는 예방을 청구할 수 있다고 규정하고 있다(특허법 제126조, 실용신안법 제46조, 디자인보호법 제62조, 상표법 제65조).

6) 민법 제750조는 고의 또는 과실로 인한 위법행위로 타인에게 손해를 가한 자는 그 손해를 배상할 책임이 있다고 규정하고 있다. 불법행위 성립의 요건으로서는 ① 가해자의 고의 또는 과실에 의한 행위, ② 가해행위의 위법성, ③ 책임능력, ④ 가해행위에 의한 손해의 발생, ⑤ 가해행위와 손해 발생 사이에 인과관계가 존재해야 한다.

7) 지식재산권 침해로 인해 지식재산권자의 업무상 신용이 실추된 때에 침해자의 단순한 손해배상으로는 실추된 업무상 신용을 회복시킬 수 없는 경우가 있다. 이런 경우 법원은 고의 또는 과실에 의해 지식재산권 또는 전용실시권을 침해함으로써 지식재산권자 또는 전용실시권자의 업무상의 신용을 실추하게 한 자에 대해 지식재산권자 또는 전용실시권자의 청구에 의해 손해배상에 갈음하거나 손해배상과 함께 지식재산권자 또는 전용실시권자의 업무상의 신용회복을 위해 필요한 조치를 명할 수 있다(특허법 제131조, 실용신안법 제30조, 디자인보호법 제65조, 상표법 제69조).

8) 민법 제741조는 "법률상 원인 없이 타인의 재산 또는 노무로 인해 이익을 얻고 이로 인해 타인에게 손해를 가한 자는 그 이익을 반환해야 한다."라고 규정한다.

자료: 특허청(국제협력담당관실), "북한의 산업재산권 제도", 2001. 2, p. 41.

4. 절차법 비교

1) 출원공개와 심사청구

출원공개는 남한은 특허출원일로부터 1년 6개월이 경과하면 출원공개공보에 실려서 공개하고 있으나, 북한은 신청문건 접수 시 발명등록신청공보에 공개한다.[141] 즉, 법정경과 기간이 없는 것으로 보인다.[142] 단, 발명법에는 등록발명에 대해서 공개의무를 부과하고 있지만 필요에 따라 공개하지 않을 수 있음을 명시하고 있다.[143]

특허심사청구 및 심사는 남한은 출원일로부터 3년 이내에 심사청구를 해야 하며 심사청구 순서대로 심사를 할 수 있도록 규정되어 있으나, 북한은 신청문건을 접수한 차례로 형식심의를 하고 공개한 특허권등록신청문건에 대하여 본질심의(실체심사)가 이루어지며, 발명제안에 대한 심의(심사)결정은 신청문건을 접수한 때로부터 15개월 안에 심의하도록 규정되어 있어[144] 남북한 간 심사청구 및 심사절차에 상당한 차이가 있음을 알 수 있다.

2) 이의신청

이의신청은 남한의 경우 특허거절결정 처분에 대해 불복이 가능하며 2007년 개정특허법에서는 이의신청제도를 폐지하고 재심사청구가 가능토록 했다.[145] 다만 재심사에 따른 특허거절결정이 있거나 특허법 제

141 발명 및 창의고안에 관한 규정 제18조.

142 민병오, "남북 산업재산권의 제도비교 및 교류협력에 관한 연구", 한남대학교 대학원 석사학위논문, 2002. p. 62.

143 발명법 제29조.

144 발명 및 창의고안에 관한 규정 제22조.

132조의17(특허거절결정 등에 대한 심판)에 따른 심판청구가 있는 경우에는 그렇지 않다. 북한의 경우 발명행정기관의 부결의 이유를 밝혀 심의의견통지서를 신청자에게 보내야 하고[146] 발명의 심의결과에 의견이 있는 기관, 기업소 등은 의견제기가 가능하지만 신청인에게도 부결에 대한 불복권이 인정되는지 분명치 않다.

3) 거절불복

특허거절결정등본 또는 특허권의 존속기간의 연장등록거절결정 등본을 송달받은 날로부터 3개월 이내에 불복에 따른 심판을 청구하도록 남한 특허법에서는 규정하고 있다.[147] 그러나 북한은 발명행정기관의 부결결정에 대해 3개월 안에 의견을 제기해 재심의를 받아야 하며[148] 발명행정기관은 제기된 의견을 제때에 재심의하도록 규정하고 있으나[149] 재심의 검토 후 불복에 대한 추가인정 여부는 명시되어 있지 않다.

145 특허법 제67조의2(재심사의 청구).

146 발명법 제33조.

147 특허법 제132조의17(특허거절결정 등에 대한 심판).

148 발명 및 창의고안에 관한 규정 제23조.

149 발명법 제37조.

표 6.6 | 남북한 발명보호법제의 절차법 비교

구 분	남 한	북 한
출원서류	• 특허출원서 • 명세서(발명의 명칭, 도면의 간단한 설명, 발명의 상세한 설명, 특허청구범위) • 도면 • 요약서	• 발명등록신청서 • 발명에 대한 기술설명서(제품의 견본, 모양, 시편, 시료첨부)
출원공개	특허출원일로부터 1년 6개월이 경과한 때 출원공개공보에 공개	신청문건 접수 시 발명등록신청 공보에 공개(등록발명 공개의무 부과) * 법정경과기간 규정 없음
심사청구 및 심사	출원일로부터 3년 이내에 심사청구 * 심사청구 순서대로 심사	신청문건을 접수한 때로부터 15개월 안에 심의 * 심사청구 없이 본질심의 진행
이의신청	특허거절결정처분에 대해 불복가능 현행법은 등록결정에 대한 이의신청제도를 폐지하고 재심사청구 가능	심의의견통지서를 신청자에게 보내고 심의결과에 의견이 있는 기관, 기업소, 공민 등은 의견제기 가능
거절불복	특허거절결정등본 또는 특허권의 존속기간의 연장등록거절결정등본을 송달받은 날부터 3개월 이내에 불복심판 청구	발명행정기관의 부결결정에 대해 3개월 안에 의견제기해 재심의 받아야 하고 재심의 후 불복에 대한 추가인정여부 불분명
해외출원	국방 시 필요한 경우를 제외하고 해외출원 자유로움	발명행정기관의 승인 요함

자료: 특허청(국제협력담당관실), "북한의 산업재산권 제도", 2001, p. 43.

제3절 실용신안법제의 비교

1. 남 · 북한의 실용신안법제

1) 개관

법제구성 및 체계 면에 있어서 북한의 창의고안에 관한 규정(총 4장 23조문)은 남한의 실용신안법(총 10장 52조문)에 비해 지나치게 단순하게 개념위주로 규정하고 있으며, 원리 면에서 특정 정치지도자의 성명이 규정에

언급됨으로써 이념적 성향을 나타내는 문제점을 내포하고 있다. 또 창의고안에 관한 규정의 전문이 공개되지 않아 법규에 관한 정확한 내용을 확인할 수 없으며 이로 인해 법규해설에 의존하는 한계점을 지니고 있다. 아울러 남한의 시행령(총 9조문)이나 시행규칙(총 17조문)과 같은 규정도 마련되어 있지 않아 체계적인 업무를 수행하는 데 많은 부작용과 어려움이 따를 것으로 예상된다.

한편, 2001년 제정된 창의고안에 관한 규정만으로는 법제 구성상으로 볼 때 남한의 실용신안법보다 상대적으로 많은 미비점이 있기 때문에 1986년 개정된 발명 및 창의고안에 관한 규정과의 상호 보완관계를 유지하는 등 이원적 법률 구조체제를 가질 수밖에 없는 한계점을 내포하고 있는 것으로 보인다.

실체법적인 측면에 있어서는 남한은 독점배타권인 실용신안권을 부여하고 있는 반면에 북한의 창의고안권은 재산권이 아닌 금전적 보상, 즉 창의고안 증서와 창의고안 상금을 준다는 점에서 본래의 지식재산권 체계와는 분명히 다른 독자적인 제도[150]를 갖게 되는 한계가 있다. 이는 국제적 협약이나 기준에도 부적합할 뿐만 아니라 남북한 지식재산권 통합 때도 우선적으로 해결해야 할 문제점으로 여겨진다. 또 창의고안에 대한 등록요건이 설정되어 있지 않음으로 인해 개인의 권리획득 절차와 보호에 있어서 부실권리가 양산되기 용이하며 권리자 상호 간에 분쟁이 일어날 소지가 크다고 할 것이다. 창의고안권의 보호기간을 실질적으로 무한정 인정한다는 것은 제품수명의 한계와 지속적인 창의적 노력의 필요성을 감안할 때 오히려 국가산업발전에 저해요인이 될 것으로 여겨진다.

절차법적인 측면에 있어서 북한은 창의고안의 신청(출원), 심의(심사),

150 남북한 5개 영역의 지식재산권 가운데 유독 북한의 창의고안은 우리의 실용신안과 많은 차이점을 보여주고 있다. 즉 권리에 있어서 재산권이 아닌 금전적 보상으로 대체하는 점, 등록요건이 설정되어 있지 않은 점, 보호기간이 정해져 있지 않은 점 등이다.

등록과 관련해 1개의 장(章)[151]으로만 간략히 언급하고 있다. 반면에 남한에서는 실용신안등록출원 관련 7개 조문, 실용신안등록 관련 3개 조문, 심사 관련 4개 조문, 국제출원 관련 7개 조문 등 상세하고 구체적인 권리획득 절차를 기술하고 있어서 북한의 관련법령은 지나치게 단순하고 형식적임을 문제점으로 지적할 수 있다.

2) 남·북한 실용신안법제의 주요내용

(1) 북한 창의고안제도

북한의 창의고안권은 재산권을 부여하는 것이 아니라 금전적 보상을 준다는 점에서 지식재산권 체계와 다르며, 고도의 기술을 요하지 않는 고안에 관한 보호라는 점에서 발명과는 구별된다. 북한의 창의고안제도는 심의를 해당 사업소에서 하고, 그 대상이 물품에 한정되지 않고 생산방법도 포함된다는 점을 제외하고는 남한의 실용신안제도와 유사하다고 볼 수 있다.[152] 여기서는 목적, 개념 및 등록요건, 등록절차와 효력에 대해서 살펴보고자 한다.

1 창의고안제도의 목적

창의고안의 목적은 2001년 제정된 "창의고안에 관한 규정" 법규해설[153]에 의하면, "위대한 수령 김일성 동지께서와 위대한 령도자 김정일 동지께서 대중적 기술혁신운동을 힘 있게 벌릴 데 대해 주신 방침을 철저

151 창의고안의 출원등록절차 및 심사와 관련한 조문은 대략 6~8개로 추정된다.

152 육소영·윤권순, 앞의 논문, p. 58 참조.

153 『민주조선』, 2001년 6월 12일 보도자료 참조; 여기서는 "창의고안에 관한 규정" 전문이 공개되지 않아 동 법규해설 내용과 "발명 및 창의고안에 관한 규정(1986 개정법)"을 근거로 기술하고자 한다.

히 관철해 창의고안을 더 많이 하며 그것을 정확히 평가하고 제때에 생산에 도입 일반화함으로써 근로자들의 창조적 열의를 적극 발양시키고 인민경제발전에 이바지하는 데 있다"라고 설명하고 있다.

"발명법"에는 특정 정치지도자의 이름이 없는 반면에 동 조항에는 포함되어 있다는 점에서 차이가 있으며, 근로자들의 창조적 의욕을 고취시켜 인민경제발전을 궁극적인 목적으로 하고 있다는 점에서 "발명 및 창의고안에 관한 규정"보다 좀 더 구체적이고 포괄적인 내용을 담고 있다고 하겠다.[154]

2 창의고안의 개념 및 등록요건

북한은 창의고안을 "이미 알려진 기술에 기초해 기관, 기업소 범위에서 지금 있는 기계설비, 장치, 기술공정, 생산방법의 일부를 보충 또는 개선함으로써 보다 높은 기술경제적 효과를 주는 기술적 성과를 말한다."라고 규정하고 있다.[155] 여기에서 중요한 것은 새로운 기술이 아니라 이미 알려진 기술에 기초하여 주로 생산에서 보다 높은 기술경제적 효과를 거두도록 한다는 데 있다.[156] 남한의 경우 "자연법칙을 이용한 기술적 사상의 창작"[157]을 말한다고 규정함으로써 "고도의 것"이라는 발명의 정의와 차별화하고 있다.

이처럼 남한과 북한의 고안에 대한 정의가 표현의 차이는 있지만 기존의 기술을 개량하는 소발명이라는 측면에서 공통점을 갖고 있다고 하겠다. 그리고 고안에 해당하지 않는 사항으로서는 발명과 동일하게 제한하고 있다.[158]

---

154 육소영 · 윤권순, 앞의 논문, p. 59.

155 발명 및 창의고안에 관한 규정 제5조(1986 개정법)

156 박정원, 앞의 논문, p. 156, "부록" 참조.

157 실용신안법 제2조.

발명과는 달리 창의고안에 대해서는 특정한 등록요건이 규정되어 있지 않으며, 시행규칙에 창의고안의 대상에 대해서만 규정하고 있다.[159] 그 대상으로는 기계, 장치, 도구, 설비 등에 대한 재설계나 강화 같은 물건에 대한 개선사항과 기술공정이나 생산방법 같은 방법에 관련된 개선사항으로 대별할 수 있다. 남한의 실용신안법이 "물품의 형상, 구조 또는 조합에 관한 고안"이라고 규정하여 보호대상이 물품에만 한정되는 것에 비해서 북한의 창의고안권은 방법도 포함된다는 차이점을 가진다.

❸ 창의고안 등록절차

창의고안 등록신청자는 창의고안 등록신청서, 창의고안에 대한 설명서 등의 창의고안 등록신청문건을 만들어 자기가 일하는 기관, 기업소나 그것을 받아들인 기관, 기업소에 제출해야 한다.[160] 창의고안 문건을 수리한 기관이나 기업은 자체 기술심의위원회에서 심의를 하여 결정을 내려야 하지만 동 위원회의 결정은 최종적인 것이 아니며 기술혁신등록에 대한 관계 도(시)과학기술행정기관의 동의를 받아야 한다.[161] 창의고안에 관한 등록이 인정되기 위해서는 그 창의고안이 타 기관이나 기업에 널리 도입할 만한 충분한 가치가 있어야 하며 특정기관이나 기업에서 실시됐을 때 최초 6개월 내에 1,000원 이상의 절감효과가 보장되어야 한다.[162]

등록이 인정된 창의고안은 기관이나 기업의 기술혁신등록부에 등록되며 거절된 경우에는 출원인에게 그 이유를 통지해야 한다. 창의고안권자에게는 창의고안 상금이 수여되며 그 액수는 창의고안의 사업화 후 6개

158 발명 및 창의고안에 관한 규정 제6조(1986 개정법).
159 발명 및 창의고안에 관한 규정 시행규칙 제6조.
160 발명 및 창의고안에 관한 규정 제29조(1986 개정법).
161 발명 및 창의고안에 관한 규정 제31조(1986 개정법).
162 발명 및 창의고안에 관한 규정 시행규칙 제56조.

월 동안에 얻어진 이익금의 5~10% 범위에서 해당기관이나 기업소가 정한다.[163]

4 창의고안의 효력

국가는 창의고안자들에게 창의고안 증서와 상금을 주며[164], 기관, 기업소는 창의고안의 실행으로 인한 이익금을 과학기술발전기금이나 창의고안표창자금으로 쓰도록 규정되어 있다.[165] 또 우수한 창의고안자에 대해서 국가표창과 한 등급 이상의 기술자격급수 또는 인증기술자격을 주는 방안이 제시되고 있다.[166] 창의고안의 보호기간은 발명권과 같이 명시되어 있지 않다.

(2) 남한 실용신안제도

지식재산권 제도를 갖고 있는 국가의 대부분은 기술적 사상의 창작을 특허법만으로 보호하고 있다. 그러나 독일을 비롯해 몇몇 나라들은 특허법 외에 별도의 실용신안법을 제정해 이원적 법률로 이를 보호한다. 따라서 특허법과 실용신안법은 서로 밀접한 관계에 있으며 법체계도 매우 유사하다. 여기서는 특허법과의 차이점 위주로 설명하고자 한다.

1 실용신안제도의 목적

실용신안제도는 "실용적인 고안을 보호 · 장려하고 그 이용을 도모함으로써 기술의 발전을 촉진하여 산업발전에 이바지함을 목적"[167]으로 하

163 발명 및 창의고안에 관한 규정 제36조(1986 개정법)
164 발명 및 창의고안에 관한 규정 제34조(1986 개정법)
165 북한의 '창의고안규정에 대해'(4장 23조) 법규해설, 『민주조선』, 2001년 6월 12일자.
166 북한의 '창의고안규정에 대해'(4장 23조) 법규해설, 『민주조선』, 2001년 6월 12일자.
167 실용신안법 제1조.

는 점에서 특허제도의 목적과 다르지 않다. 특허제도 운영과정에 있어서 경우에 따라서는 소위 개량발명 또는 소발명(micro-invention)이 경시되어 독점권이 부여되지 않는 일이 생길 수 있기 때문에 산업정책상 중소기업이나 개인발명가의 소발명을 보호·장려하는 일이 필요함을 인식했다. 그 결과 독일, 일본 등을 중심으로 특허제도를 보완하려는 취지 아래 실용신안제도를 마련했으며 그 제도내용과 운용형태는 국가마다 다소 다르다.

우리나라는 1908년 특허령을 공포함으로써 특허제도를 도입한 이래 1946년에 일본 실용신안법을 모법(母法)으로 하는 실용신안법을 제정했고 그 후 수차례의 개정을 거쳐 오늘에 이르고 있으며, 우리나라 실용신안제도는 그동안 선진공업국의 기본발명을 도입·소화·흡수하는 과정에서 이룩한 개량발명이나 소발명을 실용신안으로 출원등록해 독점배타적 권리를 향유하도록 제도적인 뒷받침을 제공해왔다고 볼 수 있다.[168]

❷ 특허법과의 비교

㉠ **특허법과의 일치점**: 우리나라 실용신안법은 기술적 사상의 창작을 보호한다는 점에서 특허법과 그 이념이 같으며, 실용신안법을 제정·운용하는 목적에 있어서도 특허법의 그것과 일치한다. 즉 특허법과 마찬가지로 실용신안법도 기술적 사상의 창작을 보호·장려하고 그 이용을 도모함으로써 기술발전을 촉진하여 산업발달에 이바지한다는 데 목적을 두고 있다.

㉡ **특허법과의 상이점**

- **보호대상**: 실용신안은 발명처럼 고도성을 요하는 것이 아니라 고안해낸 창작이면 족하다. 특허법의 보호대상은 '물건(물품, 물질)'과

168 한국발명진흥회, 『지식재산권 입문』(서울: 성민사, 2007), p. 84.

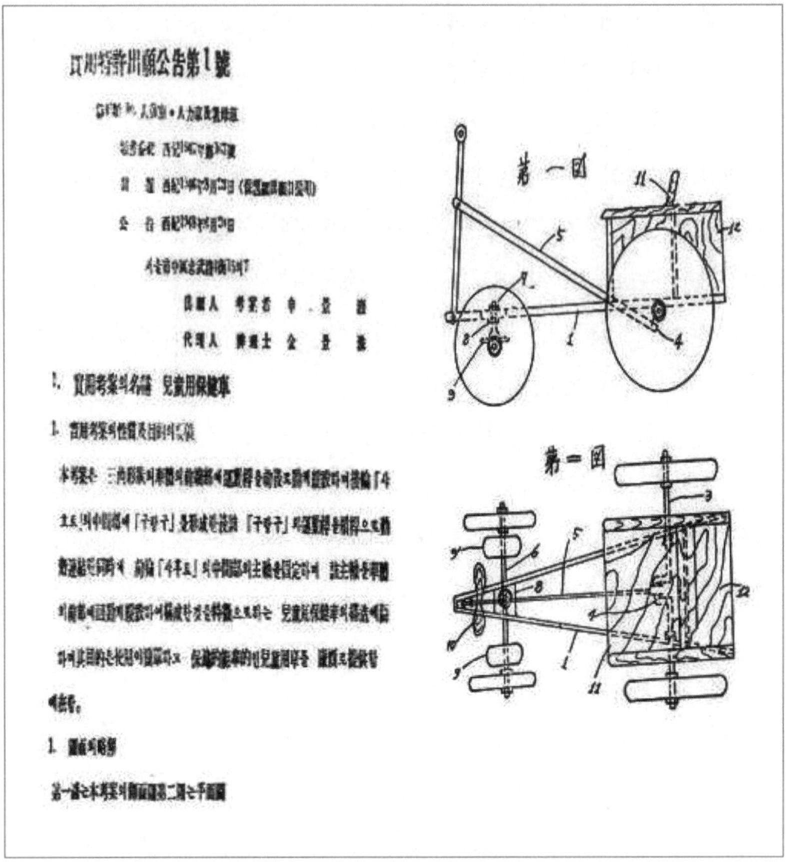

그림 6.6 | 최고(最古) 실용신안공보 제1호

- 고안의 명칭: 아동용 보건차
- 출원일자: 1946년 8월 23일
- 공고일자: 1948년 6월 20일
- 등록일자: 1948년 11월 20일

'방법'에 관한 발명이나, '물건'은 다시 일정한 형태를 갖는 '물품'과 일정한 형태가 없는 '물질'로 구분해 볼 수 있다. 실용신안법은 '물품'에 관한 고안만을 보호대상으로 하고 '방법'에 관한 고안은 보호대상으로 하고 있지 않다. '물품'은 현행 특허법과 실용신안법상 모두 보호대상이 된다. '물품'의 정의는 여러 가지로 논의될

수 있으나 현행 실용신안법에 따르면 일정한 형태, 즉 형상·구조 또는 이들의 조합에 관한 고안이라고 할 수 있다.[169]

- **등록요건:** 발명의 특허요건과 고안의 실용신안등록요건은 각각 산업상 이용성, 신규성, 진보성으로 동일하게 규정하고 있지만, 진보성에 관한 등록요건은 특허법과 실용신안법에서 각각 다르게 규정하고 있다. 특허법상 발명의 진보성은 선행기술에 대비해 고도해야 하며 실용신안법상 고안의 진보성은 선행기술에 대비해 고도할 필요는 없고 그것이 출원시점의 기술에 비해 고안성에 들어 있으면 족하다.[170]
- **권리존속기간 및 그 연장:** 특허법에 의한 특허권과 실용신안법에 의한 실용신안권의 권리존속기간은 양자 상이하다. 즉 특허권의 존속기간은 특허출원일로부터 20년이고, 실용신안권은 출원일로부터 10년이다. 실용신안권의 존속기간이 짧은 것은 일반적으로 고안이 발명보다 모방이 용이해 제품수명(product life cycle)이 짧다는 점에 기인한다. 따라서 출원인이 개발한 기술을 특허출원할 것인가 실용신안출원으로 할 것인가의 선택기준의 하나로서 기술의 수준 및 난이도에 따라 결정한다. 기술진보 속도가 빠른 기술 분야에 실용신안출원이 많은 것은 바로 이 때문이며 따라서 실용신안출원은 조속히 사업화되므로 출원인은 가급적 조기권리화를 희망한다. 한편, 특허는 일정한 경우 권리의 존속기간이 연장되나 실용신안에는 이런 제도가 없다.[171]

169 한국발명진흥회, 『지식재산권 입문』(서울: 성민사, 2007), p. 85.

170 국내 실용신안등록 제1호는 '아동용 보건차(1948)'였다. 이는 운전하기 쉽게 만든 저렴한 가격의 유모차라고 할 수 있는 제품이었다.

171 한국발명진흥회, 대학생 지식재산권교육(사이버국제특허아카데미, 2002), p. 47.

표 6.7 | 특허제도와 실용신안제도의 비교

구 분		특허법	실용신안법
보호대상		발명(방법발명, 물질발명, 용도발명도 특허가능)	물품의 형상・구조・조합에 관한 고안 (∴ 물품성 요(要), 방법 또는 물질에 관한 고안은 등록불가)
성립요건		고도성 요(要)	고도성 불요(不要)
등록요건	진보성	'용이하게'	'극히 용이하게'(즉, 낮은 수준의 진보성)
	부등록 사유	공서양속을 문란하게 하거나 공중의 위생을 해할 염려가 있는 발명	+국기 또는 훈장과 동일하거나 유사한 고안
출원 및 심사	도면첨부	필요한 경우에 한해 첨부	• 필수적으로 첨부 • 미첨부 땐 불수리
	심사청구 기간	출원일로부터 3년	출원일로부터 3년
효력	존속기간	특허권 설정등록이 있는 날부터 특허출원일 후 20년이 되는 날까지	실용신안권 설정등록이 있는 날부터 실용신안등록출원일 후 10년이 되는 날까지
	존속기간 연장	가능	불가
	효력범위 제한	의약, 의약제조방법 적용 가(특 96②)	의약, 의약제조방법 적용 불가
	간접침해	물건발명, 방법발명 모두 적용 가능	방법발명, 물질발명은 적용 불가
	생산방법 추정	유	무
PCT	도면의 제출	도면의 설명 부분에 대한 번역문을 제출하지 않은 경우 도면의 설명부분에 대한 기재가 없었던 것으로 본다(특 201④).	• 국제실용신안등록출원이 도면을 포함하지 않은 경우 '기준일'까지 이를 제출(실용 36①) • 미제출 시 특허청장은 기간을 정해 도면 및 도면의 설명 부분의 번역문 제출을 명령(실용 36②) • 특허청장의 명령에도 불구하고 도면을 제출하지 않은 경우 당해 국제실용신안등록출원을 무효로 할 수 있다(실용 35③) • 제출된 도면 및 도면의 설명 부분의 번역문은 「특허법」 제47조 제1항의 규정에 의한 보정으로 간주(단, 보정기간은 부적용)(실용 35④)

- **출원 및 심사절차:** 실용신안법상 출원 및 심사절차에 있어서도 특허법상 그것들에 비해 몇 가지 점에서 상이하다. 즉 실용신안 등록출원서에는 반드시 도면이 첨부되어야 하고, 실용신안 출원료·등록료는 특허에 비해 저렴하며, 실용신안등록출원의 심사청구기간은 출원일로부터 3년 이내이다.
- **권리의 실시요건:** 실용신안에 있어서 권리의 실시요건은 물품을 생산, 사용, 양도, 대여, 수입 또는 그 물건의 양도 또는 대여의 청약행위에만 한정하고 있다.[172]

2. 법제구성 비교

남한의 실용신안법은 2022년 6월 최종 개정된 이래 현재에 이르고 있다. 구성은 총 10장 52조문으로 되어 있으며 제1장 총칙, 제2장 실용신안등록요건 및 실용신안등록출원, 제3장 심사, 제4장 등록료 및 실용신안등록 등, 제5장 실용신안권, 제6장 실용신안권자의 보호, 제7장 심판·재심 및 소송, 제8장 특허협력조약에 의한 국제출원, 제9장 보칙, 제10장 벌칙 등[173] 실용신안에 대한 전반적이고 구체적인 사항들이 기술되어 있음을 볼 수 있다.

남한의 실용신안법에 해당하는 북한의 창의고안에 관한 규정은 2001년 제정된 규정과 기존의 발명 및 창의고안에 관한 규정(1986년 개정법)을 동시에 적용하고 있는 것으로 보인다. 창의고안에 관한 규정은 총 4장 23조문으로 구성되어 있으며, 제1장 창의고안의 개념·창의고안사업에 대한 지도단위·적용대상 등, 제2장 창의고안의 신청과 심의·등록 그

172 실용신안법 제29조(침해로 보는 행위) 참조.

173 특허청 홈페이지, 법령 및 조약, 실용신안법, 2022. 9. 11 참조.

절차 · 방법, 제3장 창의고안에 대한 평가, 제4장 창의고안사업에 대한 지도통제 등[174] 창의고안에 대한 기본적 개념 위주로 간략하게 기술되어 있음을 알 수 있다.

〈표 6.8〉에서 보는 바와 같이 실용신안법제의 구성에서 중요한 요소라 할 수 있는 구체적 등록요건, 권리의 효력이나 존속기간을 포함한 실용신안권의 전반에 관한 사항, 실용신안권자의 보호, 심판 · 재심 및 소송, 특허협력조약에 의한 국제출원은 물론 실용신안권 침해에 따른 벌칙 등의 규정이 없다는 점은 사회주의체제하의 북한만이 갖고 있는 독특한 제도라 할 수 있으며, 이는 TRIPs협정에 가입하지 않은 것이 한 원인으로 작용한다. 이런 창의고안제도는 지식재산권 제도의 국제적 통일화에 따른 지식재산 환경의 변화에[175] 뒤떨어진 낡은 제도라 할 수 있다.

표 6.8 | 남·북한 실용신안법제의 구성 비교

남 한	북 한
실용신안법 2022년 6월, 총 10장 52조문으로 구성	창의고안에 관한 규정 2001년 6월, 총 4장 23조문으로 구성
• 제1장: 총칙 • 제2장: 실용신안등록요건 및 실용신안등록 출원 • 제3장: 심사 • 제4장: 등록료 및 실용신안등록 등 • 제5장: 실용신안권 • 제6장: 실용신안권자의 보호 • 제7장: 심판 · 재심 및 소송 • 제8장: 특허협력조약에 의한 국제출원 • 제9장: 보칙 • 제10장: 벌칙	• 제1장: 창의고안의 개념 · 창의고안사업에 대한 지도단위 · 적용대상 등 • 제2장: 창의고안의 신청과 심의 · 등록 그 절차 · 방법 • 제3장: 창의고안에 대한 평가 • 제4장: 창의고안사업에 대한 지도통제

174 북한의 "창의고안에 관한 규정에 대해"(4장 23조) 법규해설, 『민주조선』, 2001년 6월 12일자.
175 특허청, "지재권 관련 국제동향 및 향후 대응 방향", 2009. 2, p. 2.

3. 실체법 비교

1) 근거법령

실용신안법에 관한 법률근거는 남한은 실용신안법(2022. 6. 10: 개정)에서 규정하고 있고, 북한은 발명 및 창의고안에 관한 규정(1986. 6. 28: 개정)과 창의고안에 관한 규정(2001년 제정)[176]에서 그 법률적 근거를 찾을 수 있으나, 동 법규의 조문이 공개되지 않아 일부 자료에 의존할 수밖에 없는 한계가 있다.

2) 담당기관과 권리 부여

남한은 특허청에서 업무를 맡아서 하고 있으나, 남한의 실용신안에 해당하는 북한의 창의고안에 관한 사업은 발명위원회가 통일적으로 맡고 있다.[177] 권리의 보호형태는 남한은 실용신안권으로 독점배타적인 실시권을 허여하고 있다. 반면에 북한의 창의고안권은 재산권을 부여하는 것이 아니라 창의고안자들에게 금전적으로 보상, 즉 창의고안증서와 창의고안상금을 준다[178]는 점에서 일반적인 지식재산권 체계와 다르다. 다만 고도의 기술을 요하지 않는 고안에 관한 보호라는 점에서 남한의 실용신안제도와 유사점이 있다. 남한의 실용신안과 또 다른 차이점으로는 북한의 창의고안은 그 대상이 물품에 한정되지 않고 생산방법도 포함된다는 점이다.[179] 이런 북한의 창의고안제도는 1992년 러시아연방 특허법 제정

---

176 윤선희, "지식재산권법에 있어서의 남북조화방안", 『남북상사중재 관련 정책세미나』 2005. 8, p. 6 참조.

177 발명 및 창의고안에 관한 규정 제3조.

178 발명 및 창의고안에 관한 규정 제34조.

179 권재열 외 8인, 『북한의 법체계: 그 구조와 특색』(서울: 집문당, 2004), p. 394 참조.

시 처음 도입된 제도를 북한에서 원용한 것으로 추정되며,[180] 심의를 해당 사업소에서 하고 금전적인 보상을 한다는 점에서 남한의 실용신안제도보다도 사내제안제도와 유사하다.

3) 권리존속기간

실용신안권의 보호기간은 남한은 출원일로부터 10년이나 북한은 창의고안권의 보호기간이 실질적으로 규정이 없다는 것이 특이하다. 다만, 창의고안의 효력으로 기관, 기업소는 새로운 창의고안의 실행으로 인한 이익금 또는 예산절약액의 일부를 과학기술발전자금이나 기술혁신표창자금으로 쓰도록 규정하고 있다. 또 우수한 창의고안자에 대해서 국가표창과 한 등급 이상의 기술자격 급수 또는 인증기술자격을 주기 위한 사업[181]을 밝히고 있다.[182]

4) 국가수용과 강제실시권

국가에 의한 수용 및 강제실시권은 남한의 경우 국방상 필요할 때에 수용, 즉 전시, 사변 또는 이에 준하는 비상시와 공익, 재정(裁定), 심판에 의한 강제실시가 필요한 경우에 한해 적용하고 있으나, 북한은 '발명 및 창의고안에 관한 규정' 제7조에 "발명권과 특허권, 창의고안은 국가의 법적보호를 받는다."라고 규정하고 있다. 또 동 규정 제41조에는 "기관, 기업소는 생산과 건설에서 기술경제적 효과가 높은 발명과 창의고안 목표

180 김기룡, "전환기 국가의 특허권 보호에 관한 연구", 충남대학교 대학원 석사학위논문, 2003. 2, p. 9 참조.

181 발명 및 창의고안에 관한 규정 제33조.

182 북한의 "창의고안에 관한 규정에 대해"(4장 23조) 법규해설, 『민주조선』, 2001년 6월 12일 자; 박정원, "북한의 공업소유권 보호제도에 관한 연구", 한국법제연구원, 2001, p. 156.

과제를 의무적으로 수행하고 그 성과를 적극 받아들여야 한다."라고 규정하고 있는 것으로 보아 국가에서 창의고안사업을 적극 장려하고 널리 보급하도록 권장하고 있음을 알 수 있다. 그리고 동 규정 제43조에 "발명 및 창의고안을 한 일군이 일하는 기관, 기업소와 그 웃기관은 그것을 받아들이는 기관, 기업소에서 기술적 방조를 요구할 때에는 제때에 보장해 주어야 한다"라고 규정하고 있어 국가 차원에서 정당한 보상절차를 시행하고 있는 것을 볼 수 있다.

5) 벌칙

실용신안법은 실용신안권리제도의 취지에 반하는 행위를 한 자에 대해 민사상 책임을 물을 수 있도록 함과 동시에 형사적인 권리보호를 도모하고 있으며 그 벌칙[183]으로 남한은 침해죄, 위증죄, 허위표시의 죄, 거짓행위의 죄, 비밀누설죄 등을 구체적으로 규정하고 있고, 실용신안권 또는 전용실시권을 침해한 자는 7년 이하의 징역이나 1억 원 이하의 벌금형에 처하도록 규정하고 있다.[184] 북한의 경우는 "발명과 창의고안사업에서 허위자료를 제기했거나 발명권이나 특허권 소유자의 권리침해 및 발명에 대한 비밀을 누설했을 경우 엄중성 정도에 따라 해당한 법적 책임을 진다."[185]라고만 규정하고 있을 뿐, 침해로 보는 행위, 침해성립관련 추정 및 손해액관련 추정 등 구체적 벌칙조항이 없는 것으로 볼 수 있다. 그리고 동 규정 시행규칙 제75조에 출원발명에 관한 과학적 · 기술적 내용을 허위로 날조하거나 발명의 비밀내용을 공개하는 행위, 발명자증이나 특허에 의해서 보호되는 발명의 부당한 실시나 발명자증의 권리나 기타

183 실용신안법 제46조 내지 제49조.

184 실용신안법 제45조.

185 발명 및 창의고안에 관한 규정 제46조.

표 6.9 | 남·북한 실용신안법제의 실체법 비교

구 분	남 한	북 한
근거법령	실용신안법(2022. 6. 10 일부개정)	발명 및 창의고안에 관한 규정(1986 개정) 〈창의고안에 관한 규정(2001 제정) 일부 참조〉
담당기관	특허청	발명위원회
목적	실용적인 고안을 보호·장려하고 그 이용을 도모함으로써 기술의 발전을 촉진해 산업발전에 이바지함	창의고안을 더 많이 하며 그것을 정확히 평가하고 제때에 생산에 도입함으로써 근로자들의 창조적 열의를 적극 발양시키고 인민 경제발전에 이바지함[1]
보호대상	물품의 형상, 구조 또는 조합	기계설비, 장치 기술공정, 생산방법의 개선[2]
권리	재산권	금전적 보상 〈창의고안증서와 창의고안상금〉
권리보호 형태	실용신안권(독점배타적 권리)	창의고안권
보호기간	출원일로부터 10년	실질적으로 없음
적용 예외	• 자연법칙을 이용하지 않은 고안 • 방법특허 • 물질특허	• 발견과 사회과학 및 순수자연 과학 이론 • 산업미술 및 공업도안 • 시설물, 건설물 등의 설계 • 계산도표, 표식, 부호, 시간표, 경기규정, 운행규정, 프로그램 • 경제조직사업 및 기업관리 방법 • 사회도덕에 맞지 않는 제안 등[3]
등록요건	• 신규성 • 진보성 • 산업상 이용성	규정되어 있지 않음
민사적 구제	• 손해배상청구권 • 침해금지청구권 • 신용회복청구권 • 부당이득반환청구권	구체적 명문규정 없음
기타 제재	침해죄, 위증죄, 허위표시의 죄, 거짓행위의 죄 등 구체적·형사적 제재 및 행정적 제재 규정	구체적 벌칙규정 없음, 단순하게 권리침해 및 비밀을 누설했을 경우 해당한 법적 책임을 진다고만 규정[4]
유사제도	발명에 고도성을 요하지 않음	

(계속)

구분	남한	북한
특유규정 및 제도	• 공지되지 않는 발명으로 보는 경우 • 기초적 요건의 심사 및 출원각하 • 분할출원 • 변경출원 • 기술평가제도 • 실용신안권의 효력이 미치지 않는 범위 • 법적 실시권 • 심판제도 • 국제협력조약에 의한 국제출원	• 기술공정, 생산방법도 창의고안으로 등록받을 수 있음 • 창의고안등록신청인은 자신의 소속기관이나 기업소 또는 그 창의고안을 최초로 도입한 기관이나 기업소에 등록 신청(발명권과 차이) • 당해 소속기관이나 기업소의 기술심사위원회에서 등록여부 결정

주: 1) 창의고안에 관한 규정 제1조.
2) 발명 및 창의고안에 관한 규정 제5조.
3) 발명 및 창의고안에 관한 규정 제6조.
4) 발명 및 창의고안에 관한 규정 제46조.

특허권자의 권리를 침해한 행위를 범한 자는 법적 책임으로 경제적 제재가 부과된다고만 규정할 뿐 권리자의 이익보호는 구체적으로 명시되어 있지 않다.

북한이 창의고안제도의 실체법상 규정에 특정 정치지도자의 이름을 명시했다는 점은 이 제도가 '발명법'보다 인민경제발전에 보탬이 될 수 있는 실질적이고 내부 한정적인 내용을 담고 있음을 추측할 수 있다.

4. 절차법 비교

1) 출원공개와 심사청구

출원공개는 남한은 실용신안등록 출원일로부터 1년 6개월이 경과하면 출원공개공보에 게재해 공개하고 있으나, 북한은 창의고안 신청문건 접수 시 발명등록신청 공보에 공개, 즉 법정경과 기간이 없는 것으로 보인다.

실용신안등록출원 심사청구 및 심사는 남한은 출원일로부터 3년 이내에 심사청구를 해야 하며 심사청구 순서대로 심사를 할 수 있도록 규정되어 있으나, 북한은 심사청구기간은 규정되어 있지 않으며 심의(심사)결정은 신청문건을 접수한 때로부터 1개월 안에 심의결정하도록 규정되어 있어[186] 남북한 간 심사청구 및 심사절차에 차이점이 있다.

표 6.10 | 남북한 실용신안법제의 절차법 비교

구분	남한	북한
출원서류	• 실용신안 등록출원서 • 명세서 고안의 명칭, 도면의 간단한 설명, 고안의 상세한 설명, 실용신안 등록 청구범위 • 도면 • 요약서	• 창의고안 등록신청서 • 창의고안 개요 • 창의고안에 대한 기술설명서 • 창의고안 주장범위 • 그림[1)]
출원공개	실용신안등록 출원일로부터 1년 6개월이 경과한 때 출원공개공보에 공개	신청문건 접수 시 발명등록신청 공보에 공개(법정경과기간 규정 없음)
심사청구 및 심사	• 출원일로부터 3년 이내에 심사청구 • 심사청구 순서대로 심사	신청문건을 접수한 때로부터 1개월 안에 심의결정
이의신청	• 실용신안등록거절결정처분에 대해 불복 가능 • 현행법은 등록결정에 대한 이의신청제도를 폐지하고 재심사청구 가능	기관, 기업소, 공민들은 발명공보에 게재된 날로부터 3개월 안에 의견제기
거절불복	실용신안등록거절결정등본 또는 실용신안권의 존속기간의 연장등록거절등본을 송달받은 날로부터 3개월 이내에 불복심판청구	발명위원회의 결정에 대해 3개월 안에 의견제기

주: 1) 발명 및 창의고안에 관한 규정 제17조 참조.

186 북한의 "창의고안에 관한 규정에 대해"(4장 23조) 법규해설, 『민주조선』, 2001년 6월 12일자; 박정원, "북한의 공업소유권 보호제도에 관한 연구", 한국법제연구원, 2001, p. 156.

2) 이의신청

실용신안등록이의신청은 남한은 거절결정 처분에 대해 불복이 가능하며 2007년 개정 실용신안법에서는 이의신청제도를 폐지하고 재심사청구가 가능토록 했으며, 북한은 기관, 기업소, 공민들은 발명위원회가 발표한 공보에 대해 의견이 있을 때에는 3개월 안에 제기해 해명을 받도록 규정하고 있지만[187] 해명에 대한 불복권이 인정되는지 분명치 않다.

3) 거절불복

실용신안등록거절결정등본 또는 실용신안권의 존속기간의 연장등록거절결정등본을 송달받은 날로부터 3개월 이내에 불복에 따른 심판을 청구하도록 남한 실용신안법(특허법 준용)에서는 규정하고 있으나, 북한은 발명위원회의 결정에 대해 의견이 있을 경우 3개월 안에 제기해 해명을 받도록 규정하고 있으나[188] 의견 검토 후 불복에 대한 추가 인정여부는 불분명하다.

제4절 상표법의 비교

1. 남·북한 상표법

1) 개관

법제구성 및 체계 면에 있어서 북한의 상표법(총 5장 50조문)은 남한의

187 발명 및 창의고안에 관한 규정 제27조.

188 발명 및 창의고안에 관한 규정 제23조.

상표법(총 12장 237조문)에 비해 단순하고 개괄적으로 규정되어 있다. 따라서 개인의 권리취득과 보호 차원에서 구조적 미비점이 있다고 하겠다. 또 남한의 시행령(총 21조문)이나 시행규칙(총 100조문) 같은 규정도 마련되어 있지 않아 구체적이고 체계적인 업무를 수행하는 데 한계가 있을 것으로 보인다.

이밖에 1998년 제정 분리된 상표법만으로는 법제 구성상으로 볼 때 남한의 상표법보다 상대적으로 많은 미비점이 있기 때문에 1983년 개정된 상표 및 공업도안에 관한 규정과의 상호 보완관계를 유지하는 등 이원적 법률 구조체제의 문제점을 내포하고 있는 것으로 보인다.

실체법적인 측면에 있어서는 남한은 상표권자에게 독점배타적 사용권을 부여하고 있는 반면에 북한은 독점적 사용권만을 인정함으로써 물리적으로 사실상 지배가 불가능한 상표권의 속성상 타인에 의해 쉽게 침해될 수 있는 배타적 권리를 인정하지 않는 문제점이 있다고 하겠다. 이런 상표권의 침해는 단순히 상표소유자의 신용을 해칠 뿐만 아니라 공정한 경업질서(競業秩序)를 혼란케 하고 상품선택에 대한 소비자의 이익까지 저해하게 되며, 한 번 훼손된 당해 상표의 신용, 이미지 등의 가치는 회복하기 어렵게 된다.[189] 또 상표의 보호대상인 상품에 관해 동일성만을 인정하고 있어 동일성을 넘어 유사상품에 대해서까지 보호를 인정하는 다른 나라와 비교할 때 그 보호범위가 매우 제한적이라 할 수 있다.[190]

한편, 북한 상표법에서는 상표권의 등록, 심의(심사), 관리에 관한 전반적인 행위를 국가에서 직접 관여함으로써 우리 기업이나 개인이 북한에 상표등록을 받는 것은 사실상 불가능하며, 이런 상표 관행은 외국의 경쟁업체나 제3자가 우리 기업의 상표를 북한 내에서 선등록하는 것을 가능하게 하는 문제점을 야기한다고 볼 수 있다. 이밖에도 등록주의 하에서 등록상표와 동일 · 유사한 상표에 대해서는 등록이 인정되지 않는 것

189 특허청, 『조문별 상표법 해설』(서울: 금강인쇄사, 2007), p. 326 참조.
190 권재열 외 8인, 『북한의 법체계: 그 구조와 특색』(서울: 집문당, 2004), p. 397.

이 당연함에도 불구하고 이를 부등록사유의 하나로 규정하고 있다는 것도 문제점이다.

절차법적인 측면에 있어서는 남한은 상표등록출원 관련 17개 조문, 상표등록 관련 10개 조문, 심사 및 이의신청 관련 22개 조문 등 아주 상세하고 구체적으로 권리획득 절차를 기술하고 있는 데 비해 북한은 상표등록의 출원 관련 11개 조문, 상표등록의 심사 관련 8개 조문만을 둠으로써 개인의 권리확보 및 보호 차원에서 관련규정이 여러 면에서 미흡하고 소홀한 점이 있다.

2) 남 · 북한 상표법의 주요내용

(1) 북한 상표제도

1 상표제도의 목적

상표에 관해 1998년 이전에는 상표 및 공업도안에 관한 규정에 이를 포함하고 있었으나[191] 1998년 법 개정을 통해 상표법과 공업도안법으로 이를 분리해 규정하기 시작했다. 따라서 1998년 독자의 상표법은 "상표등록의 신청과 심의, 상표권의 보호에서 제도와 질서를 엄격히 세워 기관, 기업소, 단체와 공민의 이익을 보호하는 데 이바지한다."[192] [193]라고 사명을 밝히고 있다. 더 나아가 국가의 상표사업에 대한 현대화, 과학화

191 1998년 독자의 상표법이 제정됐다고 하여 종전의 상표 및 공업도안에 관한 규정을 대체했다고 보기 어려우며, 현재까지 밝혀진 바로는 두 개의 법령이 상호보완관계로 계속 유지되고 있는 것으로 판단된다. 따라서 이하에서도 제정 상표법을 중심으로 기술하되 미진한 부분에 대해서는 상표 및 공업도안에 관한 규정을 인용하고자 한다.

192 북한 상표법 제1조.

193 상표 및 공업도안에 관한 규정 제1조에서는 "상표와 봉사표시에 대한 권리를 보호하여 상품과 봉사의 질을 보장하고 신용을 담보함으로써 국내 · 외 시장들에서 상품판매를 촉진하여 인민들의 물질문화적 복리증진에 적극 이바지함을 목적으로 한다."라고 밝히고 있다.

원칙의 의무를 규정하고 있다.[194] 개정 상표법에서는 상표보호에 대한 국가의 의지를 천명하고 있으며 상표사업의 활성화를 위한 국가의 의무를 규정하고 있는 점이 특정이라고 할 수 있다.[195]

2 상표의 개념 및 등록요건

㉠ **상표의 개념**: 상표란 서로 다른 생산자 또는 봉사자의 같은 제품이나 봉사를 구별하기 위하여 글자, 그림, 숫자, 기호, 색깔, 3차원적인 형태 또는 그것들의 결합체로 밝히는 표식으로서, 제품상표, 봉사상표, 집단상표, 증명상표와 담보상표 같은 것이 이에 해당한다.[196] 즉 상표와 봉사표[197]는 글자, 그림, 기호 혹은 이들의

그림 6.7 | 북한 상표 사용례

자료: 문삼섭, "북한 상표법", 2005. 8. 25, p. 3.

---

194 북한 상표법 제6조.

195 육소영 · 윤권순, 앞의 논문, p. 63 참조.

196 북한 상표법 제2조.

197 남한 상표법의 서비스표에 해당한다.

결합 또는 이것과 색깔과의 결합으로 구성된다.[198] 글자, 그림 외에 기호로 이루어진 상표가 인정된다는 점에서 입체상표를 인정하는 것으로 보인다. 또 상표나 봉사표시의 보호대상인 상품이나 서비스에 있어 동일성만을 인정하고 있어 동일성을 넘어 유사상품이나 서비스에 대해서까지 보호를 인정하는 다른 나라와 비교할 때 그 보호범위가 매우 제한적이라고 할 수 있다.[199]

㉡ **상표의 등록요건:** 북한은 상표법에서 "상표등록의 신청은 상표사업의 첫 공정이다."[200]라고 규정함으로써, 상표보호에 관해 선등록주의를 취하고 있다. 상표등록을 위해서는 상표의 개념에 해당해야 하고 선출원이어야 한다.[201] 상표등록 기관이 상표등록 신청 문건을 접수한 날이 출원일이 되지만 일정한 경우에는 예외를 인정하고 있다.[202] 이런 예외로 기관, 기업소, 단체와 공민이 전람회, 전시회에 상표를 출품했을 경우 해당 상표의 등록신청에서 우선권을 가진다. 다만 우선권을 요구하는 문건을 전람회, 전시회에 상표가 출품된 날로부터 3개월 안에 상표등록기관에 제출해야 한다.[203] 또 조약우선권에 따라 상표등록을 하기 위해서는 타국에 상표등록출원을 한 후 6개월 안에 출원한 경우

198 상표 및 공업도안에 관한 규정 제6조.

199 권재열 외 8인, 앞의 연구서, pp. 396-397.

200 북한 상표법 제3조.

201 상표 및 공업도안에 관한 규정 제13조.

202 북한 상표법 제15조.

203 북한 상표법 제16조.

에 우선권을 인정하고 있다.[204] [204-1]

표 6.11 | 마드리드 루트를 통해 출원된 북한 상표목록

연번	출원인	표 장	지정상품	마드리드 지정국
1	Taedonggang Reagent Company (대동강시약회사)	HEPAVAR®	의약품	CH, CN, DE, FR, IT
2	Kanggye Podosul Kongjang (강계포도술공장)	인 풍	와인	BX, CN, CU, FR, RU
3	KOREA CIGARETTES IMPORT & EXPORT CORPORATION (고려담배수입수출공사)	평양	담배류	BX, CN, KZ, RU, UZ
4	SOGAM PHARMACEUTICAL BUREAU (석암의약소)	왕관 WANG GWAN	의약품	CH, CN, DE, MN, RU
5	Kaesong Koryo Kochujang Kongjang (개성고려 고추장간장)	연풍	콩 파스타, 파스타 음식	CN, KZ, RU, TJ, VN
6	Hyesan Dultzuk Kagong Kongjang (해산들쭉가공공장)	백두산	술	CN, CU, FR, IT, RU
7	CHONGPHUNG JVC (청풍 JVC)	평양	한국식 국수	CN, IT, KZ, RU
8	Korea Ryonhap Trading Corporation (고려연합무역회사)	이탈산	생수	

204 북한 상표법 제17조.

204-1 북한 마드리드(국제상표) 출원 현황

연도	계	2010	2011	2012	2013	2014	2015	2016	2017	2018	2019
건수	58	5	2	2	3	7	7	7	6	8	11

자료: 특허청, "남북한 지식재산권 협력을 위한 실행 방안 연구", 한국지식재산연구원, 2020. 12, p. 27 참조.

표 6.11 | 마드리드 루트를 통해 출원된 북한 상표목록

연번	출원인	표장	지정상품	마드리드 지정국
9	Pyongyang Oriny Sikryogongjang (평양어린이식료공장)		콩 우유, 두유 밀가루, 쌀, 비스킷, 설탕, 어린이를 위한 모든 종류의 파스타	
10	조선관광		관광업	
11	Daehongdan Kamja Kagonggongjang (대홍단감자가공공장)	대홍단	보리설탕, 감자전분으로 만든 국수	
12	Pyongyang Akgui Kongjang (평양악기공장)	Convallaria	음악기기	
13	Teabong Tobacco Factory (태봉담배공장)	내고향	담배	
14	Kyongryon Aeguk Soda pop Factory (경련애국음료공장)	래천	청량음료, 시럽	
15	Taedonggang Beer Factory (대동강맥주공장)	대동강	맥주	
16	Ryongsong Meat Processing Factory (령성고기처리공장)	5월	처리된 육류, 준비된 채소, 통조림, 채소, 고기 통조림, 통조림 과일, 유제품, 콤포트, 잼	
17	Korea Rungra 888 Trading Co. (고려능라888무역회사)	금강산	생수	
18	Korea Colour Factory (조선물감공장)		물감, 잉크	
19	Samilpo Exports Processing Factory (삼일포수출처리공장)	삼일포	단과자류, 비스킷	

연번	출원인	표장	지정상품	마드리드 지정국
20	Pyongyang Sokjong Vegetable Processing Factory (평양석정채소처리공장)	평양	김치	
21	Pyongyang Daily Necessaries Factory (평양일상품공장)	서리꽃	가구와 부엌 용품과 플라스틱 용기	

자료: 신지연 외 3인, "남북한 지식재산권 제도의 조화방안", 한국지식재산연구원, 2007. 11, pp. 53-55.

상표의 개념에 해당하고 선출원인 경우에 출원상표에 대해서 등록이 인정되지만 예외적으로 이런 형식적 요건을 갖춘 상표라 해도 상표등록이 인정되지 않는다. 이를 상표의 부등록사유라 하며[205] 남북한 실체법 비교에서 언급하기로 한다.

❸ 상표등록신청 및 심의절차

㉠ **상표등록 신청절차**: 상표등록신청인은 상표등록신청 문건을 상표등록기관에 제출해야 한다.[206] 외국의 기관, 기업소, 단체와 공민이 상표신청을 하는 경우에는 대리기관을 통해서 신청을 해야 한다.[207] 상표등록신청 문건에는 신청자의 이름, 주소, 상품 및 봉사분류 같은 것을 정확히 밝히며 상표견본, 영업허가와 관련된 공증문건을 첨부해야 한다.[208] 구체적인 상표등록신청 문건으로는 상표등록신청서, 신청자의 법적권리증명서, 상표와 그 설명서를 포함하며,[209] 외국인의 경우에는 위임장[210] 및 우선권

205 북한 상표법 제21조.

206 북한 상표법 제8조.

207 북한 상표법 제11조.

208 북한 상표법 제9조.

209 북한 상표 및 공업도안에 관한 규정 제12조.

주장을 하는 경우에는 관련 서류의 사본을 제출해야 한다.[211] 상표등록신청 문건은 상표등록기관에 직접 내거나 우편으로 보내야 한다. 다만 부득이한 경우에는 전자우편, 팩스 같은 통신수단을 이용해 제출할 수 있다.[212] 상표등록기관은 상표등록신청 문건을 접수하고 신청인에게 접수증을 보내야 한다.[213] 상표등록신청일은 상표등록기관이 상표등록신청 문건을 접수한 날로 한다. 상표등록신청 문건에 결함이 있는 경우에 상표등록기관은 이를 신청인에게 돌려보내거나 3개월 안에 신청인으로 하여금 결함을 치유하도록 한다. 부득이한 사유로 신청인이 결함을 치유하지 못한 경우에는 그 기간을 2개월간 연장할 수 있다.[214] 상표등록신청 문건에 결함이 있는 경우에도 상표등록기관이 결함이 있는 그 상표등록신청 문건을 처음 접수한 날을 상표등록 신청일로 한다.[215]

210 북한 상표법 제11조.

211 북한 상표법 제17조.

212 북한 상표법 제10조.

213 북한 상표법 제13조.

214 북한 상표법 제14조.

215 북한 상표법 제15조.

표 6.12 | 북한에서 실사용 중으로 확인된 상표목록

상 표	상 품	출 처	비 고
얀림	면도기	단동 기념품가게	
애용 Aong	면도기	단동 기념품가게	
비사, 헨리, 오개	면도기	단동 기념품가게	
Quilmes	맥주	단동 북한음식점 '삼천리'	북-아르헨티나 합작 맥주
왕관	고려약과 건강식품	조선신보[1]	
봄향기	화장품	조선신보	내수용/신의주화장품공장
은하수	화장품	조선신보	평양화장품공장
금강산, 너와나	인삼화장품	조선신보	수출용
릉라도	고급화장품 (선블록크림 등)	조선신보	
고려	손글입력기(펜 인식기)	조선신보	
KORYO KIGYE	공작기계	조선신보	
'PACO', 'ATIAE', 'FEINTON', 'STOCKHAUSEN', 'J.NEMETSCHKE'	피아노	조선신보	평양피아노합영회사[2]
아리랑	장화	조선신보	러시아 등 외국에 수출
아리랑	TV	조선신보	
고려활성알약	전통고려약	조선신보	조선금은산무역회사 출품
날개	구두/내수용	민족통신	평양구두공장
마안산	담요	조선신보	박천견직공장
대동강	맥주	조선신보	마드리드 출원상표/ 평양맥주공장
심덕샘물, 옥류약수, 강서약수	약수	네이버 검색	강서약수는 현재 남한기업과의 합영기업
대성산	체육용품	조선신보	평양체육기구공장
기러기, 토끼	멜가방 (백팩 스타일 학교가방)	조선신보	

(계속)

상표	상품	출처	비고
별무리	감자편튀기(감자칩)	조선신보	평양어린이과자공장
별무리	컴퓨터 공유기	조선신보	아침-panda 컴퓨터 합영회사
모란봉	김치	조선신보	통일김치공장
봉화, 옥류, 전진	비누	조선신보	봉화는 자스민 향기
봄빛	맥주, 고구마 닭구이 등 이동식 음식 가판대	조선신보	창광봉사관리국이 제공하는 야외봉사매대
산천	오이절임, 무절임, 가시오가피 술 등	조선신보	조선농업협조회사
백두산	대형선풍기, 몸영양 물비누	조선신보	
류원	정구화	조선신보	류원신발공장
서리꽃	가방	조선신보	평양일용품공장 가방직장
선흥	과자, 민족당과, 음료	조선신보	선흥식료공장
아침-panda	펜티엄급컴퓨터	조선신보	아침-panda 컴퓨터 합영회사
오일	영양 아이스크림	조선신보	오일무역회사
운하섬	유탁질방수액	조선신보	경공업성 방직기계공업관리국 기술준비소
은방울	손풍금	조선신보	평양악기무역회사
보통강	신발	조선신보	보통강신발공장
코스모스	보석머리빈침	조선신보	평양대성 보석가공공장
태성호	분무기	조선신보	강서분무공장
하나	VCD, DVD녹화기 등	조선신보	하나전자회사
해돋이막걸리	막걸리	조선신보	대동강맥주공장

주: 1) 재일본 조선인총연합회 기관지, 기사발행 일자는 인쇄물을 보고 확인할 필요가 있음(본 문서에 기록된 내용은 전자문서를 근거로 작성된 것임에 유의할 것).

2) 평양피아노합영회사는 1988년 북한 문화성과 조총련이 공동 설립한 것으로, 1992년 자동연주기가 달린 피아노를 생산한 데 이어 1996년부터 그랜드 피아노를 내놓는 등 다양한 모델을 생산하고 있다.

자료: 신지연 외 3인, "남북한 지식재산권 제도의 조화방안", 한국지식재산연구원, 2007. 11, pp. 55-56.

㉡ **상표등록 심의절차**: 상표등록기관은 상표등록신청 문건을 접수한 날로부터 6개월 안에 상표의 등록여부를 심의해야 한다.[216] 심의의 적절성을 위해 심의기관은 심의에 필요한 자료의 제출을 상표등록신청인에게 요구할 수 있으며 이런 요구를 받은 신청인은 심의기관이 요구한 자료를 제출해야 한다.[217] 상표등록기관은 상표신청을 심의하고 그 결과를 신청인에게 통지해야 한다.[218] 등록이 결정된 상표는 국가상표등록부에 등록되며 상표신청인에게는 상표등록증이 발급된다. 등록된 상표는 상표공보를 통해 공개된다.[219]

등록상표에 대해 의견이 있는 자는 상표등록을 신청한 날부터 1년 안에 상표등록기관에 의견을 제기할 수 있다. 상표등록기관은 제기된 의견을 심의하고 그 결과를 의견을 제기한 자와 상표권자에게 서면으로 통지한다.[220] 상표신청인은 상표등록을 부결하는 통지를 받은 날로부터 6개월 안에 재심의를 청구할 수 있다. 상표등록기관은 재심의 청구에 대해 신청된 상표를 재심의해 그 결과를 신청인에게 통지한다. 재심의의 결과는 공개된 날로부터 2개월 안에 다른 의견이 제기되지 않는 경우에 확정된다.[221] 재심의 결과에 대해 의견이 있는 신청인은 재심의 결과를 통지받은 날로부터 2개월 안에 비상설상표심의위원회에 이의를 제기할 수 있다. 비상설상표심의위원회는 제기된 의견을 심의하고 그 결과를 상표등록기관과 신청인에게 통지해야 한다.[222]

216 북한 상표법 제19조.
217 북한 상표법 제20조.
218 북한 상표법 제22조.
219 북한 상표법 제23조.
220 북한 상표법 제24조.
221 북한 상표법 제25조.

4 상표권 및 침해

㉠ **상표권의 효력 및 소멸:** 상표권의 소유자는 ① 등록된 상표의 사용권, ② 등록된 상표의 전부 또는 일부에 대한 양도 및 사용허가권, ③ 상표권침해 행위를 중지시키는 것에 대한 권리와 손해배상청구권, ④ 등록된 상표의 취소권을 갖는다.[223] 상표권의 양수인은 양도에 대한 합의를 얻은 후 상표권양도문건을 상표등록기관에 제출해야 한다. 상표권의 양도는 상표등록기관에 상표권양도등록을 한 날로부터 효력이 발생한다.[224] 상표권의 전부 또는 일부에 대한 사용허가계약을 체결하는 경우에도 권리자는 그 정해진 문건을 상표등록기관에 내야 한다. 상표권 사용허가에 대한 등록 외에 상표권자는 실시권자에 의한 상표사용에 있어 상품이나 봉사의 질에 대한 통제를 할 수 있다. 그러나 사용허가를 받은 상표에 대한 상품 또는 봉사의 질에 대한 1차적 책임은 그 실시권자에게 있다.[225] 상표권의 보호기간은 상표등록신청일로부터 10년간이며, 10년 간격으로 연장할 수 있다.[226] 보호기간의 연장신청은 유효기간의 종료 6개월 전에 해야 하며, 부득이한 사유로 연장신청기간 내에 연장을 하지 못한 경우에는 6개월을 더 연장할 수 있다.[227] 상표권의 보호기간 중에 상표권자의 성명, 주소 등의 변경이 있는 경우에는 상표권자는 상표등록 변경신청 문건을 상표등록기관에 제출해야 한다.[228]

222 북한 상표법 제26조.
223 북한 상표법 제29조.
224 북한 상표법 제30조.
225 북한 상표법 제32조.
226 북한 상표법 제34조.
227 북한 상표법 제36조.
228 북한 상표법 제37조.

등록상표권은 보호기간의 만료에 의해 소멸한다. 그러나 북한 상표법의 특징은 상표권자가 적극적으로 자신의 상표권을 취소할 수 있다는 점이다. 취소기간에는 제한이 없는 것으로 보이며 상표등록의 취소를 원하는 상표권자는 상표등록취소문건과 상표등록증을 상표등록기관에 내면 된다.[229] 상표권자의 적극적 취소행위 외에 상표등록이 취소됐거나 상표가 상표등록일로부터 5년간 사용되지 않은 경우에는 상표권의 효력이 상실된다.[230] 상표법에서는 상표등록이 취소되는 경우에 관해 규정하고 있지 않으나, 상표 및 공업도안에 관한 규정에 의하면 상표법의 규정을 위반하고 등록된 상표에 대해 취소가 인정되도록 규정하고 있다.[231]

ⓛ **상표권의 침해와 구제**: 기관, 기업소, 단체와 공민은 불법적으로 상표를 제작 · 인쇄 · 이용 · 매매하거나 다른 나라에서 만들어 들여오거나 허위 및 위조상표를 붙인 상품, 상표가 없는 상품을 판매 · 수출입하는 행위를 해서는 안 된다.[232] 상표권자의 이익이 침해된 경우에 침해자는 손해를 배상해야 하며 위법행위에 이용된 상표, 상품 등은 몰수하거나 영업활동을 중지시킨다.[233] 상표권자도 상표권을 불법적으로 양도 · 사용허가 했거나 등록상표를 변경해 사용한 경우에는 해당상품의 생산 또는 봉사가 중지되거나 상표등록이 취소될 수 있다.[234] 이 법을 어겨 그 침

229 북한 상표법 제38조.
230 북한 상표법 제39조.
231 상표 및 공업도안에 관한 규정 제27조.
232 북한 상표법 제44조.
233 북한 상표법 제47조.
234 북한 상표법 제48조.

해의 결과가 엄중한 경우에는 그 해당 기관, 기업소, 단체의 책임자와 개별 공민에 대해 행정적 · 형사적 책임을 지운다.[235] 상표를 둘러싼 분쟁은 협의로 해결함을 원칙으로 하나 협의로 해결할 수 없는 경우에는 상표등록기관과 비상설상표심의위원회에 문제를 제기해 해결한다. 상표등록기관과 비상설상표심의위원회에 제기해서도 분쟁이 해결되지 않는 경우에는 재판이나 중재기관의 중재를 신청할 수 있다.[236]

(2) 남한 상표제도

1 상표제도의 목적

상표법은 "상표를 보호함으로써 상표사용자의 업무상의 신용유지를 도모하여 산업발전에 이바지하고 수요자의 이익을 보호함을 목적으로 한다."[237]라고 규정하고 있다.[238] 즉 상표법은 '상표의 보호'라는 가장 중요한 목적을 추구함과 동시에 상표사용자 측면에서는 상표에 화체된 업무상의 신용과 이익을 보호하는 한편(사익보호), 수요자 측면에서는 상표가 나타내는 상품출처와 상품품질에 대한 수요자의 신뢰이익을 보호함으로써(공익보호), 국가전체적인 차원에서 건전한 상거래의 활성화를 통한 산업발전에 기여하는 것을 목적으로 하는 것이다. 대법원 판례[239]에서는 "상표제도의 목적이 상표와 상품의 관계를 유지케 함으로써 부정경쟁을 방지하고 상표권자의 영업상의 신용을 보호함과 동시에 거래자 및 수요자를 보호함에 있다."라고 판결하여 '부정경쟁의 방지'를 상표법의 목적으

235 북한 상표법 제49조.

236 북한 상표법 제50조.

237 남한 상표법 제1조.

238 이와 같이 상표법에 목적규정을 두기 시작한 것은 1973년 개정상표법부터이다.

239 대법원 1984. 9. 25. 선고 83후65판결 참조.

로 파악하고 있다.[240]

2 상표의 개념 및 등록요건

㉠ 상표의 개념: 상표는 크게 사회통념에 의거한 상표와 상표법상 보호대상의 상표로 구분될 수 있으며, 여기서 사회통념에 의거한 상표란 자기의 상품과 타인의 상품을 구분할 수 있는 표지[241]로 상표에 사용되는 일체의 수단을 총칭하는 개념이다. 그러나 현실적으로는 상품의 식별표지로 기능하는 모든 유형의 표지를 상표법 체계 내에서 보호하는 것은 어렵기 때문에 상표법에서는 그중 일정요건을 갖춘 상표만을 상표법상의 상표로 인정하여 보호하고 있다.[242] 따라서 상표법상의 상표란 상품을 생산 · 가공 · 증명 또는 판매하는 것을 업으로 영위하는 자가 자기의 업무에 관련된 상품을 타인의 상품과 식별되도록 하기 위해 사용하는 기호 · 문자 · 도형 · 소리 · 냄새 · 입체적 형상 · 색채 · 홀로그램 · 동작 또는 이들을 결합한 것 내지는 그밖에 시각적으로 인식할 수 있는 것을 말한다.[243] 그리고 소리 · 냄새상표[244-1] 및 증명표장제도[244-2]가 2012년 3월 15일부로 새로 도입되었다.[244-3]

㉡ 상표의 등록요건: 우리 상표법은 등록주의를 채택하고 있으므로

---

240 국제지식재산연수원, 『상표법(표준교재)』, 2008. 2, p. 3 참조.

241 이를 자타상품식별표지라 한다.

242 한국발명진흥회, 『지식재산권 입문』(서울: 성민사, 2007), p. 156.

243 남한 상표법 제2조.

244-1 소리상표 또는 냄새상표란, 상품 · 서비스의 출처를 표시하기 위해 사용하는 소리 또는 냄새를 기호 · 문자 · 도형 또는 그 밖의 시각적인 방법으로 사실적(寫實的)으로 표현한 상표를 말한다. 예를 들어, 미국에서는 '마이크로소프트' 사의 윈도우 시작음이나, 인텔의 효과음 등이 소리상표로 등록되어 있고, 레이저 프린터 토너의 아몬드향이 냄새상표로 등록되어 있다.

244-2 증명표장(Certification Marks)이란 일반적으로 그 표장의 소유자(증명표장권자) 또는 그로부터 사용허락을 받은 자가 그 표장이 사용되는 상품이나 서비스업의 산지 · 원재료 · 제조방법 · 제공방법 · 수량 · 정밀도 및 기타 특성을 증명하기 위하여 사용하는 표장을 말한다.

244-3 특허청 상표심사정책과, 『소리 · 냄새상표 및 증명표장 출원 가이드북』, 2012. 4, p. 1.

상표에 대한 사용사실의 유무와 관계 없이 소정의 상표로서의 구성요건을 갖추어 상표로서의 '식별력(識別力)'[244]을 갖출 경우 상표로서의 등록을 허용하고 있다. 다만, 식별력이 없는 상표라 하더라도 상표등록출원 전에 사용한 결과 식별력을 취득한 경우 예외적으로 등록을 허용하고 있다. 상표법에서는 등록을 받을 수 있는 상표에 해당되는지의 여부는 궁극적으로 당해 상표가 식별력을 갖췄는지의 여부의 문제이므로 여기서는 적극적 등록 요건[245]에 해당되는 식별력이 없는 표장과 공익상 이유와 사익 간의 조정을 위해 일정한 경우 등록을 거절할 수 있는 부등록사유[246]를 순서대로 열거하고자 한다.

먼저 식별력이 없는 상표로는 ① 보통명칭 상표, ② 관용상표, ③ 성질표시표장, ④ 현저한 지리적 명칭, ⑤ 흔한 성 또는 명칭, ⑥ 간단하고 흔한 표장, ⑦ 기타 상품의 식별력이 없는 상표로서 상표 등록을 받을 수 없다. 다만, 상술한 식별력 없는 상표라도(기술적 표장, 현저한 지리적 명칭 등, 흔한 성 또는 명칭, 간단하고 흔한 표장) 상표등록출원 전에 사용한 결과[247] 수요자 간에 상품의 출처표시로 현저하게 인식되어 있는 경우[248]에는 사후적으로 식별력을 취득한 것으로 보아 상표등록을 허용하고 있다.[249] 보통명칭과 관용표장에 해당하는 상표(서비스표)는 사용에 의한 식별력 취득이 인

244 식별력이란 자기의 상품과 다른 영업자의 상품을 구별할 수 있는 힘으로서 특별현저성이라고 하기도 한다.

245 남한 상표법 제33조.

246 남한 상표법 제34조.

247 상표출원 전에 당해 상표를 그 지정상품에 대해 계속적 · 독점적으로 사용했어야 한다.

248 일반 수요자에게 당해 상표가 누군가의 상품의 출처표시로 현저하게 인식될 것을 요한다. 여기서 현저하게 인식됐다는 것은 상품 거래자와 수요자의 대다수에게 인식됐을 것을 요하며 이는 출원인이 구체적인 증거를 통해 입증해야 한다.

249 남한 상표법 제33조 제2항.

정되지 않는다.

❸ 상표 및 상품의 동일 · 유사

우리나라에서는 상표의 사용에 따른 상품의 출처에 관한 혼동의 실존여부를 불문하고 '혼동가능성'(likelihood of confusion)이 있으면 등록상표의 사용을 금지할 수 있는 권리가 있는 것으로 보고 있다. 그런데 이 '혼동'이라는 개념은 주관적이고 추상적이어서 이를 일반적으로 객관화시킨 것이 '유사(類似)'라는 개념이다. 즉 상표법에서는 동일 · 유사한 상표를 동일 · 유사한 상품에 사용할 경우 일반 수요자에게 혼동 가능성이 발생한다고 하는 형식적 · 획일적 기준에 입각해[250] 상표권의 배타적 효력의 범위, 즉 금지권 및 후등록 배제효[251]의 적용범위를 상표 및 상품의 동일 또는 유사 범위까지 확장하는 반면 상표권자가 등록상표를 적법하게 사용할 수 있는 전용권의 범위는 상표 및 상품의 동일범위로 한정하고 있다.

이런 동일 · 유사 판단을 구별하는 실익으로는 불사용취소심판에서의 등록상표의 사용이 있었는지 여부를 판단함에 있어서 등록상표와 같은 상표를 사용한 경우에 한하여 등록상표의 사용으로 인정하고, 사용권자의 사용권이 인정되는 범위 또 등록상표와 동일상표에 한정하여 인정되며, 사용에 의한 식별력을 취득한 출원의 경우에도 실제 사용하여 식별력을 취득한 상표와 같은 상표를 출원한 경우에 한하여 등록이 가능하고, 출원의 보정, 출원 때 특례 규정 등의 적용도 상표의 동일성이 유지되는 범위 내에서만 소급효를 인정한다. 따라서 이들 규정을 적용함에 있어서는 동일상표와 유사상표의 법적 취급이 다르므로 동일상표와 유사상표를 구별할 필요가 있다.

먼저 상표의 동일 · 유사를 살펴보면, 상표의 동일이란 등록상표와

250 국제지식재산연수원, 『상표법(표준교재)』, 2008. 2, p. 75 참조.

251 후등록 배제효란 후출원된 상표의 등록을 배제할 수 있는 효과를 의미한다.

물리적으로 완전히 동일한 상표는 물론 등록상표를 확대 · 축소한 것과 사회통념상 거래사회에서 동일한 것으로 인식되는 정도의 상표를 포함하는 것으로 해석하고 있으며, 상표의 유사란 동종의 상품에 사용되는 두 개의 상표를 외관, 칭호, 관념 등을 전체적 · 객관적 · 이격적[252]으로 관찰할 때 거래사회에서 일반 수요자나 거래자가 상표에 대해 느끼는 객관적 인식을 기준으로 그 상품의 출처에 대한 오인 · 혼동의 우려가 있을 정도로 유사한 것을 의미한다. 따라서 상표의 유사 여부는 양 상표 각각의 외관 · 칭호 · 관념의 세 가지 요소를 대비해 판단하며, 원칙적으로 이들 요소 중 하나만 유사해도 양 상표는 유사한 것으로 본다. 다만, 예외적으로 어느 하나의 구성요소가 유사한 경우라도 다른 요소들이 확연히 구별되어 양 상표를 전체로서 대비할 때 혼동의 염려가 없는 경우에는 양 상표는 유사하지 않은 것으로 본다.

다음으로, 상품의 동일 · 유사를 살펴보면, 상품의 동일이란 물리적 · 화학적 의미에서 완전히 동일한 상품을 의미하는 것이 아니라 상품의 구성요소가 다소 차이가 있다 하더라도 사회통념상 동일 상품으로 간주될 수 있는 범위 내의 상품을 말하며, 상품의 유사란 대비되는 상품이 동일한 정도는 아니라 할지라도 거래사회에서 오인 · 혼동을 야기할 수 있을 정도로 비슷한 것을 의미한다.

따라서 상품의 유사를 판단하는 방법에 있어서, 상표와의 관계에서 상대적으로 정할 것이 아니라 상품 자체의 속성만을 비교해 추상적 · 절대적으로 판단해야 한다는 절대적 판정설과 상품의 유사 여부는 상표와의 관계에서 상대적으로 결정되어야 한다는 상대적 판정설로 학설에 따라 다소 차이를 보이고 있다. 다만, 특허청 실무에서는 원칙적으로 상품류 구분[253]에 의해 상품의 유사 여부를 판단하고 있지만, 대법원 판례는

252 이격적 관찰(離隔的 觀察)이란 때와 장소를 달리해 상표를 접하는 수요자의 불확실한 기억(imperfect recollection)을 토대로 유사 여부를 판단하는 방법을 말한다.

상품류 구분이 동종상품을 정한 구속력 있는 구분은 아니므로 생산자의 일치 여부, 유통경로나 판매점의 일치 여부, 수요자층의 일치 여부 등을 상호 비교해 유사 여부를 판단하고 있다.[254]

4 상표출원, 심사·등록 절차

㉠ **상표등록출원 절차:** 상표등록출원은 상표와 그 상표가 사용될 지정상품을 특정하여 법에서 정한 소정의 형식을 갖추어 서면 또는 전자문서로 하되 국어로 기재해 출원해야 하며, 상표등록출원 절차상 제(諸) 원칙을 준수하지 않으면 상표등록출원서류는 수리되지 않는다. 한편, 상표출원의 종류로는 지정상품추가등록출원, 상표권의 존속기간갱신등록신청[255], 상품분류전환등록출원이 있으며, 기타 출원절차상의 제도로는, 상표등록출원은 상표마다 별개로 해야 하지만 상품의 면에서는 2 이상의 상품류 구분에 속하는 상품도 동시에 지정해 하나의 출원으로 할 수 있는 1상표 다류 1출원주의가 있고, 상표등록출원에 절차상의 하자가 있거나 실체적 내용이 불비한 경우 출원인이 자발적으로 적법하게 보충 또는 정정하는 출원의 보정이 있으며, 출원인이 2 이상의 상품을 지정상품으로 하여 상표등록출원한 경우 보정기간 이내에 2 이상의 상표등록출원으로 분할하는 출원의 분할이 있으며, 출원의 주체나 내용의 동일성을 유지하면서 동일법 영역(상표법) 내에서 출원의 형식만을 변경하는 출원의 변경제도가 있다. 그밖에 조약에 의한 우선권제도[256] 및 출원 시 특례제도[257]가 있다.[258]

---

253 특허청예규 제123호, 유사상품 심사기준, 2021. 12. 27.

254 한국발명진흥회, 『지식재산권 입문』(서울: 성민사, 2007), pp. 177-183 참조.

255 남한 상표법 제84조를 개정(법률 9987호, 2010. 1. 27 개정, 2010. 7. 27 시행)하여 등록출원을 등록신청제도로 변경했다.

㉡ **심사절차:** 특허청은 출원인의 상표등록출원서류에 대한 방식심사를 먼저 하게 되는데, 제출된 서류가 상표등록출원서 또는 지정상품의 추가등록출원서로서 출원일의 인정과 관련하여 중대한 하자가 있는 경우 보완명령을 하여 해당 하자를 보완하도록 하고, 상표등록출원서 또는 지정상품의 추가등록출원서가 아닌 중간서류로서 중대한 하자가 있는 경우에는 해당 서류를 반려하고, 중대한 하자가 아닌 방식상의 경미한 하자만 있는 경우에는 일단 수리하고 경미한 하자에 대해서는 보정을 명하여 출원인 등의 보정에 의해서 절차상의 하자를 치유하도록 하고 있다. 또 방식요건에 대해 심사를 한 후 이에 하자가 있는 경우에는 기간을 정해 보정을 명해야 한다. 방식심사 후 심사관은 출원서에 대한 실체적 요건을 심사하는데 그 심사결과 거절이유에 해당될 경우 그 상표등록출원을 거절하되, 거절결정 하고자 할 때에는 그 출원인에게 거절결정에 앞서 거절이유를 통지하고 기간을 정해 의견서를 제출할 수 있는 기회를 반드시 줘야 하며, 심사관의 거절이유통지에 의한 출원인의 의견서 또는 보정서의 제출이 있거나 거절이유의 통지에도 불구하고 의견서 제출이 없는 경우 심사관은 해당 출원에 대해 재심사하고, 그 결과 이미 통지한 거절이유의 전부 또는 일부를 해소하지 못한 출원에 대해 거절결정을 해야 한다. 다만, 거절이유를 발견할 수 없는 경우에는 당해 출원을

256 상표법상 조약우선권이란 조약당사국 국민 또는 대한민국 국민이 그 당사국 또는 다른 당사국(제1국)에 상표등록출원을 한 후 동일한 상표를 대한민국(제2국)에 상표등록출원하여 우선권을 주장하는 때에는 그 당사국(제1국)에 출원한 날을 대한민국에 상표등록출원한 날로 보는 것을 말한다.

257 상표등록을 받을 수 있는 자가 소정의 박람회에 출품한 상품에 사용한 상표를 그 출품일로부터 6개월 이내에 출품한 상품을 지정상품으로 하여 상표등록출원을 한 경우에는 박람회에 출품을 한 때에 출원한 것으로 취급하는 제도를 말한다.

258 한국발명진흥회, 『지식재산권 입문』(서울: 성민사, 2007), pp. 184-185, 190-191 참조.

그림 6.7 | 최고(最古) 상표공보 제1호
- 상표의 명칭: 천
- 출원일자: 1950년 3월 20일
- 공고일자: 1952년 10월 20일
- 등록일자: 1952년 8월 31일

공고할 것을 결정해야 한다.

한편, 출원공고를 통해 출원의 내용을 공개함으로써 일반인에게 심사의 협력을 구하여 심사의 공정성과 완전성을 보장받게 되며, 이를 근거로 동일 또는 유사한 범위의 상표나 상품을 사용하는 자에게 서면경고 후 발생한 업무상 손실에 대해 보상금을 청구할 수 있는 권리가 출원인에게 주어지며, 일반인들은 누구든지 상표등록이의신청을 할 수 있는 기회가 주어진다.

㉢ 등록 절차: 상표권의 설정등록이란 상표등록결정서가 출원인에게 송달되어 출원인이 소정의 등록료[259]를 납부하고 특허청에 비치된 상표등록원부에 소정사항을 기재[260]하는 일련의 행위를 총칭하는 것으로서 상표권 발생의 시발점이라 할 수 있다. 따라서 상표등록원부에의 설정등록사항[261]을 기재해야 상표권의 설정등록이 효력을 갖게 되며, 이런 등록의 효력은 제3자에게 대항할 수 있는 법적 요건이 된다.[262]

259 상표법 제72조.

260 상표법 제80조.

261 상표등록령 시행규칙 제58조.

5 상표권 및 침해

㉠ **상표권의 효력 및 효력제한:** 상표권은 출원된 상표가 등록결정을 받은 후 설정등록행위에 의하여 지정된 상품에 대해 그 상표를 독점적으로 사용·수익·처분할 수 있는 권리를 말한다. 이 같은 상표권의 효력은 상표권자의 입장에서 자신이 지정상품에 대해 등록상표를 사용할 수 있는 전용권으로서의 적극적 효력을 가짐과 동시에 타인이 고의로 그 지정상품에 대해 등록상표를 사용하는 것을 배제하고 지정상품에 대해 등록상표와 유사한 상표의 사용 또는 지정상품에 대한 유사한 상품에 대해 등록상표 또는 이와 유사한 상표의 사용을 금지시키는 금지권으로서의 소극적 효력으로 구분할 수 있다.

이런 상표권의 효력이 미치는 범위는 지역적으로는 속지주의 원칙상 대한민국 영토 내에서만 미치고, 시간적으로는 설정등록일부터 10년으로 존속기간이 제한되어 있지만 존속기간 갱신등록에 의해서 10년씩 연장이 가능하므로 반영구성을 갖게 되며, 내용적으로 등록상표의 보호범위는 상표등록출원서에 기재된 상표 및 상품에 의해 정해진다.

한편, 독점배타적인 상표권의 효력을 그대로 인정하면 수요자의 이익보호라는 상표법 목적에 부합하지 않거나 상표권의 효력 인정이 제3자와의 관계에서 구체적 타당성을 상실하는 경우 예외적으로 그 효력을 제한받게 된다.[263]

여기서 말하는 상표의 사용권이란 타인이 상표권자와의 설정

262 국내 상표등록 제1호는 '天(1952)'이었다. 당시 천일사업은 고무신·운동화·고무장화 등 주로 스포츠 용품에 이 상표를 사용했다.

263 상표권의 구체적 효력제한은 ① 전용사용권 설정등록에 의한 제한, ② 타 권리와의 저촉에 의한 제한, ③ 법정 효력의 제한, ④ 등록료 추가납부 등에 의해 회복한 상표권의 효력 제한, ⑤ 재심에 의해 회복한 상표권의 효력제한 등으로 구분할 수 있다.

행위로 정한 범위 내에서 등록상표를 지정상품에 관하여 사용할 수 있는 권리를 말하며, 준 물권적 성질의 전용사용권과 채권적 성질의 통상사용권으로 구분된다.

ⓛ **상표권의 침해와 구제:** 상표권의 침해란 타인의 등록상표와 동일 또는 유사한 상표를 그 지정상품과 동일 또는 유사한 상품에 위법하게 사용하는 행위를 말하며, 동일범위에서의 침해, 유사범위에서의 침해 및 간접침해로 구분된다.

침해에 대한 구제조치는 민사적 구제와 형사적 구제가 있는데, 민사적 구제 절차에는 침해금지 · 예방청구권, 손해배상청구권, 신용회복조치청구권 등이 있으며, 형사적 구제 절차에는 상표권 침해죄, 위증죄, 허위표시의 죄, 거짓행위의 죄, 비밀누설죄 등이 있고, 그 외 범죄행위와 관련된 재산을 박탈하는 몰수(沒收) 형벌이 있다.

2. 법제구성 비교

남한의 상표법은 2022년 2월 최종 개정된 이래 현재에 이르고 있다. 구성은 총 12장 237조문으로 되어 있으며 제1장 총칙, 제2장 상표등록요건 및 상표등록출원, 제3장 심사, 제4장 상표등록료 및 상표등록 등, 제5장 상표권, 제6장 상표권자의 보호, 제7장 심판, 제8장 재심 및 소송, 제9장 「표장의 국제등록에 관한 마드리드협정에 대한 의정서」에 따른 국제출원, 제10장 상품분류전환의 등록, 제11장 보칙, 제12장 벌칙 등[264] 상표에 대한

264 특허청 홈페이지, 법령 및 조약, 상표법, 2022. 9. 12 참조.

표 6.13 | 남·북한 상표법의 구성 비교

남한	북한
상표법 2022년 2월, 총 12장 237조문으로 구성	상표법 2012년 11월, 총 5장 50조문으로 구성
• 제1장: 총칙 • 제2장: 상표등록요건 및 상표등록출원 • 제3장: 심사 • 제4장: 상표등록료 및 상표등록 등 • 제5장: 상표권 • 제6장: 상표권자의 보호 • 제7장: 심판 • 제8장: 재심 및 소송 • 제9장: 「표장의 국제등록에 관한 마드리드협정에 대한 의정서」에 따른 국제출원 • 제10장: 상품분류전환의 등록 • 제11장: 보칙 • 제12장: 벌칙	• 제1장: 상표법의 기본 • 제2장: 상표등록의 신청 • 제3장: 상표등록의 심의 • 제4장: 상표권의 보호 • 제5장: 상표사업에 대한 지도 통제

구체적인 사항이 기술되어 있을 뿐만 아니라 마드리드 의정서에 의한 국제상표등록출원에 대해서도 상세하게 기술되어 있는 것이 특징이라 하겠다.

북한의 상표법은 2012년 11월 최종 수정된 이래 현재에 이르고 있다. 구성은 총 5장 50조문으로 되어 있으며 제1장 상표법의 기본, 제2장 상표등록의 신청, 제3장 상표등록의 심의, 제4장 상표권의 보호, 제5장 상표사업에 대한 지도통제 등[265] 상표에 대한 개괄적인 개념 위주로 기술되어 있음을 알 수 있다.

〈표 6.13〉에서 보는 바와 같이 상표법 구성에 있어서 중요한 요소라 판단되는 구체적 등록요건, 권리의 효력을 포함한 상표권 전반에 관한 사항, 상표등록거절결정에 대한 심판·재심 및 소송, 마드리드 의정서에 의한 국제출원에 관한 사항을 포함하여 침해와 관련한 벌칙 등에 대해서 별도 규정이 명시되어 있지 않다는 것은 상표법 조약을 통한 지식재산제도

265 국정원, 『북한법령집(하)』(2022. 10), pp. 549~555.

의 국제적 통일화(보호내용, 방법, 대상 등)[266] 노력에도 맞지 않는 북한만의 독특한 제도라 할 수 있다.

3. 실체법 비교

1) 근거법령

상표법에 관한 법률근거는 남한은 상표법(2022. 2. 3 일부개정)에서 규정하고 있고, 북한도 상표법(2012. 11. 13: 최고인민회의 상임위원회 정령 수정)에서 그 법률적 근거를 찾을 수 있다. 특히 국가에서 상표사업에 대한 현대화·과학화의 의지를 천명하여 국가의 의무를 규정하고 있는 점이 특징이라고 할 수 있다.[267]

2) 담당기관과 권리인정

상표법에 관한 실체적 또는 절차적 업무담당은 남한은 특허청(상표디자인심사국)에서 관장하고 있으나, 북한은 상표 및 공업도안처에서 업무를 관장하고 있다. 상표의 보호대상으로 남한은 기호, 문자, 도형, 소리, 냄새, 색채, 입체적 형상, 홀로그램, 동작 등으로서 그 구성이나 표현방식에 상관없이 상품의 출처를 나타내기 위하여 사용하는 모든 표시를 말한다고 규정하고 있다.[268] 그러나 북한은 글자상표, 그림상표, 기호상표, 숫자상표와 색깔상표, 3차원적인 형태 또는 그것들의 결합체로 밝히는 표식

266 특허청, "지재권 관련 국제동향 및 향후 대응 방향", 2009. 2, p. 2.
267 북한 상표법 제6조.
268 남한 상표법 제2조.

으로 정의하고 있다. 상표에는 제품상표, 봉사상표, 집단상표, 증명상표, 담표상표 같은 것이 속한다.[269]

특히, 북한의 상표는 원산지 표시로서의 기능을 주로 수행하고 있고 북한에서도 이런 원산지 표시에 대한 보호의지가 높아 원산지명법(2003)을 별도로 제정 · 운영하고 있으나, 단체표장으로서의 지리적 명칭을 보호하는 남한은 별도의 원산지 보호법이 없다. 그러므로 상표법만으로는 상대적으로 지리적 표시나 원산지 표시에 대한 보호가 취약할 수 있다. 이는 러시아 상표법이 저명상표의 보호에 관한 독립의 장(章)을 두고 있고 단체표장과 지리적 명칭에 관해서도 별도규정을 두고 있는 것과 비교의 대상이 될 수 있을 것이다.[270] 또 상표권의 보호형태에 있어서 남한은 독점배타적인 사용권인 데 반해, 북한은 독점적 사용권으로 규정하고 있다.

3) 권리존속기간과 갱신

상표권의 보호 및 존속기간은 남한은 상표권의 설정등록이 있는 날부터 10년간이며,[271] 북한은 상표등록을 신청한 날부터 10년간이다.[272] 한편, 상표권의 보호기간 연장 및 갱신할 수 있는 것은 남북한 모두 10년으로 규정하고 있다. 상표권의 존속(보호)기간갱신(연장)제도에 있어서도 남한은 존속기간 만료 전 1년 이내에 신청해야 한다. 그러나 이 기간 내에 존속기간갱신 등록신청을 하지 않은 자는 상표권의 존속기간 만료 후 6개월 이내까지 갱신등록신청을 할 수 있다.[273] 북한은 상표권보호기간

269 북한 상표법 제2조.

270 육소영 · 윤권순, "북한의 지식재산권 제도에 대한 연구", 한국지식재산연구원, 2003. 12, p. 73 참조.

271 남한 상표법 제83조.

272 북한 상표법 제34조.

273 남한 상표법 제84조.

연장신청 문건을 상표권의 보호기간이 끝나는 날부터 6개월 전에 신청하고 이 기간 내에 신청을 못했을 경우 다시 보호기간이 끝나는 날부터 6개월까지 연장하여 신청이 가능하다.[274] 따라서 상표권의 존속기간 및 갱신등록신청 면에 있어서는 남북한이 동일하거나 유사하다고 볼 수 있다.

4) 부등록상표

상표등록을 할 수 없는 상표로 남한의 경우[275] 국기 · 국장 등과 유사한 상표, 국가 · 민족 등을 허위로 표시하는 등의 상표, 국가 또는 공공단체의 표장과 동일 또는 유사 상표, 공서양속 위반 상표, 박람회의 상패 · 상장 등과 동일 또는 유사 표장이 있는 상표, 저명한 타인의 성명 · 명칭 등의 상표, 선출원에 의한 타인의 등록상표와 동일 또는 유사 상표, 선출원에 의한 타인의 지리적 표시 등록단체표장과 동일 또는 유사 상표, 상표권이 소멸한 날부터 1년을 경과하지 않은 타인의 등록상표와 유사 상표, 주지상표, 저명상표, 상품의 품질을 오인하게 하거나 수요자를 기만할 염려가 있는 상표, 외국의 저명상표, 기능적 상표, WTO 가입국내의 포도주 · 증류주의 지리적 표시로 된 상표이다. 반면에 북한의 경우는 이미 등록된 상표와 같거나 유사한 표식, 국호나 그 약자로 만들었거나 국장, 국기, 훈장, 메달과 같거나 유사한 모양으로 만든 표식, 북한의 법과 공중도덕, 미풍양속에 맞지 않는 표식, 상품 또는 봉사에 대한 허위적 내용을 담은 표식, 상품의 이름, 조성, 특성 같은 것만을 표기, 검사표식이나 단순한 숫자, 기하학적 표식, 전람회 · 전시회에 출품됐던 상표와 같거나 유사한 표식, 북한이 가입한 국제기구의 표식으로 됐거나 국제법과 국제판례에 어긋나는 표식, 널리 알려진 상표, 유명한 상표와 같거나 유사

274 북한 상표법 제36조.
275 남한 상표법 제34조.

한 표식, 북한을 비우호적으로 대하는 나라나 지역에서 등록을 신청한 표식 또는 표기로 된 상표는 등록할 수 없도록 규정하고 있다.[276] 이와 같은 내용을 살펴볼 때 남북한 공통점이 많다고 볼 수 있으나 남한이 보다 구체적으로 규정하고 있음을 알 수 있다.

이런 부등록사유의 특징이라면 등록주의 하에서 등록상표와 동일·유사한 상표에 대해서는 등록이 인정되지 않는 것이 당연함에도 불구하고 북한에서는 부등록사유로 별도 규정하고 있다는 점이다. 또 부등록사유의 하나로 등록상표와 동일·유사한 표식 외에 널리 알려진 상표와 동일·유사한 표식을 들고 있는 점은 북한이 상표보호와 관련해 등록주의와 선출원주의를 원칙으로 하면서도 이에 사용자주의를 혼합하고 있음을 추정할 수 있다.[277]

5) 불사용상표의 취급

불사용상표에 대해서는 남한의 경우 정당한 이유 없이 국내에서 3년 이상 사용하지 않았을 때 취소사유에 해당되며 이는 곧 상표등록취소심판에 의해 심결이 확정될 때 그 상표권의 효력이 상실된다.[278] 반면에 북한은 상표를 등록한 날부터 5년 동안 사용하지 않았을 경우 그 상표권의 효력이 없어진다고 규정한다.[279] 따라서 남북한 모두 불사용상표의 취급에 있어서 공통점이 있지만 상표의 불사용기간 적용기준은 상이함을 알 수 있다. 또 북한에는 부당한 상표사용(출처혼동적 상표사용행위 등)에 의한 상표권 등록취소제도 등이 없을 뿐 아니라, 식별력이 없더라도 사용에 의한

276 북한 상표법 제21조.

277 육소영·윤권순, "북한의 지식재산권 제도에 대한 연구", 한국지식재산연구원, 2003. 12, p. 65.

278 남한 상표법 제119조.

279 북한 상표법 제39조.

식별력이 취득된 경우 남한에서는 등록상표로서 보호되나 북한의 경우에는 법적보호 근거가 없다.

6) 벌칙

상표법은 상표권리제도의 취지에 반하는 행위를 한 자에 대해 민사상 책임을 물을 수 있도록 함과 동시에 형사적인 권리보호를 도모하고 있으며 그 벌칙[280]으로 남한은 침해죄, 위증죄, 허위표시의 죄, 거짓행위의 죄 등을 구체적으로 명시하고 있고, 상표권 및 전용사용권의 침해행위를 한 자는 7년 이하의 징역 또는 1억 원 이하의 벌금에 처하도록 규정[281]하고 있는 반면에 북한은 상표권을 침해했을 경우 해당한 손해를 보상시키며 위법행위에 이용된 상표, 상품 같은 것은 몰수하거나 영업활동을 중지시키되,[282] 정상에 따라 행정적 또는 형사적 책임을 지운다고만 규정하고 있을 뿐,[283] 남한같이 구체적 죄목과 벌금 등은 명시하지 않고 있음을 볼 수 있다. 이는 러시아나 중국처럼 법원에 의한 구제보다 행정구제를 우선시하는 사회주의적 잔존요소에 의해서 비롯된 것으로 보이며, 결국 상표를 둘러싼 분쟁은 협의의 방법으로 해결함이 원칙인 것으로 보인다. 그러나 제도의 취지와 권리자의 이익보호 및 구제 측면에서는 여러 가지 미흡함이 있는 것으로 판단된다.

이상 상표법의 실체법상 비교에 있어서 특이사항이라 한다면, 시장경제에서 상표의 브랜드 가치가 보장받기 위해서는 경업자(競業者)에 의한 출처혼동이 강력하게 제재되어야 하나 북한 상표법은 이런 출처혼동 방지기능이 취약하다고 평가되는 것이며, 또 상표권의 행사에 관한 전반적

280 남한 상표법 제230조 내지 제237조.

281 남한 상표법 제230조.

282 북한 상표법 제47조.

283 북한 상표법 제49조.

표 6.14 | 남·북한 상표법의 실체법 비교

구 분	남 한	북 한
근거법령	상표법(2022. 2. 3 일부개정)	상표법(2005. 8. 2: 최고인민회의상임위원회 정령 수정)
담당기관	특허청	상표 및 공업도안처
목 적	상표보호를 통해 상표사용자의 업무상의 신용유지를 도모해 산업발전과 수요자의 이익을 보호함[1]	상표등록의 신청과 심의, 상표권의 보호에서 제도와 질서를 엄격히 세워 기관, 기업소, 단체와 공민의 이익을 보호하는 데 이바지함[2]
보호대상	기호, 문자, 도형, 소리, 냄새, 색채, 입체적 형상 또는 이들을 결합한 것이거나 그밖에 시각적으로 인식할 수 있는 것 또는 그 밖의 시각적인 방법으로 사실적으로 표현한 것	글자상표, 그림상표, 기호상표, 숫자상표, 색깔상표, 3차원적인 형태 또는 그것들의 결합체로 밝히는 표식
등록구분	국제분류: 상품 34개류, 서비스 11개류	국제분류: 상품 34개류, 서비스 11개류
부등록 상표	• 국기 · 국장 등과 유사한 상표 • 국가 · 민족 등을 허위로 표시하는 등의 상표 • 국가 또는 공공단체의 표장과 동일 또는 유사 상표 • 공서양속 위반 상표 • 박람회의 상패 · 상장 등과 동일 또는 유사 표장이 있는 상표 • 저명한 타인의 성명 · 명칭 등의 상표 • 선출원에 의한 타인의 등록상표와 동일 또는 유사 상표 • 선출원에 의한 타인의 지리적 표시 등록단체표장과 동일 또는 유사 상표 • 상표권이 소멸한 날로부터 1년이 경과하지 아니한 타인의 등록상표와 유사상표 • 주지상표 • 저명상표 • 상품의 품질을 오인하게 하거나 수요자를 기만할 염려가 있는 상표 • 외국의 저명상표 • 기능적 상표 • WTO 가입국내의 포도주 · 증류주의 지리적 표시로 된 상표	• 이미 등록된 상표와 같거나 유사한 표식 • 국호나 그 약자로 만들었거나 국장, 국기, 훈장, 메달과 같거나 유사한 모양으로 만든 표식 • 북한의 법과 공중도덕, 미풍양속에 맞지 않는 표식 • 상품 또는 봉사에 대한 허위적 내용을 담은 표식 • 상품의 이름, 조성, 특성 같은 것만의 표기 • 검사표식이나 단순한 숫자, 기하학적 표식 • 전람회, 전시회에 출품됐던 상표와 같거나 유사한 표식 • 북한이 가입한 국제기구의 표식으로 됐거나 국제법과 국제판례에 어긋나는 표식 • 널리 알려진 상표, 유명한 상표와 같거나 유사한 표식 • 북한을 비우호적으로 대하는 나라나 지역에서 등록을 신청한 표식 또는 표기
권리보호 형태	상표권(독점배타적 사용권)	상표권(독점적 사용권)
존속기간 및 기간 연장	• 상표권의 설정등록이 있는 날로부터 10년 • 존속기간갱신등록신청에 의한 10년간씩 갱신	• 상표등록을 신청한 날로부터 10년(10년씩 연장 가능)

(계속)

<table>
<tr><th>구 분</th><th>남 한</th><th>북 한</th></tr>
<tr><td>존속기간
갱신등록
신청</td><td>• 존속기간만료 전 1년 이내 신청
• 존속기간만료 후 6개월 이내까지 갱신등록신청 가능</td><td>• 기간 만료일 전 6개월 이내 신청
• 기간 만료 후 6개월까지 신청 허용</td></tr>
<tr><td>불사용
상표의 취급</td><td>• 3년 이상 사용하지 않았을 시 취소사유에 해당
• 상표등록취소심판에 의한 심결 확정 시 상표권의 효력 상실</td><td>• 5년 동안 사용하지 않았을 경우 상표권 효력상실</td></tr>
<tr><td>민사적 구제</td><td>• 침해금지청구권
• 손해배상청구권
• 신용회복청구권
• 부당이득반환청구권</td><td>• 침해금지청구권
• 손해보상청구권</td></tr>
<tr><td>기타제재</td><td>침해죄, 위증죄, 허위표시의 죄, 거짓행위의 죄 등 구체적·형사적 제재 및 행정적 제재 규정</td><td>구체적 벌칙규정 없음
단순하게 형사적·행정적 제재가 있다고만 규정</td></tr>
<tr><td>유사제도</td><td colspan="2">• 선출원주의
• 1상표 1출원주의
• 상표권 보호기간: 설정등록일로부터 10년
• 보호기간 갱신 청구: 보호기간 만료 시 6월 전에 신청
• 상표권자의 통제권: 상표권 사용자의 상품·서비스의 질에 대한 통제권
• 상표등록이 취소됐거나 보호기간이 만료된 상표권의 출원은 취소됐거나 보호기간 만료 후 1년 경과 후 가능</td></tr>
<tr><td>특유규정
및 제도</td><td>• 단체표장
• 업무표장
• 출원의 승계 및 분할이전
• 출원공고 결정 전의 보정
• 출원공고 결정 후의 보정
• 출원의 요지변경 및 보정각하
• 출원의 분할
• 출원의 변경(상표-서비스표)
• 출원공고제도
• 손실보상청구권
• 상표등록이의신청
• 상품분류전환등록신청제도
• 지정상품 추가등록
• 상표권의 효력이 미치지 않는 범위
• 침해로 보는 행위
• 손해액 추정, 고의 추정
• 각종 심판제도 등</td><td>• 국가에 의한 상표보호의 의지 적극적으로 표명
• 상표등록의 심사: 공정성, 객관성 확보
• 상표에 대한 국가의 지도통제 강화
• 외국인 또는 외국법인: 대리기관을 통하는 경우에만 인정
• 외국에의 상표등록: 등록기관 승인 요함
• 상표권자의 권한 규정(등록상표의 사용권, 등록상표의 전부 또는 일부 사용허가권, 침해금지청구권, 손해보상청구권, 등록상표의 취소권)
• 중앙가격제정기관에 의한 요금 책정</td></tr>
</table>

주: 1) 남한 상표법 제1조.
2) 북한 상표법 제1조.
자료: 특허청(국제협력담당관실), "북한의 산업재산권 제도", 2001. 2, p. 44 참조.

인 행위를 국가기관에서 관장·통제하도록 되어 있는 점을 들 수 있는데 이는 중국 상표법을 그대로 모방하면서 사회주의적 요소를 중국보다 더 많이 유지한 데서 비롯된 것으로 보인다.

4. 절차법 비교

1) 출원공고와 심사

출원공고는 남한의 경우 상표등록출원에 대해 거절 이유를 발견할 수 없을 때 출원공고결정을 하도록 되어 있다.[284] 그러나 북한의 경우 등록한 상표는 상표공보를 통해 공개하도록 규정되어 있다.[285] 차이점으로는, 남한은 상표권의 설정등록 이전에 출원공고를 하는 것이며 북한은 상표등록부에 등록한 상표를 공개한다는 점이다. 또 상표의 심사는 남한은 상표등록출원 순서에 따라 심사하고 있으나, 북한은 상표등록 신청문건을 접수한 날부터 6개월 안에 심의(심사)하도록 규정하고 있다.[286] 상표의 심사방식이나 절차에 있어서도 상호 간에 차이가 있음을 알 수 있다.

2) 상표등록출원 시의 특례

상표등록을 받을 수 있는 자가 박람회에 출품한 상품에 사용한 상표에 대해서 출원 때 특례를 주장하기 위해서는 남한의 경우 박람회에 출품한 날부터 6개월 이내에 주장해야 하며 주장하고자 하는 증명서류를 출원일로부터 30일 이내에 제출해야만 특례의 혜택을 받을 수 있다.[287] 그

284 남한 상표법 제57조.

285 북한 상표법 제23조.

286 북한 상표법 제19조.

표 6.15 | 남·북한 상표법의 절차법 비교

구분	남한	북한
출원서류	• 상표등록출원서 – 출원인의 성명, 주소 – 대리인의 성명, 주소 – 상표 – 지정상품 및 그 류(類) 구분 – 우선권주장 서류(우선권 주장의 경우) • 기타 지식경제부령이 정하는 사항	• 신청자의 이름, 주소, 국적 • 상품 및 봉사 분류 • 상표명, 상표에 대한 설명 • 영업허가와 관련한 공증문건 첨부
출원형식	• 1상표 1출원 원칙 • 다류 1출원	• 1상표 1출원 원칙 • 다류 1출원
심 사	출원순서에 따라 심사	상표등록신청 문건을 접수한 날부터 6개월 안에 심의
출원 시 우선권 특례주장	박람회에 출품한 날로부터 6개월 이내에 그 상품을 지정상품으로 하여 상표등록출원을 하는 경우 가능(단, 출원일로부터 30일 이내 특례 증명서류 제출 시 적용)	전람회, 전시회에 상표를 출품했을 경우 출품한 날로부터 3개월 안에 우선권 요구 문건 제출 시 가능
외국에의 상표출원	승인불요, 자유로이 출원가능	상표등록기관의 승인 요함
출원공고	거절이유를 발견할 수 없을 때 출원공고결정	등록 후 상표공보를 통해 공개
이의신청	출원공고일로부터 2개월 이내에 이의신청	상표등록을 신청한 날부터 1년 안에 의견제기
거절불복	상표등록거절 결정등본을 송달받은 날로부터 3개월 이내에 불복심판청구	재심의 결정이 공개된 날로부터 2개월 안에 비상설상표심의위원회에 의견제기

자료: 특허청(국제협력담당관실), "북한의 지식재산권 제도", 2001. 2, p. 4 참조.

런데 북한의 경우 상표등록신청의 우선권을 가지기 위해서는 전람회, 전시회에 상표를 출품했을 경우 출품한 날부터 3개월 안에 우선권을 요구하는 문건을 제출해야만 우선권의 효력이 주어진다.[288] 따라서 상표등록출원 때의 우선권 특례를 주장하는 절차에 있어서 남북한 간 다소 차이가

287 남한 상표법 제47조.

288 북한 상표법 제16조.

있다.

3) 이의신청

상표등록이의신청은 남한의 경우 출원공고일로부터 2개월 이내에 상표등록이의신청을 할 수 있도록 규정하고 있다.[289] 반면에 북한은 등록된 상표에 대해 의견(이의)이 있을 경우 상표등록을 신청한 날부터 1년 안에 상표등록기관에 의견을 제기할 수 있도록 규정하고 있어[290] 남북한 간 이의신청기간에 차이가 있음을 보여주고 있다.

4) 거절불복

남한은 상표등록거절 결정등본을 송달받은 날부터 3개월 이내에 불복에 따른 심판을 청구할 수 있도록 규정하고 있다.[291] 그러나 북한은 상표등록의 재심의 결정에 대해 의견이 있을 경우 재심의 결과를 통지받은 날로부터 2개월 안에 비상설상표심의위원회에 제기할 수 있도록 규정되어 있다.[292] 따라서 남북한 간 거절불복기간상 차이가 있고, 남한은 불복에 대한 심판청구를 해야 하는 데 비해 북한은 행정상 추가 절차를 제기하게 된다는 점이 다르다.

289 남한 상표법 제60조.
290 북한 상표법 제24조.
291 남한 상표법 제116조.
292 북한 상표법 제26조.

제5절 디자인보호법제의 비교

1. 남 · 북한 디자인보호법제

1) 개관

법제구성 및 체계 면에 있어서 북한의 공업도안법(총 5장 50조문)은 남한의 디자인보호법(총 11장 229조문)에 비해 단순하고 개괄적으로 규정되어 있다. 따라서 개인의 권리취득과 보호 차원에서 구조적 미비점과 한계가 있다고 하겠다. 또 남한의 시행령(총 12조문)이나 시행규칙(총 102조문) 같은 규정이 마련되어 있지 않아 체계적이고 효율적인 업무를 수행하는 데 애로가 있을 것으로 보인다.

이밖에 1998년 제정 분리된 공업도안법만으로는 법제구성상으로 볼 때 남한의 디자인보호법과는 상대적으로 많은 미비점이 있기 때문에 1983년 개정된 상표 및 공업도안에 관한 규정과의 상호 보완관계를 유지하는 등 이원적 법률 구조체제의 문제점을 내포하고 있는 것으로 보인다.

실체법적인 측면에 있어서는 남한은 디자인권자에게 독점배타적 실시권을 부여하고 있다. 반면에 북한은 독점적 사용권만을 인정함으로써 타인의 지배를 배제하는 배타적 권리를 인정하지 않는 문제점을 갖고 있다. 이는 남한 디자인권의 배타적 효력인 소극적 효력에 해당하는 것으로서 이런 배타적 권리를 인정하지 않는다는 것은 소극적 효력의 제한을 받지 못하게 하면서 간접침해의 책임을 물을 수 있게 하는 디자인권의 소극적 효력 확장을 저해하는 요인으로 작용하게 된다.[293] 또 북한 공업도안법에서는 공업도안등록의 신청(출원), 심의(심사), 관리에 관한 전반적인 행

293 국제지식재산연구원, 『디자인보호법』, 표준교재(개론서), 2008. 2, pp. 144-146 참조.

위를 국가에서 감독 통제하며 공업도안권의 양도, 공업도안의 사용허가 계약까지도 국가가 직접 관여함으로써 개인의 권리가 제한받을 뿐만 아니라 권리를 행사하는 데 있어서도 많은 제약이 따를 것이므로 문제점으로 대두되고 있다. 이밖에 이미 등록된 공업도안과 본질적으로 같거나 유사한 도안에 대해서는 등록이 인정되지 않는 것이 당연함에도 불구하고 이를 부등록사유의 하나로 규정하고 있다는 것도 문제점으로 지적할 수 있다.

절차법적인 측면에 있어서는 남한은 디자인등록출원 관련 25개 조문, 디자인등록 관련 11개 조문, 심사 및 이의신청 관련 21개 조문 등 아주 상세하고 구체적으로 권리획득 절차를 규정하고 있다. 이에 견주어 북한은 공업도안등록의 출원 관련 11개 조문, 공업도안등록의 심사 관련 8개 조문만을 둠으로써 관련규정이 미흡하여 부실권리가 양산될 소지가 있으며 이로 인한 여러 가지 권리분쟁이 발생할 것으로 예측된다.

2) 남 · 북한 디자인보호법제의 주요내용

(1) 북한 공업도안제도

1 공업도안제도의 목적

공업도안에 관해 1998년 이전에는 상표 및 공업도안에 관한 규정에서 이를 포함하고 있었으나[294] 1998년 법개정을 통해 상표법과 공업도안법으로 이를 분리해 규정하기 시작했다. 따라서 1998년 독자의 공업도안법은 "공업도안등록의 신청과 심의, 공업도안권의 보호에서 제도와 질서

294 1998년 독자의 공업도안법이 제정됐다고 하여 종전의 상표 및 공업도안에 관한 규정을 대체했다고 보기 어려우며, 현재까지 밝혀진 바로는 두 개의 법령이 상호보완관계로 계속 유지되고 있는 것으로 판단된다. 따라서 이하에서도 제정 공업도안법을 중심으로 기술하되, 미진한 부분에 대해서는 상표 및 공업도안에 관한 규정을 인용하고자 한다.

를 엄격히 세워 제품의 질을 높이고 사회주의경제를 발전시키는 데 이바지한다."[295] [296]라고 목적을 밝히고 있다. 더 나아가 국가의 공업도안사업에 대한 깊은 관심과 부단한 갱신의무를 규정하고 있다.[297] 따라서 공업도안에 대한 국가의 관심과 제품 생산에 맞게 부단한 갱신을 통해 인민경제발전에 기여하도록 국가의 의무를 규정하고 있는 점이 특징이라 할 수 있다.

2 공업도안의 개념 및 등록요건

㉠ **공업도안의 개념**: 공업도안이란 공업적 방법으로 생산하려는 제품의 형태와 색깔, 장식 같은 것을 그림이나 사진으로 새롭게 묘사한 것을 말하며,[298] 우리법상의 디자인과 동일한 개념으로 생각된다. 이런 공업도안이 되기 위해서는 물품성(제품), 형태성(형태), 시각성(그림이나 사진), 심미성(장식, 색조화)을 만족시켜야 된다는 점도 우리 법과 동일하다. 공업도안에는 기계설비와 운수수단, 방직제품, 생활 및 문화용품, 의상품, 가구류, 건구류, 포장용기 같은 제품도안과 장식도안이 있다.

㉡ **공업도안의 등록요건**: 북한은 공업도안법에서 "공업도안등록의 신청은 공업도안사업의 첫 공정이다."[299]라고 규정함으로써 공업도안의 보호에 관해 등록을 해야 하는 등록주의와 먼저 출원

295 공업도안법 제1조.

296 상표 및 공업도안에 관한 규정 제1조에서는 "공업도안과 본래명칭에 대한 권리를 보호하여 공업도안의 질을 보장하고 신용을 담보함으로써 국내·외 시장들에서 상품판매를 촉진하여 인민들의 물질문화적 복리증진에 적극 이바지함을 목적으로 한다."라고 밝히고 있다.

297 공업도안법 제6조.

298 공업도안법 제2조.

299 공업도안법 제3조.

한 자에게 등록을 인정하는 선출원주의를 취하고 있다. 출원에 있어 1공업도안 1출원주의를 채택하고 있으며, 출원서류로는 공업도안등록신청문건(출원서), 도안, 도안 설명서, 평정서를 들 수 있다. 등록을 위해서는 신규성,[300] 유용성 및 창작성을 갖추어야 한다.[301] 기존의 공업도안에 약간의 변경을 가한 것이나 명백하지 않은 변화만이 있는 경우에는 등록이 인정되지 않는다.[302] 또 등록할 수 없는 공업도안을 법으로 규정하고 있는데,[303] 이를 부등록사유라 하며 남북한 실체법 비교에서 언급하기로 한다.

❸ 공업도안권 및 침해

㉠ **공업도안권의 효력 및 소멸**: 등록이 결정된 공업도안은 등록부에 등록되고 등록증이 발급된다.[304] 등록된 공업도안은 공업도안공보를 통해 공개된다. 등록된 공업도안에 대해 의견이 있는 자는 공개된 날로부터 6개월 내에 의견을 제기할 수 있다. 공업도안권자는 등록된 공업도안의 사용권, 등록된 공업도안의 전부 또는 일부에 대한 양도 및 사용허가권, 등록된 공업도안의 취소권을 갖는다.[305] 공업도안권을 양도하거나 사용권 허가계약을 체결한 경우 해당문서를 공업도안등록기관에 제출해야 한다. 공업도안권의 보호기간은 공업도안등록을 신청한 날로부터 5년이며, 5년씩 두 번 연장이 가능하다.[306] 즉 공업도안법에 의하면 공

300 상표 및 공업도안에 관한 규정 제30조.

301 상표 및 공업도안에 관한 규정 제32조.

302 상표 및 공업도안에 관한 규정 제30조.

303 공업도안법 제21조.

304 공업도안법 제23조.

305 공업도안법 제29조.

306 공업도안법 제35조.

업도안은 최장 15년간 보호받을 수 있다. 공업도안권은 보호기간의 만료와 기간 전이라도 권리자의 취소행위에 의해 소멸된다. 또 공업도안의 등록일로부터 2년간 사용하지 않은 경우에도 공업도안권의 효력은 상실된다.[307]

㉡ **공업도안권의 침해와 구제**: 공업도안권자의 이익이 침해된 경우에 침해자는 손해를 보상해야 하며 위법행위를 하여 생산한 제품은 몰수시킨다.[308] 승인 없이 등록된 공업도안을 사용하거나 공업도안권의 양도, 허가의 규정을 위반한 경우에는 그 사용을 중지시키거나 공업도안등록을 취소시킨다.[309] 공업도안과 관련된 분쟁은 협의의 방법으로 해결함을 원칙으로 하며 협의에 의해 해결할 수 없는 경우에 공업도안등록기관, 비상설공업도안심의위원회에 문제를 제기해 해결한다. 마지막으로 공업도안등록기관이나 비상설공업도안심의위원회에 제기해 해결할 수 없는 경우에는 중재 또는 재판기관에 제기하여 해결할 수 있다.[310] 공업도안법에 대한 중대한 위반에 대해서는 해당 기관, 기업소, 단체의 책임자와 침해행위를 한 당사자 모두에게 행정적 또는 형사적 책임을 지운다.[311]

307 공업도안법 제39조.
308 공업도안법 제47조.
309 공업도안법 제48조.
310 공업도안법 제50조.
311 공업도안법 제49조.

(2) 남한 디자인보호제도

1 디자인보호제도의 목적

디자인보호법은 "디자인의 보호와 이용을 도모함으로써 디자인의 창작을 장려하여 산업발전에 이바지함을 목적으로 한다."[312]라고 규정하고 있다. 이 규정은 법의 내용과 법의 작용을 통해 궁극적으로 실현하고자 하는 바를 천명한 것이다. 이 목적 규정에서 '디자인의 보호'라 함은 창작한 디자인을 타인의 모방으로부터 보호하는 창작자의 권리보호를 정책목표로 함을 의미하는 것이고, '디자인의 이용과 창작의 장려를 통해 산업발전에 기여'라 함은 디자인보호제도를 통한 사회 전체의 발전을 정책목표로 한다는 의미이다. 따라서 디자인보호법은 창작자에게 무체재산권을 부여하여 창작디자인의 실시에 따른 경제적 이익을 보장하고, 디자인의 이용과 창작 장려를 통해 산업발전에 이바지할 수 있도록 하는 것을 정책목표로 하는 산업입법임을 명확히 하고 있다.[313]

2 디자인의 개념 및 성립요건

디자인이란 "물품[물품의 부분, 글자체 및 화상(畫像)을 포함]의 형상, 모양, 색채 또는 이들을 결합한 것으로서 시각을 통해 미감을 일으키게 하는 것"[314]을 말한다. 즉 디자인은 물품에 구현되는 형상, 모양, 색채 등의 형태로서 소위 '물품의 미적 외관'이라 정의할 수 있다.

한편, 다자인보호법상 디자인으로 성립되기 위해서는 디자인의 대상이 되는 물품이 지배와 이동이 가능한 물품이어야 하고(물품성), 물품 또는 물품의 부분의 형상, 모양, 색채 또는 이들의 결합이어야 하며(형태성),

---

312 디자인보호법 제1조.

313 국제지식재산연수원, 『디자인보호법(표준교재)』, 2008.2, pp. 32-33.

314 디자인보호법 제2조(정의).

인간의 시각을 통해 볼 수 있는 것이어야 하고(시각성), 미감을 일으키게 하는 것(심미성)이어야 한다. 상기 4가지 요건을 충족해야만 디자인보호법상 디자인으로서 성립되어 디자인권의 객체가 될 수 있다.[315]

❸ 디자인의 등록요건

출원된 디자인이 성립요건을 충족한 디자인이라 할지라도 독점배타권을 부여할 가치가 있는 디자인인지를 판단하는 요건이 필요하다. 이런 디자인의 등록요건은 크게 실체적(적극적) 등록요건과 절차적 등록요건으로 구분된다. 먼저 실체적 등록요건[316]으로 ① 타인이 이미 창작해 공지한 디자인이 아닐 것을 요구하는 객관적 창작성[317]이 인정되어야 하고(신규성), ② 산업발전에 기여할 수 있는 정도의 양산성이 있어야 하며(공업상 이용가능성),[318] 당해 디자인의 업계에서 용이하게 창작할 수 없는 디자인이어야 한다(창작성 또는 창작비용이성).[319]

다음으로, 절차적 등록요건으로 디자인등록출원된 디자인이 성립요건, 공업상 이용가능성, 신규성, 창작성 등 실체적 · 적극적 등록요건을 충족하더라도 1디자인 1출원주의, 복수디자인등록출원요건, 선출원주의,

---

315 한국발명진흥회, 『지식재산권 입문』(서울: 성민사, 2007), p. 132.

316 디자인보호법 제33조.

317 디자인보호법이 요구하는 객관적 창작성이란 고도의 창작성, 즉 과거 또는 현존의 모든 것과 유사하지 아니한 독특함이 아니므로 과거 및 현존의 것을 기초로 하여 거기에 새로운 미감을 주는 미적 고안이 결합되어 그 전체에서 종전의 디자인과는 다른 미감적 가치가 인정되는 정도면 디자인보호법에 의한 디자인등록을 받을 수 있으나, 부분적으로는 진보성이 인정된다 해도 전체적으로 보아서 과거 및 현재의 고안들과 다른 미감적 가치가 인정되지 않으면 그것은 단지 공지된 고안의 상업적 · 기능적 변형에 불과해 창작성을 인정할 수 없다(대법원 1991. 11. 8. 선고 91후288판결, 1992. 4. 24. 선고 91후1144 판결).

318 악어가죽으로 만든 핸드백, 조개껍데기를 이용한 목걸이, 밤 · 강낭콩 · 호두 등을 이용한 완구, 깃털을 이용한 인형 등은 공업상 이용가능성이 있다고 할 것이다.

319 저자에 따라서 창작용이성, 창작비용이성, 용이창작성 등으로 표현하고 있다. 여기서의 창작성은 신규성을 의미하는 객관적 창작성과는 다른 개념이다. 조국현, 『의장법』(서울: 법경사, 2002), p. 281.

확대된 선출원주의 등의 절차적 등록요건을 충족하지 못한 경우에는 디자인등록을 받을 수 없다. 이와 같이 절차적 등록요건을 요구하는 것은 디자인보호제도의 원활한 운영을 통해 심사의 효율성을 높이고 등록디자인의 권리범위를 명확히 하는 한편, 디자인보호제도의 관리 · 운용 · 절차상의 편의를 위한 국가의 행정 정책적인 이유에서이다.

또한, 디자인등록의 실체적 · 절차적 요건을 구비한 디자인이라 하더라도 공익과 타인의 업무를 보호하려는 목적에서 등록을 인정하지 않는 절대적 부등록사유를 규정[320]하고 있는데, 이를 디자인의 부등록사유 또는 소극적 등록요건이라고 한다.

4 디자인 출원, 심사 및 등록

㉠ **디자인등록출원 절차:** 디자인을 창작한 자 또는 그 승계인은 디자인등록을 받을 수 있는 권리를 기초로 하여 국가에 대해 그 디자인을 등록해 줄 것을 청구할 수 있는데, 이 청구는 일정한 형식을 갖추어야 하며 이와 같은 등록청구절차를 디자인등록출원이라 한다. 디자인등록출원은 권리청구의 의사를 표시한 디자인등록출원서에 디자인등록을 받고자 하는 디자인의 도면을 첨부해 제출해야 한다. 권리를 청구하는 자의 의사와 그 권리의 객체가 되는 내용은 구술이 아닌 서면(전자문서 포함)으로 제출해야 하며(문서주의), 디자인보호법 시행규칙에서 정한 일정한 양식에 따라(양식주의) 국어로 기재해(국어주의) 제출해야 한다.[321] 특히, 도면은 디자인출원에 있어서 필수 첨부서류이며 출원인의 편리를 고려해서 도면 대신에 사진 또는 견본의 제출이 가능하다.

320 디자인보호법 제34조.

321 국제지식재산연수원, 『디자인보호법(표준교재)』, 2008. 2, p. 111.

기타 출원절차상의 제도로는 법률에 의한 절차적·형식적 요건을 불비하고 있거나 흠결이 있는 경우에 이를 명료하게 정정·보충하는 출원의 보정이 있고, 1디자인 1출원주의의 위반이거나 복수디자인출원의 경우, 그 일부의 디자인을 1 또는 2 이상의 새로운 디자인등록출원으로 분할하고 출원일의 소급효를 인정해 주는 출원의 분할이 있으며, 출원인 신청에 의해 출원디자인의 내용을 일반 공중에 공표하고, 그 결과로 출원인에게 일정한 법률적 효과를 부여하는 출원공개제도가 있으며, 파리협약 당사국에의 출원을 기초로 6월 내에 우선권을 주장하여 출원하고 출원일로부터 3개월 내에 증명서류를 제출하면 출원일을 제1국의 출원일로 소급해 인정하는 조약[322]우선권주장제도가 있으며, 출원디자인에 대해 누구든지 당해 디자인에 거절이유가 있음을 정보와 함께 제공함으로써 공중의 심사참여를 통한 부실권리의 발생을 방지해 디자인권의 법적 안정성을 확보하기 위한 정보제공제도 등이 뒷받침되고 있다.[323]

㉡ **심사:** 디자인등록출원된 디자인이 권리로서 성립될 수 있는 요건을 갖추고 있는지를 확인하는 방법은 크게 2가지로 나눌 수 있다. 즉 하나는 실체적인 내용을 심사하여 권리의 성립을 인정하는 심사주의이고, 다른 하나는 실체적인 요건에 대해서는 심사를 하지 않고 권리의 성립을 인정하는 무심사주의이다. 현재 우리나라는 심사주의를 기본으로 하고 출원건 수가 많고 유행에 민감한 라이프사이클(life-cycle)이 짧은 물품에 한해 무심사주의를

322 여기서 말하는 조약에는 파리협약뿐만 아니라 우리나라와 체결된 양자간 또는 다자간 조약을 포함한다.

323 한국발명진흥회, 『지식재산권 입문』(서울: 성민사, 2007), pp. 143-145 참조.

채택하여 이원적으로 심사제도(혼합주의)를 운영하고 있다.

한편, 우리나라의 심사절차는 문서(전자문서 포함)에 의해 행해지며, 심사관의 직권심사주의에 의해 행해진다. 심사절차는 디자인 심사등록출원에 대한 절차와 디자인 무심사등록출원에 대한 절차가 다소 차이가 있다. 디자인 무심사등록출원에 대해서는 등록 전에 일부 실체적 등록요건을 심사하지 않으며, 등록 이후에 일반 공중의 심사절차인 디자인 무심사등록이의신청[324] 절차가 이루어지는 것이 다르다고 하겠다. 이를 제외하고는 디자인 심사등록출원과 디자인 무심사등록출원에 관한 심사절차가 동일하다.[325] 따라서 심사절차는 법령이 정한 절차의 흠결유무를 점검하는 방식심사를 시작으로, 물품별로 디자인 분류[326]를 실시하여 담당심사관에게 전자적으로 이송되면,[327] 심사관은 출원순위에 따라 디자인등록요건의 충족 여부를 확인해 거절이유에 해당되는지를 실체심사하게 되며, 심사결과 거절이유를 발견한 때에는 거절이유를 통지[328]하고 기간을 정해[329] 의견서를 제출

324 디자인 무심사등록이의신청제도라 함은 디자인 무심사등록출원에 의해 무심사로 등록된 디자인에 디자인보호법이 정한 등록취소이유가 있는 경우 누구든지 그 이유를 들어 등록의 취소를 구할 수 있는 제도를 말하며, 이는 주로 심사관이 심사하지 않은 일부 실체적 등록요건에 대해 공중이 심사할 수 있는 기회를 부여하기 위한 것이다(디자인보호법 제68조).

325 국제지식재산연수원, 『디자인보호법(표준교재)』, 2008.2, pp. 125-126 참조.

326 로카르노 국제분류를 기반으로 한 통합형 신한국 분류체계로 31개의 류, 239개의 군, 4,087개의 세분류로 구성되어 있다(특허청 홈페이지, "디자인 신한국 분류체계", 2023. 3. 3).

327 디자인심사관은 대분류를 기준으로 심사업무가 분장되어 있으며, 1심사관은 약 2~3개의 대분류를 담당하고 있다.

328 거절이유통지서의 문서명은 "의견제출통지서"로 하고 있다. 이전에는 "거절이유통지서"로 했으나 출원인이 최종 거절처분에 대한 이유통지서로 오해해 의견서나 보정서의 제출을 포기하는 경우가 있어 문서명을 "의견제출통지서"로 변경했다.

329 의견서의 제출기간은 2개월 이내로 함을 원칙으로 한다. 다만, 내국인이 출원한 디자인에 대해서는 그 기간을 1개월 이내로 함을 원칙으로 하고, 외부 의견문의 등으로 별도의 시일을 요하는 경우에는 이에 소요되는 기간을 가산해 지정할 수 있다. 출원인은 지정기간을 연장할 수 있으며, 연장기간은 매회 1월로 하고 필요한 경우 2회에 한해 연장할 수 있음을 원칙으로 한다

美匠第1類 13雜

願書番號 檀紀4280年 第655號

出　願 檀紀4280年 11月 4日

特　許 檀紀4281年 11月 20日

서울市 東大門區 新設洞 202番地

出 願 人　考案者　崔 昌 祿

代 理 人　辨理士　金 景 洙

1. 美匠考案의 名稱「반휘장선고름」의 模樣及色彩의 結合

1. 美匠을 表現한 物品 반휘장옷고름

1. 考案의 性質及的의 要領

本考案은 圖面에 表示한 바와 如히 옷고름 (x)의 表裏양面에 金色「福」(y) 及「壽」(z) 多樣化文字를 配하고 隔一로 金色 菊花模樣 (1)을 配하여「반휘장옷고름」의 美匠을 表現함.

1. 圖面의 略解

第一圖는 本考案의 要部를 表示한 正面圖

1. 美匠特許請求의 範圍

圖面에 表示하고 前項에 記載한 바와 如한「반휘장옷고름」의 模樣及色彩의 結合

제一도

그림 6.9 | 최고(最古) 디자인공보 제1호

할 수 있는 기회를 주어 보정에 의해 거절이유를 치유할 수 있는 보정서를 제출하게 한다. 이와 같은 일련의 과정을 거친 후 심사관은 마침내 디자인등록 여부를 최종적으로 결정[330]하게 된다.

(상표 · 디자인심사사무취급규정 제20조).

330 구법에서는 "사정(査定)"이라고 했으나 용어의 순화를 위해 개정법에서 "디자인등록 여부 결정"으로 변경했다.

㉢ 등록: 등록이란 등록디자인에 관한 권리의 발생, 변경, 소멸, 기타 디자인권에 대한 일정한 사항을 특허청장의 직권이나 당사자의 신청 또는 법원 등 국가기관의 촉탁에 의해 특허청에 비치된 디자인등록원부에 기재하게 되는 일련의 행위를 총칭하는 것으로서 디자인권 발생의 시발점이라 할 수 있다. 이런 등록신청은 행위능력이 있는 자라야 하며, 행위능력이 없는 자는 법률에 의한 법정대리인 등을 통해서만 디자인등록에 관한 절차를 밟을 수 있으며, 원칙적으로 등록권리자와 등록의무자[331]가 공동으로 해야 한다. 따라서 등록신청을 하고자 하는 자는 법률에서 정한 각각의 별지 서식에 의해 등록을 신청해야만 등록의 효력을 받을 수 있으며, 이런 등록의 효력은 제3자에게 대항할 수 있는 법적 요건이 되는 것이다.[332]

5 디자인의 특유제도

우리나라의 디자인보호제도에는 다른 지식재산권 제도에는 존재하지 않는 독특한 제도를 두고 있다. 즉 ① 물품의 외관의 일부분에 관한 디자인에 대해서만 권리로 요구하고 여타 부분의 디자인에 대해서는 권리로 요구하지 않는 부분디자인제도, ② 자기의 선등록디자인에 의해 신규성이 상실되거나 또는 자기의 선출원디자인에 의해 선출원의 지위가 없

331 등록의무자란 등록에 의해 불이익을 받는 자를 말한다. 예컨대 디자인권이전등록신청에서의 양도인과 같이 현재는 권리자이나 등록 후에는 자기 권리를 상실하게 되는 자 또는 타인에게 실시권을 설정해 줌으로써 일정부분 자기의 권리행사에 제한을 받게 되는 자를 말한다. 등록권리자란 등록에 의해 직접 이익을 받는 자를 말한다. 예컨대 디자인권이전등록신청에서의 양수인과 같이 등록으로 인해 새로운 이익(권리이전을 받거나 실시권을 부여받는 등)이 생기는 자를 말한다.

332 국내 디자인 등록 제1호는 '반휘장 옷고름의 모양 · 색채의 결합'(1948)이었다. 이는 옷감의 안팎에 금색으로 수놓은 '福(복)'자와 국화 모양을 번갈아가며 배치한 디자인이었다. 국제지식재산연수원, 『디자인보호법(표준교재)』, 2008.2, pp. 135-137 참조.

는 디자인의 등록을 인정하는 관련 디자인제도, ③ 1물품에 관한 1형태가 아닌 다수물품에 관한 형태를 1디자인으로 등록받을 수 있는 한 벌의 물품의 디자인제도, ④ 인간의 정신적 창작활동의 결과를 공개를 통해 산업발전에 이바지하고자 하는 지식재산권 제도의 취지와는 다르게 일정기간 동안 디자인을 비공개로 유지할 수 있는 비밀디자인제도, ⑤ 기본적으로는 등록 전에 절차적 · 실체적 등록요건 모두를 심사하는 심사주의를 취하면서도 유행에 민감하고 출원건수가 많은 라이프사이클(life-cycle)이 짧은 일부 물품에 대해서는 예외적으로 등록요건 일부에 대해서만 등록 전에 심사하는 디자인 무심사등록제도, ⑥ 물품의 외관이 일정하지 않고 물품의 자체기능에 의해 형태가 변하는 디자인에 대해서도 등록을 인정하는 동적 디자인제도가 있다.[333]

6 디자인권 및 침해

㉠ **디자인권의 효력 및 효력제한**: 디자인권은 무체재산권의 일종으로 설정등록에 의해 발생한다. 디자인권의 효력이란 등록디자인에 관한 권리의 내용을 실현하기 위해 법적 효력이 미치는 범위를 말하는 것으로 디자인권자가 자기의 등록디자인 또는 이와 유사한 디자인을 업으로 실시할 권리를 독점하는 적극적 효력과 등록디자인 또는 이와 유사한 디자인을 타인이 등록하거나 정당한 권원(權原) 없이 업으로 실시하는 것을 배제하는 소극적 효력을 포괄하는 개념이다.

이런 디자인권의 효력이 미치는 범위는 지역적으로 속지주의 원칙상 대한민국 영토 내에만 미치고, 시간적으로는 설정등록일부터 20년간 존속기간을 갖게 되며, 객체적으로는 등록디자인에

333 국제지식재산연수원, 『디자인보호법(표준교재)』, 2008. 2, p. 87.

대해서 출원서의 기재사항 및 첨부 도면과 도면에 기재된 디자인의 설명에 표현된 디자인에 의해 정해진다.

한편, 디자인권의 효력은 디자인권자의 의사와는 무관하게 산업정책상 또는 공익상의 이유로 일정한 제한을 받게 되며, 특정인과의 관계에서 일정한 사유의 존재 또는 발생에 의해서도 예외적으로 그 효력을 제한받게 된다.[334] 이밖에 디자인권의 이전, 공유, 소멸은 특허제도에서 언급된 내용과 대동소이하다.

㉡ **디자인권의 침해와 구제:** 디자인권의 침해란 타인이 정당한 권한이나 이유 없이 디자인권의 내용을 실시하는 것 또는 일정의 예비적 행위를 하는 것을 말하며, 직접침해와 간접침해로 구분된다. 침해에 대한 구제조치는 민사적 구제와 형사적 구제가 있는데, 민사적 구제절차에는 침해금지·예방청구권, 손해배상청구권[335], 신용회복조치청구권 등이 있으며, 형사적 구제절차에는 디자인권침해죄, 위증죄, 허위표시의 죄, 거짓행위의 죄, 비밀누설죄 등이 있고, 그 외 범죄행위와 관련된 재산을 박탈하는 몰수(沒收) 형벌이 있다.

334 디자인권의 효력제한은 적극적 효력의 제한으로 ① 전용실시권 설정등록에 의한 제한, ② 이용·저촉관계에 의한 제한, ③ 디자인권의 수용에 의한 제한이 있으며, 소극적 효력의 제한으로 ① 디자인권의 효력이 미치지 아니하는 법정효력의 제한(디자인보호법 제94조), ② 등록료 추가납부 등에 의해 회복한 디자인권의 효력 제한, ③ 재심에 의해 회복한 디자인권의 효력제한, ④ 실시권에 의한 효력제한으로 구분할 수 있다.

335 일반적으로 타인의 불법행위로 인해 재산권이 침해된 경우에는 그 재산적 손해의 배상에 의해 정신적 고통도 회복된다고 봐야 하지만, 재산상의 손해 이외에 명예나 신용의 훼손 등으로 재산적 손해의 배상만으로는 회복할 수 없는 정신적 손해가 있는 경우에는 그로 인한 정신적 고통에 대해 위자료를 지급해야 한다(대법원 1997. 2. 14. 선고 96다36159 판결).

2. 법제구성 비교

남한의 디자인보호법은 2022년 6월 최종 개정된 이래 현재에 이르고 있다. 구성은 총 11장 229조문으로 되어 있으며 제1장 총칙, 제2장 디자인등록요건 및 디자인등록출원, 제3장 심사, 제4장 등록료 및 디자인등록 등, 제5장 디자인권, 제6장 디자인권자의 보호, 제7장 심판, 제8장 재심 및 소송, 제9장 「산업디자인의 국제등록에 관한 헤이그협정」에 따른 국제출원, 제10장 보칙, 제11장 벌칙 등[336] 디자인에 대한 전반적이고 구체적인 사항들이 상세하게 기술되어 있다.

남한의 디자인보호법에 해당하는 북한의 공업도안법은 2011년 12월 최종 수정된 이래 현재에 이르고 있다. 구성은 총 5장 50조문으로 되어 있으며 제1장 공업도안법의 기본, 제2장 공업도안등록의 신청, 제3장 공업도안등록의 심의, 제4장 공업도안권의 보호, 제5장 공업도안사업에 대한 지도통제 등[337] 공업도안에 대한 기본적인 사항 위주로 기술되어 있음을 알 수 있다.

〈표 6.16〉에서 보는 바와 같이 디자인보호법제의 구성에 있어서 비교되는 부분은 디자인등록요건, 권리의 효력을 포함한 디자인권에 관한 사항, 디자인등록거절결정에 대한 심판 · 재심 및 소송을 포함한 침해에 대한 벌칙 등의 규정이 명시되어 있지 않다. 이는 TRIPs협정에 가입하지 않음으로 북한만이 갖고 있는 독특한 제도라 보여진다. 결국 선진국 중심의 지식재산권 제도의 조화와 국제적 통일화에 역행[338]하는 시대에 뒤떨어진 제도로 볼 수밖에 없다.

336 특허청 홈페이지, 법령 및 조약, 디자인보호법, 2022. 9. 13 참조.

337 국정원, 『북한법령집』(2022. 10), pp. 484~490.

338 특허청, “지재권 관련 국제동향 및 향후 대응 방향”, 2009. 2, p. 2.

표 6.16 | 남·북한 디자인보호법제의 구성 비교

남 한	북 한
디자인보호법 2022년 6월, 총 11장 229조문으로 구성	공업도안법 2011년 12월, 총 5장 50조문으로 구성
• 제1장: 총칙 • 제2장: 디자인등록요건 및 디자인등록출원 • 제3장: 심사 • 제4장: 등록료 및 디자인등록 등 • 제5장: 디자인권 • 제6장: 디자인권자의 보호 • 제7장: 심판 • 제8장: 재심 및 소송 • 제9장: 「산업디자인의 국제등록에 관한 헤이그협정」에 따른 국제출원 • 제10장: 보칙 • 제11장: 벌칙	• 제1장: 공업도안법의 기본 • 제2장: 공업도안등록의 신청 • 제3장: 공업도안등록의 심의 • 제4장: 공업도안권의 보호 • 제5장: 공업도안사업에 대한 지도 통제

3. 실체법 비교

1) 근거법령과 담당기관

디자인보호법에 관한 법률근거는 남한은 디자인보호법(2022. 6. 10: 일부개정)에서 규정되어 있고 특허청에서 업무를 담당하고 있다. 북한에서는 공업도안법(2011. 12. 21: 최고인민회의 상임위원회 정령 제2052호 수정)으로 규정되어 있고 업무담당은 국가품질감독국 예하 소속기관인 상표 및 공업도안처에서 관장하고 있다.

2) 개념과 보호대상

남한의 디자인보호법에서는 디자인이라 함은 "물품의 형상 · 모양 · 색채 또는 이들을 결합한 것으로서 시각을 통해 미감(美感)을 일으키게 하

는 것을 말한다."라고 규정하고 있다.[339] 그러나 북한의 공업도안은 남한의 디자인에 해당되는 것으로 공업도안법에서 밝히고 있는 공업도안이란 "공업적 방법으로 생산하려는 제품의 형태와 색깔, 장식 같은 것을 그림이나 사진으로 새롭게 묘사한 것"을 말한다.[340] 또 상표 및 공업도안에 관한 규정에는 '약간의 경미한 변화 혹은 명백하지 않은 변화는 새 공업도안으로 인정하지 않는다.'라고 규정하고 있다.[341] 따라서 남북한 모두 제품의 외형을 새롭게 묘사하는 것을 중요한 등록요건으로 보는 점에서 특별한 차이점이 없다.[342]

한편, 러시아의 디자인 등록요건으로는 신규성과 독창성이 요구되며 디자인권자에게는 재산권적 권리와 인격권이 동시에 인정되고 있으며 인격권은 존속기간의 제한이 없는 것이 특징이다. 또 중국의 디자인 등록요건은 신규성만이 요구되는 특징을 갖고 있으므로[343] 남북한의 신규성, 창작성, 공업상 이용가능성(유용성)과는 차이점이 있다.

3) 부등록대상

남한의 디자인의 부등록대상으로는 국기 · 국장 · 군기 · 훈장 등의 공공기관 또는 국제기관 등의 문자나 표지와 동일 또는 유사한 디자인, 공공의 질서나 선량한 풍속을 문란하게 할 염려가 있는 디자인, 타인의 업무와 관련되는 물품과 혼동을 가져올 염려가 있는 디자인, 물품의 기능

---

339 디자인보호법 제2조.

340 공업도안법 제2조.

341 상표 및 공업도안에 관한 규정 제30조.

342 민병오, "남북 산업재산권의 제도비교 및 교류협력에 관한 연구", 한남대학교 대학원 석사학위 논문, 2002, p. 70 참조.

343 육소영 · 윤권순, "북한의 지식재산권 제도에 대한 연구", 한국지식재산연구원, 2003. 12, pp. 81-82 참조.

을 확보하는 데 불가결한 형상만으로 된 디자인을 규정하고 있다.[344] 반면에 북한은 이미 등록된 공업도안과 본질적으로 같거나 유사한 도안, 이미 공개되어 사용하고 있는 제품과 같거나 유사한 도안, 북한의 법과 공중도덕 · 미풍양속에 맞지 않는 도안, 설비 및 기술공정도면이나 미술작품, 건축물 및 기념비 같은 것의 도안, 등록된 상표와 같거나 유사한 도안, 경제적 효과성과 실용예술성 · 생산도입 가능성이 없는 도안을 부등록대상으로 규정하고 있는 것[345]으로 볼 때 남북한 간 유사한 면이 많다.

4) 권리존속기간

디자인권의 존속기간은 남한은 디자인권의 설정등록이 있는 날로부터 20년이고,[346] 북한은 공업도안등록을 신청한 날로부터 5년이나 5년씩 두 번 연장할 수 있다.[347] 따라서 디자인권의 존속기간 면에 있어서 남한과 차이가 있다고 하겠다. 반면에 비슷한 제도권인 러시아 및 중국은 출원일로부터 10년이나, 러시아만 5년간 연장이 가능한 것으로 볼 때 중국을 제외하고 전체적인 존속기간 면에서는 유사하다.

5) 권리의 양도

디자인권의 양도에 있어서 남한은 등록권자가 임의 양도할 수 있고, 이 경우 기본디자인의 디자인권과 관련 디자인의 디자인권도 함께 양도하도록 규정되어 있다.[348] 반면에 북한의 경우는 양도등록을 한 날부터

344 디자인보호법 제34조.
345 공업도안법 제21조.
346 디자인보호법 제91조.
347 공업도안법 제35조.
348 디자인보호법 제96조.

효력을 가지게 되며[349] 공업도안의 유일한 사용권한을 받은 기관, 기업소들은 공업도안 사용권리를 무상 또는 유상으로 다른 기관, 기업소에 넘길 수 있도록 규정되어 있어 개인이 권리를 취득할 수 있는 규정이 없는 것이 차이점이다.[350]

표 6.17 | 남·북한 디자인보호법제의 실체법 비교

구 분	남 한	북 한
근거법령	디자인보호법(2022. 6. 10: 일부 개정)	공업도안법(2011. 12. 21: 최고인민회의 상임위원회 정령 제2052호 수정)
담당기관	특허청	상표 및 공업도안처
목 적	디자인의 보호와 이용을 도모함으로써 디자인의 창작을 장려해 산업발전에 이바지함	공업도안등록의 신청과 심의, 공업도안권의 보호에서 제도와 질서를 엄격히 세워 제품의 질을 높이고 사회주의 경제를 발전시키는 데 이바지함[1)]
개념 및 보호대상	디자인: 물품의 형상·모양·색채 또는 이들을 결합한 것으로서 시각을 통해 미감(美感)을 일으키게 하는 것	공업도안: 공업적 방법으로 생산하려는 제품의 형태와 색깔, 장식 같은 것을 그림이나 사진으로 새롭게 묘사한 것
권리 보호 형태	디자인권(독점배타적 실시권)	공업도안권(독점적 사용권)
등록요건	• 신규성 • 창작 비용이성(창작성) • 공업상 이용 가능성	• 신규성[2)] • 유용성 • 창작성[3)]
부등록 대상	• 국기·국장 등과 동일 또는 유사한 디자인 • 공공의 질서나 선량한 풍속을 문란하게 할 염려가 있는 디자인 • 타인의 업무와 관련되는 물품과 혼동을 가져올 염려가 있는 디자인 • 물품의 기능을 확보하는 데 불가결한 형상만으로 된 디자인	• 이미 등록된 공업도안과 본질적으로 같거나 유사한 도안 • 이미 공개되어 사용하고 있는 제품과 같거나 유사한 도안 • 북한의 법과 공중도덕, 미풍양속에 맞지 않는 도안 • 설비 및 기술공정도면이나 미술작품, 건축물 및 기념비 같은 것의 도안 • 등록된 상표와 같거나 유사한 도안 • 경제적 효과성과 실용예술성, 생산도입 가능성이 없는 도안

349 공업도안법 제30조.

350 민병오, "남북 산업재산권의 제도비교 및 교류협력에 관한 연구", 한남대학교 대학원 석사학위논문, 2002, p. 71 참조.

(계속)

구분	남한	북한
권리의 존속기간	디자인권의 설정등록이 있는 날부터 20년	공업도안등록을 신청한 날부터 5년 (5년씩 2회 연장 가능)
권리의 양도	임의양도(다만, 기본디자인의 디자인권과 관련 디자인의 디자인권은 함께 양도)	양도등록을 한 날부터 효력 발생
민사적 구제	침해금지청구권, 손해배상청구권, 신용회복청구권, 부당이득반환청구권	손해배상청구권, 위법행위를 하여 생산한 제품 몰수
기타 제재	침해죄, 위증죄, 허위표시의 죄, 거짓 행위의 죄 등 구체적·형사적 제 재 및 행정적 제재 규정	구체적 벌칙규정 없음, 단순하게 형사적·행정적 책임을 지운다고만 규정
유사제도	디자인의 성립요건(물품성, 형태성, 시각성, 심미성), 선출원주의, 1디자인 1출원주의, 공동출원	
특유규정 및 제도	• 관련 디자인제도 • 신규성 상실의 예외 • 복수디자인등록출원 • 한 벌의 물품디자인 • 비밀디자인제도 • 무권리자디자인등록출원과 정당한 권리자의 보호 • 디자인 무심사등록제도 • 디자인권의 효력이 미치지 않는 범위 • 법정실시권 • 각종심판	• 존속기간 연장제도 • 공업도안을 2년간 사용하지 않았을 경우 공업도안권의 효력 상실 • 공업도안권자의 권한 규정 • 공업도안사업에 대한 국가의 지도 통제 • 공업도안권의 보호를 국가 정책화 • 공업도안권의 신청과 심의에 있어 국가의 역할의 중요성 강조 등

주: 1) 공업도안법 제1조.
2) 상표 및 공업도안에 관한 규정 제30조.
3) 상표 및 공업도안에 관한 규정 제32조.
자료: 특허청(국제협력담당관실), "북한의 지식재산권 제도", 2001. 2, p. 47 참조.

6) 벌칙

남한의 디자인보호법은 디자인권리제도의 취지에 반하는 행위를 한 자에 대해 민사상 책임을 물을 수 있도록 함과 동시에 형사적인 권리보호를 도모하고 있으며 그 벌칙[351]으로 침해죄, 위증죄, 허위표시의 죄, 거짓

351 디자인보호법 제220조 내지 제229조.

행위의 죄 등을 구체적으로 명시하고 있다. 또 디자인권 또는 전용실시권을 침해한 자는 7년 이하의 징역 또는 1억 원 이하의 벌금에 처하도록 규정하고 있다.[352] 반면에 북한은 공업도안권을 침해했을 경우 해당한 손해를 보상시키며 위법행위를 하여 생산한 제품을 몰수하고[353] 그 사용을 중지시키거나 공업도안등록을 취소시키되,[354] 정상에 따라 행정적 또는 형사적 책임을 지운다고 규정하고 있을 뿐,[355] 남한처럼 구체적 죄목과 벌금 등은 명시하지 않고 있다. 이는 권리분쟁 시 당사자 간 협의를 통해 해결하는 것으로 보이나, 권리자의 이익보호와 구제 측면은 고려되지 않은 것으로 판단된다.

한편, 비슷한 제도권인 러시아는 디자인에 관한 자세한 규정을 두고 있는 반면에 중국은 디자인 특유의 규정이 필요한 사항에 대해서만 이를 정하고 있는 점은 미국법과 유사하다고 할 수 있으며 이 점에서 남북한과 비교된다고 할 수 있다.

4. 절차법 비교

1) 절차보정과 출원공개

디자인등록에 관한 절차위반의 경우 남한은 해당 사항에 대해 기간을 정해 보정(補正)을 명하도록 규정한다. 그러나 북한은 공업도안등록신청문건에 결함이 있을 경우 그것을 돌려보내거나 3개월 안에 고치게 하며 부득이한 사유로 3개월 안에 고치지 못했을 경우에는 그 기간을 2개월

352 디자인보호법 제220조.
353 공업도안법 제47조.
354 공업도안법 제48조.
355 공업도안법 제49조.

까지 연장해 줄 수 있다고 규정하고 있어[356] 절차의 보정에 있어서는 남북한 거의 유사하다고 볼 수 있다.

한편, 디자인등록출원공개는 남한의 경우 자기의 디자인등록출원에 대한 출원인의 공개신청이 있는 경우에 출원공개를 하고 있으나,[357] 북한의 경우는 등록된 공업도안은 공업도안공보를 통해 공개하도록 규정하고 있어[358] 남북한 간 차이가 있다.

2) 심사절차

남한에서는 출원순서대로 심사하도록 규정하고 있으나, 북한은 공업도안등록신청문건을 접수한 날로부터 6개월 안에 심의(심사)하도록 규정하고 있어[359] 심사절차에 있어서도 남북한 간 다소 차이가 있다.

3) 출원 시 우선권 특례주장

디자인등록을 받을 수 있는 권리를 가진 자가 디자인등록요건에 반했음에도 불구하고 디자인등록을 받기 위해서는 남한은 그 위반요건으로 인해 신규성을 상실한 날로부터 12개월 이내에 출원하는 경우 출원서에 그 취지를 기재하고 증명서류를 출원일부터 30일 이내에 제출해야 신규성 상실의 예외를 적용해 특례를 주장할 수 있으나,[360] 북한의 경우 공업도안등록신청의 우선권을 갖기 위해서는 전람회, 전시회에 공업도안이나 그 시제품을 내놓았을 경우 해당 공업도안이나 그 시제품을 내놓은 날로

356 공업도안법 제13조.
357 디자인보호법 제52조.
358 공업도안법 제23조.
359 공업도안법 제19조.
360 디자인보호법 제36조.

표 6.18 | 남·북한 디자인보호법제의 절차법 비교

구분	남한	북한
출원서류	• 디자인등록출원서 – 출원인의 성명, 주소 – 대리인의 성명, 주소 – 디자인의 대상이 되는 물품 – 단독디자인, 유사디자인 여부 – 창작자의 성명, 주소 – 우선권 주장서류(우선권 주장의 경우) • 도면 – 디자인의 대상이 되는 물품 – 디자인의 설명 및 창작내용의 요점 – 디자인의 일련번호 – 디자인의 사진 또는 견본(도면 미제출 시)	• 도안명 • 도안의 분류 • 신청자 및 창작가의 이름과 주소, 국적 • 도안과 도안설명서
절차의 보정	절차위반의 경우 기간을 정해 보정을 명함	• 신청문건에 결함이 있을 경우 그것을 돌려보내거나 3개월 안에 고치게 함 • 고치지 못했을 경우 다시 2개월까지 연장가능
출원공개	자기의 디자인등록출원에 대한 신청이 있는 경우에 출원공개	등록 후 공업도안공보를 통해 공개
심사절차	출원순서에 의해 심사	공업도안등록신청문건을 접수한 날부터 6개월 안에 심의
출원 시 우선권 특례주장	신규성을 상실한 날부터 12개월 이내에 출원하는 경우, 출원서에 그 취지를 기재하고 증명서류를 출원일부터 30일 이내에 제출 시 가능	전람회, 전시회에 공업도안이나 그 시제품을 내놓았을 경우 해당 공업도안이나 그 시제품을 내놓은 날부터 3개월 안에 우선권 요구문건 제출 시 가능
이의신청	디자인 무심사등록출원에 의한 디자인권의 설정등록이 있는 날부터 디자인 무심사등록공고일 후 3개월이 되는 날까지 이의신청	등록된 공업도안에 대하여 의견제기는 공업도안이 공개된 날부터 6개월 내
거절불복	디자인등록거절결정 또는 디자인등록취소결정등본을 송달받은 날부터 3개월 이내에 불복심판청구	재심의 결과를 통지받은 날부터 2개월 안에 비상설공업도안심의위원회에 의견제기

자료: 특허청(국제협력담당관실), "북한의 산업재산권 제도", 2001. 2, p. 48.

부터 3개월 안에 우선권을 요구하는 문건을 제출해야만 우선권의 효력이 주어진다.[361] 따라서 디자인등록출원 때의 우선권 특례를 주장하는 절차 면에서 남북한 간 다소 차이가 있다.

4) 이의신청과 거절불복

디자인 무심사등록이의신청 규정은 남한에서는 디자인권의 설정등록이 있는 날부터 디자인 무심사등록공고일 후 3개월이 되는 날까지 신청이 가능하다.[362] 반면에 북한에서는 공업도안등록이 공개된 날로부터 6개월 안에 의견을 제기할 수 있도록 되어 있다.[363]

한편, 거절불복에 있어서는 남한의 경우 디자인등록거절결정 또는 디자인등록취소결정등본을 송달받은 날부터 3개월 이내에 불복에 따른 심판을 청구할 수 있도록 규정한다.[364] 그러나 북한은 공업도안등록의 재심의결정에 대해 의견이 있을 경우에 재심의결과를 통지받은 날부터 2개월 안에 비상설공업도안심의위원회에 의견을 제기할 수 있도록 규정하고 있어[365] 남북한 간 이의신청 및 거절불복제기 기간 면에서 차이가 있다.

---

361 공업도안법 제16조.
362 디자인보호법 제68조.
363 공업도안법 제24조.
364 디자인보호법 제120조.
365 공업도안법 제26조.

제6절 저작권법제[366]의 비교

1. 남・북한의 저작권법제

1) 개관

법제구성 및 체계 면에 있어서 북한의 저작권법(총 6장 48조문)은 남한의 저작권법(총 11장 142조문)에 비해 포괄적이고 단순한 기본 틀만을 구성하고 있다. 따라서 저작권보호와 저작권이용 등 체제 면에서 여러 가지 미비점과 한계가 내재되어 있다. 또 저작권사업에 국가가 주도적으로 개입하고 저작물의 내용을 문제 삼아 허용될 수 없는 경우에는 저작권도 인정하지 않는 등 사회주의국가 체제하에서 제한적으로 저작권을 보장할 수밖에 없는 구조적인 문제점을 지니고 있다.[367] 아울러 남한의 시행령(총 77조문)이나 시행규칙(총 30조문) 같은 규정이 마련되어 있지 않아 체계적인 업무수행에도 한계가 있을 것으로 판단된다.

이밖에 남한 저작권법과 비교해서 그 보호 수준이 낮고 북한 저작물의 권리관계도 저작자 개인 중심의 우리 저작권 체제와는 다른 모습을 할 수밖에 없기 때문에[368] 저작권법의 구체적인 절차와 규정 마련은 물론 실행이 이루어지지 않는다면 이는 대외용 및 선전용이 될 수도 있는 구조적인 한계점을 내포하고 있다.

---

366 남한은 2009년 4월 22일 저작권법(법률 제9625호)이 개정되면서 컴퓨터 프로그램 보호법이 폐지되면서 저작권법에 흡수되어 저작권보호가 강화되는 동시에 단일화 방향으로 대폭 개정됐다. 반면에 북한에는 컴퓨터소프트웨어보호법(2003. 6. 11, 정령 제3831호)이 저작권법과는 별도로 유지되고 있다. 따라서 이 책에서는 남북한 간에 상호 비교될 수 있는 저작권법만을 비교대상으로 선정했음을 밝혀 둔다.

367 김상호, 앞의 논문, p. 23 참조.

368 최은석, "북한의 저작권법과 남한에서의 북한 저작물 이용 및 쟁점", 『서강법학』, 제11권, 2009. 12, p. 252 참조.

실제법적인 측면에 있어서는 저작권법의 목적으로, 남한은 문화 및 관련산업의 향상발전에 이바지하는 데 비해 북한은 문화 예술과 과학기술 발전에까지 이바지하는 것을 목적으로 한다는 데 차이점이 있다. 또 남한은 창작자를 중심으로 저작물의 창작행위 그 자체로부터 저작권이 발생되고 당연히 그 권리주체가 되지만, 북한에서는 저작물의 내용이 사회체제에 부합하는 것을 중시하기 때문에 오로지 법질서에 따라 보호할 만한 저작물에 대해서만 인정하는 저작권자 중심으로 규율하고 있다.[369] 아울러 남한에서 인정되고 있는 저작자의 추정, 공표동의의 추정, 저작권 등록, 출판권 설정 등도 법에 명시되어 있지 않으며, 미공표저작물은 재산권 보호차원에서 보호를 받지 못한다는 한계가 드러나고 있다.

절차법적인 측면에 있어서 남한은 저작물의 이용절차와 방법이 사적자치(私的自治)의 원칙에 입각해 이루어지고 있는 반면에 북한은 국가가 직접 개입함으로써 저작권자의 권리를 제한할 소지가 있다. 또 저작물의 이용에 있어서도 남한은 저작재산권자의 허락범위 내에서 이용할 수 있고 이용요금도 시장의 자율에 의해 결정하는 반면에 북한은 일단 저작권자의 허락을 받지만 허가를 받을 수 없을 때는 해당기관의 승인을 얻어 저작물을 이용할 수 있다는 것과 이용요금도 당사자 간에 임의로 정할 수 있는 사항이 아니며 일률적으로 가격제정기관에서 정한다는 것이 자본주의 체제에 맞지 않는 특이한 점이라 할 수 있다.

369 김상호, 앞의 논문, p. 104 참조.

2) 남 · 북한 저작권법제의 주요내용

(1) 북한 저작권제도

1 저작권제도의 목적

북한은 2001년 최고인민회의 상임위원회 정령 제2141호로 저작권법을 제정했으며,[370] 그 제정목적으로 "저작권법은 저작물의 이용에서 제도와 질서를 엄격히 세워 저작권자의 권리를 보호하고 문학예술과 과학기술발전에 이바지한다."[371]라는 통상적이고도 일반적인 목적을 제시하고 있다. 여기서 주목할 점은 저작권법은 문화의 향상발전을 목적으로 함이 일반적인 데 반해 북한 저작권법은 문학예술 외에 과학기술발전도 저작권법의 목적으로 규정하고 있는 것은 저작권의 경제적인 측면을 강조한 것으로 보인다.[372] 아울러 북한은 저작권보호를 국가의 정책으로서 다룰 것을 선언하고 "창작자의 저작활동을 보장하고 저작권자의 권리를 보호할" 국가의 책임을 밝히고 있다.[373] 이는 "창작자의 작품에 대한 권리는 국가적, 사회적 이익과의 통일 속에서 실현된다."[374]라고 하여 개인의 이익과 국가 · 사회적 이익 간의 통일을 강조해왔던 것에서 그 근원(根源)을 찾을 수 있다.

---

370 현재 저작권법은 2006년 수정보충됐다. 개정 법률에서는 제12조만을 부분 개정했는데, 2001년 법률에서는 "법령, 결정, 지시 같은 국가관리문건과 시사보도물, 통보자료 같은 것은 저작권의 대상으로 되지 않는다."를 2006년 법률에서는 "국가관리문건과 시사보도물, 통보자료 같은 것은 상업적 목적이 없는 한 저작권의 대상으로 되지 않는다."라고 개정함으로써 법률문건을 포함한 기타 국가문건들에 대해 상업적 영리 취득 목적이 아니라면 누구나 당국의 허락 없이도 자유롭게 이용할 수 있도록 하였다. 따라서 과거와 달리 시장적 요소를 저작권법에 반영했다는 점이 특징이라고 할 수 있다. 그리고 각 조항마다 내용의 소제목을 병기했다(최은석, 앞의 논문, p. 239 참조).

371 북한 저작권법 제1조.

372 권재열 외 8인, 『북한의 법체계: 그 구조와 특색』(서울: 집문당, 2004), p. 404.

373 북한 저작권법 제2조.

374 사회과학원 법학연구소 편, 『법학 사전』, 1971, p. 418.

2 저작물

북한 저작권법에서는 해당기관이 과학성, 객관성, 현실성의 원칙을 고려하여 저작권의 대상을 정하게 되는데, 이의 보호대상인 저작물을 크게 여덟 종류로 분류하고 있다.[375] 세부내용은 실체법 비교에서 설명하기로 한다. 원저작물을 편작 · 편곡 · 각색 · 윤색 · 번안 · 번역 같은 방법으로 개작하여 만든 2차적 저작물도 독자적인 저작물로서 보호받을 수 있으며,[376] 사전이나 선집 같은 편집저작물도 소재의 선택이나 배열에 창조성이 있는 경우에는 저작권의 보호대상이 된다.[377] 선집의 경우 주로 김일성 주석과 김정일 위원장의 어록을 보호하기 위한 것으로 보인다.

그러나 국가관리문건과 시사보도물, 통보자료 같은 것은 상업적 목적이 없는 한 저작권의 보호대상이 되지 않으며,[378] 출판 · 발행 · 공연 · 방송 · 상영 · 전시 같은 것이 금지된 저작물에 대한 저작권도 보호하지 않는다.[379] 북한에서는 저작물을 일반에게 보급하기에 앞서 저작물 내용에 대한 통제를 각 집단적 조직 차원에서 내리고 있으므로 체제에 부합하지 않은 저작물은 철저히 법적으로 배제할 수 있음을 말하고 있다.

3 저작권자

북한에서는 '저작자'라는 용어를 사용하지 않고 '저작권자'라는 용어를 사용한다. 즉 저작권자는 저작물을 창작한 자 또는 창작자로부터 저작물에 관한 권리를 승계받은 자이다. 저작권자는 저작물에 대한 인격적 권리와 재산적 권리를 갖는다.[380] 외국인에 대해서도 북한이 가입한 조약

375 북한 저작권법 제9조.
376 북한 저작권법 제10조.
377 북한 저작권법 제11조.
378 북한 저작권법 제12조.
379 북한 저작권법 제6조.
380 북한 저작권법 제13조.

의 체약국 국민과 법인에 대해서는 조약에 따라 그 보호를 인정하며, 비체약국 국민에 대해서는 북한에서 처음으로 저작물을 발표하였을 경우에는 보호를 인정한다.[381]

기관, 기업소, 단체의 이름으로 창작된 단체저작물에 대해서는 그 기관, 기업소, 단체가 저작권을 가진다.[382] 북한에서는 개인 단위로 창작활동을 하는 것이 아니라 영화촬영소나 작가동맹 등 여러 기관이나 단체의 소속원으로 활동하기 때문에 개인이 창작자는 될 수 있지만 저작권자는 될 수 없다고 보아야 할 것이다.[383] 또 두 명 이상이 공동으로 창작한 공동저작물은 창작한 자들이 공동저작권을 가진다. 공동저작권의 행사는 저작권자들의 합의에 의해 정하며 대표를 선출해 권리를 행사할 수도 있다.[384] 영상저작물의 저작권은 그 제작자에게 있으며, 다만 영상저작물의 제작에 이용된 소설 · 대본 · 음악 · 미술저작물의 저작권은 원저작권자가 독립해 행사할 수 있다.[385] 그러나 영상물을 직접 창작한 영화감독의 권리는 여기서 보호하지 않고 있는 셈이다. 한편, 영상물을 비롯해 저작물 · 편집물에서 그 개작 혹은 편집에 기여한 원저작권자들은 별도로 보호받고 있다.[386]

4 저작권

저작물에 대해 저작권자에게 인정되는 권리는 크게 인격적 이익을 보호하는 저작인격권과 재산적 이익을 보호하는 저작재산권으로 나눌 수 있다. 현재 북한에서는 이런 용어 대신에 인격적 권리, 재산적 권리라는

381 북한 저작권법 제5조.

382 북한 저작권법 제16조.

383 윤대규, "북한 저작물에 대한 보호 및 문제점", 『북한법』, 제3권, 2000. 3, p. 124.

384 북한 저작권법 제17조.

385 북한 저작권법 제18조.

386 김상호, "북한 저작권법 제정의 의의와 해설", 『저작권심의조정위원회』, 2001, p. 8.

표현을 사용하고 있다. 이런 저작권의 보호방법에는 지식재산권처럼 등록 등의 일정한 방식을 갖추어야만 권리를 인정하는 경우와 저작자가 저작한 때로부터 자동적으로 권리가 발생하는 경우의 두 가지 형태가 존재한다. 후자인 무방식주의가 일반적이며 우리나라도 무방식주의를 취하고 있다.[387] 북한 저작권법에서는 저작물로 보호받기 위해 등록 등의 요건을 요구하고 있지는 않다. 그러나 저작권 보호기간이 저작물이 발표된 때로부터 시작된다는 점에서 저작권으로 보호되기 위해서는 발표, 즉 공표를 요구하고 있는 것으로 보인다.[388]

㉠ **저작권자의 인격적 권리:** 저작물에 대한 인격적 권리는 저작물을 창작한 자만이 갖게 되며 양도 · 상속할 수 없는 일신전속적 권리로서 무기한 보호된다.[389] 인격적 권리에는 저작물의 발표를 결정할 수 있는 권리인 공표권, 저작물에 창작자의 이름을 밝힐 권리인 성명표시권 및 저작물의 제목 · 내용 · 형식 등을 변경하지 못하도록 할 수 있는 권리인 동일성유지권이 있다.[390] 인격적 권리의 보호기간은 무한대로 규정되어 있지만 상속이 인정되지 않는다는 점에서 창작자 사후에 누가 이 권리를 행사할 수 있는가 하는 문제를 남기고 있다.

㉡ **저작권자의 재산적 권리:** 저작물에 대한 재산적 권리로는 저작물의 ① 복제권, ② 공연권, ③ 방송권, ④ 전시권, ⑤ 배포권, ⑥ 2차적 저작물 작성권, ⑦ 편집저작물 작성권이 인정된다.[391]

387 권재열 외 8인, 앞의 책, p. 406.
388 북한 저작권법 제25조.
389 북한 저작권법 제20조.
390 북한 저작권법 제14조.
391 북한 저작권법 제15조.

또 여기에는 작품을 이용할 수 있는 권리와 작품 이용에 대해 보수를 받을 수 있는 권리가 속한다. 재산적 권리는 인격적 권리와는 달리 그 전부 또는 일부를 타인에게 양도하거나 상속할 수 있으며, 다만 재산적 권리를 다른 나라 법인이나 개인에게 양도하는 경우에는 해당 기관의 승인을 받아야 한다.[392] 이는 행정법 위주의 사회주의체제 특성을 나타낸 것으로 보인다. 재산적 권리를 가진 기관, 기업소, 단체가 해산할 경우에 그 권리는 이들을 계승하는 기관, 기업소, 단체가 가진다.[393] 즉 저작권이 소멸되지 않고 계속 존재하게 됨을 뜻한다.

재산적 권리는 저작물이 발표된 때로부터 창작자가 사망한 후 50년까지 보호된다.[394] 기관, 기업소, 단체의 이름으로 창작된 저작물이나 영상저작물에 대한 재산적 권리는 저작물이 발표된 때로부터 50년까지 보호되며,[395] 공동저작물의 재산적 권리는 저작물의 발표 때부터 마지막으로 남은 창작자가 사망한 후 50년까지 보호된다.[396] 공동저작물의 재산적 권리 보호기간이 저작물의 발표 때부터 기산한다는 점에서 저작물의 창작 때부터 보호기간이 시작되는 남한법과 차이를 보인다.

저작권자는 저작물을 배타적으로 복제 · 방송 · 전시 · 배포 · 개작 · 편집할 수 있는 이용권을 가지며, 저작물을 이용하고자 하는 자는 저작권자의 허가를 받아야 한다. 다만 기관, 기업소, 단체에 소속된 자가 직무수행으로 창작한 저작물에 대해서는 그 기관, 기업소, 단체에 우선적 이용권이 있다.[397] 저작물의 이용

392 북한 저작권법 제21조.
393 북한 저작권법 제22조.
394 북한 저작권법 제23조.
395 북한 저작권법 제24조.
396 북한 저작권법 제23조.

에 관하여 허가나 승인을 받은 기관, 기업소, 단체와 공민은 저작권자에게 해당한 요금을 지불해야 하며, 그 요금은 가격제정기관에서 정한다.[398] 만약 저작권자를 찾을 수 없는 경우에는 해당 기관의 승인을 받아 저작물을 이용할 수 있다.[399]

5 저작물의 이용과 제한

저작물을 이용할 때 그 사유에도 불구하고 언제나 저작권자의 허락을 받고 사용료를 지불해야 한다면 저작물의 공정하고 원활한 이용이라는 저작권법의 취지에 반하게 된다. 따라서 일정한 경우에는 저작재산권을 제한하여 저작권자에게 허락을 받지 않고 자유로이 이용할 수 있도록 허용해야 한다.[400]

저작권자의 허락을 받지 않고도 저작물을 자유로이 이용할 수 있는 공정이용에 관해 북한 저작권법에서는 아홉 가지의 경우를 열거하고 있다. 세부내용은 실체법 비교에서 언급하기로 한다.

6 저작인접권

저작물의 창작자는 아니지만 저작물의 보급에 중요한 역할을 하는 자에게 인정되는 권리가 저작인접권이다.[401] 북한 저작권법에서도 저작물을 이용하여 공연, 녹음, 녹화, 방송을 한 자 또는 그 권리의 양수인을 저작인접권자로 규정하여[402] 보호하고 있다. 이 규정에 따르면 공연을 행하는 연기자 외에 극단주 같은 공연사업자도 저작인접권을 갖게 되는

397 북한 저작권법 제28조.
398 북한 저작권법 제31조.
399 북한 저작권법 제27조.
400 윤선희, 『지식재산권법』(세창출판사, 2005), p. 430.
401 윤선희, 앞의 책, p. 446.
402 북한 저작권법 제33조.

데, 이는 공연과 실연을 구분하고 실연자에 대해서만 인접권을 부여하는 남한 저작권법과는 대비되는 부분이다.

저작물을 공연한 실연자는 성명표시권과 복제·방송·배포권을 갖는데,[403] 저작인접권자에 대해서도 인격권의 하나인 성명표시권과 배포권을 추가로 인정하고 있는 것은 남한보다 앞선 것으로 타당하다고 볼 수 있다. 또 녹음·녹화물을 제작한 자는 복제·배포권을 갖는다.[404] 방송권자는 그 녹화물을 녹음, 녹화, 사진촬영 같은 방법으로 복제할 수 있으며 중계방송 또는 재방송을 할 수 있는 권리를 갖는다.[405] 그러나 이런 저작인접권의 행사로 인해 저작권자의 권리를 침해해서는 안 된다.

저작인접권은 양도나 상속이 가능하며, 그 보호기간은 공연·녹음·녹화·방송을 한 때로부터 50년간이다. 저작인접권의 경우에도 공정이용의 규정이 적용되며 공정이용에 해당하는 경우에는 저작인접권자의 허가를 받지 않고 이를 이용할 수 있다.[406]

7 저작권 침해에 대한 구제

저작권 또는 저작인접권을 침해한 자는 해당하는 손해를 배상해야 한다.[407] 또 저작권을 침해한 기관, 기업소, 단체의 책임자와 개인은 침해에 대한 행정적 또는 형사적 책임을 진다.[408] 그러나 저작권과 관련하여 발생한 분쟁은 협의의 방법으로 해결하는 것을 원칙으로 하며, 협의의 방법으로 해결할 수 없는 경우에만 중재 또는 재판기관에 의해 해결할 수 있다.[409]

403 북한 저작권법 제34조.
404 북한 저작권법 제35조.
405 북한 저작권법 제36조.
406 북한 저작권법 제40조.
407 북한 저작권법 제46조.
408 북한 저작권법 제47조.

8 북한에서의 출판사업

저작권법에 의해 보호되는 저작물 가운데 가장 중심이 되는 것이 어문저작물이다. 어문저작물을 보급하고 배포할 수 있는 자는 그 저작물에 대해 복제권과 배포권을 가진 저작권자가 되겠지만 저작권자가 이를 대량으로 복제·배포하는 것은 실제로 불가능한 경우가 많다. 따라서 저작권자는 저작물을 인쇄하여 도서 등의 방법으로 배포하고자 하는 자에 대해 출판권을 설정할 수 있으며, 출판권자는 설정기간 동안에 저작물을 출판할 수 있는 독점적 권리를 갖게 된다. 이런 출판권에 관해 우리 저작권법에는 저작권과 같이 규정하고 있는 데 반해 북한 저작권법에는 출판권에 관한 규정을 두고 있지 않다. 즉 출판이라는 특정 산업영역에 대해 별도로 법적 규율을 고려하지 않고 다른 일반 저작물의 이용 차원에서 통합적으로 규율한 것으로 파악된다. 일반적으로 저작물 이용은 배타적 이용과 단순 이용으로 나뉘므로 복제·배포에 관한 배타적 이용허가로 출판권 설정과 같은 규율효과를 볼 수 있다고 판단한 듯하다.[410]

출판사업에 관해서는 출판법에서 이를 규정하고 있다. 북한 출판법에 의하면 출판기관이란 출판물 원고를 집필·편집하고 출판물을 발행하는 기관이며 필요에 따라 인쇄사업도 할 수 있다.[411] 그러나 출판기관도 등록된 성격과 임무에 맞는 출판물만을 출판할 수 있으며 등록에 반하는 출판물은 출판할 수 없다.[412] 출판기관은 출판물을 재판, 전재, 복사하거나 수정 보충할 경우 저작자와 합의해야 하지만, 저작자와 합의할 수 없는 경우에는 출판지도기관 또는 해당 중앙기관의 승인을 받는다.[413] 이는 출판물, 즉 저작물의 내용 수정이나 변경권이 원칙적으로 저작권자에

409 북한 저작권법 제48조.

410 김상호, "북한 저작권법 제정의 의의와 해설", 앞의 논문, p. 10.

411 북한 출판법 제11조.

412 북한 출판법 제14조.

413 북한 출판법 제15조.

게 있다는 점에서 저작권자의 개인적 권리로서의 재산권보다는 출판통제와 관련된 출판권을 더 우선시하는 것을 알 수 있다. 이런 관점에서 출판법 제16조에서도 출판계획은 출판물에 대한 수요를 보장하기 위한 국가계획임을 선언하고 있다.

출판물은 배포승인을 받아야 보급할 수 있으며 출판물의 배포승인은 출판지도기관 또는 해당 중앙기관이 한다.[414] 출판물의 배정은 기관, 기업소, 단체, 세대별로 하며 출판물보급기관이 출판물을 배정한다.[415] 출판사업에 대한 감독통제는 출판지도기관 또는 해당 기관이 한다. 두 기관은 출판물을 통해 기밀이 새어나가거나 반동적인 사상과 문화, 생활풍조가 퍼지지 않도록 해야 하는 역할을 한다.[416] 기밀을 누설하거나 반동적인 사상과 문화, 생활 풍조를 퍼뜨릴 수 있는 출판물은 생산, 발행, 보급과 반출입이 중지되고 회수된다.[417] 즉 출판법의 전반적인 내용을 살펴보면 출판, 보급에 관한 업무를 국가에서 관장하고 감독하며 저작자와 개인 출판업자 간의 계약에 의한 출판행위는 기대할 수 없다. 따라서 개인 출판업자가 출판에 관해 독점권을 갖는 출판권은 인정되지 않는 것으로 보인다.

9 저작권에 관한 국제적 보호

북한은 그동안 저작권에 관한 국제조약 가입에 소극적 태도를 취해 왔지만, 2001년 저작권법을 제정한 이후 2003년 4월 저작권에 관한 대표적 국제조약이라고 할 수 있는 베른조약에 전격 가입했다. 그간 저작권에 관해서는 지식재산권과는 달리 우리 국민에 의한 북한 저작물의 무단이

414 북한 출판법 제40조.
415 북한 출판법 제41조.
416 북한 출판법 제47조.
417 북한 출판법 제48조.

용이 문제가 되어 왔었다. 따라서 북한의 베른조약 가입에 따라 남북한 저작권 문제에 변화가 있으리라고 예상된다. 그러나 북한 저작권에 대한 침해행위가 발생한다고 해도 이를 주장할 권리자가 우리나라에 존재하지 않고, 저작권 침해죄가 친고죄임을 고려할 때 북한의 저작물이 앞으로도 우리나라에서 효과적으로 보호를 받는 데는 많은 어려움이 있을 것으로 예상된다.[418]

(2) 남한 저작권제도

1 저작권제도의 목적

저작권제도는 학문적 또는 예술적 저작물의 저작자를 보호하여 문화발전에 이바지하기 위한 제도이다. 우리 저작권법은 "이 법은 저작자의 권리와 이에 인접하는 권리를 보호하고 저작물의 공정한 이용을 도모함으로써 문화 및 관련산업의 향상발전에 이바지함을 목적으로 한다."[419] 라고 규정하여 '문화 및 관련산업의 향상발전'이라는 보다 궁극적인 목적을 위해 저작권 및 저작인접권의 보호와 저작물의 공정한 이용 보장이라고 하는 서로 대립적인 이익을 균형 있게 보호하고자 하는 취지를 분명히 하고 있다.[420] 이런 취지에 맞추어 우리는 창작자의 정신적 노동의 결과로 다양한 예술작품과 학술적인 발전을 접할 수 있게 됐는데, 법은 그런 노동에 대한 대가(incentives)로서 창작자에게 독점 · 배타적 권리를 부여하여 그들의 창작의욕을 고취시키고 있다.

이런 점에서 저작권법은 저작자의 권리를 보호하는 것이지만, 동시에 저작물의 원활한 이용을 활성화하고 궁극적으로는 문화의 발전을 지

418 권재열 외 8인, 앞의 책, pp. 411-412 참조.

419 남한 저작권법 제1조.

420 송영식 · 이상정 · 김병일, 『지적재산법』(서울: 세창출판사, 2009), p. 232.

향하고 있다. 이와 같이 저작권은 제한된 권리이며 저작권의 행사는 반드시 공공정책과 부합하는 방향으로 행사되어야 하며, 만약 이에 반하는 권리행사의 남용(misuse)에 대해서는 일정한 제재를 받게 된다.[421]

2 저작물

저작물이란 '인간의 사상 또는 감정을 표현한 창작물'을 말하지만, 이런 정의규정만으로는 어떤 것이 저작권법상 보호를 받는 저작물인가 그 판정기준이 아주 어렵다.[422] 여기서 정의규정과 별도로 저작권법은 제4조 제1항을 설정하여 보호를 받는 주된 저작물을 표현형식별로 분류해 열거하고 있다. 또 법은 "원저작물을 번역·편곡·변형·각색·영상제작 그밖의 방법으로 작성한 창작물(이하 "2차적 저작물"이라 한다)은 독자적 저작물로서 보호된다."라고 규정하고 있다.[423]

따라서 2차적 저작물로 보호받기 위해서는 원저작물과는 별도로 새로운 창작성이 가해져 있어야 하며, 기존저작물에 다소의 수정증감을 가한 데 불과한 것(예컨대 구두점, 용어의 변경 등)은 기존저작물의 복제물에 불과하며 2차적 저작물이 아니다. 아울러 "편집물로서 그 소재의 선택 또는 배열이 창작성이 있는 것(이하 "편집저작물"이라 한다)은 독자적인 저작물로서 보호된다."라고 규정한다.[424] 단지, 편집물의 구성부분이 되는 저작물(원저작물이라고는 말할 수 없다)의 저작권은 전혀 영향을 받지 아니하므로 당연히 구성부분 저작물의 저작권은 당해 부분의 저작자에게 속한다고 본다. 그러나 국민에게 널리 알려져야 할 성질을 갖는 관공문서와 사실의 전달에 불과한 시사의 보도, 프로그램 언어, 규약 및 해법 등은 저작물로서 보호

---

421 한국발명진흥회, 『지식재산권 입문』(서울: 성민사, 2007), p. 211.
422 송영식·이상정·김병일, 앞의 책, p. 237.
423 남한 저작권법 제5조.
424 남한 저작권법 제6조.

받지 못한다고 규정한다.[425]

외국인저작물은 우리나라가 가입 또는 체결한 조약에 따라 보호함을 원칙으로 하되 우리나라에 상시 거주하는 외국인의 저작물과 우리나라에서 맨 처음 공표된 외국인의 저작물은 내국인 저작물과 동일하게 보호한다. 다만, 이 경우에도 그 외국에서 대한민국 국민의 저작물을 보호하지 아니하는 경우에는 그에 상응하게 조약 및 이 법에 의한 보호를 제한할 수 있도록 하여 상호주의를 취하고 있다.[426]

❸ 저작자

저작자란 저작물을 창작한 자를 말하며, 저작권자는 저작물에 대한 권리를 갖는 사람으로 저작권의 귀속주체이다.[427] 원칙적으로는 저작자가 저작권자가 된다. 다만, 저작재산권은 양도 · 상속에 의한 이전이 가능하나 저작인격권은 일신전속적이므로 경우에 따라서 저작재산권자와 저작인격권자의 분리현상이 일어난다.[428] 그리고 원저작자의 표시가 없는 저작물의 경우 발행자 · 공연자 또는 공표자로 표시된 자가 저작권을 갖는 것으로 추정되기 때문에[429] 저작자와 저작권자가 달라질 수 있다. 이런 추정의 효과로 인해 반증[430]이 없는 한 저작권의 주체는 바뀌지 않으며, 이 경우에 추정은 저작권자에게 유리한 것뿐만 아니라 불리한 것도 추정의 대상이 된다. 그리고 추정의 효과는 소급한다.[431]

한편, 저작권법은 법인 등에 대해서도 일정한 요건 아래에 저작자로

425 남한 저작권법 제7조 및 제101조의2.

426 남한 저작권법 제3조.

427 윤선희, 앞의 책, p. 378.

428 송영식 · 이상정 · 김병일, 앞의 책, p. 252.

429 남한 저작권법 제8조 제2항.

430 반증이 있는 저작권의 귀속은 물론이고 그 효과 모두가 원래대로 소급한다.

431 윤선희, 앞의 책, p. 378.

서의 지위를 인정하고 있다. 즉 법인 등의 명의로 공표되는 업무상 저작물의 저작자는 계약 또는 근무규칙 등에 다른 정함이 없는 때는 그 법인 등이 된다. 다만, 컴퓨터 프로그램 저작물의 경우 공표될 것을 요하지 아니한다.[432] 또 2인 이상이 공동으로 창작한 저작물로서 각자의 이바지한 부분을 분리하여 이용할 수 없는 공동저작물의 저작자는 공동하여 창작한 자 전원이 된다. 결합저작물의 경우에는 창작에 관여한 각자가 각 분담부분에 대한 저작자가 된다.[433]

4 저작권

저작권이란 저작자가 그 자신이 창작한 저작물에 대해서 갖는 권리를 의미하며 크게 저작인격권과 저작재산권으로 구분된다. 저작권은 저작물을 창작한 때부터 발생하며 어떠한 절차나 형식의 이행을 필요로 하지 않는다.[434] 즉 저작의 사실로부터 저작권이 발생하며 특별한 절차를 밟거나 형식을 요하지 아니하므로 무방식주의라 하며 우리나라, 일본, 독일, 프랑스 등과 베른조약이 취하는 바이다. 이런 저작권의 법적 성격은 지식재산권의 일종으로 유한하고 배타적 권리인 동시에 다수 권리의 집합이므로 '권리의 다발'이라고 할 수 있다.

㉠ **저작인격권**: 저작인격권이란 저작자가 자기의 저작물에 대해서 갖는 인격적 이익의 보호를 목적으로 하는 권리이며, 저작재산권과는 달리 그 성질상 일신전속권(一身專屬權)이다.[435] 우리법상 저작인격권에는 공표권, 성명표시권, 동일성유지권의 3종이 있으

432 남한 저작권법 제9조.

433 송영식 · 이상정 · 김병일, 앞의 책, p. 253.

434 남한 저작권법 제10조 제2항.

435 남한 저작권법 제14조 제1항.

며 각각의 권리에 대해서 추정규정 또는 특례가 마련되어 있다.

공동저작물의 저작인격권은 저작자 전원의 합의에 의하지 않고는 이를 행사할 수 없다. 이 경우 각 저작자는 신의에 반해 합의의 성립을 방해할 수 없다. 또 공동저작물의 저작자는 그들 중에서 저작인격권을 대표해 행사할 수 있는 자를 정할 수 있다. 이 경우에 대표권에 가해진 제한이 있을 때 그 제한은 선의의 제3자에게 대항할 수 없다.[436]

저작인격권은 양도불가능한 권리이므로 저작자의 사망과 더불어 소멸되게 하는 것이 오히려 자연스러울 것이나, 저작자 사후 저작물의 동일성 변경 등에 의해 저작자의 명예가 침해될지도 모르므로 이를 막기 위해 저작권법은 일정한도에서 저작자의 사후에도 그의 인격적 이익을 보호하는 제도를 별도로 규정하고 있다.[437] 이를 보장하기 위해 저작자가 사망한 후에 그 유족(사망한 저작자의 배우자, 자, 부모, 손, 조부모 또는 형제자매를 말한다)이나 유언집행자는 위와 같은 침해나 침해우려가 있는 경우에 침해금지청구를 할 수 있으며 고의 또는 과실로 저작인격권을 침해하거나 저작자의 명예를 훼손시킨 경우 명예회복 등의 청구를 할 수 있다고 규정하고 있다.[438]

㉡ **저작재산권**: 저작재산권은 저작자의 재산적 이익을 보호하고자 하는 권리로서 주로 저작물을 제3자가 이용하는 것을 허락하고 대가를 받을 수 있는 권리이다. 이에는 복제권, 공연권, 공중송신권, 전시권, 배포권, 대여권, 2차적저작물작성권 등이 있다. 저

436 남한 저작권법 제15조.

437 남한 저작권법 제14조 제2항.

438 남한 저작권법 제128조.

작재산권은 저작인격권과 달리 양도가 가능하고, 다른 사람에게 그 저작물의 이용을 허락할 수 있으며 질권설정도 가능하다. 또 유체재산권과 달리 독특한 소멸사유를 갖고 있다.[439]

우리 저작권법은 저작권의 보호기간을 저작물의 창작한 때를 시기로 하여 원칙적으로 저작자 생존 중 및 저작자 사후(공동저작물의 저작재산권은 맨 마지막으로 사망한 저작자의 사망 後) 70년간 존속한다고 규정하고 있다.[440] 다만, 창작한 때부터 50년 이내에 공표되지 아니한 경우에는 창작한 때부터 70년간 존속한다. 보호기간의 계산방법에 대해서는 저작자가 사망하거나 저작물을 창작 또는 공표한 다음 해부터 기산한다고 규정하고 있다.[441] 그리고 무명 또는 이명 저작물, 업무상 저작물, 영상저작물 및 프로그램 등의 보호기간은 특례규정을 두어 별도로 보호하고 있다.

저작재산권은 그 보호기간이 만료하면 소멸한다. 저작권법은 문화자산으로서의 저작물의 특수성에 비추어 ① 저작재산권자가 상속인 없이 사망한 경우, ② 저작재산권자인 법인 또는 단체가 해산된 경우에는 저작재산권은 소멸한다고 규정하고 있다.[442]

5 저작권의 제한

저작자에 대한 법률상 보호가 국가의 학문 · 예술 또는 지식전달 · 교육의 발전을 방해하거나 과학적 · 기술적 연구나 정보의 전달을 차단해서는 안 될 것이다. 저작권도 다른 재산권과 마찬가지로 권리 자체에 내재하는 제한이 있을 뿐만 아니라 공공복리를 위해 제한될 수도 있다. 무

439 송영식 · 이상정 · 김병일, 앞의 책, p. 261.

440 남한 저작권법 제39조.

441 남한 저작권법 제44조.

442 남한 저작권법 제49조.

엇보다도 저작권은 일정한 기간 동안만 경제적인 이익을 독점하는 유한적인 권리이다. 따라서 존속기간이 종료되면 누구나 자유롭게 이용할 수 있는 공유재산(public domain)이 되어야 할 것이다.[443] 이와 같이 저작물을 자유로이 사용할 수 있도록 우리 법에서 규정하고 있는데, 실체법 비교에서 상세히 설명하기로 한다.

한편, 저작물을 자유이용할 수 있는 경우라 하더라도 그 이용자는 그 저작물의 출처를 명시해야 한다. 출처의 명시는 저작물의 이용상황에 따라 합리적이라고 인정되는 방법으로 해야 하며, 저작자의 실명 또는 이명이 표시된 저작물인 경우에는 그 실명 또는 이명을 명시해야 한다.[444] 또 저작재산권을 제한하는 규정은 저작인격권에 영향을 미치는 것으로 해석되어서는 안 된다.[445] 이 규정은 주의적 규정이다. 즉 저작재산권 제한에 관한 규정은 오로지 저작재산권만을 제한할 뿐이며, 저작인격권까지 제한하거나 또는 저작인격권이 영향을 받거나 하는 것은 아님을 주의적으로 규정한 것이다.

현행 저작권법은 저작권자의 허락을 받지 못한 경우라도 저작물의 이용이 공중 입장에서 필요불가결한 경우에 적정한 대가를 지급하거나 공탁하고 이를 이용케 할 수 있도록 저작물 이용의 법정허락 또는 강제허락제도를 두고 있는데, 이에는 저작재산권자 불명인 저작물의 이용, 공표된 저작물의 방송 및 판매용 음반 제작의 경우에 한해 광의의 강제허락을 인정하고 있다.

6 저작인접권

저작물의 창작자는 아니지만 저작물을 공중에게 전달하는 데 중요

443 송영식 · 이상정 · 김병일, 앞의 책, p. 266.
444 남한 저작권법 제37조.
445 남한 저작권법 제38조.

한 역할을 하는 실연자, 음반제작자, 방송사업자 등에게 인정한 권리가 저작인접권이다.[446] 여기에는 실연자가 갖는 복제권, 방송권, 전송권, 방송사업자에 대한 보상금청구권, 대여권과 음반제작자가 갖는 복제 · 배포권, 대여권, 전송권 및 방송사업자에 대한 보상금청구권 그리고 방송사업자의 복제 및 동시중계방송권이 있다.

저작인접권도 저작자의 권리처럼 '저작인접권 등록부'에 등록할 수 있다.[447] 즉 저작인접권도 저작재산권같이 질권의 설정, 이전, 변경 등에 관해 등록할 수 있다. 저작인접권은 ① 실연에 있어서는 그 실연을 한 때, ② 음반에 있어서는 그 음을 맨 처음 그 음반에 고정한 때, ③ 방송에 있어서는 그 방송을 한 때부터 권리가 발생하며, 그 다음해부터 기산해 70년간 존속한다.[448] 그리고 저작인접권의 제한 · 양도 · 행사 등에 관한 규정은 저작재산권의 규정이 준용된다.

7 출판권

저작권자는 저작물을 문서 또는 도화로 출판하는 것을 인수한 자에 대해서 출판권을 설정할 수 있다.[449] 출판권이 설정되면 출판자는 저작물을 출판할 독점배타적인 권리를 갖는다. 따라서 저작권자라도 그 이후는 저작물을 원작대로 출판할 수 없게 되는 것은 물론 그 저작물을 전집 기타의 편집물에 수록하는 것도 허용되지 않는다. 다만 법은 일정한 경우, 즉 그 저작물의 저작자가 사망한 때는 그 저작자를 위해 저작물을 전집 그밖의 편집물에 수록하거나 전집 그밖의 편집물의 일부인 저작물을 분리하여 이를 따로 출판할 수 있다고 예외를 인정하고 있다. 출판권의

---

446 윤선희, 앞의 책, p. 446 참조.

447 남한 저작권법 제90조.

448 남한 저작권법 제86조.

449 남한 저작권법 제63조.

존속기간은 그 설정행위에 특약이 없는 때는 초판을 출판한 날로부터 3년간 존속한다. 출판권은 재산적 권리이므로 이전성을 갖는다. 따라서 그에 따르는 양도 및 질권설정도 가능하다. 다만, 저작권법은 "출판권은 복제권자의 동의 없이 이를 양도 또는 질권의 목적으로 할 수 없다."[450]라고 하여 일정한 제한을 가하고 있다.

8 등록

저작권의 등록이란 저작재산권의 이전 등 저작권법상의 소정의 사항을 저작권등록부에 기재하는 것 또는 그 기재를 말한다. 저작권법에는 이런 저작권 등록 외에도 출판권, 프로그램 배타적 발행권이나 저작인접권에 대해서도 등록제도가 마련되어 있다. 우리 저작권법은 무방식주의를 채택하고 있으므로 저작권의 등록은 권리발생의 요건이 아님은 물론 저작재산권의 이전 등에 있어서도 효력발생요건이 아니라 대항요건으로 되어 있다.

그 외에도 법은 저작자 이익보호를 위한 특별한 등록제도를 마련하고 있다. 우리 법이 인정하는 등록에는 ① 저작자 관련 등록, ② 저작물 관련 등록, ③ 최초발행 · 공표일의 등록, ④ 저작재산권의 변동 등에 관한 등록, ⑤ 기타 대통령령으로 정한 사항에 대한 등록이 있다.[451]

9 저작권의 침해와 구제

저작권이 있는 저작물을 저작권자의 허락 없이 무단으로 이용하면 저작권 침해가 된다. 또 저작자의 저작물을 자기 마음대로 실명을 붙여 발행하면 저작인격권의 침해가 된다. 즉 저작인격권, 저작재산권, 출판권 또는 저작인접권을 침해한 행위가 행해진 경우 권리자는 법률에 의거해

450 남한 저작권법 제62조.

451 송영식 · 이상정 · 김병일, 앞의 책, pp. 285-286.

구제받을 수 있다.[452]

우리 저작권법은 저작권을 직접적으로 침해하는 것은 아니지만 저작권자의 이익을 부당하게 저해할 우려가 있는 특정행위, 즉 침해물건의 수입행위, 기술적 보호조치를 무력화하는 행위, 권리관리정보를 제거하는 행위 등을 저작권 침해로 간주하고 있다. 그리고 저작자의 명예를 훼손하는 방법으로 그 저작물을 이용하는 행위는 저작인격권의 침해로 본다.[453]

저작권 등의 침해가 있었을 경우 저작권자 등이 취할 수 있는 법률상의 수단으로는 민사상 구제와 형사상 구제로 크게 나눌 수 있다. 민사상의 구제는 침해행위 정지 및 예방청구권, 복제물의 폐기청구권, 손해배상청구권, 명예회복 등의 조치청구권이 있다. 형사상의 제재는 저작재산권을 침해한 자는 5년 이하의 징역 또는 5천만 원 이하의 벌금에 처하게 되며, 저작인격권을 침해하여 저작자의 명예를 훼손하거나 기타 방법으로 피해를 입힌 경우 3년 이하의 징역 또는 3천만 원 이하의 벌금에 처하게 된다.[454] 주의해야 할 것은 저작권 범죄에 대한 공소는 원칙적으로 고소가 있어야 하며, 예외적으로 영리를 위해 상습적으로 저작권을 침해하는 행위 등에 대해서는 고소가 없이도 공소할 수 있도록 하고 있다.[455]

⑩ 저작권의 국제적 보호

우리나라의 저작권법은 외국인의 저작물에 대해 우리나라가 가입 또는 체결한 조약에 따라 보호한다고 규정하고 있다.[456] 그러므로 외국인의 저작물이라도 그 외국에서 대한민국 국민의 저작물을 보호하지 않

452 윤선희, 앞의 책, p. 463.
453 남한 저작권법 제124조.
454 남한 저작권법 제136조.
455 남한 저작권법 제140조.
456 남한 저작권법 제3조 제1항.

는 경우에는 그에 상응하게 조약 및 저작권법에 의한 보호를 제한할 수 있다.[457] 이와 같이 우리 저작권법은 외국인 저작물에 대해 '상호주의'를 규정하고 있다. 저작권 보호에 관한 기본 조약인 베른협약(Berne Convention)에서는 이런 상호주의를 천명하고 있는데, 현재 중국과 우리나라를 비롯한 179개국 이상이 이 협약에 가입해 있다. 따라서 이 조약에 가입한 국가의 저작물은 상호 자국의 저작물과 동일하게 보호를 받을 수 있다.

2. 법제구성 비교

남한의 저작권법은 2020년 12월 최종 개정된 이래 현재에 이르고 있다. 구성은 총 11장 142조문으로 되어 있으며 제1장 총칙, 제2장 저작권, 제3장 저작인접권, 제4장 데이터베이스제작자의 보호, 제5장 영상저작물에 관한 특례, 제6장 온라인서비스제공자의 책임제한, 제7장 저작권 위탁관리업, 제8장 한국저작권위원회, 제9장 권리의 침해에 대한 구제, 제10장 보칙, 제11장 벌칙 등[458] 저작권에 관한 개념, 대상, 이용절차 및 방법, 침해 시 구제 등에 대해 상세하게 구체적으로 명시되어 있음으로 인해 개인의 저작물 보호는 물론 문화 및 관련 산업의 발전에도 기여할 것으로 판단된다.

북한의 저작권법은 2012년 11월 최종 개정된 이래 현재에 이르고 있다. 구성은 총 6장 48조문으로 되어 있으며, 제1장 저작권법의 기본, 제2장 저작권의 대상, 제3장 저작권자, 제4장 저작물의 이용, 제5장 저작인접권자, 제6장 저작권 사업에 대한 지도통제 등[459] 저작권에 관한 기본개념 위

457 남한 저작권법 제3조 제3항.

458 국가법령센터, 저작권법, 2022. 9. 14 참조.

459 국가정보원, 『북한법령집(하)』, 2022. 10, pp. 602~609.

표 6.19 | 남·북한 저작권법제의 구성 비교

남 한	북 한
저작권법 2020년 12월, 총 11장 142조문으로 구성	저작권법 2012년 11월, 총 6장 48조문으로 구성
• 제1장: 총칙 • 제2장: 저작권 • 제3장: 저작인접권 • 제4장: 데이터베이스제작자의 보호 • 제5장: 영상저작물에 관한 특례 • 제6장: 온라인서비스제공자의 책임 제한 • 제7장: 저작권 위탁관리업 • 제8장: 한국저작권위원회 • 제9장: 권리의 침해에 대한 구제 • 제10장: 보칙 • 제11장: 벌칙	• 제1장: 저작권법의 기본 • 제2장: 저작권의 대상 • 제3장: 저작권자 • 제4장: 저작물의 이용 • 제5장: 저작인접권자 • 제6장: 저작권 사업에 대한 지도통제

주로 포괄적으로 기술되어 있고 데이터베이스제작자의 보호, 영상저작물에 대한 특례, 온라인서비스제공자의 책임제한, 권리의 침해에 대한 구제 등 저작권자의 권리보호 및 권리제한, 저작권 위탁관리업, 저작권 집중관리제도에 대해 구체적으로 기술되어 있지 않으며 외국인의 저작권 보호에 대해서도 소극적 입장을 견지하고 있어 국내외적으로 업무협의 및 제도 이용 시 많은 어려움이 따를 것으로 예상된다.

3. 실체법 비교

1) 근거법령과 담당기관

저작권법에 관한 법률근거는 남한은 저작권법(2020. 12. 8: 일부개정)에 규정되어 있고 업무는 문화체육관광부에서 관장하고 있다. 반면에 북한은 저작권법(2012. 11. 13: 최고인민회의 상임위 정령 제2803호 수정)으로 규정되어 있고 업무는 정무원 문화예술부에서 관장하고 있다. 정무원은 북한의 내각

이므로 최고 주권의 행정적 집행기관인 만큼 저작권사업에 관해 국가관리기관에서 전반적으로 지도와 통제를 하겠다는 뜻으로 볼 수 있다.

2) 저작권자의 정의와 저작권의 대상

남한의 저작권법에서 저작자라 함은 '저작물을 창작한 자를 말한다.'라고 규정하고 있다.[460] 그러나 북한의 저작권법에서 저작권자란 '저작물을 창조한 자 또는 그의 권리를 넘겨받은 자다.'라고 정의하고[461] 있음을 볼 때 저작자의 개념을 창작자 중심으로 보지 않고 저작권을 승계 받은 저작권자 중심으로 규율하고 있어 분명한 차이를 보이고 있다. 이는 개인과 단체 간의 저작권 귀속문제를 명의에 따라 결정하는 것은 우리와 공통되는 것이지만, 창작자와 단체 간의 약정으로 저작권의 주체를 결정할 수 있는 여지를 주고 있지는 않다. 즉 개인과 단체 간의 이익이 상충하는 사례를 염두에 두어 섬세하게 규율하지 않고 단순하게 단체의 이익을 앞세우고 있다고 말할 수 있다.

한편, 남한은 저작권의 대상으로 어문, 음악, 연극, 미술, 건축, 사진, 영상, 도형, 컴퓨터 프로그램 저작물을 규정하고 있다.[462] 반면에 북한은 과학논문 · 소설 · 시 같은 저작물, 음악, 무대예술, 영상, 미술, 사진, 도형, 컴퓨터 프로그램 저작물을 규정하고[463] 있는 것으로 볼 때 저작물의 종류가 남한과 거의 다르지 않다. 다만, 건축저작물이 대상에서 제외되어 있음을 알 수 있다. 특히 '과학논문'을 명시적으로 예시하고 있는 것도 저작권법의 실용적인 측면을 강조한 것으로 보인다. 2차적 저작물이나 편

460 남한 저작권법 제2조.

461 북한 저작권법 제13조.

462 남한 저작권법 제4조.

463 북한 저작권법 제9조.

집저작물에서도 특이한 점은 민족고전작품을 독자적인 저작물로 보호하고 있는데, 이는 북한이 전통민속음악 분야에서 많은 연구가 행해졌고 앞으로도 많이 이용될 것(남한에서의 이용 포함)을 염두에 둔 것으로 보이며, 편집저작물의 대상인 선집 같은 경우는 특징인의 어록이 많이 집필되어 있어 이를 보호하기 위한 것으로 보인다. 그리고 비보호저작물로서 남한 저작권법에서는 국가가 작성한 법령, 결정 등의 편집물이나 번역물에 대해서는 비보호됨을 밝히고 있으나 북한법에서는 이 부분을 규정하고 있지 않은 점에서 남한보다 단순하게 규율하고 있고 해석상 논란의 여지가 있을 것으로 보인다. 또 북한에서는 출판, 발행, 공연, 방송, 상영, 전시 같은 것이 금지된 저작물에 대한 저작권을 보호하지 않고 있는데, 이는 북한체제의 특수한 규율에 해당한다. 남한에서 외설이나 불온한 내용으로 인해 출판, 공연 등 이용행위가 금지되더라도 저작권이 인정되는 저작권법 규율과 대비되는 부분이다. 이런 부분은 비록 남한저작물이 북한에서 보호되는 것이 원칙이라 하더라도 저작권 배제의 근거가 된다는 점에서 중요한 문제로서 부각되지 않을 수 없다.[464] 이밖에 저작재산권의 내용에 있어서도 북한에는 '공중송신권'이 명시되어 있지 않다.[465] 남한 저작권법은 방송, 전송 및 디지털음성송신 등 새로운 융합영역을 포괄하는 개념인 '공중송신'을 신설함으로써 저작자는 새로운 형태의 저작물 이용형태가 등장하더라도 보호를 받을 수 있게 되는[466] 반면에 북한에서는 이런 보호를 받을 수 없다는 한계가 있을 것으로 보인다.

464 김상호, "북한 저작권법 제정의 의의와 해설", 앞의 논문, p. 5.

465 남한 저작권법 제18조에는 "저작자는 그의 저작물을 공중송신할 권리를 가진다."라고 하여 공중송신권을 인정하고 있다.

466 송영식 · 이상정 · 김병일, 앞의 책, p. 262.

3) 권리보호기간과 저작물의 이용대가 지급

저작재산권의 보호기간에 있어서는 남한은 저작자(창작자)가 사망한 후 70년이나 북한은 50년까지 보호한다. 특히 그 기산점과 기산방법에서 남한은 '창작한 때부터'이고,[467] '저작자가 사망하거나 저작물을 창작 또는 공표한 다음 해부터 기산'하는[468] 반면에 북한은 '발표된 때부터'이고,[469] '저작물이 발표됐거나 창작자가 사망한 다음해 1월 1일부터 기산'한다는[470] 점에서 남북한 간에 분명한 차이가 있다. 즉 북한에서는 저작물이 발표되는가 되지 못하는가가 저작권 발생에 중요한 요건이 되는 것이며 결국 발표되지 않은 미공표저작물은 저작권이 발생되지 않는 것이고 결과적으로 보호되지 않는 것임을 알 수 있다.

한편, 저작권 사용료에 대해서도 남한은 시장의 자율, 즉 당사자 계약에 의해 결정하지만, 북한은 가격제정기관이 요금을 정한다는 것[471]은 바로 국가가 주도권을 갖고 있다는 것을 의미한다. 구소련 하의 러시아연방이나 동독에서도 이처럼 저작권료를 일률적으로 정해서 시행한 바 있는데,[472] 북한도 이런 사회주의체제의 영향을 받은 것으로 판단된다. 그러나 법령으로 정한 그 액수가 탄력적이지 못하고 일률적이고 경직되어 있을 경우 북한 저작권자가 이런 규율에서 벗어나 비밀리에 저작권 거래를 할 가능성도 있으리라 예상된다.[473]

---

467 남한 저작권법 제10조.

468 남한 저작권법 제44조.

469 북한 저작권법 제23조.

470 북한 저작권법 제25조.

471 북한 저작권법 제31조.

472 소련이 붕괴되기 전까지 효력을 발생했던 러시아 저작권법 시행령(러시아연방각료회의령 문학 및 예술저작물의 공연에 대한 사용료, 러시아연방각료회의령 학술 · 문학 · 예술저작물의 발행에 대한 저작권사용료)에는 저작물의 종류에 따라, 저작물의 분량에 따라 각기 보수액이 결정되어 있었다(김상호, "북한 저작권법 제정의 의의와 해설", 앞의 논문, p. 10).

473 박태윤, "남북한 저작권 보호에 관한 연구: 남북한 저작권법 비교 고찰", 연세대학교 대학원,

4) 외국인의 저작물 보호와 저작권의 제한

남한에서는 외국인의 저작물은 대한민국이 가입한 국제조약에 의해서 보호되며,[474] 대한민국에 상시 거주하는 외국인의 저작물이나 대한민국에 맨 처음 공표된 저작물의 경우도 저작권법의 보호를 받을 수 있다.[475] 그러나 '실체적 상호주의'라는 원칙에 의해 그 외국에서 대한민국 국민의 저작물을 보호하지 않으면 우리도 그 외국인의 저작물에 대한 보호를 제한 내지 거부할 수 있다는 내용의 규정을 두고 있는[476] 반면에 북한에서는 외국인의 저작권에 대해서 해당 국가가 그 조약에 가입되어야 할 뿐만 아니라 북한에서 처음으로 공표되는 것일 때 비로소 보호한다. 이는 결국 북한에 투자한 외국인이 북한에서 저작물을 제작하여 공표한 경우에 그 저작물을 보호하려는 의사가 있는 것으로 보이며,[477] 매우 협소한 보호인 동시에 외국인의 저작권 보호에 대해서는 소극적 입장임을 알 수 있다.

한편, 저작권법에서는 일정한 경우에 저작권을 제한해 저작권자에게 허락을 받지 않고 이용할 수 있는 경우, 즉 저작물을 자유로이 이용할 수 있는 경우[478]를 정하고 있다.[479] 남한에서는 ① 재판절차 등에서의 복

석사학위논문, 2002. 7, p. 76.

474 남한 저작권법 제3조.

475 윤선희, 앞의 책, p. 412.

476 권순택, 앞의 논문, p. 143.

477 김상호, 앞의 논문, p. 105.

478 이를 자유사용(free use)이라 하며, 영국법에서는 'Fair Dealing', 미국법에서는 'Fair Use'라 부른다. 입법에 따라서는 저작권의 제한(restrictions) 또는 예외(exception)로 규정하고 있다. 송영식·이상정·김병일, 앞의 책, p. 267.

479 저작권이 제한되어 저작물을 자유로이 이용할 수 있는 경우는 ① 저작물 이용의 성질로 보아 저작권이 미친다고 보는 것이 타당하지 않은 것, ② 공익상의 이유에서 저작권을 제한하는 것이 필요하다고 인정되는 것, ③ 다른 권리와의 조정을 위해 저작권을 제한할 필요가 있는 것, ④ 사회관행으로서 행해지고 있어 저작권을 제한해도 저작권자의 경제적 이익을 부당하게 해치지 않는다고 인정되는 것 등으로 문화적 소산의 공정한 이용을 고려해 정한 경우라 할 수 있다. 윤

제, ② 정치적 연설 등의 이용, ③ 학교교육 목적 등에의 이용, ④ 시사보도를 위한 이용, ⑤ 시사적인 기사 및 논설의 복제, ⑥ 공표된 저작물의 인용, ⑦ 영리를 목적으로 하지 아니하는 공연·방송, ⑧ 사적 이용을 위한 복제, ⑨ 도서관 등에서의 복제, ⑩ 시험문제로서의 복제, ⑪ 시각장애인 등을 위한 복제, ⑫ 방송사업자의 일시적 녹음·녹화, ⑬ 미술저작물 등의 전시 또는 복제, ⑭ 번역 등에 의한 복제의 경우에는 저작권자의 허가를 받지 않아도 된다.[480] 그러나 프로그램에 대해서는 제23조(재판절차 등에서의 복제)·제25조(학교교육 목적 등에의 이용)·제30조(사적 이용을 위한 복제) 및 제32조(시험문제로서의 복제)를 적용하지 않는다. 반면에 북한에서는 ① 개인 또는 가정적 범위에서 쓰기 위해 저작물을 복제, 번역하는 경우, ② 도서관, 문헌고, 박물관, 기념관과 같은 장소에서 저작물의 보존, 진열, 열람, 대출용으로 복제하는 경우, ③ 학교교육을 위해 저작물을 복제, 방송, 개작하는 경우, ④ 국가관리에 필요한 저작물을 복제, 방송하거나 편집물 작성에 이용하는 경우, ⑤ 저작물을 소개하기 위해 방송하거나 신문, 정기간행물에 내는 경우, ⑥ 저작물을 인용하는 경우, ⑦ 저작물을 무료로 공연하는 경우, ⑧ 공공장소에서 설치된 저작물을 복제하는 경우, ⑨ 맹인을 위해 저작물을 녹음하거나 점자로 복제하는 경우에는 저작권자의 허가를 받지 않아도 된다.[481] 위에서 보는 바와 같이 저작물의 자유로운 이용을 위해서 남한법에서는 저작권자의 이익을 부당하게 침해하지 않도록 또 저작물의 이용이 방해받지 않도록 그 조건을 엄밀하게 규정하고 있는 반면에 북한법에서는 저작재산권의 제한 범위를 넓게 정하고 있음을 알 수 있다. 예를 들어 북한저작권법은 개인 또는 가정 내 사용에서 복제 외에 번역을 허용하고 있고,[482] 학교교육을 위한 이용에서 복제, 방송 외

선희, 앞의 책, pp. 430-431.

480 남한 저작권법 제23조 내지 제36조.

481 북한 저작권법 제32조.

에 개작을 추가하고 있다. 저작물의 인용에서도 남한저작권법에서는 보도·비평·교육·연구 등 정당한 범위 안에서 공정한 관행에 합치되게 인용할 수 있다고 하여 비교적 엄격한 요건 하에 허용하는 데 비해, 북한 저작권법은 단지 '저작물을 인용할 경우' 저작권자의 허가를 받지 않고 이용할 수 있다고 포괄적으로 허용하고 있다.[483] 특히 저작권법 제32조 제4호에서 "국가관리에 필요한 저작물을 복제, 방송하거나 편집물 작성에 이용할 경우"는 판단 여하에 따라서 그 범위가 매우 넓어질 수 있다는 점이 남북한 간에 큰 차이점이라 할 수 있다.[484]

5) 벌칙

남한의 저작권법은 저작권리제도의 취지에 반하는 행위를 한 자에 대해 민사상 책임을 물을 수 있도록 함과 동시에 형사적인 권리보호를 도모하고 있으며 그 벌칙[485]으로 침해죄, 부정발행 등의 죄, 출처명시위반 등의 죄를 구체적으로 명시하고 있고 저작재산권 또는 그밖에 이 법에 따라 보호되는 재산적 권리를 침해한 자는 5년 이하의 징역 또는 5천만 원 이하의 벌금에 처하거나 이를 병과할 수 있도록 규정하고 있다.[486] 반면에 북한은 행정적 또는 형사적 책임을 지운다고 규정하고 있을 뿐,[487] 남한처럼 구체적 죄목과 벌금 등을 명시하지 않아 지나치게 추상적이고 단순하다. 또한 저작권에 관한 권리분쟁 때 당사자 간 협의를 통해 자율적

---

482 다만, '번역'을 추가한 것은 생활의 실제에 부합하는 측면이 크다고 보인다. 남한에서도 사적 내지 가정 내 범위에서 타인의 저작물을 번역하는 경우가 많은데 입법상 보완을 검토할 만하다.

483 김상호, "북한 저작권법 제정의 의의와 해설", 앞의 논문, p. 10.

484 최은석, 앞의 논문, p. 253.

485 남한 저작권법 제136조 내지 제138조.

486 남한 저작권법 제136조.

487 북한 저작권법 제47조.

표 6.20 | 남·북한 저작권법제의 실체법 비교

구 분	남 한	북 한
근거법령	저작권법(2020. 12. 8: 일부개정)	저작권법(2012. 11. 13: 최고인민회의 상임위원회 정령 제2803호 수정)
담당기관[1]	문화체육관광부	정무원 문화예술부
목 적	저작자의 권리와 이에 인접하는 권리를 보호하고 저작물의 공정한 이용을 도모함으로써 문화 및 관련산업의 향상 발전에 이바지함	저작물의 이용에서 제도와 질서를 엄격히 세워 저작권자의 권리를 보호하고 문학 예술과 과학기술발전에 이바지함
저작권의 대상	• 소설 · 시 · 논문 · 강연 · 연설 각본 그밖의 어문저작물 • 음악저작물 • 연극 및 무용 · 무언극 등을 포함하는 연극저작물 • 회화 · 서예 · 조각 · 공예 · 응용미술 저작물 그밖의 미술저작물 • 건축물 · 건축을 위한 모형 및 설계도서를 포함하는 건축저작물 • 사진 및 이와 유사한 제작 방법으로 작성된 것을 포함하는 사진저작물 • 영상저작물 • 지도 · 도표 · 설계도 · 약도 · 모형 그밖의 도형저작물 • 컴퓨터 프로그램 저작물	• 과학논문, 소설, 시 같은 저작물 • 음악저작물 • 가극, 연극, 교예, 무용 같은 무대예술저작물 • 영화, 텔레비전 편집물 같은 영상저작물 • 영화, 조각, 공예, 서예, 도안 같은 미술저작물 • 사진저작물 • 지도, 도표, 도면, 약도, 모형 같은 도형저작물 • 컴퓨터 프로그램 저작물
보호받지 못하는 저작물	• 헌법 · 법률 · 조약 · 명령 · 조례 및 규칙 • 국가 또는 지방자치단체의 고시 · 공고 · 훈령 그밖의 이와 유사한 것 • 법원의 판결 · 결정 · 명령 및 심판이나 행정심판절차 그밖의 이와 유사한 절차에 의한 의결 · 결정 등 • 국가 또는 지방자치단체가 작성한 편집물 또는 번역물 • 사실의 전달에 불과한 시사 보도	국가관리문건과 시사보도물, 통보자료 같은 것은 상업적 목적이 없는 한 저작권의 대상이 되지 않음
저작권자의 정의	저작물을 창작한 자	저작물을 창작한 자 또는 그 권리를 넘겨받은 자
저작재산권의 내용	• 복제권 • 공연권 • 공중송신권 • 배포권 • 대여권 • 전시권 • 2차적 저작물 등의 작성권	• 저작물을 복제 · 공연 · 방송할 권리 • 저작물의 원작이나 복제물을 전시 또는 배포할 권리 • 저작물을 편작, 편곡, 각색, 윤색, 번안, 번역 같은 방법으로 개작해 새로운 저작물을 만들 권리 • 저작물을 편집할 권리

(계속)

구분	남한	북한
보호기간 및 기산방법	• 사망 후 70년 • 저작자가 사망하거나 저작물을 창작 또는 공표한 다음해부터 기산	• 사망 후 50년 • 저작물이 발표됐거나 창작자가 사망한 다음 해 1월 1일부터 계산
저작물의 이용대가 지급	시장의 자율(당사자 계약)에 의해 결정함	가격제정기관이 요금 정함
저작권의 이용제한	• 재판절차 등에서의 복제 • 정치적 연설 등의 이용 • 학교교육 목적 등에의 이용 • 시사보도를 위한 이용 • 시사적인 기사 및 논설의 복제 • 공표된 저작물의 인용 • 영리를 목적으로 하지 아니하는 공연·방송 • 사적 이용을 위한 복제 • 도서관 등에서의 복제 등 • 시험문제로서의 복제 • 시각장애인 등을 위한 복제 • 방송사업자의 일시적 녹음·녹화 • 미술저작물 등의 전시 또는 복제 • 번역 등에 의한 복제	• 개인 또는 가정적 범위에서 쓰기 위해 저작물을 복제·번역할 경우 • 도서관, 문헌고, 박물관, 기념관 같은 곳에서 저작물을 보존·진열·열람·대출용으로 복제한 경우 • 학교교육을 위해 저작물을 복제·방송·개작할 경우 편집물 작성에 이용할 경우 • 국가관리에 필요한 저작물을 복제·방송하거나 편집물 작성에 이용할 경우 • 저작물을 소개하기 위해 방송하거나 신문, 정기간행물에 내는 경우 • 저작물을 인용할 경우 • 저작물을 무료로 공연할 경우 • 공공장소에 설치된 저작물을 복제할 경우 • 맹인을 위해 저작물을 녹음하거나 점자로 복제할 경우
저작인접권자의 정의	저작물을 공중에게 전달하는 데 중요한 역할을 하는 실연자, 음반제작자, 방송사업자를 말함	저작권을 이용해 공연, 녹음, 녹화, 방송을 한 자 또는 그의 권리를 넘겨받은 자
공연한 자의 권리	복제권, 실연방송권	복제, 방송, 배포권
녹음 또는 녹화물을 제작한 자의 권리	복제, 배포권	복제, 배포권
방송자의 권리	복제 및 동시중계방송권	녹음, 녹화, 사진촬영 복제권, 중계방송 또는 재방송권
민사적 구제	침해금지청구권, 손해배상청구권, 명예회복청구권, 부당이득반환청구권	손해보상 명시
기타 구제	구체적·형사적 제재 및 행정적 제재 규정	행정적·형사적 책임 명시

(계속)

<table>
<tr><th>구 분</th><th>남 한</th><th>북 한</th></tr>
<tr><td>유사제도</td><td colspan="2">• 2차적 저작물
• 편집저작물
• 저작인격권의 내용(공표권, 성명표시권, 동일성유지권)
• 저작인격권의 상속 및 양도 금지
• 저작재산권의 상속 및 양도 가능
• 단독저작물, 법인저작물
• 공동저작물
• 저작물의 이용범위(허가의 범위 내에서)
• 저작물 이용권의 양도 가능
• 저작권의 보호기간
• 저작인접권자 보호기간</td></tr>
<tr><td>특유규정 및 제도</td><td>• 정의규정
• 저작자 등의 추정
• 무명 또는 이명저작물 등의 보호기간
• 판매용 음반의 제작
• 출판권 제도
• 데이터베이스 제작자의 보호
• 영상저작물에 대한 특례
• 온라인서비스제공자의 책임제한
• 저작권위탁관리업
• 저작권에 대한 심의 및 분쟁조정
• 침해로 보는 행위
• 손해액의 산정</td><td>• 국가의 책무: 국가는 저작활동을 보장·보호하고 저작물의 이용절차와 방법을 바로 정하고 그것을 엄격하게 지키게 함
• 금지된 저작물: 출원, 발행, 공연, 방송, 상영, 전시 같은 것이 금지된 저작물에 대한 저작권은 보호하지 않음
• 저작권설정원칙: 과학성, 객관성, 현실성
• 국가의 저작물 보호 및 이용보장
• 외국과의 교류 협조 강화
• 국가의 저작권사업에 대한 지도통제</td></tr>
</table>

주: 1) 북한 저작권 업무는 '정무원 문화예술부'에서 총괄하지만, 저작물 관련 대외 창구는 두 그룹으로 나뉘어 있다. 하나는 조선로동당 선전선동부 '조선목란비데오', '조선영화수출입사', '조선출판물수출입사'이고, 다른 하나는 별도의 대남경제창구인 '조선아시아태평양평화위원회'이다. 고윤정·김윤향, "북한저작물의 보호", 『통일논총』, 제21호, 2003. 12, p. 230.

으로 해결하도록 하고 그것이 곤란한 경우에 중재 또는 재판기관에 의해 해결하는 것으로 되어 있으나[488] 권리자의 이익보호와 구제 측면은 고려되지 않은 것으로 판단된다.

488 북한 저작권법 제48조.

4. 절차법 비교

1) 저작물 이용 원칙과 이용 조건

저작물 이용 원칙의 경우 남한은 저작물의 자유이용이 허용되는 경우를 제외하고는 저작권자의 허락을 받아야 하고, 저작물의 구체적 이용절차와 방법에 대해서는 사적자치의 원칙에 입각한 당사자의 계약을 통한 법률행위에 의해 이루어지지만, 북한은 국가가 저작물의 이용절차와 방법을 바로 정하고 그것을 엄격히 지키도록 규정하고 있는 점에서 국가가 독점하여 저작권사업을 통제하고 있는 것으로 볼 수 있으며, 이런 점이 남북한 간의 현저한 차이라 할 수 있다. 그리고 저작물 이용의 조건으로 남한은 대통령령이 정하는 바에 따라 보상금을 공탁하고 이를 이용할 수 있는 데 반해 북한은 정해진 절차와 방법에 따라 이용해야 한다고 명시하고 있다.[489] 저작물 이용자가 기관, 기업소, 단체 외에 공민도 해당된다는 것은 북한사회에서 사적 거래가 가능함을 보여주는 사례로서 큰 의의가 있다고 하겠다.

2) 공동저작물의 권리와 행사방법

두 명 이상이 함께 창작한 저작물에 대한 저작권은 그것을 창작한 자들이 공동으로 가지며, 이 경우 권리행사는 저작권자들의 합의에 의해서 이루어지며 대표를 정하여 권리를 행사할 수 있다는 점에 있어서는 남북한 간에 공통점이 있는 것으로 볼 수 있으나[490] 남한의 경우 대표자의 대표권에 가해진 제한이 있을 때 그 제한은 선의의 제3자에게 대항할 수

---

489 북한 저작권법 제26조.

490 남한 저작권법 제15조, 북한 저작권법 제17조.

표 6.21 | 남·북한 저작권법제의 절차법 비교

구분	남한	북한
저작물의 이용원칙	타인의 저작물을 이용하려는 자는 저작물의 자유이용이 허용되는 경우를 제외하고는 저작권자로부터 저작물의 이용허락을 받아야 함. 즉 구체적 이용절차와 방법에 대해서는 사적자치의 원칙에 입각한 법률행위에 의해 실현됨	국가가 저작물의 이용절차와 방법에 깊이 관여해 국법을 엄격히 지키도록 함
공동저작물의 권리와 행사방법	공동저작물의 저작인격권은 저작자 전원의 합의에 의하지 않고는 이를 행사할 수 없으며, 이 경우 대표를 정해 권리행사 가능 * 대표자의 대표권에 가해진 제한이 있을 때 그 제한은 선의의 제3자에게 대항 불가	두 명 이상이 함께 창작한 저작물에 대한 저작권은 그것을 창작한 자들이 공동으로 가지며, 공동저작권은 저작권자들의 합의에 의해 행사되고 이 경우 대표를 선출해 권리 행사 가능
저작물 이용의 조건	저작물의 이용허락을 받을 수 없는 경우에는 누구든지 대통령령이 정하는 바에 따라 보상금을 공탁하고 이를 이용할 수 있음	저작물의 이용은 저작물을 보급하는 중요한 사업이므로 기관, 기업소, 단체와 공민은 정해진 절차와 방법 에 따라 이용해야 함
저작물의 이용절차	• 저작재산권자는 다른 사람에게 그 저작물의 이용을 허락할 수 있으며, 허락을 받은 자는 이용방법 및 조건의 범위 안에서 그 저작물을 이용가능 • 저작물 이용요금은 시장의 자율에 의해 결정함	• 저작권자의 허가를 받아야 함 – 저작권자를 찾을 수 없을 경우에는 해당기관의 승인을 받아 저작물을 이용 가능 • 가격제정기관이 정한 요금을 지불해야 함
저작인접물의 사용절차	실연·음반 또는 방송 등 저작인접권의 이용허락에 관해서는 저작물의 이용 허락에 관한 규정을 준용함	공연물, 녹음 또는 녹화물, 방송물을 이용하려는 기관, 기업소, 단체와 공민은 저작인접권자의 허가를 받아야 하며, 이 경우 해당한 요금을 지불해야 함

없도록 별도로 규정하고 있는 것이 북한과의 차이점이라 할 수 있다.

3) 저작물의 이용절차

저작물의 이용허락에 있어서 남한은 다른 사람에게 그 저작물의 이용을 허락할 수 있고 허락을 받은 자는 이용방법 및 조건의 범위 안에서

그 저작물을 이용할 수 있다.[491] 반면에 북한은 저작권자의 허가를 받아야 하지만 저작권자를 찾을 수 없을 경우에는 해당기관의 승인을 받아 저작물을 이용할 수 있도록 명시하고 있는 점으로 보아[492] 권리자의 이익 보호에 소홀한 측면이 있음을 엿볼 수 있다.

표 6.22 | 남·북한 지식재산권 법제도의 공통점과 차이점

구분		공통점	차이점	
			남한	북한
제도	관리구조	• 지식재산 권리 인정: 헌법에 명시 • 지식재산권의 기본체계 및 법제 유지(지식재산권의 5개 권리 및 5개 법제 유사)	• 특허청: 산재권 업무 관장 • 문화체육관광부: 저작권 업무 관장	• 발명(총)국: 발명, 특허 및 창의고안 업무 담당 • 상표 및 공업도안처: 상표 및 공업도안 업무 담당 • 정무원 문화예술부: 저작권 업무 담당
	보호체계		• 특허권의 단일권리 체계 • 특허권 20년 보호	• 발명권과 특허권의 이중 권리체계 • 발명권 무기한 • 특허권 15년 보호, 5년 연장 가능
	주요용어		• 산업재산권 • 특허법 • 실용신안법 • 디자인보호법	• 공업소유권 • 발명법 • 창의고안에 관한 규정 • 공업도안법
	특허유형		• IT중심 특허 산재	• 1차 · 2차 산업중심 특허 집중
법제	발명보호법제	• 선출원주의 • 등록공고제도 • 재심사(의견) 신청제도 • 등록유지비 납부 의무 • 국가의 특허권 수용: 수용 시 보상 • 특허권 및 실시권의 양도	• 특허법: 단일법률체제 • 출원공개: 국제기준 준수(1년 6개월) • 심사청구기간 및 순서규정 • 침해 시 민 · 형사상 제재(구체적 명시)	• 발명법, 발명 및 창의고안에 관한 규정: 이원적 법률체제 • 발명자증제도 운영 • 국제기준 미준수 • 심사청구기간 미규정 • 침해 시 구체적 미명시(권리보호 미흡)

491 남한 저작권법 제46조.

492 북한 저작권법 제27조.

(계속)

구 분		공통점	차이점	
			남 한	북 한
법제	실용신안법제	• 발명에 고도성을 요하지 않음	• 실용신안법: 단일법률체제 • 실용신안권: 재산권 • 등록요건 명시 • 실용신안권 10년 보호	• 창의고안에 관한 규정, 발명 및 창의고안에 관한 규정: 이원적 법률체제 • 창의고안권: 금전적 보상 • 등록요건 미명시 • 창의고안권 보호기간 미규정
	상표법	• 선출원주의 • 1상표 1출원주의 • 상표권 보호기간: 10년 • 보호기간 갱신 청구: 보호기간만료 시 6개월 전 신청 • 부등록상표 규정 • 상품 및 서비스분류: 국제분류 기준 적용	• 3년 이상 상표 불사용 시 취소사유에 해당 • 상표의 보호대상: 상품의 동일성 및 유사성까지 인정 • 상표권: 독점배타적 사용권	• 5년 동안 상표 불사용 시 상표권의 효력상실 • 상품의 동일성만 인정 유사성 미인정 • 상표권: 독점적 사용권
	디자인보호법제	• 디자인의 성립요건(물품성, 형태성, 시각성, 심미성) • 선출원주의 • 1디자인 1출원주의 • 부등록대상 디자인 규정	• 디자인보호법: 단일법률체제 • 디자인권: 독점배타적 실시권 • 출원공개: 출원인의 신청 시 공개	• 공업도안법, 상표 및 공업도안에 관한 규정: 이원적 법률체제 • 공업도안권: 독점적 사용권 • 등록 후 자동공개
	저작권법	• 저작재산권 보호기간: 창작자 사망 후 70년 • 공동저작물의 권리와 행사방법 • 저작인격권의 내용: 공표권, 성명표시권, 동일성 유지권 • 저작인격권의 상속 및 양도금지 • 저작재산권의 상속 및 양도가능	• 목적: 문화 및 관련 산업의 향상발전에 이바지 • 창작자(저작자) 중심 규율 • 건축저작물 보호 • 공중송신권 인정 • 권리보호의 기산점과 기산방법: '창작한 때', '저작자가 사망하거나 저작물을 창작 또는 공표한 다음해부터 기산' • 저작권 사용료: 당사자 계약에 의해 결정	• 목적: 문화 예술과 과학기술 발전에까지 이바지 • 저작권자 중심 규율 * 사회주의체제에 부합하는 저작물만 보호하기 때문임 • 건축저작물 미보호 • 공중송신권 미인정 • '발표된 때부터', '저작물이 발표됐거나 창작자가 사망한 다음해 1월 1일부터 기산' • 가격제정기관에서 결정
			• 저작권의 이용제한 규정 엄격히 적용 • 외국인의 저작물은 '실체적 상호주의 원칙'에 의해 보호 • 미공표저작물 재산권 보호	• 저작권의 이용제한 범위를 넓게 적용 • 외국인의 저작권 보호에 대해서는 협소하고 소극적 입장임 • 미공표저작물 재산권 미보호

주: 본 내용은 앞에서 설명한 남북한 지식재산권 제도 및 법제를 요약 · 정리하였음을 밝혀둔다.

III

통일 후(後) 이행과제

제7장 남·북한 지식재산권 법제의 통합방안 모색

제1절 법제 통합의 목적과 범위 설정

1. 법제 통합의 목적과 기본 원칙

앞에서 남북한 지식재산권의 법제를 비교 분석했다. 설명한 대로, 지식재산권의 법제에는 남북 간의 공통점과 차이점이 있다. 따라서 남북한 지식재산권 법제의 통일안은 최소한의 접근방식이 필요하다고 여겨진다. 그렇지 않으면 급격한 변화에 따른 혼란이 두 법제에 발생할 수 있기 때문이다. 그런데 법제 통합의 목적은 남한과 북한의 통합에 따른 각 지식재산권의 효력을 '통일 한국지역'으로 넓힘으로써 기술의 발전을 촉진하여 산업발전에 이바지함과 아울러 권리자의 이익을 보호하는 데 있다.

이를 위한 법제 통합의 방침으로는 먼저 통합 이전에 남북한 각각의 법에 따라 부여된 지식재산권의 효력을 인정한다는 경과조치가 선행되어야 한다. 그 후 남한법을 중심으로 특허, 실용신안, 상표, 디자인, 저작 등 지식재산권의 심사기준 및 출원 · 등록 관련법들을 통합하고 통합법의 적용을 통한 권리(이하, 신권리)를 부여하되 궁극적으로 구권리의 과도기적 효력 확장이 종료되면 완전한 신권리, 즉 1권리체제로 전환토록 해야 한다.

한편, 법제 통합 이전에 남한과 북한에 존재하던 각 지식재산권과 출원(출원계류 또는 출원진행 중인 사항 모두 포함)들은 특정우선일의 인정하에 지금까지 영향을 미치지 않던 상대영역으로의 확장을 위해 다음의 기본원칙을 따라야 한다.

첫째, 본법은 구남한지역과 구북한지역에서 생긴 모든 지식재산권에 대해 어떤 차별도 없이 동등하게 적용된다. 둘째, 본법은 권리소유자의 공식적인 신청절차나 협조 없이 법의 발효와 함께 적용된다. 셋째, 본법은 효력 확장으로 인해 '통일 한국'에서 지식재산권이 이중보호가 되어서는 안된다. 넷째, 본법은 지식재산권과 관련된 모든 법적 사용권에 대해서도 적용된다. 다섯째, 구북한에서 생긴 모든 권리는 원칙적으로 구남한의 관련규정의 적용을 받는다. 단, 등록요건, 존속기간 등에 관해서는 구북한의 법이 원칙적으로 적용된다. 여섯째, 상표권을 제외한 기술적인 지식재산권에 대해서는 공존의 원칙[1]이 적용된다. 반면에 상표권의 충돌 때는 효력의 확장이 이루어지지 않으며, 이 모든 것은 부정경쟁방지법에 의해 제한된다. 또 권리의 충돌문제를 해결하기 위해 통일특허청에 중재소를 설치운영한다.

2. 법제 통합의 범위와 체계

법제 통합의 범위는 통일 이전에 남북한지역 각각에 출원되어 심사

1 동일한 권리들이 동일한 지역 내에 공존하는 것을 말하며, 기술적인 지식재산권 분야에서 이런 원칙이 선택될 수 있었던 이유는 '더 이상 변경되지 않는 최종적인 권리'라는 점과 또 늦어도 '존속기간이 지나면 효력이 소멸'된다는 점 때문이다.

계류 중인 출원 또는 등록된 모든 지식재산권을 포함하며 남북 각각의 지역에 효력이 있는 국제조약에 의해 출원된 출원 또는 등록된 지식재산권도 동일하게 적용된다. 아울러 적용지역의 확장은 특정기준일 이후 자동적으로 타 지역에도 확장 적용되며, 상호 합의하에 통일시점을 기준으로 법의 발효가 전제되어야 한다. 한편, 통합법(안)은 지식재산권에 관한 법, 특히 특허법, 실용신안법, 상표법, 디자인보호법 및 저작권법 등과 같은 법에 대한 보완을 위한 법이므로 한국특허청, 한국특허법원 및 일반법원의 절차에 관한 이런 지식재산권법들의 규정은 통합법(안)의 테두리 안에서 통합법(안)에 자세히 규정되지 않은 사항에 대해서만 적용된다.

법제 통합의 체계는 총 5개 분야와 부칙으로 구성되어 있으며 첫째, 총칙으로 법의 목적 및 용어의 정의에 대해 규정한다. 둘째, 권리 확장으로 구남한지역에서 생긴 구권리의 확장과 구북한지역에서 생긴 구권리의 확장에 관한 것으로서, 특히 후자에 대한 특허, 실용신안, 디자인, 상표 및 저작의 특별규정에 중점을 둔다. 셋째, 상호 간의 권리 확장에 따라 생기는 권리충돌 및 권리침해에 관한 규정으로 침해금지청구권 및 예방청구권을 포함하여 침해로 보는 행위 및 손해액의 추정 등에 대해 언급한다. 넷째, 지식재산권 분쟁의 조정절차에 관한 규정으로 조정위원회의 기능 및 구성, 조정신청 및 분쟁해결절차를 포함하여 화해비용과 조정위원회 운영 등에 관해 규정하고 있으며, 다섯째, 보칙으로 수수료, 직무발명, 중재절차의 이관, 항소 및 취소소송절차의 이관, 기한, 권한의 위임 또는 위탁 및 국제조약의 이행에 관한 규정을 규율하고 있다. 마지막으로 부칙에는 법의 시행일, 벌칙 및 행정처분에 관한 경과조치, 다른 법률의 폐지 및 다른 법률과의 관계, 일반적 경과조치를 포함한 다른 법률의 개정 등으로 구성되어 있다.

제2절 통합법(안)의 주요내용 분석[2]

1. 권리 확장[3]

1) 옛 남한지역에서 생긴 구 권리의 확장

본 확장은 한국특허청[4]에서의 출원, 기탁 또는 등록을 통한 지식재산권뿐만 아니라 국제적 협정에 따라 구남한지역에서 효력을 갖는 지식재산권에 대해서도 적용된다. 한국특허청을 통해 보호되는 권리들은 허여된 특허권,[5] 등록된 실용신안권 · 디자인권 · 상표권 등이며, 더 나아가 법제 통합 이전에 출원이 됐으나 통합법(안)이 발효되는 시점까지 등록이 이루어지지 않은 모든 지식재산권을 포함한다.[6] 또 본 확장은 이미 이루어진 절차적 순위에 따라 진행되며, 이는 확장된 지식재산권이 통일적으로 '통일 한국지역'에 동일한 순위와 함께 보호된다는 것을 의미한다.[7] 물론 지식재산권이 충돌하는 경우에 대한 규정은 예외이다.[8]

---

2 본 내용은 앞으로 다룰 제8장 통합법(안)의 각 조문을 주요쟁점사항별로 분석해 설명한다. 내용정리를 위해 동 · 서독의 확장법(1992)과 동 · 서독의 산업재산권 제도 통일(확장법을 중심으로: 1996년 이길상 번역본) 및 본문 제3장 제3절을 참고했다.

3 남북한 지식재산권법이 통합되어 각 지식재산권에 따른 권리의 효력을 통일한국지역(구남북한지역)으로 확장시키는 것을 말한다. 따라서 통합법(안)을 효력확장법이라 명해도 의미가 있다고 생각한다.

4 이 책에서는 남북한이 통합되어 통합법(안)이 발효되는 시점부터 지식재산권 분야를 담당하는 유일한 중앙관청을 한국특허청이라 칭한다.

5 허여된 특허권이란 특허결정 등본을 송달받은 출원인이 소정의 특허수수료를 납부하고 설정등록을 받은 특허권을 말한다.

6 구남한 지역에서 출원 또는 출원계류 중에 있는 특허 · 실용신안 · 상표 · 디자인 등을 말한다.

7 통합법(안) 발효와 동시에 구북한 지역으로 그 효력이 확장됨을 의미하며, 구남한 지역에서의 심사청구절차 및 심사순위가 그대로 적용됨을 뜻한다. 동 · 서독 확장법 제1조 및 통합법(안) 제3조 참조.

8 권리의 충돌에 관한 규정은 이 책(제8장) 통합법(안) 제38조에서 별도로 규정하고 있다. 이길상, "동 · 서독의 산업재산권 제도 통일", 『특허정보지』, 9월호, 1996. 9, p. 29 참조.

한편, 국제적 협정에 따라 구남한에서 보호되는 권리들에는 특허협력조약에 따라 구남한을 지정국[9]으로 하여 출원된 특허권 및 마드리드 의정서에 따라 구남한을 지정국으로 하여 국제등록 됐거나 국내출원을 기초로 하여 다른 체약국에 출원된 상표권들이 있다. 확장된 상표에 대한 특별규정으로서는 북한 지식재산권법을 남한 지식재산권법으로 개정한 이후 구남한지역에서 출원된 상표에 대해 구북한상표는 이의신청을 제기할 수 있으며, 이미 등록된 상표에 대해서는 무효를 주장할 수 있다.[10] 이는 구북한의 국제등록상표에도 동일하게 적용된다.[11] 북한 지식재산권법의 개정 이후부터 통합 이전까지의 기간 내에 확장된 상표는 제3자의 상표가 구북한 발명(총)국에 우선권을 갖고 등록되어 있을 경우에 한해서 제3자에 의해 취소가 가능하며 이는 구북한의 국제등록상표에도 동일하게 적용된다.[12]

2) 옛 북한지역에서 생긴 구 권리의 확장

구북한지역에서 생긴 권리에 대해서는 구남한지역으로의 확장 외에도 지식재산권 관련 구북한법이 구남한법으로의 통합이 이루어졌음을 규정한다. 본 확장은 물론 구남한 권리의 확장과 같은 방식으로 이루어졌으며, 구북한법에 따른 권리[13]뿐만 아니라 국제협정에 따라 구북한에 대해 보호되고 있는 모든 권리[14]를 포함하고 있다.[15] 이런 구북한 권리들은 통

9 PCT 국제출원을 하게 되면 모든 체약국이 지정국으로 자동 지정되고, 지정국에의 국제특허출원 효과는 마치 국내특허출원이 그 국가의 국내 특허청에 신청된 것과 같다.

10 통합법(안) 발효 이전에 구북한 지역에서 이미 등록되어 있는 상표는 그 효력이 남한 지역으로까지 확장되기 때문에 권리의 우선권이 주어지게 되는 것이다.

11 동·서독 확장법 제2조, 제3조 및 통합법(안) 제4조 참조.

12 통합법(안) 제4조 제2항 및 제3항 참조.

13 구북한의 지식재산권인 발명권, 특허권, 창의고안권, 상표권, 공업도안권, 원산지명권 등을 말한다.

합 이후 통합법(안)이 발효되는 시점을 기준으로 한국특허청의 북한지청[16]에서 담당하도록 한다.[17] 또 지식재산권 대상의 등록요건과 존속기간에 대해서는 구남북한법이 계속 적용되도록 규정하고 있다.[18] 단지, 예외로 상표에 관한 존속기간 산정은 남한상표법 관련규정을 적용하고 있다.[19]

한편, 통합법(안)은 북한에서 허여된 특허 및 특허출원[20]의 확장에 관한 규정들을 담고 있는데, 이는 남한 지식재산권 제도와의 통합 때 생기는 문제들을 해결하기 위한 것으로서 발명권, 즉 발명자증제도[21]가 그 대표적인 사례이다.[22] 이는 통합법(안) 발효와 동시에 폐지하도록 규정하고 계속 계류 중인 발명권에 대한 출원은 특허권으로 변경토록 하고 있다. 그리고 이미 동법 발효 이전에 허여된 발명권[23]에 대해서는 일정기간 내에 특허권으로 변경을 신청하도록 규정하고 있다. 또 이런 변경 이후에 그 전에 이미 사용하고 있거나 사용을 위해 필요한 조치를 취한 제3자는 계속 사용할 권리를 갖는다. 통합법(안)에 의해 확장된 특허에 대한 이의신청은 3개월 이내 해야 하며 보정절차에 관해서는 남한 특허법의 규정[24]을 준용토록 하고 있다.[25]

---

14 특허협력조약에 따라 구북한에 대해 보호되고 있는 특허권, 마드리드협정 및 의정서에 따라 구북한을 대상으로 국제등록된 상표권, 리스본협정에 따라 보호되고 있는 원산지명권을 뜻한다.

15 동 · 서독 확장법 제4조 및 통합법(안) 제5조 참조.

16 남북한 통합 때 한국특허청을 본청으로 하고 평양에 북한지청과 대구 또는 대전에 남한지청을 두는 것을 전제로 했다.

17 동 · 서독 확장법 제5조 및 통합법(안) 제6조 참조.

18 이는 구남북한 각 지식재산권의 등록요건과 존속기간이 상이한 데서 기인한다.

19 상표의 특성상 동일한 지역에서 2개 이상의 상호 충돌되는 상표사용의 허용은 상표권 효력의 완전한 소멸로 이어질 수 있기 때문이다.

20 발명권과 특허권을 동시에 뜻한다.

21 다른 국가에서는 운영되지 않는 것으로 북한에서만 운영되고 있는 유일한 제도이다.

22 이길상, "동 · 서독의 산업재산권 제도 통일", 『특허정보지』, 9월호, 1996. 9, p. 57 참조.

23 허여된 발명권이란 남한 식으로 해석하면 소정의 수수료를 납부하고 설정등록을 받은 발명권을 뜻한다.

24 남한 특허법 제46조(절차의 보정), 제47조(특허출원의 보정).

아울러 북한의 창의고안권은 남한의 실용신안권과 비교할 때 등록요건뿐만 아니라 보호효력 및 권리형태도 상당히 다르므로 통합법(안)은 구북한의 모든 종류의 창의고안이 남한의 실용신안법상의 실용신안으로서의 효력을 갖는다고 규정하고 있다.[26] 다만 창의고안 등록요건 및 존속기간과 관련해서는 통합법(안) 규정에 따라 구북한규정이 계속 적용되도록 하고 있다. 뿐만 아니라 구북한의 모든 종류의 공업도안은 남한의 디자인보호법상의 디자인으로서의 효력을 갖게 되며 해당 권리의 승계자가 그 권리의 소유자가 된다고 규정하고 있으며,[27] 이런 권리자에게는 보상과 계속사용권이 주어지도록 하고 있다.[28] 또 통합법(안)은 상표에 관한 특별규정을 두고 있는데, 이미 등록된 상표에 대해서는 북한법이 계속 적용되며[29] 반면에 아직 계류 중인 출원에 대해서는 일부 예외[30]를 제외하고 남한법이 적용된다고 규정한다. 그리고 등록상표가 북한법뿐만 아니라 남한법상에도 상표요건에 해당되지 않을 경우에만 통합법(안)상의 상표법 조항에 따라 절대적 부등록사유[31]로 인해 무효로 될 수 있다고 규정하고 있다.[32] 상표출원공고는 북한법규정에 따라 이미 심사가 이루어졌다 하더라도 출원이 아직 등록되지 않은 경우에는 남한상표법에 따라 공고가 되며,[33] 이의신청과 관련해서는 모든 북한상표의 소유자는 구남한

25 통합법(안) 제15조 참조.

26 통합법(안) 제19조 참조.

27 통합법(안) 제22조 참조.

28 통합법(안) 제24조 및 제25조 참조.

29 기존 상표 권리자의 효력을 확장시키기 위함이다.

30 존속기간과 상표권 간의 충돌의 경우를 들 수 있다.

31 등록주의 아래에서 이미 등록된 상표와 동일 · 유사한 상표는 물론 널리 알려진 상표와 동일 · 유사한 상표에 대해서는 등록이 인정되지 않는 것이 당연함에도 불구하고 북한에서는 이를 부등록사유로 규정하고 있다.

32 통합법(안) 제28조 참조.

33 남한은 상표권 설정 등록 이전에 공고되고 북한은 등록한 상표를 공개하기 때문에 남한법을 적용해야 한다.

상표의 소유자들과 같이 북한상표가 남한상표법으로 개정된 이후 출원된 경우에는 이의신청을 할 수 있다.[34] 상표이전은 북한에서와는 별개로 남한에서는 상표등록부에의 등록 없이도 효력이 발생한다. 단체표장에 있어서는 남한상표법 규정상 단체표장의 등록요건이 충족될 수 있도록 한국특허청에 통합법(안) 발효 후 일정기간 내에 단체표장의 소유자라는 사실을 입증[35]하도록 규정하고 있다.[36] 그리고 지리적 표시 또는 원산지 표시의 상표법의 적용은 구남한의 지리적 표시와 구북한의 원산지 표시를 동일개념으로 간주하며 지리적 표시 단체표장제도를 포함하여 이와 관련된 규정은 남한상표법 규정을 적용하도록 하고 있다.[37] 다만 등록요건, 존속기간 및 계속사용권 등 이의 효력과 관계된 사항은 구북한법의 규정을 따르도록 하고 있다.[38]

통합법(안)에서는 저작에 관한 특별규정을 두고 있는데, 법제 통합 이후 모든 저작권 보호의 기본원칙은 별도 규정으로 언급하지 않는 한 남한저작권법이 적용된다. 또 저작자의 표시가 없거나 공표되지 않은 저작물이라는 이유로 저작권의 등록이 거절되어서는 안 되며 이는 외국인의 저작물에 대해서도 동일하게 적용된다. 아울러 구북한 저작재산권의 보호기간과 기산방법에 대해서도 남한저작권법이 준용되며, 다만 법제 통합 이전의 경우에는 구북한 저작권법이 계속 적용된다. 뿐만 아니라 구북한 저작권의 이용제한과 저작물을 이용하는 경우에 출처의 명시와 관련해서도 남한법이 준용된다.

34 동 · 서독 확장법 제23조 및 통합법(안) 제27조; 이길상, "동 · 서독의 산업재산권 제도 통일", 『특허정보지』, 9월호, 1996. 9, pp. 61-62 참조.

35 이는 남한의 단체표장이나 업무표장 같은 제도가 북한에서는 별도로 규정되지 않고 있는 데서 기인한다.

36 동 · 서독 확장법 제25조 및 통합법(안) 제31조 참조.

37 북한은 원산지 표시를 중시하여 원산지명법(2003년 8월 27일 제정)을 별도로 제정해 운영하고 있으나, 남한은 상표법상의 일부조항으로 명시하고 있다.

38 통합법(안) 제32조 참조.

한편, 적법한 절차에 따라 저작물을 이용하려는 자가 저작권자에게 지급할 저작권의 사용료는 남한 저작권법의 규정을 준용하되 법제 통합 이전의 북한 저작물 이용 요금에 대해서는 구북한 저작권법을 적용하도록 하며 저작물과 관련한 출판권 설정과 출판할 권리에 대해서도 역시 남한 저작권법을 준용하도록 규정하고 있다.

2. 심사와 등록 때 적용법률과 심사기준

통합법(안)은 북한법에 따라 허여된 모든 특허는 남한법에 따라 허여된 특허와 동등하다고 규정한다. 또 여기에는 심사된 특허와 심사되지 않은 특허와의 구별이 없다.[39] 다만 북한에서 허여된 특허에 대해 심사를 청구할 수 있다고 규정하고 있다. 이는 제3자의 이해관계뿐만 아니라 특허권 존속을 명확히 하기를 원하는 권리소유자를 위한 규정이다. 아울러 확장된 발명권의 소지자는 자신의 권리를 완전한 독점배타권인 특허권으로 변경시키기를 원한다면 심사를 청구하도록 규정하고 있으며 심사청구 기간에 대해서는 규정하지 않는다.[40] 이처럼 특허에 관한 특별규정을 두게 된 것은 북한에서는 심사청구 절차 없이 실체심사가 원칙적으로 특허 허여 후에 이루어지고 특허허여 전에는 오직 직권에 의해서만 심사가 이루어지고 있는 현실을 반영한 규정이라고 할 수 있다.

한편, 법제 통합 이전 남(북)특허청(발명총국)에 출원되어 심사 계류 중인 지식재산권출원에 대해서는 한국특허청의 심사기준을 적용하게 되

39 이는 남북한 간의 심사청구 및 심사절차의 차이점을 극복하기 위해서이다; 동·서독 확장법 제6조 및 통합법(안) 제10조; 이길상, "동·서독의 산업재산권 제도 통일", 『특허정보지』, 9월호, 1996. 9, p. 58 참조.

40 법제 통합을 위한 과도기적 상황을 고려해 권리자의 이익보호는 물론 자율성과 편의성을 제공하기 위함이다. 동·서독 확장법 제12조 및 통합법(안) 제9조 참조.

며[41] 법제 통합 이후 통일한국특허청의 북한지청에 의해 부여되는 특허는 통일한국특허청에 이송되어 공고되고 등록되도록 하고 있다.[42] 이와 더불어 통합법(안)의 시행 전에 북한 특허 · 발명출원에 대해 허여된 특허 · 발명은 통합법(안)의 시행일로부터 3개월 이내에 이의신청이 가능하도록 규정한다.[43]

3. 중복권리에 대한 효력인정 범위

통합법(안)에 의한 효력 확장의 결과, 보호범위가 동일하고 상호 저촉되는 중복보호 권리들은 발명의 우선에 관계 없이 각각 통일 전 지역 내에서만 쌍방의 기존권리로서 유효한 것이며 상호 효력이 미치고 서로 공존하게 된다.[44] 따라서 통합법(안)은 동일한 권리들이 공존하는 경우에 대해 해결방안을 규정한다. 이 규정에 의하면 권리충돌의 경우 권리의 소유자는 모든 제3자에 대해 발명의 실시를 제한할 수 있지만, 충돌되는 권리의 상대방 소유권자에게는 실시를 금지시키는 권한을 행사할 수 없다. 또 특허 및 기타 기술적 지식재산권 간의 충돌의 경우, '통일 한국지역'에서 이런 권리들과 관련된 사용권들은 서로 공존한다고 규정하고 있다.[45] 이에 반해 상표권 간의 충돌의 경우, 상표권충돌에 해당되는 상표는 상대방 동상표의 소유자가 사용에 대해 이의를 제기할 경우 '통일 한국지역'에서 사용될 수 없도록 규정한다.[46] 이는 동일한 지역에서 2개 이상의 상

41 현재까지 북한의 구체적인 심사기준에 대해서는 확인되지 않고 있다.

42 지식재산권에 관한 모든 업무가 통일한국특허청에 의해 종합 · 조정 · 통제되어야 하기 때문이다.

43 이는 기존 권리자들의 이해관계를 명확히 하기 위함이다.

44 이는 '쌍방권리 독립의 원칙'에 따른 것이다.

45 동 · 서독 확장법 제26조 및 통합법(안) 제38조 참조.

46 예를 들면 남한지역에서 등록받은 권리자가 효력확장된 지역(즉 북한지역)에서 사용하거나 실

호 충돌되는 상표사용의 허용은 상표권 효력의 완전한 소멸로 이어질 수 있기 때문이다.

4. 선(先)사용권과 계속사용권에 관한 사항

확장된 지식재산권과 관련된 선사용권은 통합법(안)에 따라 관련한 지식재산권과 동일하게 그 효력이 확장되는데, 이는 지식재산권은 원래의 발생지역에서와 동일하게 상대방지역으로 효력이 확장되어야 한다는 기본개념에 해당하며, 이런 규정은 더 나아가서 지식재산권의 원래 발생지역에서는 선사용권이 없었으나 다른 상대방지역에서는 존재하는 경우에 대해서도 규정한다. 선사용자가 이 경우 항상 선의(善意)[47]로 후출원된 발명을 사용했기 때문에 이런 선사용에 대해서는 부정경쟁조항을 적용하거나 후출원으로 인해 사용이 제한되지도 않게 된다.[48]

한편, 계속사용권에 관한 규정의 주요 적용지역은 북한지역인데, 통합법(안)은 이제까지 관련 지식재산권이 존재하고 있지 않은 지역(북한지역)에서 이와 관련된 발명[49]을 사용하고 있던 자는 계속 동발명을 사용해도 된다고 규정하고 있다. 그리고 이런 계속사용권이 원권리의 소유자나 라이선스 실시권자에게 중대한 손실을 끼치는 경우에는 그 사용이 제한될 수 있다고 규정한다.[50]

시하고 자 할 때는 북한지역에서 등록받은 권리자의 승인을 받아야 함을 뜻한다. 동 · 서독 확장법 제30조 및 통합법(안) 제42조; 이길상, "동 · 서독의 산업재산권 제도 통일", 『특허정보지』, 9월호, 1996. 9, p. 63 참조.

47 이는 선사용권 인정을 위한 전제조건이다.

48 통합법(안) 제39조(선사용권)에 의하면 법제 통합 이전에 실시된 적법한 행위는 선사용에 의한 기득권으로 인정해주고 있으나, 법제 통합 이후 행위에 대해서는 제한규정을 두고 있으며 침해로 간주될 수도 있다.

49 여기서는 북한에서 운영되고 있는 발명권이나 발명자증제도를 말한다.

5. 선·후원 관계

통합법(안)에 의해 선행하는 구북한의 출원은 법제 통합 이후 한국특허청에 출원되는 모든 출원에 대해 후원 배척력을 가지게 되며,[51] 법제 통합 이후 한국특허청에 출원된 실용신안 출원은 선출원인 구북한의 특허·발명출원에 의해 취소가 가능하도록 규정한다.[52]

6. 침해 때 조치와 권리자의 보호

통합법(안)에 의하면 지식재산권자(특허, 실용신안, 디자인, 상표 및 저작권자) 또는 전용실시권자는 자기의 권리를 침해한 자 또는 침해할 우려가 있는 자에 대해 그 침해의 금지 또는 예방을 청구할 수 있도록 규정하고 있다.[53] 또 이런 청구 시에는 침해행위를 조성한 물건의 폐기, 침해행위에 제공된 설비의 제거, 기타 침해의 예방에 필요한 행위를 청구할 수 있도록 규정한다.[54] 그리고 지식재산권 또는 전용실시권을 침해한 것으로 보는 행위, 손해액의 추정, 생산방법의 추정, 고의·과실의 추정, 권리자 등의 신용회복, 당해 침해행위로 인한 손해의 계산을 하는 데에 필요한 서류의 제출 등과 관련한 규정은 남한 지식재산권법을 준용하도록 규정한다.[55]

---

50 동·서독 확장법 제28조 및 통합법(안) 제40조 참조.

51 법제 통합 이전에 북한지역에서 출원된 모든 지식재산권은 통합법(안) 발효 이후 한국특허청에 출원되는 모든 지식재산권에 대해 선원의 지위를 인정받게 됨을 뜻한다.

52 본문 제5장 제1절 및 통합법(안) 제41조 참조.

53 이는 침해금지청구권 및 예방청구권을 뜻한다.

54 앞의 침해금지 및 예방청구권의 구체적인 내용을 명확히 한 것이다(통합법(안) 제45조 참조).

55 통합법(안) 제46조 참조. 북한 지식재산권법에는 권리자의 이익보호를 위한 규정이 별도 마련되어 있지 않기 때문에 침해에 따른 규정은 남한 지식재산권법을 준용했음을 밝혀둔다.

7. 지식재산권 분쟁의 조정절차[56]

지식재산권 또는 통합법(안)에 의해 확장된 사용권과의 충돌로부터 발생하는 민법상 분쟁에 대비해 한국특허청 내에 조정위원회를 설치 운영하며, 본 위원회는 분쟁조정 업무에 관한 전반적인 사항을 심의 · 의결 내지 조정하며 분쟁당사자들 간의 원만한 해결을 모색할 임무를 맡는다.[57] 조정위원회는 위원장과 부위원장, 배석심판관 2인으로 구성되며 조정위원의 제척과 기피에 관해서는 민사소송법의 규정을 준용[58]토록 하고 있다.[59] 그리고 지식재산권의 분쟁에 대해 조정을 신청할 수 있는 자는 남북지식재산권 법제 통합 이후 각각 종전의 규정에 따라 소멸시효 만료 전의 지식재산권과 관계 있는 권리자, 실시권자, 사용권자, 직무발명자, 기타 당해 권리의 실시에 직접적인 이해관계가 있는 자 및 이해관계인의 법정대리인이 되며, 신청인은 서류를 구비해 특허청에 제출해야 하며 일정기간 동안 신청서에 대한 보완 및 변경을 하도록 하고 있다. 조정위원회의 결정은 과반수 의결에 따르며 화해신청의 방식과 화해가 성립된 경우의 규정은 민사소송법을 준용한다.[60]

화해가 성립되지 않은 경우 분쟁해결절차는 한국특허법[61]에 따라 처리한다. 특허침해사건은 민사법 절차에 따라 일반법원에서 관장토록 하고, 일반법원의 결정에 이의가 있을 경우 최종심인 대법원으로 상고를 하도록 규정한다. 또 상호 확장된 지식재산권 간의 저촉으로 인해 분쟁이

---

56 본 내용은 남한 특허청 고시(산업재산권분쟁조정위원회 운영세칙)와 동 · 서독 확장법 제3편(권리충돌시 조정절차), 그리고 남한 민사소송법을 참조했다.

57 동 · 서독 확장법 제39조 및 통합법(안) 제47조 참조.

58 민사소송법 제2장 제2절(법관 등의 제척 · 기피 · 회피) 제41조 내지 제50조.

59 동 · 서독 확장법 제40조 및 통합법(안) 제48조 참조.

60 민사소송법 제385조 및 제386조.

61 남북한이 통합되어 통합법(안)이 발효되는 시점부터 사용하는 각각의 지식재산권법을 일컬어 한국특허법이라 했다.

발생하면 이를 중재위원회로 이관하고 중재위원회의 결정에 불복하는 자는 일반법원에 불복 소를 제기할 수 있도록 규정한다.[62] 조정절차로 발생한 화해비용은 화해가 성립된 경우에는 특별한 합의가 없으면 당사자들이 각자 부담하고 화해가 성립되지 않은 경우에는 신청인이 부담하며, 다만 소제기 신청이 있는 경우에는 화해비용을 소송비용의 일부로 하도록 되어 있다.[63] 그밖에 남북 지식재산권의 통합으로 인해 생기는 각종 분쟁의 조정 및 운영에 관해서는 관계법령에서 정한 것을 제외하고는 별도의 세칙이 정하는 바에 의한다고 명시한다.[64]

8. 보칙

확장된 권리 혹은 확장된 권리 출원이 통합법(안) 발효일 이전에 만료되는 경우, 수수료는 종전까지 적용했던 규정에 따라 납부하며 수수료의 납부기한이 통합법(안) 발효일 이후인 경우, 종전 수수료표에 따라 만기일 이전에 이미 유효하게 납부된 해당수수료는 기 납부한 것으로 본다. 그밖의 특허행정과 특허심판에 관련한 민원 업무를 신청하려는 자는 대통령령 또는 지식경제부령으로 정하는 바에 따라 수수료를 내야 한다.[65]

직무발명에 관한 보상규정은 구북한지역에서 통일 이전에 만들어졌으나 통합법(안) 발효일까지 보상에 대한 청구가 이루어지지 않은 발명에 적용되며, 이는 중재절차와 재판절차에 관한 규정에도 동일하게 적용된다.[66] 통합법(안) 발효일부로 한국특허청의 보상관련 분쟁에 대해 계류 중

62 통합법(안) 제49조 참조.

63 민사소송법 제389조 참조(동 · 서독 확장법 제45조 및 통합법(안) 제50조).

64 산업재산권분쟁조정위원회 운영세칙 참조(통합법(안) 제51조).

65 통합법(안) 제52조 참조.

66 동 · 서독 확장법 제49조 및 통합법(안) 제53조 참조.

인 중재절차는 현행 상태로 발명진흥법에 의해 한국특허청 내에 설치된 중재위원회로 이관되며, 항소 또는 취소소송에 대해 계류 중인 소송절차는 일반법원으로 이관된다. 또 통합법(안) 발효일부로 한국특허청의 거절결정불복심판[67]에 대해 계류 중인 소송절차는 한국특허청 송무팀[68]에서 처리한다.[69] 소송절차의 대상이 확장된 권리 또는 확장된 권리 출원일 경우, 통합법(안) 발효일 이전에 시작된 소송절차의 기한은 모두 종전까지 적용했던 규정에 의해 결정된다.[70]

아울러 이 법에 따른 권한의 위임 또는 위탁에 관한 사항은 권한의 일부를 대통령령으로 정하는 바에 따라 북한지청장에게 위임할 수 있으며 업무의 일부를 관계 전문기관에 위탁할 수 있다. 그리고 통합법(안) 발효일부로 남북한이 동시에 가입한 산업재산권 및 저작권 관련 국제조약[71]의 회원국으로서의 대우와 업무절차를 상호 이행하도록 규정한다.[72]

9. 부칙[73]

이 법은 공포한 날부터 시행하며, 이 법 시행 전의 행위에 대한 벌칙의 적용과 행정처분에 관해서는 종전의 규정을 따른다. 이 법 시행일을 기준으로 북한 지식재산권법은 바로 폐지한다. 남한과 북한과의 지식재산권법 통합을 목적으로 하는 행위에 관해서는 이 법률의 목적 범위 안에서

67 무효심결이나 심결취소소송은 한국특허법원으로 이관된다.

68 특허청(특허심판원)의 심결 중 특허청장을 피고로 하는 사건에 대한 소송 수행을 전담하는 부서이다(2005. 4. 15 특허청 직제 기준).

69 동 · 서독 확장법 제50조 및 제51조, 통합법(안) 제54조 및 제55조 참조.

70 동 · 서독 확장법 제52조 및 통합법(안) 제56조 참조.

71 남북한이 동시에 가입한 국제조약은 8개이다.

72 통합법(안) 제57조 및 58조 참조.

73 본 내용은 법제처 법령입안 세부심사기준의 부칙규정(2010년 5월 기준)을 참조해 작성했다.

다른 법률에 우선하여 이 법을 적용하게 되고, 부정경쟁방지 및 영업비밀 보호에 관한 법률 및 기타 법률상 규정의 적용은 이 법의 영향을 받지 않는다. 마지막으로 이 법 시행 당시 종전의 규정에 의해 출원된 특허출원 및 특허출원에 관한 특허심사 · 등록 · 특허권 · 이의신청 · 심판 · 재심 및 소송 등은 종전의 규정을 따르며, 다른 법률의 개정사항도 포함한다.

제8장 남·북한 지식재산권 법제의 통합법(안) 제시[1]

이하에서는 지금까지 비교 분석한 논의를 정리한 남・북한 지식재산권 법제의 통합법(안)을 제시한다. 동 법안은 ① 총칙, ② 권리 확장, ③ 권리충돌 및 권리침해, ④ 지식재산권 분쟁의 조정절차, ⑤ 보칙으로 구성됐고, 본문은 모두 58개 조문으로 이루어졌다. 그리고 경과 과정에 대한 7개 조문을 부칙으로 구성했다.

제1절 총칙

제1조(목적) 본 법은 남한과 북한의 통합에 따른 각 지식재산권의 효력을 전 한국지역으로 확장함으로써 문화 및 기술의 발전을 촉진하여 관련 산업발전에 이바지함과 아울러 권리자의 이익을 보호함을 목적으로 한다.[2]

1 본 통합법(안)은 동・서독 산업재산권 통합법(일명 '확장법'이라 한다)을 참고하여 우리나라 실정에 맞게 수정하였음을 밝혀둔다.

제2조(정의) 본 법에서 사용하는 용어의 정의는 다음과 같다.[3]

1. '구남한'이라 함은 통일 이전의 대한민국을 말한다.
2. '구북한'이라 함은 통일 이전의 조선민주주의인민공화국을 말한다.
3. '전 한국'이라 함은 통일 이후의 남한과 북한을 통틀어서 일컫는다.
4. '한국특허청'이라 함은 남북한이 통합되어 본 법이 발효되는 시점부터 지식재산권 분야를 담당하는 유일한 중앙관청을 말한다.
5. '구권리'라 함은 남한과 북한의 지식재산권이 통합되기 이전의 각각의 지역에만 효력이 제한되어 있는 권리를 말한다.
6. '신권리'라 함은 남한과 북한의 지식재산권 통합 이후 통일 한국 전 지역에 걸쳐 효력을 갖는 권리를 말한다.
7. '본 법'이라 함은 남북한 지식재산권법이 완전 통합되어 각 지식재산권의 효력을 통일한국지역으로 확장시키는 법을 말한다.

제2절 권리 확장

1. 옛 남한지역에서 생긴 구 권리의 확장

제3조(지식재산권 및 지식재산권 출원의 확장)[4] ① 본 법 발효일부로 구북한지역 이외에 구남한지역의 기존 지식재산권(특허, 실용신안, 디자인, 상표, 저작권) 및 각 권리에 대한 출원이 구북한지역으로 순차적으로 확장되며 그 우선권도 유지된다.

---

2 남한 「특허법」(2011. 12. 2 기준, 법률 제11117호) 제1조(목적) 참조.

3 동·서독 「확장법」 제1조(산업재산권 및 산업재산권 출원의 확장) 내지 제32조(계속사용권); 이길상, "동·서독의 산업재산권 제도 통일", 『특허정보지』, 9월호, 1996. 9, pp. 2-17 참조.

4 동·서독 「확장법」 제1조(산업재산권 및 산업재산권 출원의 확장) 참조.

② 제1항의 규정은 구북한지역 이외에 구남한지역에 대해 효력을 갖는 국제적 협정에 의해 제출된 출원, 등록 또는 허여된 권리에 동일하게 적용된다.

제4조(확장된 상표에 대한 특별 규정)[5] ① 북한 지식재산권법을 남한 지식재산권법으로 개정한 이후 구남한지역에서 출원된 상표에 대해 구북한상표는 이의신청을 제기할 수 있으며, 이미 등록된 상표에 대해서는 무효를 주장할 수 있다.

② 북한 지식재산권법의 개정 이후부터 통합 이전까지의 기간 내에 확장된 상표는 제3자의 상표가 구북한 발명(총)국에 우선권을 갖고 등록되어 있을 경우에 한해서 제3자에 의해 취소를 요청할 수 있다.

③ 제1항 및 제2항의 규정은 구북한의 국제등록상표에 관해 이를 준용한다.

2. 옛 북한지역에서 생긴 구 권리의 확장

1) 일반규정

제5조(지식재산권 및 지식재산권 출원의 확장)[6] ① 본 법 발효일부로 구북한지역의 기존 지식재산권(발명, 특허, 창의고안, 공업도안, 상표, 원산지명, 저작권) 및 각 지식재산권에 대한 출원 · 등록이 구남한지역으로 순차적으로 확장되며 그 우선권도 유지된다.

② 제1항의 규정은 구북한지역에 대해 효력을 갖는 국제적 협정에 의해 제출된 출원, 등록 또는 허여된 권리에 동일하게 적용된다.

---

5 동 · 서독 「확장법」 제2조(등록 상표의 취소), 제3조(등록 상표에 대한 이의 신청) 참조.

6 동 · 서독 「확장법」 제4조(산업재산권 및 산업재산권 출원의 확장) 참조.

③ 본 법 제32조는 구북한지역에 대해 효력을 갖는 등록 또는 출원된 원산지 표시에 적용된다.

제6조(준거법) ① 본 조항은 본 법 발효 이전에 지식재산권관련 구북한법의 구남한법으로의 통합이 선행됨을 전제로 하며, 구북한의 각 권리는 본 법 발효시점을 기준으로 한국특허청의 북한지청에서 담당하도록 한다.[7]

② 제5조에 의해 확장된 지식재산권 및 지식재산권 출원이 등록요건 및 존속기간과 관계가 있을 시에는 다른 조항과는 별개로 종전까지 적용받았던 법규정(구남북한법)을 준용토록 한다. 그 이외의 경우에는 이전된 한국법 규정을 준용한다.[8] 다만, 상표에 관한 존속기간 산정은 남한 「상표법」 관련 규정을 적용한다.

2) 특허에 관한 특별규정

제7조(특허출원)[9] ① 제5조에 의해 확장된 특허출원에 대해 「특허법」 제57조에 의한 명백한 준수를 위해 심사요건에 상응한 심사가 이루어지지 않은 경우, 이런 명백한 준수를 위한 실체심사가 행해져야 한다.

② 출원이 한국어로 되어 있지 않은 경우에는 한국특허청이 출원인에게 해당 출원의 한국어 번역문을 3개월 이내에 제출하도록 요청해야 한다. 기한 내에 한국어 번역문이 제출되지 않은 경우에는 해당 출원이 취하된 것으로 본다.

③ 제5조에 의해 확장된 특허출원의 경우 특허허여가 결정되지 않

7 동·서독 「확장법」 제5조(준거법) 참조.

8 동·서독 「확장법」 제5조(준거법) 참조.

9 동·서독 「확장법」 제10조(특허 출원), 남한 「특허법」 제57조(심사관에 의한 심사) 및 제59조(특허출원심사의 청구) 참조.

았을 때, 서류가 자유롭게 열람될 수 있도록 하며 해당 출원은 미심사된 특허출원으로서 공개된다.

④ 제5조에 의해 확장된 출원과 관련하여 정식으로 심사가 청구될 경우, 그 청구는 심도 있게 처리되어야 한다. 직권상 이미 심사가 시작된 경우, 「특허법」 제59조 제1항 내지 제3항에 의해 출원인이 심사를 청구할 경우에만 해당 심사가 계속된다.

제8조(특허성 평가) 특허의 소유자 또는 제3자의 요청에 따라 한국특허청은 제5조에 의해 확장된 특허와 관련한 공개된 문헌을 참작해 발명의 특허성을 평가할 수 있다. 요청 시에는 수수료표에 따라서 수수료를 함께 납부해야 한다. 수수료가 납부되지 않으면 해당요청은 없었던 것으로 본다.[10]

제9조(허여된 특허의 심사)[11] ① 모든 보호요건에 따라 심사를 거치지 않은 제5조에 의해 확장된 특허는 청구에 따라 한국특허청의 심사부서에 의해 심사를 받는다. 해당 청구는 특허의 소유자 혹은 제3자에 의해 신청될 수 있다. 「특허법」 제59조 제1항, 제5항과 「특허법」 제63조 및 제82조 제1항은 준용한다.

② 제5조에 의해 확장된 특허와 관련하여 정식으로 이미 신청된 심사청구는 심사부서에 의해 심사처리된다. 직권상 심사가 시작된 경우에는 해당 심사가 계속된다.

③ 제1항, 제2항에 의한 심사는 특허의 유지 또는 취소를 결정한다. 「특허법」 제65조 제1항 내지 제2항은 준용한다. 특허거절결정 등에

10 동·서독 「확장법」 제11조(검색) 참조.

11 동·서독 「확장법」 제12조(허여된 특허의 심사), 남한 「특허법」 제59조(특허출원심사의 청구), 제63조(거절이유통지), 제65조(출원공개의 효과), 제82조(수수료), 제132조의3(특허거절결정 등에 대한 심판), 제133조(특허의 무효심판), 제170조(심사규정의 특허거절결정에 대한 심판에의 준용), 제173조(삭제) 및 제174조(삭제) 참조.

대한 심판은 「특허법」 제132조의3에 의해 청구할 수 있다.

④ 「특허법」 제133조는 제1항의 효력범위 내에 있는 특허에는 적용되지 않는다.

⑤ 「특허법」 제170조, 제173조, 제174조는 심사처리 시 준용한다.

제10조(허여된 특허권의 효력) 구북한법 규정에 의한 특허허여는 남한 「특허법」 제65조에 의한 출원공개의 효과와 동등한 지위를 가진다.[12]

제11조(특허권의 존속기간) 제5조에 의해 확장된 만료되지 않은 특허권(본 법 발효일 이후부터 일정기간까지)의 존속기간은 출원 익일로부터 20년이다.[13]

제12조(발명권)[14] ① 제5조에 의해 확장된 구북한의 발명권은 남한 「특허법」 관련 조항에 의해 발명의 실시를 허용할 의사가 있는 것으로 보며 남북 지식재산권법 통합협정에 근거하여 구북한지역 내에서 효력을 갖는 발명권에 대해 발명자증의 상호인정 및 발명의 보호에 대한 기타 권리도 적용된다.

② 발명의 보호를 위한 모든 요건을 갖추어 심사를 받은 발명권자는 제1항에 의한 실시권 허여 의사를 철회할 시에 그 의사를 한국특허청에 언제든지 서면으로 실시할 수 있다. 이런 의사의 통지는 특허공보에 공시된다. 본 법 발효일 이후로 감면된 연차수수료는 통지공시 후 1개월 이내에 납부해야 한다. 이와 관련된 남한 「특허법」 조항은 언급된 1개월간의 기한이 만료일자를 대신한다는 것을 조건으로 준용한다.

---

12 동·서독 「확장법」 제6조(허여된 특허의 효력), 남한 「특허법」 제65조(출원공개의 효과) 참조.

13 동·서독 「확장법」 제6a조(특허의 존속기간), 남한 「특허법」 제88조(특허권의 존속기간) 참조.

14 동·서독 「확장법」 제7조(경제특허) 참조.

③ 제2항 제2문에 의한 의사 통지 공시 이전에 발명권자에게 발명의 사용에 대한 본인의 의사를 표시하고 그 사용을 개시하거나 사용에 필요한 조치를 취한 제3자는 본인의 의사표시대로 계속 사용할 권리를 가진다.

④ 제1항의 규정에 의해 계속 계류 중인 발명권에 대한 출원은 특허권으로 변경토록하며, 본 법 발효 이전에 이미 허여된 발명권에 대해서는 일정기간 내에 특허권으로 변경을 신청하도록 허용한다.[15]

제13조(한국에서 실시 불가한 특허)[16] ① 제5조에 의해 확장된 특허가 한국에서 공개되지 않았을 경우, 그 특허의 소유자는 한국특허청에 제출된 특허 명세서의 한국어 번역문이 본인의 요청에 의해 공개되는 그날부터 해당 특허에 대한 권리를 주장할 수 있다. 이런 요청은 수수료표에 따른 수수료 납부가 수반되어야 한다. 수수료가 납부되지 않을 경우, 그 요청은 없었던 것으로 본다.

② 번역문 공개에 대한 통지가 특허공보에 공시되어야 하며, 특허등록원부에도 기록되어야 한다.

③ 특허 명세서의 번역문에 오류가 있을 경우, 그 특허의 소유자는 본인에 의해 제출된 정정 번역문의 공개를 요청할 수 있다. 제1항 제2문, 제3문과 제2항은 준용한다.

④ 특허 명세서상의 용어는 구속력을 가진다. 특허 명세서의 번역문에 오류가 있을 시 선의의 제3자가 해당 발명의 사용을 시작하거나 발명의 사용을 위해 중대하고 효과적인 준비를 했을 경우에는, 특허 명세서에 포함된 오역이 특허의 침해를 계속하지 않는 한, 자기 또는 타인의 공장이나 작업장에서 본인의 사업상 필요에 의해 정정된

15 북한 「발명법」 제32조 참조.

16 동·서독 「확장법」 제8조(독일에서 실시 불가한 특허) 참조.

번역문이 공개된 이후에도 해당 발명을 무료로 전 한국지역에 걸쳐 여전히 사용할 권리를 가진다.

제14조(독점특허의 사용권리) 개정특허법 조항과 구북한의 「발명법」에 의해 허여된 권리, 즉 특허권으로 전환된 발명권에 의해 보호를 받는 발명은 계속 사용하게 되며 구남한지역으로 확장되고 유지된다. 그 특허의 소유자는 적절한 보상을 받을 권리를 가진다.[17]

제15조(특례에 관한 이의신청 절차) 구북한 「발명 및 창의고안에 관한 규정」 제20조에 따라 제5조에 의해 확장된 특허를 한국특허청이 승인 또는 허여할 경우, 본 법 발효일로부터 3개월까지 한국특허청에 이의신청을 제기할 수 있다. 「특허법」 제132조의3을 준용한다.[18]

제16조(보정절차의 이전) 구북한 「발명법」 제21조에 의한 보정 절차가 본 법 발효일부로 한국특허청에 계류되어 있을 경우, 현 상태를 그대로 유지한 채로 남한 「특허법」 제18조에 의한 절차의 효력의 승계로서 처리된다.[19]

3) 실용신안에 관한 특별규정

제17조(실용신안등록출원)[20] ① 구북한 「발명 및 창의고안에 관한 규정」 제29조에 의한 창의고안등록출원서도 제5조에 의해 확장된 특허 혹은 특허출원과 관련하여 남한 「실용신안법」 제8조에 따라 제

17 동·서독 『확장법』 제9조(독점특허 사용에 대한 권리), 북한 『발명법』 제31조 참조.

18 동·서독 『확장법』 제13조(특례에 관한 이의신청 절차), 북한 『발명 및 창의고안에 관한 규정』 제20조, 남한 『특허법』 제132조의3(특허거절결정 등에 대한 심판) 참조.

19 동·서독 『확장법』 제14조(보정 절차의 이전), 북한 『발명법』 제21조 및 남한 『특허법』 제18조(절차의 효력의 승계) 참조.

20 동·서독 『확장법』 제15조(파생조항), 북한 『발명 및 창의고안에 관한 규정』 제29조, 남한 『실용신안법』(2011. 12. 2. 기준, 법률 제11114호) 제8조(실용신안등록출원) 참조.

출할 수 있다. 이는 구북한 발명(총)국이 모든 등록요건에 따라 심사 후에 허여하거나 승인된 특허 시에는 적용되지 않는다.

② 제1항에 언급된 특허에 대해서는 심사절차 혹은 특허거절결정 등에 대한 심판절차가 완료된 당해 월말로부터 2개월 이내의 만기일까지, 대개는 특허출원일로 부터 10년 이내의 만기일까지 실용신안등록출원서(창의고안등록출원서)를 제출할 수 있다.

제18조(사용권리 및 계속사용권) 본 법 제14조에 의거 또는 제12조 제1항 및 제3항에 근거한 적절한 보상에 대한 지불에 의해 특허(발명)를 사용할 권리와 제40조에 의한 계속사용권은 제17조 제1항에 의해 파생된 실용신안(창의고안)에 대해서도 적용한다.[21]

제19조(실용신안권의 효력) 본 법 발효일로부터 효력이 확장된 구북한의 창의고안권은 남한의 「실용신안법」상의 실용신안권으로서의 효력을 갖는다. 다만, 통합 이전 창의고안등록요건 및 존속기간과 관련해서는 구북한 「창의고안에 관한 규정」이 계속 적용된다.[22]

제20조(실용신안권의 존속기간) 남한 「실용신안법」 제22조는 제5조에 의해 확장된 구북한 창의고안권의 존속기간 산정에 준용한다.[23]

4) 디자인에 관한 특별규정

제21조(디자인등록출원)[24] ① 제5조에 의해 확장된 공업도안등록의

21 동·서독 「확장법」 제15조(파생조항) 참조.

22 남한 「실용신안법」 제23조(실용신안권의 효력) 및 북한 「창의고안에 관한 규정」 참조.

23 남한 「실용신안법」 제22조(실용신안권의 존속기간) 참조.

24 동·서독 「확장법」 제19조(산업디자인특허의 출원), 북한 「공업도안법」 제11조(공업도안등록신청문건의 제출방법), 제22(공업도안등록심의)내지 제24조(등록된 공업도안에 대한 의견제기), 남한 「디자인보호법」(2011. 12. 2. 기준, 법률 제11111호) 제5조(디자인등록의 요

출원이 구북한 「공업도안법」 제23조에 의해 공고가 이미 이루어졌을 경우, 이는 「디자인보호법」 제23조의3 제2항에 의해 디자인권의 설정등록이 되어 허여된 디자인으로 간주된다. 출원이 등록됐으나 아직 공고되지 않은 디자인은 디자인등록출원된 디자인으로 간주되며, 해당 출원의 공고는 「디자인보호법」 제23조의2 제2항에 따라 이루어진다.

② 출원이 아직 등록되지 않았거나, 구북한 「공업도안법」 제22조에 의해 등록요건에 대한 심사가 이루어졌을 경우, 해당 출원의 처리 및 등록은 「디자인보호법」상의 조항에 따라 이루어진다. 「디자인보호법」 제5조 제3항은 적용되지 않는다.

③ 구북한 「공업도안법」 제11조에 의한 규정상 진행 중인 심사는 「공업도안법」이 실체심사를 규정하고 있지 않으므로 중지되어야 하며, 이때 실체심사 청구를 위해 납부된 수수료는 반환되어야 한다.

④ 구북한 「공업도안법」 제24조에 의한 이의신청건 중 아직 종결되지 않은 건은 한국특허청에 의해 속개되지 않는다.

제22조(디자인권의 효력 및 권리승계)[25] ① 제5조에 의해 확장된 구북한의 공업도안권은 남한 「디자인보호법」의 효력범위 내에서 디자인권으로 간주한다. 동법 제6조 제2항 제1문은 이에 영향을 받지 않는다.

② 제5조에 의해 확장된 공업도안등록증의 경우, 2005년 8월 2일자의 구북한 「공업도안법」에 의해 개정된 효력범위 내에서 고안기업 또는 해당권리의 승계자가 그 권리의 소유자가 된다.

건), 제23조의2(출원공개), 제23조의3(출원공개의 효과) 참조.

25 동·서독 「확장법」 제16조(발명자증 및 산업디자인특허) 및 남한 「디자인보호법」 제41조(디자인권의 효력) 참조.

제23조(디자인권의 존속기간) 남한 「디자인보호법」 제40조는 제5조에 의해 확장된 구북한 공업도안권의 존속기간 산정에 준용한다.[26]

제24조(보상에 대한 권리) 구북한법 규정에 의한 디자인의 고안자에 대한 보상의 권리가 기 발생했을 경우, 동 법 규정에 따라 보상이 제공된다.[27]

제25조(디자인에 관한 사용권) 제5조에 의해 확장된 공업도안등록증에 의해 보호되거나, 공업도안등록증의 획득을 목표로 하는 디자인을 종전까지 적용 받았던 법(북한법) 규정에 따라 합법적으로 사용해 온 자는 그런 디자인을 전 한국지역 내에서 계속해 사용할 수 있다. 해당 권리의 소유자는 그 권리를 사용할 자격이 있는 자에게 계속 사용과 관련하여 적절한 보상을 요구할 수 있다.[28]

5) 상표에 관한 특별규정

제26조(상표출원의 심사)[29] ① 제5조에 의해 확장된 상표출원의 심사는 이하 별도 규정이 없는 한 남한 「상표법」이 적용된다.

② 남한 「상표법」에 의해 등록될 수 없는 상표의 형태로서 출원된 표장이라는 이유로 등록이 거절되어서는 안 된다.

③ 제1항 및 제2항의 규정은 제5조에 의해 확장된 국제등록상표에 대해서도 동일하게 적용된다.

제27조(상표출원공고 및 이의신청)[30] ① 제5조에 의해 확장된 상표출

---

26 남한 「디자인보호법」 제40조(디자인권의 존속기간) 참조.

27 동·서독 「확장법」 제17조(보상에 대한 권리) 참조.

28 동·서독 「확장법」 제18조(발명자증에 관한 사용권) 참조.

29 동·서독 「확장법」 제22조(상표출원 심사) 참조.

30 동·서독 「확장법」 제23조(상표출원 공개), 남한 「상표법」(2011. 12. 2 기준, 법률 제11113

원은 북한법규정에 따라 이미 심사가 이루어졌다 하더라도, 출원이 아직 등록되지 않은 경우에는 남한「상표법」 제24조 제2항에 따라 공고된다.

② 남한「상표법」 제25조 제1항에 따라 위 제1항에 언급된 상표출원의 등록에 대해 다음 아래의 자는 이의신청을 할 수 있다.

1. 구북한 상표 및 공업도안처에 동일 또는 유사상품 또는 서비스에 대해 우선권을 갖고 출원한 북한상표의 소유자로서 제5조에 의해 확장된 구남한상표의 소유자와 동등한 자
2. 북한「상표법」이 남한「상표법」으로 개정된 후부터 통합되기까지의 기간 내에 구북한 상표 및 공업도안처에 출원되어 공지된 표장이 한국특허청에 동일 또는 유사상품에 대해 우선권을 갖고 출원된 경우로서 제1조에 의해 확장된 상표의 소유자와 동등한 자

본 법 제1조 또는 제5조에 의해 확장된 국제등록상표는 위 제1호, 제2호의 규정에 언급된 선출원과 동등한 지위를 가진다.

③ 제1항 및 제2항의 규정은 제5조에 의해 확장된 국제등록상표에 대해 북한법 관련규정에 의한 이의신청이 제기될 경우 준용한다.

제28조(등록상표의 처리)[31] ① 본 법 발효일 이전에 이미 등록된 상표에 대해서는 북한법이 계속 적용되며, 반면에 아직 계류 중인 출원에 대해서는 일부 예외를 제외하고 남한법이 적용된다.

② 등록상표가 북한법뿐만 아니라 남한법상에도 상표요건에 해당되지 않을 경우에만 본 법상의「상표법」 조항에 따라 절대적 부등록사유로 인해 무효로 될 수 있다.

호) 제24조(출원공고) 및 제25조(상표등록이의신청) 참조.

31 동·서독 「확장법」 제3조(등록상표에 대한 이의신청), 제20조(「상표법」 제10조 제2항에 의한 등록상표의 취소) 내지 제22조(상표출원 심사) 참조.

③ 제1항 및 제2항의 규정은 제5조에 의해 확장된 국제등록상표에 대해서도 동일하게 적용된다.

第29條(상표권의 효력) 본 법 발효일로부터 효력이 확장된 구북한의 상표권은 남한 「상표법」상의 상표권으로서의 효력을 갖는다. 다만, 법제 통합 이전 상표등록요건 및 존속기간과 관련해서는 구북한 「상표법」이 계속 적용된다.[32]

第30條(상표권의 존속기간) 남한 「상표법」 제42조는 제5조에 의해 확장된 구북한 상표권의 존속기간 산정에 준용한다.[33]

第31條(상표이전 및 단체표장)[34] ① 제5조에 의해 확장된 상표 또는 상표출원에 있어서의 권리이전은 본 법 발효일 이전에 북한에서 상표등록기관에 승인을 받아야 이루어진 것과는 별개로 남한에서는 상표등록부에의 등록 없이도 효력이 발생한다.

② 제1조에 의해 확장된 단체표장 또는 제5조에 의해 확장된 단체표장의 취소나 등록거절은 해당 표장을 등록 또는 출원한 법인이 법적 능력이 없다는 사실만으로 처리되어서는 안 된다. 남한지역 또는 북한지역에서의 단체표장에 있어서 남한 「상표법」 규정상 단체표장의 등록요건이 충족될 수 있도록 한국특허청에 통합법(안) 발효 후 일정기간 내에 단체표장의 소유자라는 사실을 입증해야 한다.

第32條(지리적 표시 또는 원산지 표시의 상표법의 적용)[35] 구남한의 지리적 표시와 구북한의 원산지 표시는 동일 개념으로 간주하며, 지

32 남한 「상표법」 제50조(상표권의 효력), 북한 「상표법」 제34조(상표권의 보호기간) 참조.

33 남한 「상표법」 제42조(상표권의 존속기간) 참조.

34 동·서독 「확장법」 제25조(상표 이전), 남한 「상표법」 제3조의2(단체표장의 등록을 받을 수 있는 자) 및 제90조의2(동음이의어 지리적 표시 등록단체표장의 표시) 참조.

35 남한 「상표법」 제2조(정의) 및 제3조의2(단체표장의 등록을 받을 수 있는 자) 참조.

리적 표시 단체표장제도를 포함하여 이와 관련된 규정은 남한 「상표법」 규정을 적용한다. 다만, 등록요건, 존속기간 및 계속사용권 등 이의 효력과 관계된 사항은 구북한법의 규정을 따른다.

6) 저작에 관한 특별규정

제33조(저작권 보호의 기본원칙)[36] ① 제5조에 의해 확장된 저작권 보호의 기본 원칙은 별도 규정이 없는 한 남한 「저작권법」이 적용된다.

② 남한 「저작권법」에 의해 확인할 수 없는 저작물의 형태로서 저작자의 표시가 없거나 공표되지 않은 저작물이라는 이유로 저작권의 등록이 거절되어서는 안 된다.

③ 제1항 및 제2항의 규정은 제5조에 의해 확장된 외국인의 저작물에 대해서도 동일하게 적용된다.

제34조(저작재산권의 보호기간 및 기산)[37] 남한 「저작권법」 제39조 내지 제44조는 제5조에 의해 확장된 구북한 저작재산권의 보호기간과 기산에 대해서는 이를 준용한다. 다만, 법제 통합 이전의 경우에는 구북한 「저작권법」이 계속 적용된다.

제35조(저작재산권의 이용제한)[38] 남한 「저작권법」 제23조 내지 제37조는 제5조에 의해 확장된 구북한 저작권의 이용제한과 저작물을 이용하는 경우에 출처의 명시와 관련해서는 이를 준용한다.

---

36 남한 「저작권법」 제2의2(저작권 보호에 관한 시책수립 등), 제3조(외국인의 저작물), 제8조(저작자 등의 추정) 및 제11조(공표권) 참조.

37 남한 「저작권법」 제39조(보호기간의 원칙) 내지 제44조(보호기간의 기산), 북한 「저작권법」 제23조(저작물의 재산적 권리보호기간) 내지 제25조(저작권 보호기간의 계산) 참조.

38 남한 「저작권법」 제23조(재판절차 등에서의 복제) 내지 제37조(출처의 명시), 북한 「저작권법」 제32조(저작물의 무허가 이용) 참조.

제36조(저작물 이용에 대한 보상) 적법한 절차에 따라 저작물을 이용하려는 자는 저작권자에게 지급할 일정한 보상금과 금액 등에 관해서는 남한 「저작권법」의 규정을 준용한다[39]. 다만, 법제 통합 이전의 북한 저작물 이용요금에 대해서는 구북한 「저작권법」을 적용한다.[40]

제37조(출판권)[41] 저작물을 인쇄 그밖에 이와 유사한 방법으로 문서 또는 도화로 발행하고자 하는 자에 대한 출판권 설정 및 그 출판권의 목적인 저작물을 원작 그대로 출판할 권리에 관해서는 남한 「저작권법」 제57조 내지 제63조를 준용한다.

제3절 권리충돌과 권리침해

1. 특허권, 실용신안권과 디자인권

제38조(권리의 충돌)[42] ① 본 법에 의해 구북한지역 혹은 구남한지역으로 확장된 특허(발명), 실용신안(창의고안)은 그 보호 범위가 확장 전과 동일하며 이로 인해 충돌이 발생할 경우에는, 우선권에 상관없이 해당 권리 혹은 출원의 소유자가 서로에게 반하거나, 혹은 타 권리나 타 출원의 소유자에 의해 사용을 승인 받은 자에게 반하여 본인의 권리나 출원으로부터 발생하는 권리를 주장할 수 없다.

② 그러나 해당 권리나 출원대상의 무제한적인 사용이 타 권리나 타

39 남한 「저작권법」 제25조(학교교육 목적 등에의 이용), 제31조(도서관 등에서의 복제 등), 제75조(방송사업자의 실연자에 대한 보상) 및 제76조(디지털음성송신 사업자의 실연자에 대한 보상) 참조.

40 북한 「저작권법」 제31조(저작물의 이용요금) 참조.

41 남한 「저작권법」 제57조(출판권의 설정) 내지 제63조(출판권의 양도·제한 등) 참조.

42 동·서독 「확장법」 제26조(권리의 충돌) 참조.

출원의 소유자, 혹은 이런 권리나 출원대상의 사용을 허가 받은 자에게 특정한 불이익을 발생시킬 경우, 그리고 해당 사건의 정상을 참작할 시와 관계자의 정당한 이익을 가늠할 시 법에 어긋나는 경우에는 그 권리나 출원이 확장된 지역에서 사용되지 않거나 혹은 제한적으로만 사용되어야 한다.

③ 제1항 및 제2항의 규정은 동일한 디자인, 공업도안 또는 해당 권리의 출원이 확장의 결과로 충돌할 경우에 준용한다.

제39조(선사용권)[43] ① 제1조 혹은 제5조에 의해 확장된 특허나 실용신안의 효력이 선사용권에 의해 제한될 경우, 해당 선사용권은 남한「특허법」제103조로부터 발생하는 제한규정 내에서 전 한국지역에 적용된다.

② 제1항의 규정은 종전까지 권리가 적용되지 않았던 지역(구북한)에서의 선사용권 인정을 위한 요구 조건이 충족됐을 경우에 준용한다.

제40조(계속사용권)[44] ① 제1조 혹은 제5조에 의해 확장된 특허나 실용신안의 효력은 해당 출원의 우선권이 효력을 발생한 익일 내지 북한 지식재산권법을 남한 지식재산권법으로 개정하기 이전에 북한지역에서 법적으로 발명을 실시하고 있는 자에 대해서는 미치지 않는다. 이런 자는 자기 또는 타인의 공장 혹은 작업장에서 자신의 사업상 필요시에 전 한국지역에서 그 발명을 사용할 권리를 가진다. 이는 그 사용이 권리 소유자 혹은 권리 소유자로부터 권리 대상의 사용을 승락 받은 자에게 특정한 침해를 야기하지 않고, 해당 사건의 정상을 참작할 시와 관계자의 정당한 이익을 가늠할 시에 법에 어긋

43 동·서독「확장법」제27조(선사용권), 남한「특허법」제103조(선사용에 의한 통상실시권) 참조.

44 동·서독「확장법」제28조(계속사용권) 참조.

나지 않을 경우로 제한된다.

② 해외에서 제조된 상품의 경우, 여러 가지 정황을 고려해볼 때 해당 상품의 한국에서의 사용이 보호를 정당화하는 소유권 상태를 야기하며 그 사용의 불인정으로 인하여 사용자에게 부당한 어려움을 야기할 시에는 그 사용자가 제1항에 의한 계속사용권만을 가진다.

③ 제1항 및 제2항의 규정은 제1조 혹은 제5조에 의해 확장된 특허, 실용신안, 발명자증, 디자인, 창의고안 및 공업도안에 준용한다.

제41조(선·후원관계) 본 법에 의해 선행하는 구북한의 출원은 통합 이후 한국특허청에 출원되는 모든 출원에 대해 후원 배척력을 가지게 되며, 통합 이후 한국특허청에 출원된 실용신안출원은 선출원인 구북한의 특허·발명출원에 의해 취소될 수 있다.[45]

2. 상표권과 기타 식별력 있는 표장

제42조(상표) ① 제1조에 의해 구북한지역으로 확장된 상표가 그 확장의 결과로 제5조에 의해 구남한지역으로 확장된 동일상표와 충돌할 경우, 각각의 상표는 타 상표 소유자의 동의를 얻어 확장된 지역 내에서만 사용되어야 한다.[46]

② 이하의 경우에는 타 상표 소유자의 동의 없이도 확장된 지역 내에서 사용될 수 있다.

1. 다수의 자에게 의도된 공표 또는 통신을 이용한 광고의 전파가 종전에 상표가 적용되던 지역으로 합법적으로 제한될 수 없을 경우

45 본문 제5장 제1절 참조.

46 동·서독 「확장법」 제30조(상표) 참조.

2. 「민법」, 「상법」 규정에 의해 해당 상표의 소유자가 본인이 타 상표 혹은 타 상표가 속한 기업의 수익에 대한 권리가 있음을 설득력 있게 증명할 경우

3. 해당 사건의 정상을 참작할 시와 관계자 및 일반인의 정당한 이익을 가늠할 시에 확장된 지역에서의 상표 사용의 배제가 부당하다고 판명될 경우

③ 제2항에서 언급된 사례 중 제1호와 제3호의 경우, 해당 상표의 소유자가 타 상표 사용자의 사용으로 인해 용인할 수 있는 정도를 넘어선 손해를 입을 경우에는 타 상표 사용자에게 적절한 보상을 요구할 수 있다.

④ 제2항 제2호의 사례에서 수익에 대한 주장이 사실무근으로 판명될 경우에는 확장된 지역 내에서 본인의 동의 없이 상표가 사용됐다는 사실을 근거로 동일한 상표 소유자로부터 입은 손해를 그 상표의 소유자가 보상할 책임이 있다.

제43조(식별력 있는 표장에 대한 기타 권리) 본 법에 의해 구북한지역 또는 구남한지역으로 확장된 상표가 상호, 회사칭호, 기업의 특칭 또는 사용을 통해서 얻은 식별력 있는 표장에 관한 기타 권리와 충돌할 경우에는 제38조를 준용한다.[47]

제44조(계속사용권) 제5조에 의해 구남한지역으로 확장된 등록상표 또는 상표출원의 효력은 제1조 또는 남한 「상표법」 관련 규정에 의한 등록으로부터 배제되며, 구남한지역에서 동일 또는 유사 상품이나 서비스에 대한 동일한 상표를 구북한 「상표법」을 남한 「상표법」으로 개정하기 이전부터 이미 합법적으로 사용해온 자에 반하여 그

47 동·서독 「확장법」 제31조(식별력 있는 표장에 대한 기타 권리) 참조.

권리를 주장할 수 없다. 이런 자는 그 사용이 상표의 소유자나 그 소유자가 상표의 사용을 허용한 자에게 특정한 손해를 야기하지 않는 한, 전 한국지역에서 상표를 사용할 권리를 가진다. 이는 해당 사건의 정상을 참작할 시나 관계자 및 일반인의 정당한 이익을 가늠할 시에는 법에 어긋나는 것으로 간주된다.[48]

3. 권리자의 보호

제45조(권리침해에 대한 금지청구권 등)[49] ① 지식재산권자(특허, 실용신안, 디자인, 상표 및 저작권자) 또는 전용실시권자는 자기의 권리를 침해한 자 또는 침해할 우려가 있는 자에 대해 그 침해의 금지 또는 예방을 청구할 수 있다.

② 지식재산권자 또는 전용실시권자가 제1항의 규정에 의해 청구를 할 때는 침해 행위를 조성한 물건의 폐기, 침해행위에 제공된 설비의 제거 및 기타 침해의 예방에 필요한 행위를 청구할 수 있다.

제46조(침해로 보는 행위 및 손해액의 추정 등) 지식재산권(특허, 실용신안, 디자인, 상표 및 저작권) 또는 전용실시권을 침해한 것으로 보는 행위, 손해액의 추정, 생산방법의 추정, 고의·과실의 추정, 권리자 등의 신용회복, 당해 침해행위로 인한 손해의 계산을 하는 데에 필요한 서류의 제출 등과 관련한 규정은 남한 지식재산권법을 준용한다.[50]

---

48 동·서독 「확장법」 제32조(계속사용권) 참조.

49 남한 「특허법」 제126조(권리침해에 대한 금지청구권 등), 「실용신안법」 제30조(「특허법」의 준용), 「디자인보호법」 제62조(권리침해에 대한 금지청구권 등), 「상표법」 제65조(권리침해에 대한 청구권 등), 「저작권법」 제123조(침해의 정지 등 청구) 참조.

50 남한 「특허법」 제127조(침해로 보는 행위), 제128조(손해액의 추정 등), 「실용신안법」 제29조(침해로 보는 행위), 제30조(특허법의 준용), 「디자인보호법」 제63조(침해로 보는 행위),

제4절 지식재산권 분쟁의 조정절차

제47조(조정위원회 기능)[51] 조정위원회는 다음 각호의 사항을 심의·의결 내지 조정한다.

1. 지식재산권 또는 동법에 의해 확장된 사용권과의 충돌로부터 발생하는 분쟁의 경우, 분쟁조정 및 분쟁조정 업무에 관한 기본 계획
2. 산업재산권 분쟁조정위원회 운영세칙의 제정 및 개정에 관한 사항
3. 기타 위원장이 조정위원회에서 심의·의결할 필요가 있다고 판단하는 주요 분쟁조정 관련사항 등

제48조(조정위원회 구성 등)[52] ① 조정위원회는 위원장, 부위원장 및 심판관 2인으로 구성한다.

② 조정위원의 제척과 기피에 관해서는 「민사소송법」 제41조 내지 제46조의 규정을 준용한다.

제49조(조정신청 및 분쟁해결 등) ① 지식재산권의 분쟁에 대해 조정을 신청할 수 있는 자는 남북지식재산권 통합 이후 각각 종전의 규정에 따라 소멸시효 만료 전의 지식재산권과 관계 있는 다음 각호에 해당하는 자에 한한다. 다만, 재외자의 경우는 국내에 주소를 둔 대리인을 통해서만 신청할 수 있다.[53]

1. 권리자
2. 실시권자

제64조(손해액의 추정), 「상표법」 제66조(침해로 보는 행위), 제67조(손해액의 추정), 「저작권법」 제124조(침해로 보는 행위), 제126조(손해액의 인정) 참조.

51 특허청고시 제2009-26호 「산업재산권분쟁조정위원회운영세칙」(2009. 10. 1 기준) 제3조(기능) 참조.

52 동·서독 「확장법」 제40조(조정위원회의 구성), 「산업재산권분쟁조정위원회운영세칙」 제7조(조정부의 구성) 참조.

53 「산업재산권분쟁조정위원회운영세칙」 제14조(조정신청을 할 수 있는 자) 참조.

3. 사용권자

4. 직무발명자

5. 기타 당해 권리의 실시에 직접적인 이해관계가 있는 자 및 이해관계인의 법정대리인

② 신청인은 조정신청서와 함께 첨부서류를 제출해야 하며, 특허청장은 일정기간을 정하여 신청서에 대한 보완 및 변경이 가능하도록 해야 한다.[54]

③ 조정위원회의 제안 및 합의는 과반수 의결에 따라 결정하며, 화해신청의 방식과 화해가 성립된 경우의 규정은 「민사소송법」 제385조 및 제386조를 준용한다.[55]

④ 화해가 성립되지 아니한 경우 분쟁해결절차는 한국특허법에 따라 처리하되, 특허 침해사건은 민사법 절차에 따라 일반법원에서 관장토록 하고, 일반법원의 결정에 이의가 있을 경우 최종심인 대법원에 상고할 수 있다.[56]

⑤ 상호 확장된 지식재산권 간의 저촉으로 인해 분쟁 발생 시 이를 중재위원회로 이관하고 중재위원회의 결정에 불복하는 자는 일반법원에 불복 소를 제기할 수 있다.[57]

제50조(화해비용) 조정절차로 발생한 화해비용은 화해가 성립된 경

54 동·서독 『확장법』 제42조(조정위원회의 조정절차), 『산업재산권분쟁조정위원회운영세칙』 제15조(신청서의 제출) 및 제16조(신청의 변경) 참조.

55 동·서독 『확장법』 제43조(조정제안 및 합의), 『민사소송법』(2008. 12. 26. 기준, 법률 제9171호) 제385조(화해신청의 방식) 및 386조(화해가 성립된 경우).

56 김준규, "동·서독 특허청 통합과 남북한 특허제도 비교", 『특허청제도연구』, 1992. p. 36; 박종효, "통일 독일 산업재산권 제도의 변화와 한반도 통일 이후의 산업재산권 체제구축", 『특허청연구과제발표』, 1994. 7, p. 12 참조.

57 김준규, "동·서독 특허청 통합과 남북한 특허제도 비교", 『특허청제도연구』, 1992. p. 36; 박종효, "통일 독일 산업재산권 제도의 변화와 한반도 통일 이후의 산업재산권 체제구축", 『특허청연구과제발표』, 1994. 7, p. 12 참조.

우에는 특별한 합의가 없으면 당사자들이 각자 부담하고, 화해가 성립되지 아니한 경우에는 신청인이 부담한다. 다만, 소 제기 신청이 있는 경우에는 화해비용을 소송비용의 일부로 한다.[58]

제51조(조정위원회 운영 등) 남북 지식재산권의 통합으로 인해 생기는 각종 분쟁의 조정 및 운영에 관해서는 관계법령에서 정한 것을 제외하고는 별도의 세칙이 정하는 바에 의한다.[59]

제5절 보칙

제52조(수수료)[60] ① 제5조에 의해 확장된 권리 혹은 확장된 권리출원이 본 법 발효일 이전에 만료되는 경우, 수수료는 종전까지 적용했던 규정에 따라 납부한다.

② 수수료의 납부기한이 본 법 발효일 이후인 경우, 종전 수수료표에 따라 만기일 이전에 이미 유효하게 납부된 해당 수수료는 기납부된 것으로 본다.

③ 그밖의 특허행정 · 특허심판 · 특허법원과 관련한 민원업무를 신청하려는 자는 대통령령 또는 지식경제부령으로 정하는 바에 따라 수수료를 내야 한다.

제53조(직무발명) 직무발명에 관한 규정은 발명의 무한정 사용 경우에 있어서의 보상에 대한 청구항의 산출 및 만기일과 관련해서는 구

58 「민사소송법」 제389조(화해비용) 참조.

59 「산업재산권분쟁조정위원회운영세칙」 참조.

60 동 · 서독 「확장법」 제53조(수수료); 특허행정 · 특허심판 · 특허법원과 관련한 민원업무 「대통령령」 또는 「지식경제부령」 참조.

북한지역에서 남북통일 이전에 만들어졌으나 통합법(안) 발효일까지 보상에 대한 청구가 이루어지지 않은 발명에 적용되며, 이는 중재절차와 재판절차에 대한 규정에도 동일하게 적용된다. 여타의 경우에는 종전까지 적용했던 규정을 계속 적용한다.[61]

제54조(중재절차의 이관) 본 법 발효일부로 한국특허청의 보상관련 분쟁에 대해 중재 담당부서에 계류 중인 중재절차는 현행 상태로 「발명진흥법」에 의해 한국특허청 내에 설치된 중재위원회로 이관된다.[62]

제55조(항소 및 취소소송절차의 이관)[63] ① 본 법 발효일부로 한국특허청의 항소 또는 취소소송에 대해 계류 중인 소송절차는 현행 상태로 일반법원으로 이관된다.

② 본 법 발효일부로 한국특허청의 거절결정불복심판에 대해 계류 중인 소송절차는 한국특허청 송무팀이 처리한다.

제56조(기한) 소송절차의 대상이 제5조에 의해 확장된 권리 또는 제5조에 의해 확장된 권리 출원일 경우, 본 법 발효일 이전에 시작된 소송절차의 기한은 모두 종전까지 적용했던 규정에 의해 결정된다.[64]

제57조(권한의 위임 또는 위탁)[65] ① 본 법에 따른 법무부 장관 또는 특허청장의 권한은 그 일부를 대통령령으로 정하는 바에 따라 한국특허청의 북한지청장에게 위임할 수 있다.

② 특허청장 또는 북한지청장은 이 법에 따른 업무의 일부를 대통령

61 동·서독 「확장법」 제49조(종업원발명) 참조.

62 동·서독 「확장법」 제50조(중재절차의 이관) 참조.

63 동·서독 「확장법」 제51조(항소 및 취소소송절차의 이관) 참조.

64 동·서독 「확장법」 제52조(기한) 참조.

65 법제처 "법령입안심사기준: 2010년 중앙행정기관 법제업무 담당자 법률교육"(서울: 삼진기획, 2010) 참조.

령으로 정하는 바에 따라 관계 전문기관에 위탁할 수 있다.

제58조(국제조약의 이행) 본 법 발효일부로 남북한이 동시에 가입한 산업재산권 및 저작권관련 국제조약의 회원국으로서의 대우와 업무절차를 상호 이행한다.

부칙[66]

제1조(시행일) 본 법은 공포한 날부터 시행한다.

제2조(벌칙에 관한 경과조치) 본 법 시행 전의 행위에 대한 벌칙의 적용에 있어서는 종전의 규정에 의한다.

제3조(행정처분에 관한 경과조치) 본 법 시행 전의 위반행위에 대한 행정처분에 관해서는 종전의 규정에 의한다.

제4조(다른 법률의 폐지) 본 법 시행일을 기준으로 북한 지식재산권법은 폐지한다.

제5조(다른 법률과의 관계) ① 남한과 북한과의 지식재산권 통합을 목적으로 하는 행위에 관해서는 본 법률의 목적 범위 안에서 다른 법률에 우선하여 이 법을 적용한다.

② 부정경쟁방지 및 영업비밀보호에 관한 법률 및 기타 법률상 규정의 적용은 본 법에 의해 영향을 받지 않는다.

제6조(일반적 경과조치) 본 법 시행 당시 종전의 규정에 의해 출원된

66 법제처, "법령입안심사기준: 2010년 중앙행정기관 법제업무 담당자 법률교육"(서울: 삼진기획, 2010) 참조.

특허출원 및 특허출원에 관한 특허심사 · 등록 · 특허권 · 이의신청 · 심판 · 재심 및 소송 등은 종전의 규정에 따른다.

제7조(다른 법률의 개정) 「상표법」 일부를 다음과 같이 개정한다.

제2조 제1항 제3의2호 · 제3의3호 · 제3의4호, 제3조의2항 중 "지리적 표시"를 "지리적 표시 또는 원산지 표시"로 한다.

제9장

통일한국 지식재산권의 비전과 미래전략

제1절 개요

21세기는 특허 강국 · 지식재산 강국이 지배하는 세상이 온다. 우리 민족이 살아남기 위해선 남 · 북한 지식재산권 관련법과 제도의 통합이 필수다.

그러므로 남 · 북한 지식재산권법을 점진적으로 고쳐 통합에 대비해야 한다. 법제통합을 위한 단계별 전략은 지식재산권 교류협력을 넓혀가면서 지식재산권 통합을 위한 구체적이고 실질적인 논의도 겸해야 한다. 지식재산권 법제 비교분석에 따른 문제점을 찾고 경과규정을 둬 남 · 북한 지식재산권 통합을 마무리하는 절차도 밟아야 한다.

그리고 경과조치법(통일조약)을 마련, 통합에 따른 사회적 비용과 혼란을 최소화하면서 궁극적으론 통일한국 지식재산권 통합법(효력확장법)을 제정 · 시행해야할 것이다. 통일한국 지식재산권 통합의 완전한 실현을 위한 주요 과제로 남한과 북한에 각각 지청을 두는 지식재산부(가칭) 승격을 위한 정부조직법을 손질해야 한다. 무형의 영토인 지식재산권 통일로 세계를 이끌어갈 '글로벌 IP허브국가'로서의 바탕도 다져야 한다. 이는 다음 세대가 먹고살 수 있는 '미래 먹을거리'를 만들어가는 것으로 귀결될 것이다. 통일한국 지식재산권의 비전과 미래전략을 밝히고자 한다.

제2절 통일한국 지식재산권의 비전

1. 첫째 단계(2023~2028) 목표: 지식재산권 교류협력 확대

지식재산권 교류협력을 위한 북한의 관심을 끌어내는 게 뭣보다도 중요하다. 이를 위해선 중국, 러시아를 활용한 포럼이나 국제회의를 꾸준히 열어야 한다. 출원, 등록의 상호인정에 따른 경제적 이익(특허 수수료 수입 한 해 2억 달러 이상) 등 북측을 설득하기 위한 논리도 개발해야 한다. 교류협력에 관한 세부합의서 채택, 실무협의회 구성 등 제도개선도 꾀해야 한다. 민간차원의 학술교류나 심포지엄 개최, 상호방문 교류지원을 포함한 다각적인 대북지원사업 또한 적극 펼쳐야 한다.

2. 둘째 단계(2029~2034) 목표: 지식재산권 통합 논의 및 외국사례 연구

남・북한은 오랜 분단으로 나라의 뿌리와 줄기라 할 수 있는 법질서와 법체계에 상당한 차이가 생기고 거리도 멀어졌다. 따라서 남북지식재산권 법제도의 차이점, 즉 ▲지식재산권 관리구조상의 차이 ▲지식재산권 보호체계상의 차이 ▲주요 용어 및 제도상의 차이 ▲기술 격차에 따른 보호경향의 차이를 비교분석하고 남북지식재산권 법제의 통합방안을 내놓아야 할 것이다. 비슷한 법의 통합사례도 참고해야 한다. 동·서독 통합사례는 우리의 벤치마킹 대상이다. 중국·대만, 중국·홍콩 간의 교류협력사례 또한 지금 제도 아래서 교훈으로 삼아야 한다.

3. 셋째 단계(2035~2040) 목표: 지식재산권 법제 비교분석 및 경과규정 조치

현재 남·북한 법체계는 외형상 너무 이질화돼 공통점을 찾을 수 없는 상극처럼 보인다. 그러나 지식재산권 통합을 꾀하는 과정에서 남·북한 법의 이질성과 동질성을 찾아 될 수 있는 범위에서 단계적·점진적으로 통합법으로 발전시키고 서로 받아들이는 노력도 해야 한다.

따라서 법제통합을 위해 남북지식재산권법을 비교분석하되 북한 지식재산권법을 중심으로 남북공통사항에 해당하는 내용만을 뽑아 5개 영역의 법제, 즉 ▲발명보호법제 ▲실용신안법제 ▲상표법 ▲디자인보호법제 ▲저작권법제를 구성해야 한다.

실체법 및 절차법 면에서도 문제점을 깊이 분석, 앞으로 만들어질 통합법(안)의 효율과 균형은 물론 지식재산권의 국제적 조화도 꾀해야 한다. 특히 통합과정에서의 혼란을 최소화하기 위해선 어느 정도의 조정과 적응기간을 거칠 수 있게 통일조약과 같은 경과조치법 도입이 꼭 이뤄져야 한다.

4. 넷째 단계(2041~2048) 목표: 통일한국 지식재산권 통합 완성

남북지식재산권 법제의 통일(안)을 위해 동·서독 지식재산권 통합법(효력확장법)을 참조해 '통일한국 지식재산권 통합법'을 만들어야 한다. 다만 남북실정에 맞게 조정하면서 남·북한 합의 아래 통일시점을 발효일로 지정해야 할 것이다.

법제통합범위는 통일이전에 남북지역 각각에 출원돼 심사계류 중인 출원, 등록된 모든 지식재산권을 포함한다. 남북 각각의 지역에 효력이 있는 국제조약에 따라 출원, 등록된 지식재산권도 꼭 같이 적용되게 해야 한다. 통합법의 체계는 5개 분야와 부칙으로 하되 총칙(목적 및 용어정의), 권리확장(옛 남한지역에서 생긴 구권리의 확장, 옛 북한지역에서 생긴 구권리의 확장), 권리충돌 및 침해, 지식재산권 분쟁의 조정절차, 보칙 등 본문 58개 조문과 경과조치에 대한 7개 조문을 부칙으로 둬야 할 것으로 본다. 이런 통합법의 완성을 통해 궁극적으로 통일된 한국이 미래지식재산 강국으로서의 위상을 높여나가야 한다.

제3절 통일한국 지식재산권의 미래전략

1. 첫째 단계 전략: 4차 산업혁명 시대의 지식재산권 인프라 구축

지식재산은 4차 산업혁명시대의 핵심이자 수익창출의 주요 수단이다. 10년 안에 세계 500대 기업 자산의 95%가 무형자산으로 채워질 전망이다. 그 핵심이 지식재산이 될 것이란 예측이 지배적이다. 이와 때를 같이해 중동지역에 '지식재산 한류(韓流)' 열기로 '한국형 특허정보시스템'을 갖추고 있음은 좋은 본보기다. 아울러 4차 산업혁명시대에 대비, 지식재산분야 법과 제도의 정비, 인력양성, 첨단시스템 개발 등 제반 인프라구축은 물론 지식재산권에 대한 정책비전을 다각적으로 마련해야 한다.

2. 둘째 단계 전략: 지식재산권 분야의 국제경쟁력 강화

"한민족의 미래는 과거에 있다"는 말처럼 우리 민족은 독특한 전통문화를 갖고 있다. 이에 따라 전통문화 속에서 보편적 소재를 개발, 세계화시킬 수 있다고 본다. 북측의 기초과학과 남측의 인프라가 만나면 세계적 경쟁력을 갖춰 나갈 수 있다. 전통문화를 주요 콘텐츠로 하는 '지식한류'를 조성할 수 있다. 기존 온실에 정보통신기술(ICT)을 접목한 '한국형 스마트 팜'의 실용화, 찜질문화 활성화, 개량한복의 실용화, 복고풍 문화의 다양화 등 남북의 통합된 노력으로 우리만의 경쟁력을 지닌 산업을 꾸준히 발굴 · 육성해야 한다. 비무장지대(DMZ)에 남북소프트웨어연구소도 세워 공동연구 해야 한다.

3. 셋째 단계 전략: 독창적인 신성장산업 개척과 세계 선도

남북지식재산권 통합을 통한 신성장전략으로 3가지를 꼽을 수 있다. 첫째, 기존 주력산업을 ICT와 결합해 첨단화하는 것, 둘째, 우리가 잘하지 못하는 후진산업을 일으켜 세우는 것, 셋째, 글로벌서비스산업 육성 등을 꼽을 수 있다.

전통산업(굴뚝산업)과 최첨단산업을 접목한 대표적 산업으론 의료바

이오, 환경, 안전, 지능서비스, 발효식품, 하이퍼농업, 한국적 웰니스 관광산업(한방웰니스 관광, 템플스테이 등), 헬스케어서비스, 금융서비스와 전자상거래 등이 있다. 남·북한 지식재산권 통합논의과정에서 이들 산업이 고품질의 지식재산권을 만들어내고 이를 통해 세계시장에서 경쟁력을 갖도록 다 함께 힘써야 한다.

4. 넷째 단계 전략: '글로벌 IP허브국가'로서의 역할 증대

통일한국 지식재산권 전략의 최종목표는 글로벌 지식재산(IP: Intellectual Property)허브국가로서의 역할을 충실히 하는 것이다. 세계의 지식재산 출원이 한반도에서부터 시작, 확산되고 통일한국의 특허법원이 국제적 지식재산 전쟁의 전장(戰場)이 되며 다국적기업들이 천문학적 금액으로 지식재산권을 사고파는 글로벌 IP 중심축으로서 통일한국의 지식재산거래시장이 상설화돼 그 역할이 커지고 충분한 기능을 한다면 이뤄낼 수 있는 게 엄청나다. 창출될 수 있는 경제적 파급효과는 우리의 상상을 뛰어넘는다. 이는 통일한국의 다음 세대들이 먹고살 수 있는 '미래 먹을거리'로 이어질 전망이다.

제4절 단계별 실행계획 및 보완체계

남북지식재산권 교류협력 활성화를 위해선 세계지식재산기구(WIPO)가 주관하는 각종 국제회의에 관계부처 담당자들이 적극 참석, 북측 담당자들과 지속적인 만남으로 정보를 주고받아야 한다. 중국, 러시아를 활용해 학술교류 정례화 등 접촉도 이어가야 한다. 국내 탈북자를 활용한 북한지식재산권연구회를 만들어 북측 자료들을 모으고 관심도 꾸준히 갖도록 이끌어야 한다. 민간 차원의 교류활성화를 위해서도 발명진흥행사 때 상호방문, 공동개최 등 이벤트성 행사들을 적극 펼치고 도와야 한다.

지식재산권 통합논의를 위해선 법제도 차이점을 국제규범에 맞도록 고쳐나갈 수 있게 태스크포스(TF 특별임시팀)를 운영하면서 외국사례도 연구해야 한다.

통일과정에 있어 남북 지식재산권을 통합하려면 현행 남북 지식재산권 법제를 비교분석한 결과 드러난 문제점을 보완할 수 있게 법률전문가들로 이뤄지는 조직을 상설운영 해야 한다. 통합과정에서의 시행착오를 줄이기 위해 '통일조약'과 같은 경과조치법도 만들어 시행해야 할 것이다.

최종단계로 통일한국 지식재산권 통합의 완성을 위해선 통합법(효력확장법) 제정위원회를 구성 · 운영하되 법 효력이 발효되기까지 한시적으로 유지해야 한다. '글로벌 IP허브국가'로서의 바탕도 튼실하게 다져야 한다.

- 첫째 단계 실행 보완사항: 남북대학 간 지식재산교류 MOU체결 (예: 카이스트 ↔ 평양과학기술대)
- 둘째 단계 실행 보완사항: 남 · 북한, 중국, 홍콩, 대만 간 지식재산포럼 정례화(연간 1회)
- 셋째 단계 실행 보완사항: 남 · 북한 지식재산권법 단계적 개정(통합법 제정 전까지)
- 넷째 단계 실행 보완사항: 정부조직법 개정(지식재산부 승격 추진), 글로벌 IP허브국가 기반 조성

제5절 맺음말

21세기는 정보와 첨단지식에 바탕을 둔 지식기반경제 또는 지식기반산업시대다. 앞으로의 시대는 지식재산권의 질과 양에 따라 부국(富國)과 강국(强國)이 결정된다. 따라서 미래 신성장동력산업과 미래 먹을거리산업을 찾아 키우는 게 국가의 큰 과제다.

이런 흐름에서 통일한국 지식재산권의 궁극적 목표는 북한의 전통산업과 남한의 첨단(IT)기술을 접목, 우리 민족이 먹고살 수 있는 융합·복합산업을 키움으로써 세계를 앞서 이끌어 가는 것이다. 이를 위해 점차적, 단계적으로 남북지식재산권 법제도를 통일한국(統一韓國)에 대비, 고쳐나가야 한다. 통합 때 혼란을 최대한 막고 시행착오도 줄이기 위해선 경과조치법(통일조약)을 만들어 다소의 조정과 적응기간을 거친 뒤 완전한 통합법(효력확장법)이 발효돼야 통일한국의 특허법원이 국제적 지식재산 전장(戰場)의 중심이 돼 글로벌 IP(지식재산)허브국가로서의 역할 증대와 위상도 확립해갈 수 있다.

부록

1. 북한 발명법
2. 북한 발명공보 견본
3. 북한 상표법
4. 북한 공업도안법
5. 북한 창의고안에 관한 규정
6. 북한 저작권법

부록 1 북한 발명법

주체87(1998)년 5월 13일 최고인민회의 상설회의 결정 제112호로 채택
주체88(1999)년 3월 11일 최고인민회의 상임위원회 정령 제507호로 수정보충
주체100(2011)년 12월 21일 최고인민회의 상임위원회 정령 제2052호로 수정보충
주체103(2014)년 12월 10일 최고인민회의 상임위원회 정령 제258호로 수정보충
주체110(2021)년 1월 20일 최고인민회의 상임위원회 정령 제507호로 수정보충

제1장 발명법의 기본

제1조(발명법의 사명) 조선민주주의인민공화국 발명법은 발명권, 특허권등록의 신청과 심의, 발명권, 특허권의 보호에서 제도와 질서를 세워 발명창조를 장려하고 발명의 리용을 촉진함으로써 과학기술과 인민경제의 발전을 다그치는데 이바지한다.

제2조(발명의 정의) 발명이란 실천에서 제기되는 문제에 대한 새로운 기술적해결안이다. 발명에는 제품발명과 방법발명이 있다.

제3조(발명권, 특허권등록의 신청원칙) 발명권, 특허권등록의 신청은 발명권, 특허권보호사업의 첫 공정이다. 국가는 발명권, 특허권등록신청절차를 바로 정하고 그것을 엄격히 지키도록 한다.

제4조(발명권, 특허권등록의 심의원칙) 발명권, 특허권등록의 심의를 바로하는것은 발명행정기관의 기본임무이다. 국가는 발명권, 특허권등록의 심의에서 과학성과 객관성을 보장하도록 한다.

제5조(발명권, 특허권의 보호원칙) 발명권, 특허권을 보호하는것은 조선민주주의인민공화국의 일관한 정책이다. 국가는 발명권, 특허권자의 권리를 보호하며 그것이 정확히 보장되도록 한다.

제6조(발명창조사업의 장려원칙) 국가는 발명창조사업을 적극 장려하며 발명의 창조와 도입에 필요한 투자를 늘여나가도록 한다.

제7조(발명사업분야의 교류와 협조) 국가는 발명사업분야에서 세계 여러 나라, 국제기구들과의 교류와 협조를 발전시킨다.

제8조(발명사업에서 국가의 안전 및 중요리익보장) 국가는 발명사업에서 나라의 안전 및 중요리익을 철저히 보장하도록 한다.

제2장 발명권, 특허권등록의 신청

제9조(발명권, 특허권등록신청문건의 제출) 발명권이나 특허권을 받으려는 기관, 기업소, 단체와 공민(이 아래부터 신청자라고 함.)은 신청서와 개요, 성명서, 주장범위같은것을 포함한 발명권 또는 특허권등록신청문건을 발명행정기관에 내야 한다. 신청자는 발명권, 특허권, 실용기술발명권, 실용기술특허권가운데서 한가지를 선택하여 신청하여야 한다. 이 법에서 따로 정하지 않은 한 발명권에는 실용기술발명권이, 특허권에는 실용기술특허권이 포함된다.

제10조(발명권, 특허권등록신청문건의 작성언어) 발명권, 특허권등록신청문건은 조선어로 작성한다. 외국어로 작성하였을 경우에는 발명행정기관이 신청문건을 접수한 날자로부터 3개월안에 조선어번역문을 제출한다. 정해진 기간에 조선어번역문을 제출하기 않으면 발명권, 특허권등록신청을 하지 않은 것으로 인정한다.

제11조(기관, 기업소, 단체의 명의로 할수 있는 발명권, 특허권등록신청) 직무상 임무수행과정에 창조하였거나 기관, 기업소, 단체의 물질기술적수단을 리용하여 창조한 발명(이 아래부터 직무상발명이라고 함.)에 대한 발명권, 특허권등록신청은 해당 기관, 기업소, 단체의 이름으로 한다. 발명가가 퇴직, 조동된 때부터 1년안에 신청하는 발명이 이전 기관, 기업소, 단체에서 직무상 발명으로 인정되는 경우 그에 대한 발명권, 특허권등록신청에

대한 권리는 이전 기관, 기업소, 단체에 있다.

제12조(발명가의 명의로 할수 있는 발명권, 특허권등록신청) 직무상발명이 아닌 발명에 대한 발명권, 특허권 등록신청은 발명가가 한다.

제13조(공동으로 또는 위탁에 따라 창조한 발명에 대한 발명권, 특허권등록신청) 둘이상의 기관, 기업소, 단체 또는 공민이 공동으로 창조한 발명에 대한 발명권, 특허권등록 신청은 따로 합의된것이 없는 한 그것을 창조한 기관, 기업소, 단체 또는 공민이 공동으로 하며 위탁에 따라 창조한 발명에 대한 발명권, 특허권등록신청은 따로 합의된것이 없는 한 그것을 창조한 기관, 기업소, 단체 또는 공민이 한다. 발명창조에 필요한 물질기술적수단을 보장한 다른 기관, 기업소, 단체도 합의에 따라 공동신청자로 될수 있다.

제14조(특허권등록신청권리의 양도) 특허권등록신청권리는 기관, 기업소, 단체에 양도할수 있다. 공동으로 창조한 발명인 경우 개별적인 당사자는 다른 당사자 모두의 동의를 받아야 자기의 신청권리를 양도할수 있다. 특허권등록신청권리를 양도받은 기관, 기업소, 단체는 특허권등록을 신청할 경우 양도확인서를 첨부하여야 한다.

제15조(대리기관을 통한 발명권, 특허권등록신청) 발명권, 특허권등록신청은 발명대리기관을 통하여 할수 있다. 다른나라의 신청자가 우리 나라에 특허권등록을 신청하는 경우에는 발명대리기관에 위임하여야 한다. 발명권, 특허권등록신청을 위임받은 발명대리기관은 신청문건과 함께 대리관계를 확인할수 있는 문건을 발명행정기관에 제출하여야 한다. 발명대리기관은 신청내용을 발명행정기관이 공개하기전에 공개할수 없다.

제16조(발명권, 특허권등록의 신청날자) 발명권, 특허권등록의 신청날자는 발명행정기관이 신청서, 개요, 설명서, 주장범위가 포함된 발명권, 특허권등록신청문건을 접수한 날자로 한다.

제17조(발명으로 될수 없는 대상) 다음의 대상은 발명으로 인정하지 않는다.

1. 발견, 과학적리론, 수학적방법

2. 미학적창조물

3. 정신활동이나 유희, 경영활동을 위한 규칙과 방법

4. 정보의 표시방법

제18조(발명권, 특허권을 받을수 없는 발명) 조선민족의 고상한 풍속과 사회주의생활양식에 맞지 않거나 사회공동의 리익에 저해를 주는 대상, 식물이나 동물의 품종, 동식물의 순수 생물학적인 사육 및 재배방법, 사람이나 동물의 수술방법, 치료방법, 진단방법과 관련한 발명에 대하여서는 발명권이나 특허권을 받을수 없다. 원자핵변환의 방법으로 얻어진 물질에 대한 발명은 특허권을 받을수 없다.

제19조(발명권, 특허권을 받을수 있는 조건) 발명권, 특허권을 받을수 있는 조건은 다음과 같다.

1. 신규성이 있어야 한다. 신규성이 있다는것은 신청된 발명이 선행기술에 비하여 새롭다는것이다.
2. 발명수준이 있어야 한다. 발명수준이 있다는것은 그 기술에 숙련된 자가 선행기술에 기초하여 발명을 쉽게 예측할수 없다는것이다.
3. 도입가능성이 있어야 한다. 도입가능성이 있다는것은 발명을 인민경제의 해당 부문에서 리용할수 있다는것이다.

제20조(실용기술발명권, 실용기술특허권을 받을수 있는 조건) 발명수준은 없어도 신규성이 있고 도입가능성이 있는 발명에 대하여서는 실용기술발명권이나 실용기술특허권을 받을수 있다.

제21조(례외적인 신규성인정조건) 발명내용이 신청자에 의하여 국가가 인정하는 학술토론회나 전시회에 처음으로 발표 또는 전시되였거나 신청자의 승인없이 제3자에 의하여 공개되였다 하더라도 신청자가 그 날자로부터 6개월안에 발명권, 특허권등록신청을 하면서 그것을 확인하는 문건을 제출하였을 경우에는 신규성이 있는것으로 본다.

제22조(우선권주장) 다른 나라의 신청자가 자기 나라 또는 다른 나라에 첫 특허권등록신청을 한 날로부터 12개월 안에 우리 나라에 같은 발명에 대하여 특허권등록신청을 하는 경우 해당 국제조약에 따라 그 발명에 대한 우

선권을 주장할수 있다. 이 경우 발명행정기관은 신청자에게 첫 특허권등록 신청문건사본을 제출할것을 요구할수 있다. 특허권등록신청권리를 넘겨받은 자가 우선권을 주장하는 경우에는 그것을 확인할수 있는 문건을 제출하여야 한다.

제23조(우선권주장의 결함퇴치) 발명행정기관은 우선권주장에 결함이 있는 경우 신청자에게 통지하여야 한다. 이 경우 통지한 날자로부터 2개월안에 신청자가 그것을 퇴치하지 않으면 우선권주장을 하지 않은 것으로 인정한다.

제24조(하나의 발명에 대하여 하나의 신청을 할데 대한 요구) 발명권, 특허권등록신청은 개개의 발명에 대하여 따로따로 한다. 그러나 둘 또는 그 이상의 발명이 총체적으로 하나의 발명개념을 이루는 경우에는 하나의 신청문건으로 제출할수 있다.

제25조(신청의 취소 및 변경) 신청자는 발명권 또는 특허권등록심의가 끝나기 전에 자기의 신청을 취소하거나 발명권을 실용기술발명권 또는 그 반대로, 특허권을 실용기술특허권 또는 그 반대로, 특허권을 발명권으로, 실용기술특허권을 실용기술발명권으로 변경해줄것을 요구할수 있다. 발명권을 특허권으로 변경해줄데 대한 요구는 형식심의가 끝나고 공개되기 전에 하여야 한다.

제26조(다른 나라에 하는 특허권등록신청) 기관, 기업소, 단체와 공민은 발명행정기관에 특허권등록신청을 한 조건에서 다른 나라에 특허권등록신청을 할수 있다. 이 경우 발명대리기관을 통하여 하여야 한다.

제27조(미생물표본의 수탁) 미생물과 관련한 발명에 대한 발명권, 특허권등록신청자는 신청날자전에 정해진 기관에 미생물표본을 맡기고 해당한 확인서를 받아야 한다.

제28조(특허권등록의 수속료금) 특허권등록신청자는 신청, 심의, 등록과 관련한 해당한 료금을 발명행정기관에 내야 한다. 료금을 정하는 사업은 국가가격기관이 한다.

제3장 발명권, 특허권등록의 심의

제29조(발명권, 특허권등록의 심의단계) 발명권, 특허권등록의 심의는 형식심의, 본질심의 방법으로 한다. 발명권, 특허권등록심의를 위하여 발명행정기관에 비상설로 발명심의위원회를 조직한다.

제30조(형식심의) 발명행정기관은 신청날자를 받은 차례로 발명권, 특허권등록신청문건에 대한 형식심의를 하여야 한다. 형식심의에서는 신청문건이 정해진 형식상요구를 갖추었는가를 심의한다. 형식심의에서 통과되면 그 신청문건을 공개한다.

제31조(결함있는 신청문건의 처리) 발명행정기관은 형식심의과정에 발명권, 특허권등록신청문건이 정해진 형식상요구에 맞지 않는 경우 그에 대하여 신청자에게 통지하여야 한다. 통지한 날자로부터 2개월안에 신청자가 정당한 리유없이 신청문건을 수정하지 않거나 기타 다른 의견을 제기하지 않으면 발명권 또는 특허권등록신청을 취소한 것으로 보고 기각한다. 신청자가 2개월안에 신청문건을 수정하였거나 의견을 제기하면 그것을 심의하고 정해진 요구에 맞을 경우 해당 신청문건을 공개하며 맞지 않을 경우에는 기각한다.

제32조(공개한 신청문건에 대한 의견제기) 형식심의를 하고 공개한 발명권 또는 특허권등록신청문건과 관련하여 의견이 있는 기관, 기업소, 단체와 공민은 그에 대한 본질심의가 끝나기 전에 발명행정기관에 의견을 제기할 수 있다.

제33조(본질심의) 발명행정기관은 정해진데 따라 형식심의를 하고 공개한 발명권 또는 특허권등록신청문건에 대하여 본질심의를 하여야 한다. 본질심의에서는 신청된 발명이 발명권이나 특허권을 받을수 있는 조건에 맞는가를 심의한다. 본질심의에서 통과되면 신청자에게 발명권 또는 특허권을 줄데 대한 결정을 하고 등록하며 그 내용을 공개한다.

제34조(증서발급) 발명행정기관은 발명권, 특허권자에게 해당한 증서를 발

급하여야 한다. 발명권증서는 발명도입실적이 확인된 다음에, 특허권증서는 해당한 료금을 납부한 다음에 발급한다.

제35조(심의의견통지서) 발명행정기관은 신청된 발명이 본질심의과정에 발명권이나 특허권을 받을수 있는 조건에 맞지 않는다고 인정될 경우 신청자에게 심의의견통지서를 보내야 한다. 통지서를 보낸 날자로부터 정해진 기간안에 신청자가 정당한 리유없이 답변을 보내오지 않으면 그 의견을 인정한것으로 본다.

제36조(같은 날자에 신청된 같은 발명에 대한 처리) 발명행정기관은 같은 날자에 신청된 둘이상의 발명이 본질상 같은것이라고 인정될 경우 그에 대하여 당사자들에게 통지하여야 한다. 이 경우 당사자들은 서로 합의하여 어느 한 당사자가 신청자로 나서거나 공동신청자로 나설수 있다. 합의하지 못하였을 경우에는 누구도 발명권이나 특허권을 받을수 없다.

제37조(심의도중 신청문건의 수정) 신청자는 자기의 발명권, 특허권등록신청문건에 대한 본질심의도중에 그것을 수정할수 있다. 이 경우 처음의 설명서와 주장범위에서 공개한 내용을 벗어나지 말아야 한다.

제38조(발명권, 특허권등록의 부결) 발명행정기관은 본질심의에서 신청된 발명에 대한 발명권 또는 특허권등록을 부결하는 경우 신청자에게 부결리유를 밝힌 통지서를 보내야 한다.

제39조(재심의) 발명권 또는 특허권등록의 부결결정에 의견이 있는 신청자는 발명행정기관이 부결통지서를 발급한 날부터 3개월안에 재심의를 요구할수 있다. 발명행정기관은 재심의요구를 접수하였을 경우 제때에 심의하고 그 결과를 신청자에게 알려주어야 한다.

제40조(발명권 및 특허권등록을 무효로 할데 대한 제기) 발명권 또는 특허권등록에 의견이 있는 기관, 기업소, 단체나 공민은 발명행정기관에 그것을 무효로 해줄데 대한 제기를 할수 있다. 이 경우 발명행정기관은 그에 대하여 해당 발명권자또는 특허권자에게 통지하고 제때에 심의하여야 한다. 심의결과는 해당 당사자들에게 통지하며 무효로 결정된 발명권, 특허권등록은 처음부터 존재하지 않은것으로 본다.

제41조(발명재심의위원회의 조직) 발명행정기관은 부결된 발명권, 특허권등록신청에 대한 재심의와 발명권, 특허권등록의 무효제기에 대한 심의를 위하여 발명재심의위원회를 조직한다.

제4장 발명권, 특허권의 보호

제42조(발명권, 특허권보호의 범위) 발명권, 특허권보호의 범위는 주장범위에 기초하여 결정된다. 이 경우 주장범위를 해석하는 데 설명서와 그림을 리용할수 있다.

제43조(발명을 리용하는 행위) 발명을 리용하는 행위에는 다음과 같은것이 속한다.

1. 제품발명인 경우 해당 제품을 생산, 사용, 판매, 수입하는 행위
2. 방법발명인 경우 해당 방법을 사용하는 행위 또는 그 방법으로 직접 얻은 제품을 사용, 판매, 수입하는 행위

제44조(발명권을 받은 발명의 리용) 발명권을 받은 발명의 리용은 발명권자의 승인없이 기관, 기업소, 단체가 할수 있다.

제45조(특허권자의 권리) 특허권을 받은 발명의 리용은 특허권자가 한다. 특허권자의 승인없이 또는 정당한 리유나 법적근거없이 특허권을 받은 발명을 리용하거나 해당 제품 또는 그 포장에 특허권표시를 하는 행위를 할수 없다.

제46조(발명가의 권리) 발명가는 발명권, 특허권등록신청문건과 발명권, 특허권증서에 자기의 이름을 밝힐 권리를 가진다.

제47조(특허권의 보호기간) 특허권의 보호기간은 특허권등록신청날자로부터 15년이며 특허권자의 요구에 따라 그 기간을 5년간 연장하여줄수 있다. 실용기술특허권의 보호기간은 실용기술특허권등록신청날자로부터 10년이며 연장할수 없다.

제48조(특허권유지료금의 납부) 특허권자는 특허권을 받은 해부터 발명행정기관에 정해진 유지료금을 내야 한다. 특허권유지료금은 특허권등록신청날자로부터 계산한다.

제49조(발명가에 대한 보상) 직무상발명에 대하여 발명권, 특허권을 받은 기관, 기업소, 단체는 발명의 리용이나 특허권의 이전, 기술봉사로부터 얻어지는 리득금에서 정해진 몫을 발명가에게 주어야 한다.

제50조(특허권의 이전) 특허권자는 수요자와 계약을 맺고 발명의 리용을 허가하거나 특허권을 양도할수 있다. 이 경우 해당 계약은 발명행정기관에 등록하여야 효력을 가진다. 리용허가를 받은 기관, 기업소, 단체는 특허권자의 승인없이 제3자에게 그 발명의 리용을 허가할수 없다. 발명행정기관은 특허권의 이전에 대하여 등록, 공개하여야 한다.

제51조(공민의 특허권행사방법) 공민의 특허권행사는 해당 기관, 기업소, 단체에 자기의 발명을 리용하도록 허가하거나 권리를 양도하는 방법으로 한다.

제52조(공동으로 받은 특허권의 행사방법) 공동으로 특허권을 받은 발명의 리용과 특허권의 이전은 당사자들의 합의에 따른다. 특허권의 이전에 의하여 얻어지는 리득금은 당사자들사이의 합의에 따라 분배한다.

제53조(특허권을 받은 발명의 강제리용허가) 발명행정기관은 특허권이 등록된 때로부터 3년이 지나도록 정당한 리유없이 리용되지 않은 발명에 대하여 제3자가 리용을 허가해줄것을 제기하거나 국가적, 사회적리익을 위하여 긴급히 필요하다고 인정되는 경우 특허권자의 의사에 관계없이 해당 기관, 기업소, 단체에 발명의 리용을 허가해줄수 있다. 이 경우 특허권자에게 그에 대하여 통지하며 등록, 공개하여야 한다. 강제리용허가는 그 리유가 없어졌다고 인정될 경우 특허권자의 요구에 따라 해제한다.

제54조(강제리용허가를 받은 경우의 보상) 발명행정기관으로부터 강제리용허가를 받은 기관, 기업소, 단체는 특허권자에게 해당한 보상을 하여야 한다. 보상액은 당사자들이 합의하여 정한다. 합의하지 못할 경우에는 발명

행정기관이 정해줄수 있다.

제55조(특허권을 받은 발명의 교차리용허가) 특허권자가 자기의 발명에 다른 특허권자의 발명을 리용하려는 경우 서로 교차리용허가를 해주는 방법으로 상대방의 발명을 리용할수 있다. 해당 당사자가 교차리용허가를 해주지 않을 경우에는 발명행정기관에 강제리용허가를 신청할수 있다. 발명행정기관은 제기된 신청이 정당하다고 인정될 경우 강제리용허가를 해줄수 있다.

제56조(특허권의 기한전소멸) 다음의 경우 특허권의 효력은 보호기간에 관계없이 소멸된다.

1. 특허권자가 서면으로 특허권을 포기한다고 선언하였을 경우
2. 특허권유지료금을 정해진대로 물지 않았을 경우
3. 발명행정기관이 특허권의 효력을 없앨데 대한 결정을 내렸을 경우
4. 특허권을 넘겨받을 권한있는 기관, 기업소, 단체가 없을 경우

제57조(효력이 소멸된 특허권의 등록 및 공개) 발명행정기관은 특허권의 보호기간이 끝났거나 보호기간안에 특허권의 효력이 소멸된 경우 그것을 등록하고 공개하여야 한다.

제58조(발명권, 특허권과 관련한 분쟁의 처리) 발명권, 특허권과 관련하여 발생한 분쟁은 당사자들사이에 협의의 방법으로 해결하며 협의의 방법으로 해결할수 없을 경우에는 발명행정기관에 제기하여 해결할수 있다. 발명행정기관이 해결할수 없을 경우에는 재판기관 또는 해당 기관에 제기하여 해결할수 있다.

제59조(특허분쟁처리를 위한 조사) 발명행정기관, 재판기관 또는 해당 기관은 특허권과 관련하여 발생한 분쟁해결을 위하여 해당한 조사를 할수 있다. 이 경우 정해진 절차와 방법에 따라 현장조사와 담화, 문건검토, 감정의뢰, 자료확인 같은것을 진행할수 있다. 해당 기관, 기업소, 단체와 공민은 분쟁해결을 위하여 진행하는 조사에 적극 협력하여야 한다.

제60조(특허권침해행위의 중지요구) 발명행정기관은 특허권과 관련하여 발

생한 분쟁을 해결하는 과정에 제기된 내용이 특허권침해행위로 판단되는 경우 해당 당사자에게 그것을 중지할 것을 요구할수 있다. 특허권침해행위를 한 당사자가 중지요구를 받은 때부터 30일안으로 그 행위를 중지하지 않을 경우에는 해당 법기관에 특허권침해행위를 중지시켜줄데 대한 제기를 할수 있다. 해당 법기관은 발명행정기관이 한 제기가 정당하다고 인정될 경우 즉시 해당한 조치를 취하여야 한다.

제61조(특허권침해행위에 대한 손해배상) 특허권을 침해하였을 경우에는 다음과 같은 기준에 따라 해당한 손해를 보상한다.

1. 특허권침해행위로 특허권을 침해당한자가 실지 입은 손해
2. 특허권을 침해당한자가 실지 입은 손해를 확정하기 어려운 경우에는 특허권을 침해한 자가 실지 얻은 리익
3. 특허권을 침해한자가 실지 얻은 리익을 확정하기 어려운 경우에는 특허권을 침해당한 자가 발명에 대한 리용허가를 하여 얻을수 있은 리익

제62조(특허권등록심의기간의 발명리용에 대한 보상) 특허권등록신청문건이 공개된 때부터 특허권으로 등록되기 전까지의 기간에 제3자가 그 발명을 리용하였을 경우 특허권자는 특허권이 등록된 다음 그에게 보상할것을 요구할수 있다.

제63조(특허권침해로 되지 않는 경우) 다음의 경우에는 특허권의 침해로 되지 않는다.

1. 특허권자 또는 리용허가를 받은자가 특허권을 받은 제품 또는 특허권을 받은 방법으로 생산한 제품을 판매한 후 제3자가 그 제품을 사용, 판매, 수입하는 경우
2. 특허권등록신청날자전에 그와 같은 발명을 합법적으로 리용하고있었거나 리용하려고 필요한 준비를 갖춘 제3자가 그 범위에서만 해당 발명을 리용하는 경우
3. 발명을 우리 나라를 통과하거나 일시적으로 머무르고있는 다른 나라 운수수단의 운영상 목적으로 사용하는 경우
4. 발명을 과학연구와 실험에 사용하는 경우

5. 발명을 의사의 처방에 따라 개별적인 환자치료에 필요한 의약품제조에만 리용하는 경우

제5장 발명사업에 대한 지도통제

제64조(발명사업에 대한 지도) 발명사업에 대한 지도는 내각의 통일적인 지도밑에 발명행정기관이 한다. 발명행정기관은 발명권, 특허권등록의 신청과 심의, 발명권, 특허권보호사업에 대한 장악과 지도를 강화하여야 한다.

제65조(발명대리기관의 조직운영) 해당 기관, 기업소, 단체는 국가의 승인을 받아 발명대리기관을 내오고 운영할수 있다. 발명대리기관은 발명권, 특허권등록의 신청과 심의, 발명권, 특허권보호와 관련한 대리사업을 할수 있다. 발명대리기관은 발명행정기관이 공개하지 않은 발명권 특허권등록신청내용을 공개하는것 같은 행위를 할수 없다.

제66조(발명가, 도입자에 대한 우대와 평가) 국가는 발명권, 특허권을 받은 발명을 생산과 건설에 도입하여 인민경제발전에 이바지한 발명가와 도입자를 사회적으로 우대하며 평가하도록 한다.

제67조(발명사업에 대한 감독통제) 발명사업에 대한 감독통제는 발명행정기관과 해당 감독통제기관이 한다. 발명행정기관과 해당 감독통제기관은 발명권, 특허권등록의 신청과 심의, 발명권, 특허권보호질서를 어기는 현상이 나타나지 않도록 엄격히 감독통제하여야 한다.

제68조(행정적 또는 형사적책임) 이 법을 어겨 엄중한 결과를 일으킨 기관, 기업소, 단체의 책임있는 일군과 개별적공민에게는 정상에 따라 행정적 또는 형사적책임을 지운다.

부록 2

북한 발명공보 견본

전략적이고 핵심적이며 실리있고 경제적 의의가 큰 중요과학기술연구과제와 대상들을 바로 정하고 력량과 자금을 집중함으로써 경제전반을 활성화하고 첨단기술산업을 발전시키는데서 과학기술이 결정적인 기여를 하도록 하여야 합니다.

김 정 은

조선민주주의인민공화국
발 명 공 보

주체108(2019)년 제 12 호
(루계 제 162 호)

차 례

발명등록공보 ……………………………(3)
동-흑연계솥과 그 제조방법 ………(3)
수력타빈날개의 조형방법 …………(3)
공기압축기용기름분리기 ……………(3)
회중석으로부터 산화월프람을 제조하는 방법 ………………………………(4)
토양습도측정기 ………………………(4)
탄차레루고정장치와 그의 설치방법 …(5)
외상성뇨도파렬을 치료하기 위한 카테테르유도기구조 …………………(5)
고압공기를 리용하는 폴리염화비닐 발포구두창사출기 ……………………(6)
얼음을 제거하는 기계 ………………(6)
전자카드발행 및 검사기 ……………(7)
판식열교환기 …………………………(7)
불수강관과 동관파의 전호용접방법 ··(8)
산소열법용광로에서 용해온도제고 방법 ……………………………………(9)
마쇄기용칼의 조성과 그 제조방법 ····(9)
공기조화계통의 분산형조종프로그람 ··(9)
불칸진공측정에 의한 보이라연소 조종체계 ……………………………(10)
빛신호준위측정장치 …………………(10)
진공계 …………………………………(11)
외부동기를 리용한 1차군수자식중첩기 ··(11)
길이측정장치 …………………………(12)
3상전동기보호장치 …………………(12)
플라즈마를 리용한 공기정화장치 ···(13)
수력발전기의 동요방지방법 ………(13)
홀소자를 리용한 전동기보호장치 ···(14)
전자석곤봉진동기 ……………………(14)
콩크리트혼합물운반장치 ……………(14)
콤퓨터에 의한 해양속층의 구조 및 상태분석방법 ………………………(15)
기상관측자료종합분석체계 …………(15)
말거마리의 인공번식방법 …………(16)
임플란트이식수술을 위한 치조골 확장기구조 ……………………………(17)
흑연광석부선방법 ……………………(17)
루비언어로 작성된 프로그람의 원천 코드보호방법 …………………………(17)
철, 칼시움분석값에 의한 세멘트원료 배합공정조종체계 …………………(18)
세멘트원료성구공정조종프로그람 ··(19)
모호신경망에 기초한 세멘트크링카 요출공정조종프로그람 ……………(19)
콩펩티드우유가루생산방법 …………(20)
동발권양장치 …………………………(20)
동용해용유도로안붙임의 시공방법 ·(20)
출선구막기혼합물제조용점결제와 그의 제조방법 ………………………(21)
대치차를 주조하기 위한 조형방법 ··(21)
석양극 …………………………………(22)
매달이식발판의 설치방법 …………(22)
탐사추공방수방법 ……………………(22)
쏘프트웨어개발공정관리체계와 구축 방법 ………………………………………(23)
잔디품질평가방법과 잔디화상입력 장치 ………………………………………(24)
팔조기에서 묶음실당김장치 ………(25)
팔조기에서 실타래묶음퇴출장치 ····(25)
영양액가공방법 ………………………(26)
마편가공방법 …………………………(26)
일산화탄소(탄가스)피해방지제 ……(27)
화강석건축물의 먼지오염제거방법 ··(27)
금색칠감 ………………………………(28)
만곡굵개콘베아 ………………………(28)
나비형점적주사바늘자루정렬공급 장치 ………………………………………(29)
목편기의 조종체계 …………………(29)
축전지묶음의 균형충전체계 ………(30)
니켈광석부선방법 ……………………(31)
집선교환기의 감시체계용매몰형조종 장치 ………………………………………(31)
시안산칼시움을 남새작물성장조절 제로 적용하는 방법 …………………(32)

상박골체부골절치료용기구조 ………(32)
전동기의 정역회전을 위한 절환기 ….(33)
인쇄회로기판에 레드를 조립하는 지구 …………………………………(33)
치과의료기구용조명장치 ……………(34)
디젤기관을 리용한 석탄가스발동 발전장치 ……………………………(35)
3방향변을 리용한 자루제진기 ……(35)
가방질평가를 위한 진동시험기 ……(35)
1회용주사기 …………………………(36)
채불원통구조를 가진 폐가스제진 장치 …………………………………(36)
지붕우에 설치하는 태양열물가열 체계 …………………………………(37)
폴리비닐알콜을 리용한 샤모트질 경량내화벽돌 …………………………(38)
산소취입관머리부 …………………(38)
산소-수소발생기의 전해조검사장치와 검사방법 …………………………(38)
분쇄기용볼합금의 조성과 그 제조 방법 …………………………………(39)
망간토를 리용한 망간합금철의 제조 방법 …………………………………(39)
공정조종용종합실험장치 ……………(40)
보행로보트조종체계 ………………(41)
렬차바퀴수감부 ……………………(42)
도투마리용전자저울 ………………(42)
도형입력장치 ………………………(42)
적외선을 리용한 집적회로납땜장치 ….(43)
손소독기 ……………………………(44)
수자식전기수술기 …………………(44)
미광방전플라즈마의 특성실험장치 ..(45)
자동고속충전기 ……………………(46)
사보전동기용제동장치 ……………(46)
자동천풀기장치 ……………………(46)
차단기의 접촉저항측정장치 ………(47)
기관차전조등 ………………………(47)
절환자기저항전동기의 동균형잡이 방법 …………………………………(48)
임풀스속도발전기 …………………(48)
전동기보호장치의 한소편처리기 ….(49)
경소마그네샤를 리용한 장생산용 채판의 제작방법 ……………………(49)
청화제련미광속의 유가광물부선방법 ..(50)
계단식미광침전지 …………………(50)
조각돌을 시공하는 방법 …………(50)
참미역양식방법 ……………………(51)
꽃나리알뿌리의 속성배양방법 ……(52)
나무키우기용수분채집형물통 ………(52)
갓난아이고빌리루빈혈증치료용빛 쪼임기구와 그 리용방법 ……………(53)
장선매몰용주사기 …………………(53)
정맥류를 치료하기 위한 기구 ……(53)
강황간염주사약의 제조방법 ………(54)
몸뭉크림 ……………………………(54)

특허등록공보 ………………………(55)
홍삼추출물과 그것을 포함하는 화장품 ..(55)
수세미오이영양액과 그것을 포함 하는 화장품 …………………………(55)
가정용무동력보이라의 온도조절장치 ..(56)
수자식중첩기의 가입자전원여닫이 장치 …………………………………(56)
어린이용종합비타민피막알약 ………(57)
간장질병을 치료하기 위한 약조성물 ..(57)
뇌혈전치료를 위한 약조성물과 그 제조방법 ……………………………(57)
황경피엑스와 범싱아엑스를 포함 하는 간염치료약조성물 ……………(58)
관절염치료약조성물 ………………(58)
만성간염 및 알콜성간장애치료약 조성물과 그 제조방법 ……………(59)
록두추출물을 포함한 치약 …………(59)
마이크로파에 의한 주사약멸균기 …(59)
지지기구와 그 부분품들 및 그의 조립방법 ……………………………(60)
령전류유지교류접촉기 ……………(62)
아데노신을 포함하는 머리칼성장액 …(62)
BB크림 ……………………………(63)
수차식자력선별기 …………………(63)
베아링지점식진동회전원판선별기 …(64)
살구씨를 리용한 치약 ……………(64)
랭각마취제 염화에틸의 제조방법 …(65)
폴리프로필렌섬유용유제 …………(65)
전화결합형경보기의 전원회로 ……(66)
간장질병치료를 위한 약조성물 ……(66)

서지자료식별기호 알아보기 ……(표지 3면)

발명등록공보

(51) H01R 39/20, H01R 43/12
(21) 201813001172
(22) 주체107(2018) 4월 26일
(11) KP 69747 H
(72) 고웅일, 고명남, 강한성
(54) **동-흑연계솔과 그 제조방법**
(57) 발명은 동-흑연계솔과 그 제조방법에 관한것이다.

The invention relates to the copper-graphite system brush and the manufacturing method thereof.

발명은 자동차의 송풍전동기에 리용되는 동-흑연계솔과 그 제조방법에 관한것이다.

발명은 천연린상흑연과 전해동분말을 기본원료로 하고 연, 석, 이류화몰리브덴을 첨가제로 하고있으며 전류밀도, 기계적세기, 윤활성능, 마모견딜성을 보장할수 있는 동흑연솔재료의 제조방법을 포함한다.

발명은 승용차와 화물자동차를 비롯한 각종 자동차송풍전동기의 솔제조에 적용할수 있다.

주장범위

1. 동 30~40%, 흑연 30~40%, 점결피치 10~20%, 연 1~5%, 석 1~5%, 이류화몰리브덴 1~5%로 구성되는것이 특징인 동-흑연계솔.

2. 주장 1에 따르는 동-흑연계솔의 제조방법으로서 원료를 V형건식혼합기에서 균일혼합하고 성형한 후 900~950℃에서 5~8시간 열처리하는것이 특징이다.

3. 주장 2에 따르는 방법으로서 열처리속도는 80~100℃/h이다.

4. 주장 2에 따르는 방법으로서 원료혼합시간은 1.5~2시간, 성형비압은 $1\sim2t/cm^2$이다.

(51) B22C 9/00, B22C 3/00
(21) 201913000318
(22) 주체108(2019)년 2월 4일
(11) KP 70511 F
(72) 서승관, 양문상, 김금성, 로진혁
(77) 대안중기계련합기업소
(54) **수력타빈날개의 조형방법**
(57) 발명은 수력타빈날개의 조형방법에 관한것이다.

The invention relates to the molding method of the hydraulic turbine blade.

발명은 수력타빈날개의 주조를 위한 조형방법에 관한것이다.

발명은 점토함유량이 10~12%인 주형혼합물로 주형을 다짐하고 목형을 뽑은 후 주형공간면에서 주형바깥면으로 통기구멍을 준 다음 마그네샤크링카도료를 바른 우아래주형을 조립하고 누름쇠물주형틀을 놓는 방법을 포함한다.

발명은 기계공업부문의 모든 중형, 대형주강품생산에 적용할수 있다.

주장범위

1. 수력타빈날개의 주조를 위한 조형방법으로서 그 특징은 점토함유량이 10~12%인 주형혼합물로 주형을 다짐하고 목형을 뽑은 후 주형공간면에서 주형바깥면으로 통기구멍을 준 다음 마그네샤크링카도료를 바른 우아래주형을 조립하고 수직으로 세워 그우에 누름쇠물주형틀을 놓는것이다.

2. 주장 1에 따르는 다짐은 주형과 축목부분의 주형틀바깥면에 주형혼합물을 다져 붙이는 방법으로 한다.

3. 주장 1에 따르는 방법으로서 주형에서 목형을 뽑고 통기구멍을 $1m^2$당 120~140개 준 다음 마그네샤크링카도료(마그네샤크링카립도 60~80목)를 3~5mm 두께로 바른다.

4. 주장 1에 따르는 방법으로서 누름쇠물주형틀이 놓이는 날개주형틀의 바깥면에 팔프페액을 바르고 륵골높이까지 주형혼합물을 다져서 평면을 맞춘다.

5. 주장 4에 따르는 방법으로서 우아래주형틀을 수직으로 세워 철근으로 용접고정한다.

(51) B01D 3/12, F04C 5/01
(21) 201913000662

— 3 —

(22) 주체108(2019)년 3월 7일
(11) KP 70513 H
(72) 리대섭, 김광선
(77) 인흥광산
(54) 공기압축기용기름분리기

(57) 발명은 공기압축기용기름분리기에 관한것이다.

The invention relates to the oil separator for the air compressor.

발명은 19.2m³압축기사용시 압축공기에 포함되는 기름을 분리하기 위한 압축기용기름분리기에 관한것이다.

기름분리기는 크게 1차기름분리기와 2차기름분리기로 구성되여있다. 1차기름분리기는 입구와 출구가 한축선상에 있는 수평식이며 2차기름분리기는 입구와 출구가 서로 수직인 수직식이다. 1차기름분리기는 후란지가 달린 외통과 그안의 철판들, 철판들사이에 압착되여있는 압착솜, 공기안내관, 공기출구판 그리고 외통밑에 련결된 기름회수통으로 구성되여있다. 2차기름분리기는 압축공기입구판과 출구판, 외통과 내통, 내통겉면에 순차적으로 설치된 가재천, 모직천, 면솜 그리고 결박끈으로 구성되여있다.

주장범위

1. 1차기름분리기와 2차기름분리기로 구성된 공기압축기용기름분리기로서 그 특징은 1차기름분리기는 원통형외통과 그안에 구멍들이 형성되여 수직으로 설치된 철판들, 그 철판들사이에 압착된 압착솜들로 구성되여있으며 2차기름분리기는 원통형외통과 구멍들이 형성된 내통, 내통겉면둘레를 따라 설치된 가재천, 모직천, 면솜으로 구성된것이다.

2. 주장 1의 1차기름분리기안에 설치된 철판의 두께는 2mm이며 Φ1mm의 구멍이 2 500개 형성되여있다.

3. 주장 1의 2차기름분리기안의 내통에는 Φ3mm구멍이 1 500개 형성되여있다.

(51) C22B 3/12
(21) 201913000226
(22) 주체108(2019)년 1월 28일
(11) KP 70514 H
(72) 리현철, 김철호, 현철수
(54) 회중석으로부터 산화월프람을 제조하는 방법

(57) 발명은 회중석으로부터 산화월프람을 제조하는 방법에 관한것이다.

The invention relates to the method for manufacturing the tungsten oxide from scheelite.

발명은 회중석현탁액에 탄산소다와 가성소다를 넣고 원료혼합물이 들어있는 가압반응기를 흔들이운동시키면서 가압침출하는 방법을 포함한다.

발명은 회중석처리공정에 적용할수 있다.

주장범위

1. 가압침출에 의해 회중석으로부터 산화월프람을 제조하는 방법으로서 그 특징은 회중석현탁액에 탄산나트리움과 가성소다를 첨가한 혼합물과 볼을 가압반응기에 넣고 밀페시킨 후 반응기를 흔들이운동시키면서 침출하는것이다.

2. 주장 1에 따르는 방법으로서 회중석현탁액은 회중석과 물을 1:1의 비로 혼합하고 립도가 1~3μm 될 때까지 교반분쇄한것이다.

3. 주장 1에 따르는 방법으로서 회중석에 첨가하는 탄산나트리움과 가성소다는 반응당량몫의 3~3.5배 넣는다.

4. 주장 1에 따르는 방법으로서 흔들이운동주기는 12~15r/min, 압력은 2.5~3MPa이다.

(51) G01N 27/00
(21) 201813001157
(22) 주체107(2018)년 4월 26일
(11) KP 70515 F
(72) 김수일, 조철진, 김명길
(54) 토양습도측정기

(57) 발명은 토양습도측정기에 관한것이다.

The invention relates to the device for measuring the soil humidity.

발명은 정상파비률법에 의해 토양의 습도를 측정하는 장치에 관한것이다. 토양습도측정기는 원형의 본체와 1개의 농축내부탐침, 그것을 중심으로 하여 동심원둘레에 3개의 차폐탐침이 120°의 간격으로 고정되여있는 탐침봉, 시누스파발진단,

포락선검출을 위한 정상파검파단, 정상파비률법과 오차보상법을 결합한 습도측정프로그람이 내장되여있는 한소편처리기를 포함한다.

발명의 토양습도측정기는 농업, 산림, 도시경영, 남새, 과수, 원예분야 등에서 습도를 측정하는데 리용할수 있다.

주장범위

1. 정상파비률법을 리용한 토양습도측정기로서 그 특징은 1개의 동축내부탐침과 그것을 중심으로 하여 동심원둘레에 3개의 차페탐침이 120° 의 간격으로 배치되여있는 탐침봉, 포락선검출을 위한 정상파검파단, 정상파비률법과 오차보상법을 결합한 습도측정프로그람이 내장되여있는 한소편처리기를 포함하는것이다.

2. 주장 1의 탐침봉에서 동축내부탐침과 차페탐침사이의 거리는 13mm이다.

3. 주장 1의 정상파검파단은 검파용전용소자의 발진주파수를 결정하기 위하여 직렬 및 병렬련결되여있는 콘덴샤, 출구에 련결되여있는 RC려파회로를 포함한다.

4. 주장 1의 한소편처리기에 내장되여있는 습도측정프로그람은 측정된 전압값과 동축케블선의 완전저항값으로부터 탐침봉의 완전저항과 토양의 유전률을 얻고 그에 따라 토양의 습도를 계산하는 알고리듬과 무게법으로 토양시료들에 대한 교정을 진행하여 얻은 3차다항식회귀함수를 리용한 오차보상알고리듬을 포함한다.

(51) E01B 5/26
(21) 201813004662
(22) 주체107(2018)년 12월 3일
(11) KP 70516 F
(72) 류남일, 정영일
(77) 덕천지구탄광련합기업소 제남탄광

(54) 탄차레루고정장치와 그의 설치방법

(57) 발명은 탄차레루고정장치와 그의 설치방법에 관한것이다.

The invention relates to the fixing device for the coal tub railway and the mounting method thereof.

발명에서 탄차레루고정장치는 레루모양의 홈이 있는 U자형레루고정대, 레루량쪽방향에 설치된 고정볼트와 이동나사로 구성되여있다.

발명에서 설치방법은 레루분기점과 굽인돌이구간에 5m 간격으로 고정대를 설치하는 단계와 굴진시 조립된 레루를 뒤집어 설치하는 단계를 포함하고있다.

발명은 탄차레루고정에 적용할수 있다.

주장범위

1. 탄차레루고정장치는 레루모양의 홈이 있는 U자형레루고정대, 레루량쪽방향에 설치된 고정볼트와 이동나사로 구성되여있는것이 특징이다.

2. 주장 1에 따르는 레루고정장치의 설치방법은 레루분기점과 굽인돌이구간에 5m 간격으로 고정대를 설치하는 단계와 굴진시 조립된 레루를 뒤집어 설치하는 단계를 포함하고있는것이 특징이다.

3. 주장 2에 따르는 방법으로서 레루분기점에는 레루머리를 끼울수 있는 홈이 있는 고정대를 설치하며 굴진방향에서는 레루밑부분을 끼울수 있는 홈이 있는 고정대를 설치한다.

(51) A61M 25/01
(21) 201823001520
(22) 주체107(2018)년 5월 3일
(11) KP 70517 F
(72) 김경철, 리룡진, 정농섭
(77) 평성의학대학

(54) 외상성뇨도파렬을 치료하기 위한 카테테르유도기구조

(57) 발명은 외상성뇨도파렬을 치료하기 위한 카테테르유도기구조에 관한것이다.

The invention relates to the catheter-inducing instrument unit for the treatment of traumatic urethra laceration.

발명에 따르는 기구조는 선단부에 측공이 있는 부지와 홈이 있는 부지, 부지안내투관침, 발룬카테테르유도선, 발룬카테테르로 구성되여있다.

발명은 보건부문에서 뇨도외상으로 자연배뇨및 뇨도카테테르류치가 불가능한 환자들에서 수술을 진행하지 않고 뇨도파렬을 치료하는데 널리 적용할수 있다.

기 위한 기구에 관한것이다.

기구는 2개의 머리부와 련결선으로 되여있다.

머리부는 앞끝이 원형으로서 직경은 각각 3mm, 7mm이고 련결선량끝에 련결되여있다.

발명은 각급 병원 외과들에 도입할수 있다.

주장범위

1. 정맥류를 치료하는 기구로서 량쪽방향으로 움직일수 있게 련결선량끝에 머리부를 설치하고 머리부들의 밑면중심에 수직으로 고정되여있는 불수강으로 된 련결선으로 이루어진것이 특징이다.

2. 주장 1에 따르는 2개의 머리부들은 앞끝이 둔한 원형이고 직경은 각각 3mm, 7mm, 길이는 10mm이다.

3. 주장 1에 따르는 련결선은 직경이 2mm, 길이는 1 000mm이다.

(51) A61K 36/906, A61P 1/26
(21) 201813002877
(22) 주체107(2018)년 7월 2일
(11) KP 70636 H
(72) 박혁철, 황대룡, 리영철
(77) 의학연구원 약초재배연구소
(54) 강황간염주사약의 제조방법
(57) 발명은 강황간염주사약의 제조방법에 관한것이다.

The invention relates to the preparation methbd of the injection containing *Rhizoma curcumae* for treating the hepatitis.

발명의 제조방법은 섬유소분해혼합효소액에 의한 강황의 효소추출단계, 알카리추출산침전단계, 알카리성알콜에 의한 쿠르쿠민의 정제단계, 쿠르쿠민을 증류수에 풀어 멸균하는 단계 등을 포함한다.

발명은 각급 제약공장들에 적용할수 있다.

주장범위

1. 강황간염주사약의 제조방법으로서 그 특징은 강황을 온도 40℃, pH 4.5에서 섬유소분해혼합효소액으로 6시간 효소추출하고 알카리추출산침전단계와 알카리성알콜처리단계를 거쳐 쿠르쿠민을 분리, 정제한 후 주사용증류수에 풀어 제조하는것이다.

2. 주장 1의 항목으로서 섬유소분해혼합효소액은 *Trichoderma viride p*813-1과 *Aspergillus niger Sp*-31의 고체배양물을 질량비 4:1이 되게 섞어서 10배량의 물에서 우림한 액이다.

3. 주장 1의 항목으로서 섬유소분해혼합효소액은 원료량의 30% 되게 첨가한다.

4. 주장 1의 제조방법. 여기서 알카리추출은 가성소다를 효소추출액에 0.3% 되게 넣고 80℃에서 20분 1회 진행한다.

5. 주장 1의 항목으로서 알콜의 농도는 80%, 고액비는 1:10이다.

(51) A61K 8/92, A61Q 10/00, A61K 8/97
(21) 201813003697
(22) 주체107(2018)년 9월 17일
(11) KP 70637 H
(72) 리일광, 백윤미, 김정희
(77) 평양화장품공장
(54) 몸물크림
(57) 발명은 몸물크림에 관한것이다.

The invention relates to the body aqueous cream.

발명은 피부에 수분과 기름분을 충분히 보충해주는 몸물크림에 관한것이다.

발명은 피부흡수와 보습효과가 좋은 기름성물질로서 스쿠알란, 올리브기름, 아보카도기름, 카프릴카프린산트리글리세리드를, 보습제로 알로에추출물, 글리세린, 프로필렌글리콜을 기본성분으로 하여 만든다.

발명의 제품은 피부흡수가 좋으며 산뜻하면서도 충분한 보습효과를 준다.

주장범위

1. 스쿠알란, 아보카도기름, 세틸알콜, 올리브기름, 카프릴카프린산트리글리세리드, 프로필렌글리콜, 글리세린, 트리에타놀아민, 알로에추출물을 포함하는것을 특징으로 하는 몸물크림.

2. 주장 1의 몸물크림은 전체 량에 대하여 질량%로 스쿠알린 0.8, 아보카도기름 1, 세틸알콜 1, 올리브기름 1, 카프릴카프린산트리글리세리드 3, 프로필렌글리콜 3, 글리세린 3, 트리에타놀아민 0.1, 알루에추출물 5를 포함한다.

3. 주장 1의 몸물크림은 피부보호물질로서 히알루론산나트리움 0.1질량%,스피룰리나추출물 0.5질량%, 견단백물분해물 5질량%, 알란토인 0.1질량% 더 포함한다.

특허등록공보

(51) A61K 8/97, A61Q 19/08
(21) 201820004990
(22) 주체107(2018)년 12월 18일
(11) KP 69867 W
(71) 숭주무역회사
(72) 윤정식
(73) 숭주무역회사
(77) 숭주무역회사 화장품기술교류소

(54) 홍삼추출물과 그것을 포함하는 화장품

(57) 발명은 홍삼추출물과 그것을 포함하는 화장품에 관한것이다.

The invention relates to the red ginseng extract and the cosmetics containing it.

발명에서는 개성고려인삼을 증기처리하여 가공한 홍삼가루를 알콜추출하고 농축한 다음 다시 증류수에 풀어 려과 및 탈지하고 이온교환수지 AD-41로 정제한 다음 다공성흡착수지에 흡탈착시켜 얻은 액을 화장품제조에 리용한다.

이 화장품은 홍삼의 유효성분을 충분히 리용하면서 사포닌함량을 높임으로써 뚜렷한 피부개선효과를 나타낸다.

주장범위

1. 홍삼가루를 에틸알콜용액으로 추출하고 려과, 농축한 후 증류수에 풀어 약염기성음이온교환수지(AD-41)와 다공성흡착수지(HP-20)에 통과시키고 에틸알콜로 탈착시켜 HP-20의 탈착액과 통과액, AD-41의 탈착액을 농축 및 진공건조하고 혼합하여 얻은 홍삼추출물.

2. 주장 1에서 홍삼추출물은 홍삼가루의 8~10배량의 60~70%에틸알콜로 20~30℃에서 24시간 3차추출하고 려과, 농축하여 얻은것이다.

3. 주장 1의 추출물을 증류수로 풀어 AD-41을 채운 탑에 600ml/h로 통과시키고 다시 HP-20을 채운 탑에 500ml/h로 통과시켜 사포닌을 흡착시킨다.

4. 주장 1의 추출물을 통과시킨 AD-41을 95%에틸알콜로, HP-20을 70%에틸알콜로 탈착시키고 HP-20의 탈착액과 통과액, AD-41의 탈착액을 농축 및 진공건조하고 10:1:2의 질량비로 혼합한다.

5. 주장 1의 홍삼추출물을 화장품전체량에 대하여 0.02~0.03질량% 포함하는것을 특징으로 하는 화장품. 여기서 화장품은 살결물, 물크림, 크림이다.

(51) A61K 8/97, A61Q 19/00
(21) 201920000004
(22) 주체108(2019)년 1월 4일
(11) KP 69868 W
(71) 장애자보호사업국 기능공학교
(72) 리권일
(73) 장애자보호사업국 기능공학교
(77) 장애자보호사업국 기능공학교

(54) 수세미오이영양액과 그것을 포함하는 화장품

(57) 발명은 수세미오이영양액과 그것을 포함하는 화장품에 관한것이다.

The invention relates to the dishcloth gourd nutrient solution and the cosmetics containing it.

발명은 수세미오이열매로부터 채취한 즙을 *Leuconostoc mesenteoides*젖산균으로 발효시켜 만든 피부영양액과 그것을 포함하는 화장품에 관한것이다.

수세미오이피부영양액은 수세미오이즙에 비하여 항산화활성이 뚜렷하고 피부의 흡수 및 퍼짐이 매우 좋으며 지속적인 보습효과를 가진다.

주장범위

1. 수세미오이즙에 *Leuconostoc mesenteroides*젖산균배양액을 넣어 발효시켜 만든 영양액.

2. 주장 1의 영양액은 수세미오이즙에 *Leuconostoc mesenteroides*배양액(활성 2 000IU)을 4~5% 넣어 20~25℃에서 24시간 발효시키는것을 특징으로 한다.

3. 주장 1의 영양액을 5~15% 포함하는것을 특징으로 하는 화장품. 여기서 화장품은 살결물, 물크림, 영양겔이다.

— 55 —

주기름산모노글리세리드, 피마주기름으로 이루어진 폴리프로필렌섬유용유제.

2. 주장 1의 폴리프로필렌섬유용유제의 조성(%)은 피마주기름으로 만든 류산화기름 40~60, 피마주기름산모노글리세리드 20~45, 피마주기름 20~35이다.

3. 주장 1에서 류산화기름은 피마주기름 100kg에 98%류산 30kg을 30℃에서 3~5시간 혼합한 후 8~9시간 더 반응시켜 제조한것이다.

4. 주장 1에서 피마주기름산모노글리세리드는 피마주기름 100kg에 글리세린 30kg을 혼합하고 탄산소다를 반응물의 0.1% 되게 넣고 200~300℃에서 반응시켜 제조한것이다.

(51) H04M 11/04, H04M 19/00
(21) 201820002899
(22) 주체107(2018)년 7월 3일
(11) KP 69948 W
(71) 류경특허기술교류사
(72) 김원석
(73) 류경특허기술교류사
(77) 류경특허기술교류사
(54) **전화결합형경보기의 전원회로**
(57) 발명은 전화결합형경보기의 전원회로에 관한것이다.

The invention relates to the power circuit of the telephone-combined alarm apparatus.

발명은 PSTN(공중교환전화망)을 리용하여 경보신호를 전송하는 전화결합형경보기에서 전원공급용건전지의 에네르기소모를 줄이기 위한 전원회로에 관한것이다.

전화결합형경보기의 전원회로는 전화선로정류회로, 전화들기조작용여닫개, 부하전류제한저항(R1), 전압안정2극소자(ZD1)가 직렬로 련결되여있는 정보처리단전원회로와 이 전원이 2극소자(D1)를 거쳐 건전지에 의한 전원안정회로출구와 병렬로 련결되여있는 극소형조종소자(MCU)전원회로로 되여있다.

발명은 경보기의 감시기간에만 건전지로 극소형처리소자의 전원을 공급하고 경보전송기간에는 경보기가 가입자선로부하로 되여 전화망의 선로공급전원을 리용하므로 건전지를 효률적으로 리용하고 교체주기를 늘일수 있게 한다.

주장범위

1. PSTN망을 리용하는 전화결합형경보기의 전원회로로서 전화선로정류회로, 전화들기조작용여닫개, 부하전류제한저항(R1), 전압안정2극소자(ZD1)가 직렬로 련결되여있는 정보처리단전원회로와 이 전원회로의 출구를 2극소자(D1)를 거쳐 건전지의 전원안정회로출구와 병렬로 련결한 극소형조종소자(MCU)전원회로로 구성되는것이 특징이다.

2. 주장 1에 따르는 전원회로에서 전화들기조작용여닫개는 감시수감부신호에 따르는 MCU의 조종신호에 의하여 동작한다.

3. 주장 1에 따르는 전원회로에서 정보처리단전원전압은 극소형처리소자전원전압보다 2극소자(D1)의 정방향전압(0.6V)정도 크게 정한다.

(51) A61K 35/583, A61K 36/383, A61P 1/16
(21) 201820004643
(22) 주체107(2018)년 11월 29일
(11) KP 69949 W
(71) 고려명승건강식료제약공장
(72) 정성근, 정화
(73) 고려명승건강식료제약공장
(77) 고려명승건강식료제약공장
(54) **간장질병치료를 위한 약조성물**
(57) 발명은 간장질병치료를 위한 약조성물에 관한것이다.

The invention relates to the pharmaceutical composition for treating the liver disease.

간장질병치료를 위한 약조성물은 구렝이엑스와 생당쑥엑스를 포함한다.

발명은 제약단위들에 도입할수 있다.

주장범위

1. 간장질병치료를 위한 약조성물은 구렝이엑스와 생당쑥엑스를 포함하는것이 특징이다.

2. 주장 1의 조성물은 한교갑(0.25g)당 구렝이엑스 0.06g과 생당쑥엑스 0.045g을 포함

Contents

Copper-graphite system brush and the manufacturing method thereof ....(3)
Molding method of the hydraulic turbine blade ....(3)
Oil separator for the air compressor ....(3)
Method for manufacturing the tungsten oxide from scheelite ....(4)
Device for measuring the soil humidity ....(4)
Fixing device for the coal tub railway and the mounting method thereof ....(5)
Catheter-inducing instrument unit for the treatment of traumatic urethra laceration ....(5)
Injection press for the foamed PVC sole using the high pressure air ....(6)
Deicer ....(6)
Apparatus for the issue and check of electronic card ....(7)
Plate-type heat exchanger ....(7)
Arc welding method of the stainless steel tube and copper tube ....(8)
Method for raising the melting temperature in the oxygen-blast furnace ....(9)
Composition of hogger knife and the manufacturing method thereof ....(9)
Distributed control program for the air conditioning system ....(9)
Combustion control system of boiler by the vacuum measurement of fire box ....(10)
Light signal level meter ....(10)
Vacuum gauge ....(11)
Primary group digital superimposer using the extrinsic motivation ....(11)
Length-measuring device ....(12)
Protection equipment for three phase motor ....(12)
Air-purification equipment using the plasma ....(13)
Antiswing method of hydraulic generator ....(13)
Motor protector using the Hall element ....(14)
Electromagnetic motor-in-head vibrator ....(14)
Concrete-mix conveyer ....(14)
Method for analyzing the structure and state of ocean inner layer by the computer ....(15)
Comprehensive analysis system for the meteorological observation data ....(15)
Artificial fecundation method of *Whitmania pigra* ....(16)
Structure of the alveolar bone diastole for the implant plasty ....(17)
Flotation method of the black-lead ore ....(17)
Source code protecting method of program maked in ruby language ....(17)

— 67 —

Control system for cement mixture making process by the assay value of the iron and calcium (18)
Process control system for the pelletizing of the cement raw material (19)
Process control program for the cement clinker release based on the fuzzy neural network (19)
Producing method of the milk power with soybean peptide (20)
Mine prop hoisting plant (20)
Construction method of the induction furnace liner for the copper melting (20)
Agglomerant for the manufacture of the taphole clay and manufacturing method thereof (21)
Modeling method for the cast of the gear (21)
Tin anode (22)
Method for installing the cradle scaffold (22)
Water proofing method of prospect hole (22)
Software development engineering management system and the construction method thereof (23)
Quality estimating method and the image input device for grass (24)
Pulling unit of the page cord in the bundling press (25)
Pushing unit of the skein in the bundling press (25)
Processing method of nutritive liquid (26)
Processing method of the yam chip (26)
Agent for preventing the damage of carbon monoxide(coal gas) (27)
Method for removing the dust pollution of the granite construction (27)
Golden painting (28)
Bended scraper conveyer (28)
Device for supplying the handle of the butterfly needle for the dropping in alignment (29)
Control system of the chipper (29)
Equalizing charge system of the battery pack (30)
Flotation method of the nickel ore (31)
Embedded control device for the monitor system in the line concentrator (31)
Method for applying calcium cyanide as the green crops growth regulator (32)
Instrument unit for treating the fracture of shaft of humerus (32)
Commutator for the rotation and counter-rotation of the electric motor (33)
Jig for assembling the LED on the printed circuit board (33)
Lighting equipment for the dental treatment (34)

Coal gas moter-generator device using diesel engine (35)
Bag process using three-way cock (35)
Vibration tester for evaluating the quality of bag (35)
Disposable syringe (36)
Exhaust gas dust cleaner with screen drum structure (36)
Roof-mounted solar water heater (37)
Light chamotte fire brick using polyvinyl alcohol (38)
Oxygen lance head (38)
Device and method for checking the electrolyzer of the oxygen-hydrogen generator (38)
Composition of the ball alloy for the crusher and the manufacture method thereof (39)
Production method of ferroalloy with manganese by using wad (39)
Integrated experimental equipment for the process control (40)
Control system of walking robot (41)
Train wheel sensor (42)
Electronic weighing scale for the loom beam (42)
Graphic inputting equipment (42)
Soldering equipment of integrated circuit by using infrared ray (43)
Hand disinfecting equipment (44)
Galvanosurgery tool (44)
Characteristic experimental apparatus of the glow discharge plasma (45)
Automatic high speed charger (46)
Damping device of the servomotor (46)
Automatic unwrapping equipment of the cloth (46)
Contact resistance measuring instrument of the breaker (47)
Locomotive headlight (47)
Dynamic balancing method of the switching reluctance motor (48)
Impulse speed-voltage generator (48)
One-chip processor of the protective device for the electric motor (49)
Manufacture method of the sieve plate for the production of the soy and bean paste by using the light burned magnesia (49)
Flotation method of the valuable minerals in the cyanation tailing (50)
Cascade slurry pond (50)
Method for constructing the sculptural stone (50)
Method for culturing *Undaria pinnatifida* (51)
Quick culturing method of the bulb of flowered lily (52)
Water collecting pail for the tending of the tree (52)

— 69 —

Irradiation apparatus for treating neonatal hyperbilirubinemia and the using method thereof ······(53)
Injector for embedding the catgut ······(53)
Apparatus for treating varix ······(53)
Preparation method of the injection containing Rhizoma curcumae for treating the hepatitis ······(54)
Body aqueous cream ······(54)
Red ginseng extract and the cosmetics containing it ······(55)
Dishcloth gourd nutrient solution and the cosmetics containing it ······(55)
Temperature controlling device for the domestic unpowered boiler ······(56)
Power switching device for the subscriber of the digital superimposer ······(56)
Coated complex vitamin tablet for the children ······(57)
Pharmaceutical composition for treating the liver disease ······(57)
Pharmaceutical composition for treating the cerebral thrombosis and the preparation method thereof ······(57)
Pharmaceutical composition for treating the hepatitis containing extract of *Phellodendron amurense* and *Reynoutria japonica* ······(58)
Pharmaceutical composition for treating the arthritis ······(58)
Pharmaceutical composition for treating the chronic hepatitis and alcoholic hepaopathy and the preparation method thereof ······(59)
Toothpaste containing *Phaseolus radiatus* extract ······(59)
Apparatus for sterilizing the injection by the microwave ······(59)
Support apparatus and its components and the assembly method thereof ······(60)
Zero-current holding AC contactor ······(62)
Hair growth solution containing adenosine ······(62)
BB cream ······(63)
Water-wheel magnetic separator ······(63)
Bearing spider type vibration-rotational disk separator ······(64)
Toothpaste using apricot stone ······(64)
Preparation method of ethyl chloride as refrigeration anaesthetic ······(65)
Emulsion for polypropylene fibre ······(65)
Power circuit of the telephone-combined alarm apparatus ······(66)
Pharmaceutical composition for treating the liver disease ······(66)

국제특허분류

A01G	1/00	KP 70631 H	A62D	1/04	KP 70566 H
	27/06	KP 70632 H	B01D	3/12	KP 70513 H
	33/00	KP 70629 H	B01F	17/08	KP 69947 W
A01K	61/40	KP 70540 H	B03B	5/02	KP 69944 W
A01N	59/24	KP 70591 F	B03C	1/08	KP 69943 W
A23C	11/10	KP 70547 F	B03D	1/00	KP 70542 F
A23L	19/10	KP 70565 H			KP 70589 F
	33/00	KP 70564 H			KP 70626 H
A61B	17/88	KP 70592 F		1/10	KP 70599 H
		KP 70635 H	B22C	3/00	KP 70553 H
	18/12	KP 70615 H		9/00	KP 70511 F
A61C	17/16	KP 70541 H	B23K	1/005	KP 70613 H
A61H	39/08	KP 70634 H		103/22	KP 70522 H
A61K	8/29	KP 69942 W	B28B	21/86	KP 70536 H
	8/92	KP 70637 H	B29C	48/515	KP 70518 H
	8/97	KP 69867 W	B32B	21/00	KP 70625 H
		KP 69868 W	B61D	29/00	KP 70621 H
		KP 69945 W	B65B	54/84	KP 70562 H
	31/00	KP 69871 W	B65G	15/20	KP 70585 F
	35/583	KP 69949 W		19/08	KP 70584 F
	36/53	KP 69872 W		27/18	KP 70520 H
	36/75	KP 69874 W	B65H	54/78	KP 70563 H
	36/236	KP 69873 W	B66D	3/20	KP 70549 H
	36/282	KP 69876 W	C04B	33/22	KP 70603 H
	36/714	KP 69875 W		35/10	KP 70550 H
	36/906	KP 70636 H	C07C	17/06	KP 69946 W
A61L	2/22	KP 70614 H	C10L	5/10	KP 70551 H
A61M	5/50	KP 70600 H	C11D	11/00	KP 70567 H
	25/01	KP 70517 F	C21C	1/02	KP 70523 H
A61N	5/02	KP 69878 L	C21C	5/48	KP 70604 H
	5/06	KP 70633 H		7/06	KP 70607 H
A61Q	7/00	KP 69941 W	C22B	3/12	KP 70514 H
	11/00	KP 69877 W	C22C	38/02	KP 70606 H

— 71 —

	38/18	KP 70524 H		19/042	KP 70609 H
C23C	28/00	KP 70568 H		19/048	KP 70526 H
C25B	1/04	KP 70605 H	G05D	9/00	KP 70608 H
	11/02	KP 70554 H	G06F	15/18	KP 70545 H
E01B	5/26	KP 70516 F		17/40	KP 70539 H
E01H	5/10	KP 70519 H		21/14	KP 70543 F
E02B	15/06	KP 70627 H	G06K	11/06	KP 70612 H
E04B	1/22	KP 69939 L	G06N	3/12	KP 70622 H
	1/55	KP 70537 H		7/02	KP 70546 H
E04F	13/073	KP 70628 H	G06Q	10/06	KP 70557 H
E04G	3/22	KP 70555 H	G06T	7/42	KP 70561 H
E21B	33/02	KP 70556 H		11/00	KP 70538 H
F02M	21/00	KP 70597 H	G01N	27/90	KP 70610 H
F16K	11/083	KP 70598 H	H01H	3/34	KP 69940 L
F21V	17/00	KP 70594 H		9/00	KP 70593 H
	19/00	KP 70595 H	H01J	1/13	KP 70529 H
F24D	19/08	KP 69869 W	H01R	39/20	KP 69747 H
F24J	2/04	KP 70602 H	H02H	3/48	KP 70534 H
F27D	17/00	KP 70601 H		3/247	KP 70624 H
F28F	3/02	KP 70521 H	H02J	7/04	KP 70617 H
G01B	11/02	KP 70531 H	H02K	7/102	KP 70618 H
G01G	19/18	KP 70611 H		11/215	KP 70532 H
G01J	1/28	KP 70527 H			KP 70535 H
G01N	27/00	KP 70515 F		21/24	KP 70623 H
G01R	19/00	KP 70616 H	H02M	7/02	KP 70588 F
	27/08	KP 70620 H	H04L	5/22	KP 70530 H
G05B	11/42	KP 70525 H	H04M	3/24	KP 70590 H
	13/0413	KP 70544 F		11/04	KP 69948 W
	15/00	KP 70619 H		19/00	KP 69870 W
	19/05	KP 70587 F	H05H	1/04	KP 70533 H

서지자료식별기호 알아보기

(51): 국제특허분류기호

(21): 신청번호

(22): 신청날자

(11): 등록문건발행번호

F : 발명권등록문건

H: 실용기술발명권등록문건

L : 특허권등록문건

W: 실용기술특허권등록문건

(71): 신청자

(72): 발명가

(73): 특허권자

(77): 발명가소속기관

(54): 제목

(57): 개요

조선민주주의인민공화국 주체108(2019)년 제 12 호
발 명 공 보 (루계 제 162 호)

편 집 위 원 회

낸곳 발 명 총 국 인쇄소 모 란 봉 인 쇄 공 장
인쇄 주체108(2019)년 11월 20일 발 행 주체108(2019)년 12월 5일

ㄱ－1972434

ISSN 2075−0110

9 772075 011007 >

부록 3

북한 상표법

주체87(1998)년 1월 14일 최고인민회의 상설회의 결정 제106호로 채택
주체88(1999)년 2월 26일 최고인민회의 상임위원회 정령 제483호로 수정보충
주체94(2005)년 8월 2일 최고인민회의 상임위원회 정령 제1235호로 수정보충
주체97(2008)년 3월 11일 최고인민회의 상임위원회 정령 제2614호로 수정보충
주체100(2011)년 6월 13일 최고인민회의 상임위원회 정령 제1703호로 수정보충
주체100(2011)년 12월 21일 최고인민회의 상임위원회 정령 제2052호로 수정
주체101(2012)년 11월 13일 최고인민회의 상임위원회 정령 제2803호로 수정보충
주체105(2016)년 2월 24일 최고인민회의 상임위원회 정령 제980호로 수정보충
주체109(2020)년 7월 4일 최고인민회의 상임위원회 정령 제348호로 수정보충

제1장 상표법의 기본

제1조(상표법의 사명) 조선민주주의인민공화국 상표법은 상표등록의 신청과 심의, 상표권의 보호에서 제도와 질서를 엄격히 세워 기관, 기업소, 단체와 공민의 리익을 보호하는데 이바지한다.

제2조(상표의 정의) 상표는 서로 다른 생산자 또는 봉사자의 같은 제품이나 봉사를 구별하기 위하여 글자, 그림, 수자, 기호, 색갈, 3차원적인 형태 또는 그것들의 결합체로 밝히는 표식이다. 상표에는 제품상표, 봉사상표, 집단상표, 증명상표, 담보상표 같은 것이 속한다.

제3조(상표등록의 신청원칙) 상표등록의 신청은 상표심의, 등록 및 보호사업의 첫 공정이다. 국가는 상표등록의 신청절차를 바로 정하고 그것을 정확히 지키도록 한다.

제4조(상표등록의 심의원칙) 상표등록의 심의를 바로하는 것은 상표등록기관의 기본임무이다. 국가는 상표등록기관의 책임성과 역할을 높여 상표심의에서 객관성과 공정성, 신속성을 보장하도록 한다.

제5조(상표권의 보호원칙) 상표권의 보호는 조선민주주의인민공화국의 일관한 정책이다. 국가는 기관, 기업소, 단체와 공민이 소유한 상표권을 법적으로 보호하며 이름난 상표를 고착시키도록 한다.

제6조(상표의 조형화, 예술화, 상표도안창작에서 지켜야 할 요구) 국가는 인민경제가 발전하고 상품생산과 봉사업종이 늘어나는데 맞게 상표의 조형화, 예술화를 실현하며 상표도안창작에서 다음과 같은 요구를 지키도록 한다.

1. 상표도안을 보기가 좋으면서도 의미가 뚜렷하고 특성이 살아나게 형상하여야 한다.
2. 상표도안을 인위적으로 과장하지 말고 문화적으로 볼맛이 있게 형상하여야 한다.
3. 필요한 경우 만화적으로 생동하면서도 실감이 나게 형상하여 사람들의 눈길을 끌고 제품이나 봉사에 호기심을 가지게 하여야 한다.
4. 너무 원색만 써서 천한감이 나게 하지 말고 상표의 특성에 맞게 색을 조화롭게 잘 써야 한다.
5. 규격, 상품식별부호를 비롯하여 세계적으로 공통된 내용들과 표기방법을 정확히 지켜야 한다.

제7조(국제적인 교류와 협조) 국가는 상표심의, 등록 및 보호분야에서 국제기구, 다른 나라들과의 교류와 협조를 발전시킨다.

제2장 상표등록의 신청

제8조(상표등록신청문건의 제출) 상표등록의 신청을 바로하는것은 상표심의사업을 개선하기 위한 중요조건이다. 상표등록을 신청하려는 기관, 기업소, 단체와 공민은 상표등록신청문건을 만들어 상표등록기관에 내야 한다.

제9조(상표등록신청문건의 기재사항과 첨부문건) 상표등록신청문건에는 신청자의 이름, 주소, 상품 및 봉사분류 같은것을 정확히 밝히며 상표 견본을 첨부하여야 한다. 다른 나라의 신청자가 제기하는 상표등록신청문건에는

해당 나라에서 발급한 생산 및 봉사와 관련한 공증문건이 첨부되여야 한다.

제10조(상표등록신청문건의 제출방법) 상표등록신청문건은 상표등록기관에 직접 또는 전자우편, 확스같은 여러가지 전기통신수단을 리용하여 낸다.

제11조(외국인의 상표등록신청문건제출) 우리 나라에 상표를 등록하려는 다른 나라의 신청자는 대리기관을 통하여 조선어로 된 상표등록신청문건을 상표등록기관에 내야 한다. 이 경우 대리기관은 대리위임장을 내야 한다.

제12조(외국에 하는 상표등록의 신청) 기관, 기업소, 단체와 공민은 상표등록기관에 등록한 상표를 해당 국제기구 또는 대리기관을 통하여 다른 나라에 등록할수 있다. 이 경우 상표등록기관의 승인을 받아야 한다.

제13조(상표등록신청문건접수정형의 통지) 상표등록신청문건을 접수한 상표등록기관은 해당 기관, 기업소, 단체와 공민에게 상표등록신청문건의 접수정형을 알려주어야 한다.

제14조(상표등록신청문건의 결함퇴치) 상표등록기관은 상표등록신청문건에 결함이 있을 경우 3개월안에 고치게 하여야 한다. 부득이한 사유로 3개월안에 결함을 고치지 못하였을 경우에는 그 기간을 2개월간 연장하여 줄수 있다.

제15조(상표등록의 신청날자) 상표등록의 신청날자는 상표등록기관이 상표등록신청문건을 접수한 날로 한다. 결함이 있는 상표등록신청문건을 고쳤을 경우에도 상표등록의 신청날자는 상표등록기관이 상표등록신청문건을 처음 접수한 날로 한다.

제16조(전람회, 전시회와 관련한 상표등록신청의 우선권) 전람회, 전시회에 출품한 제품의 등록신청에서 우선권을 가진다. 우선권을 요구하는 문건은 전람회, 전시회에 상표가 출품된 날부터 3개월안에 상표등록기관에 내야 한다.

제17조(외국인의 상표등록신청에 대한 우선권의 효력) 다른 나라의 신청자가 자기 나라 또는 임의의 나라에서 받은 상표의 등록신청에 대한 우선권은 해당 나라에 상표등록을 신청한 날부터 6개월안에 우리 나라 상표등록기

관에 해당 문건을 내야 효력을 가진다.

제18조(상표등록의 재신청) 상표등록이 취소되였거나 보호기간이 지난 상표에 대하여서는 취소 또는 보호기간이 만기된 지 1년이후부터 등록신청을 다시 할수 있다.

제3장 상표등록의 심의

제19조(상표등록의 심의기간) 상표등록의 심의는 상표등록신청문건을 검토하고 처리하는 중요한 사업이다. 상표등록기관은 상표등록신청문건을 접수한 날부터 6개월안에 심의하여야 한다.

제20조(상표등록심의자료) 상표등록기관은 상표등록의 심의의 필요한 자료를 상표등록을 신청한 기관, 기업소, 단체와 공민에게 요구할수 있다. 상표등록을 신청한 기관, 기업소, 단체와 공민은 상표등록기관이 요구하는 자료를 제때에 보장하여야 한다.

제21조(상표로 등록할수 없는 표식, 표기) 다음에 해당하는 표식, 표기는 상표로 등록할수 없다.

1. 이미 등록된 상표와 같거나 류사한 표식 또는 표기
2. 국호나 그 략자로 만들었거나 국장, 국기, 훈장, 메달과 같거나 류사한 모양으로 만든 표식 또는 표기
3. 우리 나라의 법과 공중도덕, 미풍량속에 맞지 않는 표식 또는 표기
4. 상품 또는 봉사에 대한 허위적내용을 담은 표식 또는 표기
5. 상품이름, 조성, 용도, 특성 같은것만의 표기
6. 검사 및 인증표식이나 단순한 수자, 기하학적 표식, 특수한 전문용어나 기호같은것만을 밝힌 표식 또는 표기
7. 전람회, 전시회에 출품되였던 상표와 같거나 류사한 표식 또는 표기
8. 우리 나라가 가입한 국제기구 또는 다른 나라 단체의 이름이나 그 략자, 기발, 표식물과 같거나 류사한 표식, 국제법과 국제판례에 어긋나는 표

식 또는 표기

9. 널리 알려진 상표, 유명한 상표와 같거나 류사한 표식 또는 표기

10. 우리 나라를 비우호적으로 대하는 나라나 지역에서 등록을 신청한 표식 또는 표기

제22조(상표등록의 심의) 상표등록기관은 등록신청을 받은 상표를 심의하고 등록 또는 부결하는 결정을 하여야 한다. 상표등록의 심의결과는 상표등록을 신청한 기관, 기업소, 단체와 공민에게 알려준다.

제23조(상표등록증의 발급, 재발급) 등록이 결정된 상표는 국가상표등록부에 등록하며 상표등록을 신청한 기관, 기업소, 단체와 공민에게는 상표등록증을 발급하여준다. 상표등록증을 분실하였거나 오손시켰을 경우에는 다시 발급받는다.

제24조(상표에 대한 의견제기) 등록된 상표에 대하여 의견이 있는 기관, 기업소, 단체와 공민은 상표가 등록된 날부터 6개월 안에 상표등록기관에 의견을 제기할수 있다. 상표등록기관은 제기된 의견을 심의하고 그 결과를 의견을 제기하였거나 상표를 신청하였거나 상표를 등록받은 기관, 기업소, 단체와 공민에게 서면으로 알려주어야 한다.

제25조(등록이 부결된 상표에 대한 재심의제기) 상표등록을 신청한 기관, 기업소, 단체와 공민은 상표등록의 부결통지를 받은 날부터 6개월 안에 다시 심의하여줄데 대한 의견을 제기할수 있다. 상표등록기관은 제기된 의견을 심의하고 그 결과를 해당 기관, 기업소, 단체와 공민에게 알려주어야 한다. 상표등록기관의 재심의결정은 그것이 공개된 날부터 2개월안에 다른 의견이 제기되지 않았을 경우 확정된다.

제26조(재심의결정에 대한 의견제기) 상표등록의 재심의결정에 대하여 의견이 있는 기관, 기업소, 단체와 공민은 재심의결과를 통지받은 날부터 2개월 안에 비상설상표심의위원회에 제기할수 있다. 비상설상표심의위원회는 제기된 의견을 심의하고 그 결과를 상표등록기관과 의견을 제기한 기관, 기업소, 단체와 공민에게 알려주어야 한다.

제4장 상표권의 보호

제27조(상표권보호의 기본요구) 상표권을 보호하는 것은 상표도안창작사업을 발전시키기 위한 중요담보이다. 상표등록기관과 해당 기관은 상표권에 따르는 기관, 기업소, 단체와 공민의 리익이 침해되지 않도록 철저히 보호하여야 한다.

제28조(상표권의 소유자) 상표권은 상표등록기관에 상표를 등록한 기관, 기업소, 단체와 공민이 소유한다. 공동명의로 등록한 상표권은 공동으로 소유한다.

제29조(상표권소유자의 권리) 상표권의 소유자는 다음과 같은 권리를 가진다.

1. 등록된 상표의 사용권
2. 등록된 상표의 전부 또는 일부에 대한 양도 및 사용허가권
3. 상표권침해행위를 중지시킬데 대한 권리와 손해보상청구권
4. 등록된 상표의 취소권

제30조(상표권의 양도) 상표권을 양도받으려는 기관, 기업소, 단체와 공민은 상표권소유자와 상표권양도계약을 맺은 다음 상표권양도신청문건을 상표등록기관에 내야 한다. 이 경우 이전 상표권소유자에게 발급된 상표등록증을 첨부하여야 한다. 상표등록기관은 상표권양도내용을 국가상표등록부에 등록하고 상표권을 양도받은 기관, 기업소, 단체와 공민에게 상표등록증을 발급하여주어야 한다. 상표권의 양도는 상표등록기관에 양도등록을 한 날부터 효력을 가진다.

제31조(상표의 사용허가) 상표권을 소유한 기관, 기업소, 단체와 공민은 등록된 상표를 다른 기관, 기업소, 단체와 공민이 사용하도록 허가할수 있다. 이 경우 상표사용허가계약을 맺으며 정해진 문건을 상표등록기관에 내야 한다. 상표등록기관은 상표사용허가내용을 국가상표등록부에 등록하고 허가받은 기관, 기업소, 단체와 공민에게 상표사용허가증을 발급하여주어야 한다.

제32조(상표에 따르는 상품, 봉사의 질에 대한 통제권) 사용허가를 받은 상표에 따르는 상품, 봉사의 질에 대하여서는 그 상표를 사용하는 기관, 기업소, 단체와 공민이 책임진다. 상표권을 소유한 기관, 기업소, 단체와 공민은 사용허가를 한 상표에 따르는 상품, 봉사의 질에 대하여 통제할수 있다.

제33조(상표권의 양도, 사용허가금지) 해당한 자격을 갖추지 못한 기관, 기업소, 단체와 공민에게는 상표권을 양도하거나 등록된 상표의 사용허가를 할수 없다.

제34조(상표권의 보호기간) 상표권의 보호기간은 상표등록을 신청한 날부터 10년으로 한다. 상표권을 소유한 기관, 기업소, 단체와 공민의 신청에 따라 상표권의 보호기간을 10년씩 연장하여줄수 있다.

제35조(상표권보호기간의 연장) 상표권의 보호기간을 연장하려는 기관, 기업소, 단체와 공민은 상표권보호기간연장신청문건을 상표등록기관에 내야 한다.

제36조(상표권보호기간연장신청문건의 제기기간) 상표권보호기간연장신청문건은 상표권의 보호기간이 끝나기전에 낸다. 부득이한 경우에는 상표권보호기간연장신청문건을 그 보호기간이 끝나는 날부터 6개월까지의 사이에 낼수도 있다.

제37조(상표등록의 변경) 상표권을 소유한 기관, 기업소, 단체와 공민은 상표권의 보호기간에 이름, 주소 같은것이 달라졌을 경우 상표등록변경신청문건을 상표등록기관에 내야 한다. 이 경우 상표등록증을 함께 내야 한다. 상표등록기관은 상표등록변경내용을 국가상표등록부에 등록하고 상표등록증을 다시 발급하여주어야 한다.

제38조(상표권의 취소) 상표권을 취소하려는 기관, 기업소, 단체와 공민은 상표등록취소문건을 상표등록기관에 내야 한다. 이 경우 상표등록증을 함께 내야 한다.

제39조(상표권의 효력상실) 상표등록이 취소되였거나 상표권보호기간이 지났거나 상표를 등록한 날부터 5년동안 사용하지 않았을 경우 상표권의 효

력은 없어진다.

제5장 상표심의, 등록 및 보호사업에 대한 지도통제

제40조(상표심의, 등록 및 보호사업에 대한 지도통제의 기본요구) 상표심의, 등록 및 보호사업에 대한 지도통제를 강화하는 것은 상품의 질을 높이며 상표권을 보호하는데서 나서는 필수적요구이다. 국가는 상표심의, 등록 및 보호사업에 대한 지도통제를 강화하도록 한다.

제41조(상표심의, 등록 및 보호사업지도기관) 상표심의, 등록 및 보호사업에 대한 지도는 내각의 통일적인 지도밑에 상표등록기관이 한다. 상표등록기관은 상표심의, 등록 및 보호사업을 정상적으로 장악하고 지도하여야 한다.

제42조(상표공보) 상표등록기관은 국가상표공보 홈페지를 개설하여 상표의 등록정형을 정상적으로 대내외에 공개하여야 한다.

제43조(상표심의, 등록 및 보호사업부문의 물질기술적토대강화, 일군양성) 상표등록기관과 해당 과학연구기관, 교육기관은 상표심의, 등록 및 보호사업부문의 물질기술적 토대를 튼튼히 꾸리며 필요한 일군들을 체계적으로 양성하여야 한다.

제44조(상표와 관련한 비법행위금지) 기관, 기업소, 단체와 공민은 비법적으로 상표를 제작, 인쇄, 리용, 매매하거나 다른 나라에서 만들어 들여오거나 가짜상표를 붙인 상품, 상표가 없는 상품을 판매, 수출입하는것 같은 행위를 하지 말아야 한다.

제45조(상표심의, 등록 및 보호사업료금) 해당 기관, 기업소, 단체와 공민은 상표심의, 등록 및 보호사업과 관련하여 정해진 료금을 제때에 물어야 한다. 상표심의, 등록 및 보호사업과 관련한 료금은 중앙가격지도기관이 정한다.

제46조(상표심의, 등록 및 보호사업에 대한 감독통제) 상표심의, 등록 및 보호사업에 대한 감독통제는 상표등록기관과 해당 감독통제기관이 한다. 상

표등록기관과 해당 감독통제기관은 기관, 기업소, 단체와 공민이 상표등록의 신청, 심의질서를 지키고 상표권을 침해하지 않도록 엄격히 감독통제하여야 한다.

제47조(손해보상, 벌금 및 몰수) 상표권에 따르는 기관, 기업소, 단체와 공민의 리익을 침해하였거나 가짜상표를 제작, 인쇄, 리용, 매매하였을 경우에는 해당한 손해를 보상시키거나 벌금을 물린다. 위법행위에 리용된 설비와 상표, 상품같은것은 몰수한다.

제48조(생산, 봉사의 중지, 등록취소) 상표권을 비법적으로 양도, 사용허가하였거나 등록된 상표를 변경시켜 사용하였을 경우에는 해당 상품의 생산 또는 봉사를 중지시키거나 상표의 등록을 취소시킬수 있다.

제49조(행정적 또는 형사적책임) 이 법을 어겨 상표심의, 등록 및 보호사업에 엄중한 결과를 일으킨 기관, 기업소, 단체의 책임있는 일군과 개별적공민에게는 정상에 따라 행정적 또는 형사적책임을 지운다.

제50조(분쟁해결) 상표와 관련한 분쟁은 협의의 방법으로 해결한다. 협의의 방법으로 해결할수 없을 경우에는 상표등록기관, 비상설상표심의위원회에 제기하여 해결한다. 상표등록기관, 비상설상표심의위원회에 제기하여 해결할수 없을 경우에는 재판 또는 중재기관에 제기하여 해결할수도 있다.

부록 4

북한 공업도안법

주체87(1998)년 6월 3일 최고인민회의 상설회의 결정 제117호로 채택
주체88(1999)년 1월 14일 최고인민회의 상임위원회 정령 제350호로 수정보충
주체94(2005)년 8월 2일 최고인민회의 상임위원회 정령 제1235호로 수정보충
주체100(2011)년 12월 21일 최고인민회의 상임위원회 정령 제2052호로 수정보충

제1장 공업도안법의 기본

제1조(공업도안법의 사명) 조선민주주의인민공화국 공업도안법은 공업도안등록의 신청과 심의, 공업도안권의 보호에서 제도와 질서를 엄격히 세워 제품의 질을 높이고 사회주의경제를 발전시키는데 이바지한다.

제2조(공업도안과 그 분류) 공업도안은 공업적방법으로 생산하려는 제품의 형태와 색갈, 장식 같은 것을 그림이나 사진으로 새롭게 묘사한 것이다. 공업도안에는 기계설비와 운수수단, 방직제품, 생활 및 문화용품, 의상품, 가구류, 건구류, 포장용기 같은 제품도안과 장식도안이 속한다.

제3조(공업도안등록의 신청원칙) 공업도안등록의 신청은 공업도안사업의 첫 공정이다. 국가는 공업도안등록의 신청절차를 바로 정하고 그것을 정확히 지키도록 한다.

제4조(공업도안등록의 심의원칙) 공업도안등록의 심의를 바로하는 것은 공업도안등록기관의 기본임무이다. 국가는 공업도안등록의 심의체계를 세우고 그 심의에서 과학성, 객관성을 보장하도록 한다.

제5조(공업도안권의 보호원칙) 공업도안권의 보호는 조선민주주의인민공화국의 일관한 정책이다. 국가는 기관, 기업소, 단체와 공민이 소유한 공업도안권을 보호한다.

제6조(공업도안의 갱신원칙) 국가는 공업도안사업에 깊은 관심을 돌리며 인민경제가 발전하고 제품생산이 늘어나는데 맞게 공업도안을 부단히 갱신하도록 한다.

제7조(공업도안사업분야의 교류와 협조) 국가는 공업도안사업분야에서 국제기구, 다른 나라들과의 교류와 협조를 발전시킨다.

제2장 공업도안등록의 신청

제8조(공업도안등록신청의 기본요구) 공업도안등록의 신청을 바로하는 것은 공업도안등록심의를 제때에 할수 있게 하는 선결조건이다. 기관, 기업소, 단체와 공민은 창작한 공업도안에 대한 등록신청을 정확히 하여야 한다.

제9조(공업도안등록신청문건의 제출) 공업도안등록을 신청하려는 기관, 기업소, 단체와 공민은 공업도안등록신청문건을 만들어 공업도안등록기관에 내야 한다. 공업도안등록신청을 공동으로 하려 할 경우에는 공동명의로 된 신청문건을 내야 한다.

제10조(공업도안등록신청문건의 작성방법) 공업도안등록신청문건은 공업도안별로 만든다. 그러나 구조작용상 서로 결합된 제품에 대한 공업도안은 하나의 신청문건으로 만들수 있다. 공업도안등록신청문건에는 도안명, 도안의 분류, 신청자 및 창작가의 이름 같은 것을 밝히며 도안과 도안설명서, 평정서를 첨부한다.

제11조(공업도안등록신청문건의 제출방법) 공업도안등록신청문건은 공업도안등록기관에 직접 내거나 우편으로 낸다. 부득이한 경우에는 공업도안등록신청문건을 텔렉스, 팍스 같은 전기통신수단을 리용하여 낼 수도 있다.

제12조(다른 나라 법인의 공업도안등록신청) 우리 나라에 공업도안을 등록하려는 다른 나라 기관, 기업소, 단체와 공민은 대리기관을 통하여 조선말로 된 공업도안등록신청문건을 공업도안등록기관에 내야 한다.

제13조(공업도안등록신청문건의 결함퇴치) 공업도안등록기관은 공업도안등

록신청문건에 결함이 있을 경우 그것을 돌려보내거나 3개월 안에 고치게 하여야 한다. 부득이한 사유로 3개월안에 결함을 고치지 못하였을 경우에는 그 기간을 2개월까지 연장하여줄수 있다.

제14조(공업도안등록신청문건접수정형의 통지) 공업도안등록신청문건을 접수한 공업도안등록기관은 해당 기관, 기업소, 단체와 공민에게 공업도안등록신청문건의 접수정형을 알려주어야 한다.

제15조(공업도안등록신청날자) 공업도안등록의 신청날자는 공업도안등록신청문건을 접수한 날로 한다. 결함이 있는 공업도안등록신청문건을 정해진 기일에 고쳤을 경우에도 공업도안등록의 신청날자는 공업도안등록신청문건을 처음 접수한 날로 한다.

제16조(공업도안등록신청의 우선권) 기관, 기업소, 단체와 공민은 전람회, 전시회에 공업도안이나 그 시제품을 내놓았을 경우 해당 공업도안등록의 신청에서 우선권을 가진다. 이 경우 우선권을 증명하는 문건을 전람회, 전시회에 공업도안이나 그 시제품을 내놓은 날부터 3개월안에 공업도안등록기관에 내야 한다.

제17조(다른 나라 법인의 우선권의 효력) 다른 나라의 기관, 기업소, 단체와 공민이 자기 나라에서 받은 공업도안등록의 신청에 대한 우선권은 그것을 받은 날부터 6개월안에 우리 나라 공업도안등록기관의 해당 문건을 내야 효력을 가진다.

제18조(다른 나라에 하는 공업도안등록의 신청) 공업도안권을 소유한 기관, 기업소, 단체와 공민은 공업도안을 다른 나라에 등록할수 있다. 이 경우 공업도안등록기관의 승인을 받고 공업도안등록신청문건을 해당 국제기구 또는 대리기관을 통하여 내야 한다.

제3장 공업도안등록의 심의

제19조(공업도안등록심의기간) 공업도안등록의 심의는 공업도안등록신청문

건을 검토하고 등록을 결정하는 중요한 사업이다. 공업도안등록기간은 공업도안등록신청문건을 접수한 날부터 6개월안에 심의하여야 한다.

제20조(공업도안등록심의자료의 요구) 공업공업도안기관은 공업도안의 심의에 필요한 자료를 공업도안등록을 신청한 기관, 기업소, 단체와 공민에게 요구할수 있다. 공업도안등록을 신청한 기관, 기업소, 단체와 공민은 공업도안등록기관이 요구한 자료를 제때에 보장하여야 한다.

제21조(등록할수 없는 공업도안) 다음의 도안은 공업도안으로 등록할수 없다.

1. 이미 등록된 공업도안과 본질적으로 같거나 류사한 도안
2. 이미 공개되여 사용하고있는 제품과 같거나 류사한 도안
3. 우리 나라의 법과 공중도덕, 미풍량속에 맞지 않은 도안
4. 설비 및 기술공정도면이나 미술작품, 건축물 및 기념비 같은것의 도안
5. 등록된 상표와 같거나 류사한 도안
6. 경제적효과성과 실용예술성, 생산도입가능성이 없는 도안

제22조(공업도안등록심의) 공업도안등록기관은 공업도안등록신청문건을 심의하고 등록 또는 부결하는 결정을 하여야 한다. 공업도안등록의 심의결과는 공업도안등록을 신청한 기관, 기업소, 단체와 공민에게 알려주어야 한다.

제23조(공업도안등록증의 발급) 등록이 결정된 공업도안은 국가공업도안등록부에 등록하며 해당 기관, 기업소, 단체와 공민에게는 공업도안등록증을 발급하여준다. 등록된 공업도안은 공업도안공보를 통하여 공개한다.

제24조(등록된 공업도안에 대한 의견제기) 등록된 공업도안에 대하여 의견이 있는 기관, 기업소, 단체와 공민은 그것이 공개된 날부터 6개월안에 공업도안등록기관에 의견을 제기할수 있다. 공업도안등록기관은 제기된 의견을 심의하고 그 결과를 해당 기관, 기업소, 단체와 공민에게 알려주어야 한다.

제25조(공업도안등록의 부결에 대한 재심의제기) 공업도안등록의 부결에 대하여 의견있는 기관, 기업소, 단체와 공민은 부결통지를 받은 날부터 6개월

안에 다시 심의하여줄 것을 제기할수 있다.

제26조(재심의결정에 대한 의견제기) 공업도안등록의 재심의결정에 대하여 의견이 있을 경우에는 재심의결과를 통지받은 날부터 2개월안에 비상설공업도안심의위원회에 의견을 제기할수 있다.

제4장 공업도안권의 보호

제27조(공업도안권보호의 기본요구) 공업도안권을 보호하는 것은 공업도안사업을 강화하기 위한 기본요구이다. 공업도안등록기관과 해당 기관은 공업도안권을 소유한 기관, 기업소, 단체와 공민의 리익을 보호하여야 한다.

제28조(공업도안권의 소유자) 공업도안권은 공업도안을 등록받은 기관, 기업소, 단체와 공민이 소유한다. 공동명의로 등록받은 공업도안권은 공동으로 소유한다.

제29조(공업도안권소유자의 권리) 공업도안권소유자는 다음과 같은 권리를 가진다.

1. 등록된 공업도안의 사용권
2. 등록된 공업도안의 전부 또는 일부에 대한 양도 및 사용허가권
3. 등록된 공업도안의 취소권

제30조(공업도안권의 양도) 공업도안권을 양도하거나 양도받으려는 기관, 기업소, 단체와 공민은 공업도안권양도신청문건을 만들어 공업도안등록기관에 내야 한다. 공업도안권의 양도는 양도등록을 한 날부터 효력을 가진다.

제31조(공업도안의 사용허가) 공업도안권을 소유한 기관, 기업소, 단체와 공민은 등록된 공업도안을 다른 기관, 기업소, 단체와 공민에게 사용을 허가하려 할 경우 계약을 맺고 공업도안사용허가문건을 공업도안등록기관에 내야 한다.

제32조(공업도안에 따르는 제품의 질에 대한 책임) 공업도안사용을 허가받은 기관, 기업소, 단체와 공민은 그것을 사용하여 생산한 제품의 질에 대하

여 책임져야 한다. 공업도안사용을 허가한 기관, 기업소, 단체와 공민은 그것을 사용하여 생산하는 제품의 질에 대하여 통제할수 있다.

제33조(공업도안권의 양도, 공업도안의 사용허가금지) 해당한 자격을 갖추지 못한 기관, 기업소, 단체와 공민에게는 공업도안권을 양도하거나 등록된 공업도안의 사용을 허가할수 없다.

제34조(다른 나라에 공업도안권의 양도, 공업도안사용의 허가) 공업도안권을 소유한 기관, 기업소, 단체와 공민이 다른 나라 기관, 기업소, 단체와 공민에게 공업도안권을 양도하거나 등록된 공업도안의 사용을 허가하려 할 경우에는 공업도안등록기관의 승인을 받는다.

제35조(공업도안권의 보호기관) 공업도안권의 보호기간은 공업도안등록을 신청한 날부터 5년이다. 공업도안권을 소유한 기관, 기업소, 단체와 공민의 신청에 따라 공업도안권의 보호기간을 5년씩 두 번 연장할수 있다. 이 경우 공업도안권보호기간연장신청문건을 공업도안등록기관에 낸다.

제36조(공업도안권보호기간의 연장) 공업도안권보호기간연장신청문건은 그 보호기간이 끝나기 6개월전에 낸다. 부득이한 경우에는 공업도안권보호기간연장신청문건을 보호기간이 끝나는 날부터 6개월까지의 사이에 낼수도 있다.

제37조(공업도안등록의 변경) 공업도안권을 소유한 기관, 기업소, 단체와 공민은 공업도안권의 보호기간에 이름, 주소 같은 것이 달라졌을 경우 공업도안등록변경신청문건을 공업도안등록기관에 내야 한다. 공업도안등록기관은 공업도안등록변경내용을 국가공업도안등록부에 등록하여야 한다.

제38조(공업도안등록의 취소) 공업도안등록을 취소하려는 기관, 기업소, 단체와 공민은 공업도안등록취소문건을 공업도안등록기관에 내야 한다. 이 경우 공업도안등록증도 내야 한다.

제39조(공업도안권효력의 상실) 등록된 공업도안이 취소되였거나 또는 그 보호기간이 끝났거나 공업도안을 등록한 날부터 2년간 사용하지 않았을 경우에는 공업도안권의 효력은 없어진다.

제5장 공업도안사업에 대한 지도통제

제40조(공업도안사업에 대한 지도통제의 기본요구) 공업도안사업에 대한 지도통제를 강화하는것은 공업도안창작을 장려하며 공업도안권을 보호하는데서 나서는 필수적요구이다. 국가는 공업도안사업에 대한 지도통제를 강화하도록 한다.

제41조(공업도안지도기관의 임무) 공업도안사업에 대한 지도는 내각의 통일적인 지도밑에 공업도안지도기관이 한다. 공업도안지도기관은 공업도안사업을 정상적으로 장악하고 지도하여야 한다.

제42조(공업도안과 관련한 사항의 공개) 공업도안등록기관은 공업도안의 등록, 보호기간연장, 양도, 사용허가, 취소정형과 공업도안등록신청자의 이름, 주소변경정형을 정상적으로 공개하여야 한다.

제43조(공업도안사업료금) 기관, 기업소, 단체와 공민은 공업도안사업과 관련하여 정해진 료금을 제때에 물어야 한다. 공업도안사업과 관련한 료금을 정하는 사업은 중앙가격제정기관이 한다.

제44조(공업도안의 창작) 해당 기관, 기업소, 단체는 공업도안을 창작하기 위한 연구사업을 강화하며 필요한 일군들을 전망성있게 양성하여야 한다.

제45조(공업도안소유권과 관련한 비법행위금지) 기관, 기업소, 단체와 공민은 등록된 공업도안을 승인없이 사용하거나 공업도안권의 양도, 공업도안사용허가질서를 어기는 것 같은 행위를 하지 말아야 한다.

제46조(공업도안사업에 대한 감독통제) 공업도안사업에 대한 감독통제는 공업도안지도기관과 해당 감독통제기관이 한다. 공업지도기관과 해당 감독통제기관은 공업도안등록의 신청과 심의질서를 지키고 공업도안권을 침해하지 않도록 엄격히 감독통제하여야 한다.

제47조(손해보상, 몰수) 공업도안권을 소유한 기관, 기업소, 단체와 공민의 리익을 침해하였을 경우에는 해당한 손해를 보상시키거나 위법행위를 하여 생산한 제품을 몰수한다.

제48조(사용중지, 등록취소) 승인없이 등록된 공업도안을 사용하거나 공업도안권의 양도, 공업도안사용허가질서를 어겼을 경우에는 그 사용을 중지시키거나 공업도안등록을 취소시킨다.

제49조(행정적 또는 형사적책임) 이 법을 어겨 공업도안사업에 엄중한 결과를 일으킨 기관, 기업소, 단체의 책임있는 일군과 개별적공민에게는 정상에 따라 행정적 또는 형사적책임을 지운다.

제50조(분쟁해결) 공업도안과 관련한 분쟁은 협의의 방법으로 해결한다. 협의의 방법으로 해결할수 없을 경우에는 공업도안등록기관, 비상설공업도안심의위원회에 제기하여 해결한다. 공업도안등록기관이나 비상설공업도안심의위원회에 제기하여 해결할수 없을 경우에는 중재 또는 재판기관에 제기하여 해결할수도 있다.

부록 5

북한 창의고안에 관한 규정

북한의 '창의고안규정에 대해'(4장 23조) 법규해설

〈민주조선〉, 2001년 6월 12일 보도

위대한 령도자 김정일 동지께서는 다음과 같이 지적하시었다.

"인민경제 모든 부문에서 대중적기술혁신운동을 적극 벌려 나가며 누구나다 새 기술의 창조자, 혁신자가 되게 해야 합니다. 광범한 군중을 기술혁신운동에 적극 인입하기 위한 조직정치사업을 강화해 그들 속에서 창의고안명수와 발명가가 많이 나오도록 해야 합니다."

최근 조선민주주의인민공화국 내각에서는 창의고안에 대한 규정을 승인할 데 대한 결정을 채택했다.

이번에 새롭게 제정된 창의고안에 대한 규정은 새 세기의 요구에 맞게 로동자들과 과학자, 기술자들속에서 기술혁신운동을 더욱 힘있게 벌려 인민경제를 현대적기술로 개건하며 사회주의경제강국건설을 다그치는데서 중요한 의의를 가진다.

규정은 모드 4장 23조로 되어 있다.

제1장에서는 우선 규정의 목적이 밝혀져 있다.

규정의 목적은 위대한 수령 김일성 동지께서와 위대한 령도자 김정일 동지께서 대중적기술혁신운동을 힘 있게 벌릴 데 대해 주신 방침을 철저히 관철해 창의고안을 더 많이 하며 그것을 정확히 평가하고 제때 생산에 도입 일반화함으로써 근로자들의 창조적 열의를 적극 발양시키고 인민경제발전에 이바지하는데 있다.

이런 목적에 맞게 규정은 제1장에서 창의고안의 개념과 창의고안사업에 대한 지도단위, 이 규정의 적용대상 등도 규제하고 있다.

규정에는 창의고안이란 이미 알려진 기술에 기초해 기관, 기업소범위에서 기계설비와 장치, 요소와 재료, 제품, 기술공정, 생산방법의 일부를 보충 또는 개선함으로써 보다 높은 기술경제적 효과를 주는 기술적 성과를 말한다고 밝혀져 있다. 여기에서 중요한 것은 새로운 기술이 아니라 이미 알려진 기술에 기초해 주로 생산에서 보다 높은 기술경제효과를 거두도록 한다는데 있다.

규정에 의하면 창의고안사업에 대한 통일적인 지도는 국가과학기술행정지도기관이 하며 그 실무사업은 해당 기관, 기업소, 단체가 한다. 또 규정은 기관, 기업소, 단체와 개별적 공민에게 적용하며 발명 및 발견을 비롯한 창의고안의 개념에 맞지 않는 대상에는 적용하지 않는다.

이런 규제들은 당과 국가의 정책적 의도에 맞게 창의고안사업에 대한 평가와 도입에서 과학성과 객관성의 원칙을 지키고 이 사업을 현실발전의 요구에 맞게 더욱 개선강화해 나갈 수 있는 중요한 담보로 된다.

규정 제2장에는 창의고안의 신청과 심의 등록에서 나서는 요구와 그 절차, 방법이 규제되어 있다.

여기에서 중요한 것은 창의고안등록을 위한 신청을 규정의 요구대로 정확히 하며 신청문건을 받은 기관, 기업소는 1개월 안으로 제기된 창의고안의 기술적 내용과 그의 기술경제적 의의 및 도입효과를 기본으로 과학기술심의도입위원회에서 심의결정하는 것이다. 또 등록하기로 결정된 창의고안을 창의고안등록대장에 제때 등록해야 한다.

창의고안의 신청과 심의, 등록에 대한 규제들은 창의고안사업을 제정된 질서와 절차에 따라 진행해 나갈 수 있는 담보로 된다.

규정 제3장에서는 창의고안에 대한 평가에서 나서는 문제들이 밝혀져 있다.

창의고안에 대한 평가사업을 잘하는 것은 근로자들의 창조적 열의를 높여 더 많은 창의고안이 나오도록 하기 위한 중요한 조건으로 된다.

규정에는 등록된 창의고안에 대해 창의고안자들에게 창의고안증서와 상금을 주며 기관, 기업소는 새로운 창의고안을 받아 들여 얻은 이익금 또는 예산절약액의 일부를 과학기술발전자금과 기술혁신표창자금으로 쓰도록 규제되어 있다.

이와 함께 기관, 기업소가 창의고안사업에 적극 참가해 국가에 많은 이익을 주었거나 특출한 공로를 세운 사람들에게 국가표창과 한 등급 이상의 기술자격급수 또는 인증기술가격을 주기 위한 사업을 밝히고 있다.

그리해 규정은 기술혁신운동에 대한 근로자들의 열의를 더욱 높이고 더 많은 창의고안명수들을 키워 인민경제발전에 적극 이바지할 수 있는 실천적 담보를 마련하고 있다.

규정 제4장에는 창의고안사업에 대한 지도통제와 관련한 요구들이 규제되어 있다.

여기에는 성, 중앙기관 및 도인민위원회가 국가과학기술행정지도기관의 통일적인 지도 밑에 아래기관, 기업소들에 창의고안 목표를 주고 장악지도할데 대한 문제, 기관, 기업소가 창의고안의 장려, 심의등록 및 도입, 평가사업을 바로해 대중적기술혁신운동이 힘있게 벌어지도록 한데 대한 문제, 경험교환회, 현상모집, 방식상학, 견학 같은 것을 계획적으로 조직진행한데 대한 문제를 비롯한 창의고안 사업에 대한 지도통제에서 나서는 원칙적 요구들이 밝혀져 있다.

이번에 창의고안에 대한 규정이 제정된 것은 정보산업시대의 요구에 맞게 대중적 기술혁신운동의 불길을 더욱 세차게 일으켜 인민경제를 현대적 기술로 개건하기 위한 사업에 적극 기여하기 위한 중요한 조치로 된다.

모든 일군들과 근로자들은 이번에 제정된 창의고안에 대한 규정의 요구를 똑똑히 인식하고 그것을 철저히 지켜 나감으로써 당의 의도대로 더 많은 창의고안을 하여 나라의 경제발전에 이바지해야 할 것이다.

부록 6

북한 저작권법

주체90(2001)년 3월 21일 최고인민회의 상임위원회 정령 제2141호로 채택
주체95(2006)년 2월 1일 최고인민회의 상임위원회 정령 제1532호로 수정보충
주체101(2012)년 11월 13일 최고인민회의 상임위원회 정령 제2803호로 수정보충
주체108(2019)년 10월 24일 최고인민회의 상임위원회 정령 제144호로 수정보충

제1장 저작권법의 기본

제1조(저작권법의 사명) 조선민주주의인민공화국 저작권법은 저작물의 리용에서 제도와 질서를 엄격히 세워 저작권자와 저작린접권자의 권리를 보호하고 문학예술과 과학기술발전에 이바지한다.

제2조(정의) 이 법에서 용어의 정의는 다음과 같다.

1. 저작물은 문학예술과 과학기술분야의 창작품을 말한다.
2. 복제는 저작물을 인쇄, 촬영, 복사, 록음, 록화하는것을 말한다.
3. 공연은 저작물을 가지고 대중앞에서 출연하는것을 말한다.
4. 상영은 저작물을 영사기, 환등기같은 기술설비를 리용하여 대중앞에서 재현하는 것을 말한다.
5. 방송은 대중이 동시에 수신할수 있도록 유선 또는 무선통신으로 저작물을 송신하는것을 말한다.
6. 전송은 개인이 선택한 임의의 시간과 장소에서 수신할수 있도록 유선 또는 무선통신으로 저작물을 송신하는것을 말한다.
7. 전시는 저작물을 차려놓고 대중에게 보이는것을 말한다.
8. 배포는 저작물을 대중에게 보급, 판매하거나 대출하는것을 말한다.

제3조(저작권의 보호원칙) 저작권을 보호하는것은 조선민주주의인민공화국

의 일관한 정책이다. 국가는 기관, 기업소, 단체와 공민의 창작활동을 보장하고 저작권자의 권리를 보호하도록 한다.

제4조(저작물의 리용원칙) 저작물의 리용을 바로하는것은 문학예술과 과학기술발전의 중요조건이다. 국가는 저작물의 리용절차와 방법을 바로 정하고 그것을 엄격히 지키도록 한다.

제5조(저작린접권의 보호원칙) 국가는 저작물을 리용하여 공연, 록음, 록화, 방송을 한자의 권리를 보호하도록 한다.

제6조(외국인의 저작권보호) 우리 나라가 체결한 조약에 가입한 다른 나라의 법인 또는 개인의 저작권은 그 조약에 따라 보호한다. 그러나 체약국이 아닌 다른 나라의 법인 또는 개인이 우리 나라에서 처음으로 저작물을 발표하였을 경우에는 이 법에 따라 보호한다.

제7조(저작권보호의 제외대상) 출판, 발행, 공연, 방송, 상영, 전시 같은것이 금지된 저작물에 대한 저작권은 보호하지 않는다.

제8조(저작권분야의 교류와 협조) 국가는 저작권분야에서 다른 나라, 국제기구들과의 교류와 협조를 발전시킨다.

제2장 저작권의 대상

제9조(저작권대상선정의 기본요구) 저작권의 대상을 바로 정하는것은 저작권보호의 선결조건이다. 해당 기관은 과학성, 객관성, 현실성의 원칙에서 저작권대상을 정하여야 한다.

제10조(저작권의 대상으로 되는 저작물) 저작권의 대상으로 되는 저작물은 다음과 같다.

1. 과학론문, 소설, 시 같은 어문저작물
2. 음악저작물
3. 가극, 연극, 교예, 무용 같은 무대예술저작물
4. 영화, 텔레비죤편집물 같은 영상저작물

5. 회화, 조각, 공예, 서예, 도안 같은 미술저작물

6. 사진저작물

7. 지도, 도표, 도면, 략도, 모형 같은 도형저작물

8. 콤퓨터프로그람저작물

제11조(저작권의 대상으로 되는 개작한 저작물) 원저작물을 편작, 편곡, 각색, 윤색, 번안, 번역 같은 방법으로 개작하여 만든 저작물은 독자적인 저작물로서 저작권의 대상으로 된다. 민족고전작품을 현대말로 고쳐 만든 저작물도 저작권의 대상으로 된다.

제12조(저작권의 대상으로 되는 편집저작물) 사전이나 선집 같은 편집저작물은 저작권의 대상으로 된다. 이 경우 편집저작물은 소재의 선택이나 배렬에서 창조성이 있어야 한다.

제13조(저작권의 제외대상) 국가관리문건과 시사보도물, 통보자료 같은것은 상업적목적이 없는 한 저작권의 대상으로 되지 않는다.

제3장 저작권자

제14조(저작권자의 권리) 저작권자는 문학예술과 과학기술분야의 저작물을 창작한자 또는 그의 권리를 넘겨받은자이다. 저작권자는 저작물에 대한 인격적권리와 재산적권리를 가진다.

제15조(저작권자의 인격적권리) 저작권자의 인격적권리는 다음과 같다.

1. 저작물의 발표를 결정할 권리
2. 저작물에 이름을 밝힐 권리
3. 저작물의 제목, 내용, 형식 같은것을 고치지 못하도록 할 권리

제16조(저작권자의 재산적권리) 저작권자의 재산적권리는 다음과 같다.

1. 저작물을 복제, 공연, 상영, 방송, 전송할 권리
2. 저작물의 원작이나 복제물을 전시 또는 배포할 권리
3. 저작물을 편작, 편곡, 각색, 윤색, 번안, 번역 같은 방법으로 개작하여 새

로운 저작물을 만들 권리

4. 저작물을 편집할 권리

제17조(저작권의 소유) 개인의 이름으로 창작된 저작물에 대한 저작권은 그것을 창작한자가 가진다. 기관, 기업소, 단체의 이름으로 창작된 저작물에 대하여서는 그 기관, 기업소, 단체가 저작권을 가진다.

제18조(공동소유의 저작권) 두명이상이 함께 창작한 저작물에 대한 저작권은 그것을 창작한자들이 공동으로 가진다. 공동저작권은 저작권자들의 합의에 의하여 행사된다. 이 경우 대표를 선출하여 권리를 행사할수도 있다.

제19조(영상저작물저작권의 소유) 영상저작물에 대한 저작권은 그것을 제작한자가 가진다. 영상저작물의 제작에 리용된 소설, 대본, 음악, 미술저작물 같은것에 대한 저작권은 독립적으로 행사할수 있다.

제20조(원저작권자의 권리보호) 저작물을 개작, 편집한자는 저작권행사에서 원저작권자의 권리를 침해하지 말아야 한다.

제21조(저작권자의 인격적권리보호) 저작권자의 인격적권리는 저작물을 창작한자만이 가진다. 인격적권리는 양도, 상속할수 없으며 무기한 보호된다.

제22조(저작권자의 재산적권리양도) 저작권자의 재산적권리는 전부 또는 일부를 양도하거나 상속할수 있다. 재산적권리를 다른 나라 법인이나 개인에게 양도하려 할 경우에는 해당 기관의 승인을 받는다.

제23조(법인의 저작물에 대한 재산적권리계승) 저작물에 대한 재산적권리를 가진 기관, 기업소, 단체가 해산될 경우 그 권리는 계승하는 기관, 기업소, 단체가 가진다.

제24조(저작물의 재산적권리보호기간) 저작물에 대한 재산적권리는 저작물이 발표된 때부터 그것을 창작한자가 사망한 후 50년까지 보호한다. 공동저작물에 대한 재산적권리는 저작물이 발표된 때부터 마지막으로 남은 창작자가 사망한 후 50년까지 보호한다.

제25조(법인의 저작물에 대한 재산적권리보호기간) 기관, 기업소, 단체의 이

름으로 창작된 저작물이나 영상저작물에 대한 재산적권리는 저작물이 발표된 때부터 50년까지 보호한다

제26조(저작권보호기간의 계산) 저작권의 보호기간은 저작물이 발표되였거나 창작자가 사망한 다음해 1월 1일부터 계산한다.

제4장 저작물의 리용

제27조(저작물리용의 기본요구) 저작물의 리용은 복제, 공연, 상영, 방송, 전송, 전시, 배포, 개작, 편집 같은 방법으로 저작물을 보급하는 중요한 사업이다. 기관, 기업소, 단체와 공민은 정해진 절차와 방법의 요구대로 저작물을 리용하여야 한다.

제28조(저작물의 리용, 허가) 저작물의 리용은 저작권자가 한다. 저작권자의 허가를 받아 기관, 기업소, 단체와 공민도 저작물을 리용할수 있다. 저작권자를 찾을수 없을 경우에는 해당 기관의 승인을 받아 저작물을 리용할수 있다.

제29조(저작물의 우선적리용조건) 기관, 기업소, 단체에 소속된 공민이 직무수행으로 창작한 저작물은 그 기관, 기업소, 단체가 우선적으로 리용할수 있다.

제30조(저작물의 리용범위, 저작물리용권의 양도) 기관, 기업소, 단체와 공민은 허가 또는 승인받은 범위에서 저작물을 리용하여야 한다. 저작물의 리용을 허가 또는 승인받은 기관, 기업소, 단체와 공민은 그 리용권을 제3자에게 양도할수 있다. 이 경우 저작물의 리용을 허가한 저작권자나 승인한 기관의 합의를 받아야 한다.

제31조(저작물의 출처명시) 기관, 기업소, 단체와 공민은 저작물창작에 이미 나간 사진이나 글 같은 저작물을 리용할 경우 그 출처를 밝혀야 한다. 이미 나간 저작물의 출처를 밝히지 않은 저작물은 발표할수 없다. 부득이한 사유로 저작물의 출처를 밝힐수 없을 경우에는 저작권자의 허가 또는

해당 기관의 승인을 받아야 한다.

제32조(저작물의 리용료금) 저작물을 리용하는 기관, 기업소, 단체와 공민은 저작권자에게 해당한 료금을 지불하여야 한다. 료금을 정하는 사업은 가격제정기관이 한다.

제33조(저작물의 무허가리용) 저작권자의 허가를 받지 않고 저작물을 리용하는 경우는 다음과 같다.

1. 개인 또는 가정적범위에서 쓰기 위하여 저작물을 복제, 번역할 경우
2. 도서관, 문헌고, 박물관, 기념관 같은 곳에서 저작물을 보존, 진렬, 열람, 대출용으로 복제할 경우
3. 학교교육을 위하여 저작물을 복제, 방송, 개작할 경우
4. 국가관리에 필요한 저작물을 복제, 방송하거나 편집물작성에 리용할 경우
5. 저작물을 소개하기 위하여 방송하거나 신문, 정기간행물에 내는 경우
6. 저작물을 인용할 경우
7. 저작물을 무료로 공연할 경우
8. 공공장소에 설치된 저작물을 복제할 경우
9. 맹인을 위하여 저작물을 록음하거나 점자로 복제할 경우

제5장 저작린접권자

제34조(저작린접권자의 의무) 저작린접권자는 저작물을 리용하여 공연, 록음, 록화, 방송을 한자 또는 그의 권리를 넘겨받은자이다. 공연, 록음, 록화, 방송을 한자는 리용한 저작물에 대한 저작권자의 권리를 침해하지 말아야 한다.

제35조(저작린접권자의 공연권리) 저작물을 리용하여 공연한자는 이름을 밝히거나 공연을 복제, 방송할수 있다. 필요에 따라 복제물을 배포할수도 있다.

제36조(저작린접권자의 록음, 록화물제작권리) 저작물을 리용하여 록음 또는 록화물을 제작한자는 그것을 복제할수 있다. 필요에 따라 록음 또는 록화물, 복제물을 배포할수도 있다.

제37조(저작린접권자의 방송권리) 저작물을 리용하여 방송한자는 그 방송물을 록음, 록화, 사진촬영 같은 방법으로 복제할수 있다. 필요에 따라 중계방송 또는 재방송을 할수도 있다.

제38조(저작린접물의 사용) 공연물, 록음 또는 록화물, 방송물을 리용하려는 기관, 기업소, 단체와 공민은 저작린접권자의 허가를 받아야 한다. 이 경우 해당한 료금을 지불하여야 한다.

제39조(저작린접권의 보호기간) 저작린접권보호기간은 공연, 록음, 록화, 방송을 한 때부터 50년까지이다. 보호기간의 계산은 공연, 록음, 록화, 방송을 한 다음해 1월 1일부터 한다.

제40조(저작린접권의 양도, 상속) 저작린접권은 양도 또는 상속할수 있다.

제41조(저작린접물의 무허가리용) 공연물, 록음 또는 록화물, 방송물은 제32조에서 정한 경우들에 한하여 저작린접권자의 허가를 받지 않고 리용할수 있다.

제6장 저작권사업에 대한 지도통제

제42조(저작권사업에 대한 지도통제의 기본요구) 저작권사업에 대한 지도통제를 강화하는것은 국가의 저작권보호정책을 정확히 집행하기 위한 기본담보이다. 국가는 저작권사업에 대한 지도와 통제를 강화하도록 한다.

제43조(저작권사업의 지도) 저작권사업에 대한 지도는 내각의 통일적인 지도밑에 중앙과학기술행정지도관리기관과 문화지도기관, 출판지도기관이 한다. 중앙과학기술행정지도관리기관과 문화지도기관, 출판지도기관은 저작권사업체계를 바로세우고 저작권자와 저작린접권자의 권리를 보호하여야 한다.

제44조(저작권사업의 대리기관조직) 중앙과학기술행정지도관리기관과 문화지도기관, 출판지도기관은 저작권사업에 필요한 대리기관을 둘수 있다. 이 경우 내각의 승인을 받는다.

제45조(저작권 및 저작린접권의 등록) 저작권자 및 저작린접권자는 저작물 및 저작린접물의 제목, 종류, 발표날자, 권리의 변경 등을 해당 기관에 등록할수 있다. 해당 기관은 저작권자 및 저작린접권자등록정형을 콤퓨터망을 통하여 알리거나 등록부를 열람하게 할수 있다.

제46조(저작권 및 저작린접권의 침해행위금지) 기관, 기업소, 단체와 공민은 다음의 저작권 및 저작린접권침해행위를 하지 말아야 한다.

1. 저작권자의 허가없이 그 저작물을 발표하거나 다른 공동저작권자의 허가없이 공동저작물을 자기의 단독저작물로 발표하는 행위
2. 저작권자의 허가없이 그 저작물의 제목, 내용, 형식같은것을 고치는 행위
3. 다른 사람의 저작물을 자기 이름으로 발표하거나 표절하거나 모방하는 행위
4. 저작권자 및 저작린접권자의 허가없이 그 저작물 또는 저작린접물을 복제, 공연, 상영, 방송, 전송, 전시, 배포, 개작, 편집하는 행위
5. 저작물을 리용하고 료금을 지불하지 않는 행위
6. 기타 저작권 및 저작린접권을 침해한 행위

제47조(저작권사업에 대한 감독통제) 저작권사업에 대한 감독통제는 중앙과학기술행정지도관리기관, 문화지도기관, 출판지도기관과 해당 감독통제기관이 한다. 중앙과학기술행정지도관리기관, 문화지도기관, 출판지도기관과 해당 감독통제기관은 저작권 및 저작린접권을 침해하는 현상이 나타나지 않도록 엄격히 감독통제하여야 한다.

제48조(손해보상) 저작권 또는 저작린접권을 침해한 경우에는 해당한 손해를 보상시킨다.

제49조(행정적 또는 형사적책임) 이 법을 어겨 저작권사업에 엄중한 결과를 일으킨 기관, 기업소, 단체의 책임있는 일군과 개별적공민에게는 정상에 따라 행정적 또는 형사적책임을 지운다.

第50條(분쟁해결) 저작권 및 저작린접권과 관련하여 생긴 분쟁은 협의의 방법으로 해결한다. 협의의 방법으로 해결할수 없을 경우에는 중재 또는 재판기관에 제기하여 해결할수 있다.

참고문헌 | REFERENCE

단행본

권재열 외 8인, 『북한의 법체계: 그 구조와 특색』, 서울: 집문당, 2004.

김민희 외 2인, 『특허민법개론』, 금강인쇄사, 2008.

김원준, 『특허법』, 박영사, 2004.

_____, 『특허법원론』, 박영사, 2009.

문삼섭, 『상표법』, 세창출판사, 2004.

민족통일연구원, 『북한인권백서1996』, 1996.

민주평화통일자문회의, 『남북관계법 · 제도, 그 현황과 대안』, 2004.

박정원, 『북한헌법(1998)상의 경제조항과 남북한 경제통합』, 한국법제연구원, 1999.

박종배, 『통일한국 지식재산권의 이해』, 북코리아, 2011.

법원행정처, 『남북교류와 관련한 법적 문제점』, 특수사법제도연구회, 2005.

변상필 역, 『중국헌법』, 서울: 동현출판사, 1996.

사회과학원 법학연구소 편, 『법학사전』, 1971.

송영식 · 이상정 · 황종환, 『지적소유권법(상)』, 서울: 육법사, 2001.

송영식 · 이상정 · 김병일, 『지적재산법』, 서울: 세창출판사, 2009.

윤선희, 『지식재산권법』, 서울: 세창출판사, 2005.

이인종, 『특허법개론』, 법연출판사, 2002.

장명봉, 『최신 북한법령집』, 법제처, 2006.

장명봉 · 박정원, 『북한의 대외경제개방과 관련법제정비동향』, 한국경제연구원, 2001.

제성호, 『남북교류협력 활성화를 위한 법제도 개선 방안』, 민족통일연구원, 1996.

최종고, 『북한법』, 서울: 박영사, 1996.
_____, 『한국법과 세계법』, 서울: 교육과학사, 1989.
최의철, 『남북한 교류 · 협력 활성화 방안』, 서울: 통일연구원, 2000.
최현규 외, 『북한과학기술연구 제2집』, 한국과학기술정보연구원, 2004.
_____, 『북한과학기술연구 제1집』, 한국과학기술정보연구원, 2003.
통일부, 『독일통일백서』, 1994~2000.
통일부 통일정책실, 『독일통일백서, 2000』, 2003.
통일원, 『동 · 서독 교류협력사례집』, 1993.
_____, 『남북교류협력법제 논문자료집』, 1996.
_____, 『동 · 서독 교류협력 관계법규자료집』, 1994.
특허법원, 『특허재판실무편람』, 과천인쇄사, 2002.
특허청, 『조문별 상표법 해설』, 금강인쇄사, 2007.
_____, 『기업직무발명보상규정 표준모델』, 창진인쇄사, 2007.
_____, 『2008 지식재산백서』, 2008.
_____, 『디자인보호법(표준교재)』, 국제지식재산연수원, 2008.
_____, 『지식재산권법령집』, 2007.
_____, 『상표법(표준교재)』, 국제지식재산연수원, 2008.
_____, 『조문별 특허법 해설』, 금강인쇄사, 2007.
_____, 『지식재산강국을 향한 도전 30년』, 금강인쇄정보, 2007.
_____, 『특허법(표준교재)』, 국제지식재산연수원, 2008.
한국발명진흥회, 『지식재산권 입문』, 서울: 성민사, 2007.

일반논문

권규우, "북한 산업재산권 제도 현황 및 남북한 산재권 교류협력방안", 『지식재산21』, 통권 제64호, 특허청, 2001.
권순택, "북한 저작권법에 대한 평가", 2001.
김상호, "북한 저작권법의 내용과 특징", 『경상대학교 법학연구』, 제11집, 2002.
김준규, "동 · 서독 특허청 통합과 남북한 특허제도 비교", 『특허청제도연구』, 1992.
김중효, "상표를 중심으로 한 북한의 산업재산권 제도와 통일을 대비한 남북한 산업재산권 상호보호방안", 『특허정보지』, 통권28호, 1994.
나동규, "북한의 발명법 우리와 무엇이 다른가?", 『북한』, 1999, 12월호.

_____, "북한의 발명권과 특허권에 대해", 『지식재산21』, 통권 제57호, 특허청, 1999.
남영택, "남북 간 산업재산권 분야 교류협력방안", 『제1회 지식재산권연구포럼발간자료』, 2003,
독일 막스플랑크 지재권연구소, "통일독일의 산업재산권보호", GRUR, 1992.
문준조 외 1인, "중국의 일국양체제론과 1997년 이후 홍콩법제", 한국법제연구원, 1992.
박윤흔, "남북기본합의서 이행에 따른 남북교류협력법령의 보완 · 발전방향", 서울대학교 『법학』, 제34권, 1993.
박정원, "북한의 공업소유권 보호제도에 관한 연구", 한국법제연구원, 2001.
박종효, "통일 독일 산업재산권 제도의 변화와 한반도 통일 이후의 산업재산권 체제구축", 『특허청 연구과제발표』, 1994.
방계문, "공화국법은 우리당 정책 실현을 위한 강력한 수단", 『공화국은 사회주의 건설의 강력한 무기』, 1964.
송만호, "남북 산업재산권 교류방안", 『지식재산권논단』, 1996.
_____, "통일 후 독일의 산업재산권 제도", 『지식재산권논단』, 1996.
신지연 외 3인, "남북한 지식재산권 제도의 조화방안", 한국지식재산연구원, 『특허청연구보고서』, 2007.
신현윤, "남북한 교류협력에 관한 제도적 발전 방향", 『대법원 주제발표문』, 2004.
안은정, "북한의 지식재산권 제도 및 남북한 지식재산권 교류협력 방안", 『통일연구논총』, 제20호, 2002.
오준근, "남북교류협력에 관한 현행법제와 그 개선방향", 통일원, 『통일문제 연구』, 봄호, 1992.
육소영 · 윤권순, "북한의 지식재산권 제도에 대한 연구", 한국지식재산연구원, 2003.
윤대규, "북한 저작물에 대한 보호 및 문제점", 『북한법』, 제3권, 2000.
윤선희, "지식재산권법에 있어서의 남북조화방안", 『남북상사중재 관련 정책세미나』, 2005.
이길상, "동 · 서독의 산업재산권 제도 통일", 『특허정보지』, 9월호, 1996.
이영훈, "남북경협의 현황 및 평가", 한국은행, 12월호, 2006.
이은정, "남북교류와 지식재산권의 보호", 대법원 주제발표문, 2002.

이장희, “한국통일과 국제법적 과제”, 『2008 남북법제 특별세미나』, 2008.
_____, “한반도에서의 동·서독 통일모델의 적합성에 관한 연구”, 『통일연구논총』, 1998.
장명봉, “남북경협 활성화를 위한 법적·제도적 장치모색: 그 필요성과 방향”, 『북한법연구』, 제3호, 2000.
_____, “남북한 기본관계 정립을 위한 법적 대응”, 한국공법학회 제21회 학술발표회, 1991.
_____, “남북한 헌법체제의 비교와 헌법통합 방향”, 『2006년도 남북법제개선 연구보고서』, 2006.
전홍택·조동호, “남북한 투자협력의 정책과제: 남북한 경제협력의 당면과제와 두만강 지역개발 계획”, 『국제 학술회의 자료집』, 1993.
정문영, “북한 상표법에 관한 고찰”, 『창작과 권리』, 창간호, 1995.
정상조, “남북한 간 지식재산권 보호방안”, 『남북교류협력법제 논문자료집』, 통일원, 1996.
제성호, “남북통일과 법체계 통합”, 『통일정책연구』, 2000.
_____, “‘통일 한국의 바람직한 법제도에 관한 원론적 연구’에 대한 토론내용”, 『국가정보학술회의』, 국가정보연수원, 1997.
최정희, “공업소유권과 공업소유권보호제도에 대한 일반적 리해”, 『김일성종합대학학보: 력사·법학』, 2000.
최은석, “북한의 저작권법과 남한에서의 북한 저작물 이용 및 쟁점”, 『서강법학』, 2009.
최현규, “북한 발명특허정보동향과 남북 통합대비방안”, 『한국과학기술정보연구원』, 2007.
홍극표, 『조선민주주의인민공화국 법제정사』, 평양: 과학·백과사전출판사, 1986.
홍준형, “한국통일과 공법적 과제”, 『2008 남북법제 특별세미나』, 2008.
_____, “통일 이후 남북한 법체계 통합방향에 관한 연구”, 『통일교육원 강의교재용 발표문』, 1996.
황동언, “남북한 법제도 통합상의 과제”, 『통일』, 통권 제194호, 1997.

학위논문

김기룡, “전환기 국가의 특허권 보호에 관한 연구: 소련, 중국, 독일, 홍콩을 중심으로", 충남대학교 대학원 석사학위논문, 2003.
김성욱, "한국의 통일과 토지소유제도의 재편: 토지소유제도의 근대화 과정을 고려하여", 고려대학교 대학원 박사학위논문, 2006.
김승대, "동 · 서독 통일 과정에서의 헌법적 문제에 대한 이론적 고찰", 서울대학교 대학원 박사 학위논문, 1996.
민병오, "남북 산업재산권의 제도비교 및 교류협력에 관한 연구", 한남대학교 대학원 석사학위논문, 2002.
박태윤, "남북한 저작권보호에 관한 연구: 남북한 저작권법 비교 고찰", 연세대학교 대학원 석사학위논문, 2002.
엄정일, "남북한 통일조약의 체결에 관한 연구", 명지대학교 대학원 박사학위논문, 1999.
이재성, "직무발명에 관한 연구", 한남대학교 대학원 박사학위논문, 2002.
이종주, "남북경제교류협력 활성화를 위한 법규범적 기반 구축에 관한 연구", 서울대 대학원 석사학위논문, 2000.
정영화, "통일 후 북한의 재산권 문제에 관한 헌법적 연구", 서울대학교 대학원 박사학위논문, 1995.
정충원, "북한의 지식재산권 법제에 관한 고찰", 경희대학교 대학원 석사학위논문, 2002.
조일심, "남북한 경제교류협력에 관한 연구", 경성대학교 대학원 석사학위논문, 2001.
최명길, "남북교류협력 법제 개선에 관한 연구: 중국 · 대만 교류법제와의 비교를 중심으로", 국민대학교 대학원 박사학위논문, 2004.

기 타

법제처, "법령입안심사기준: 2010년 중앙행정기관 법제업무 담당자 법률교육", 2010.
부숙진, "한국적 웰니스 관광상품 개발해야", 『매일경제』, 2017.
이광형, "저성장시대의 신성장전략", 『동아광장』, 2016.
주한중, "지식재산, 통일대박의 씨앗", 『아시아경제칼럼』, 2014.
특허청 국제협력담당관실, "북한의 산업재산권 제도", 2001.
______, 기획관리관실, "남북 산업재산권 교류협력 추진방안", 2004.

______, "경쟁상대국 지식재산권 관련 동향 연구(1): 중국 · 홍콩 · 태국편", 1995.
______, "남북의 지식재산권 협력 및 통일화 방안", 『연구보고서(정책과제)』, 2006.
______, "남북한 산업재산권 분야 교류협력 추진 방안", 『연구발표과제』, 2004.
______, "남북총리회담대비 산업재산권 분야 의제 검토 결과 보고", 2007.
______, "세계지식재산기구", 2008.
______, "지재권 관련 국제동향 및 향후 대응 방향", 2009.
______, "통일대비 남북한 특허제도 통합 방안", 『연구발표과제』, 2002.
______, "통일대비 북한의 지재권 활동분석 및 남북한 간 지재권 인프라 협력방안", 『연구발표과제』, 2000.
한국지식재산협의회, "Business IP Today 2009", KINPA Annual Conference, 2009. 11.

국외문헌

角田政芳 · 辰巳直彦, 『知的財産法』, 東京: 有斐閣, 2010.
高倉成男, 『知的財産法制 と 國際政策』, 東京: 有斐閣, 2001.
大木雅夫, 『比較法論義』, 東京: 東京大學出版會, 1992.
末川博, 『法學辭典』, 日本: 日本平論社, 1974.
紋谷暢男, 『無體財産權法概論』, 第9版東京: 有斐閣, 2001.
王秋華, "論 '一國兩制' 下香港知識産權制度的特點", 法學家 2000년 第4期, p. 107 참조 ; http://www.CNKI.co.kr, 2009. 9. 1 검색.
王畅、邓媛, "内地与香港在CEPA框架下的知识产权法律问题的初析", 『廣東服務』, 2006. 8, p. 191 참조. 『关于在香港特别行政区知识产权署提出的首次申请的优先权的规定』, 1999.11; http://www.CNKI.co.kr, 2009. 9. 1. 검색.
元木 伸, 『特許民法: 工業所有權取引と侵害』, 發明協會, 1993.
易朝蓮, "试论我国大陆与香港知识产权边境保护之异同", 『武漢公安于部學院學報』, 2004년 제4기, p. 43 참조.
田村善之, 『知的財産法』, 東京: 有斐閣, 2000.
土肥一史, 『知的財産法 入門』, 東京: 中央經濟社, 2010.
香港特別行政區政府知識産權署, 『香港的知识产权』, 2004. 2, p. 9. http:///www.info.gov,hk/ipd, 2009. 9. 1. 검색.
黃文霞, "香港的知识产权保护", 『廳那經濟』, 2005. 10, p. 55 참조.

Chia-Jui Cheng, Clive M., *Schmitthoff's Select Essays on International Trade Law,* Dordrecht: Marinus Nijhoff Publishers, 1990.

Deborah E.Bouchoux, *Intellectual Property: the law of Trademarks, CopyRight, Patents, and Trade Secrets.* N.Y.: Georgetown Univ. Press, 2008.

Die Vereinheitlichung des gewerblichen Rechtsschutzes im vereinigten Deutschland, Ministerialrat Peter Mühlens und Regierungsdirektor Erich Schaefer, DtZ 1992 Heft 7.

Erstreckungsgesetz und Schutz des geistigen Eigentums: Rechtseinheit im gewerblichen Rechtsschutz und Urheberrecht nach der deutschen Einigung / hrsg. von Johann Adrian ... Mit einem Geleitw. von Erich Häusser.-Berlin: Berlin-Verl. Spitz, 1992.

Gesetz über die Erstreckung von gewerblichen Schutzrechten vom 1992.

Gewerblicher Rechtsschutz im vereinigten Deutschland, Dr. Alexander von Muehlendahl und Peter Muehlens, GRUR, 1992 Heft 11.

John H. Jackson, *The World Trading System: Law and Policy of International Economic Relations,* Cambridge: the MIT Press, 1997.

Konward Zwegert and Hein Kötz, *Introduction to Comparative law,* Vol.1, London: Clarendon press, 1987.

Daniel Lam, International Business Review Volume 9, Issue 4, European International Business Academy, August 2000.

Lee-Jay Cho and Yoon Hyung Kim, *The Multilateral Trading System in a Globalizing World,* Seoul: KDI, 2000.

Rechtsfragen des Erstreckungsgesetz zum Schutzbereich und zur Benutzunslage von Patenten im vereinigten Deutschland, Oliver C. Brändal, GRUR, 1992 Heft 10.

Vertrag zwieschen der Bundesrepublik Deutschland und der Deutschen Demokratischen Republik über die Herstellung der Einheit Deutschlands.

찾아보기 | INDEX

ㄱ

강제실시권 …… 196
거절결정불복심판 …… 335
거절불복 …… 204
경제특허 …… 125
계속사용권 …… 331
고부가가치 산업 …… 38
공업도안권 …… 116
공업도안제도 …… 259
공중송신권 …… 306
과학원 …… 112
교류협력 …… 37
교시국가 …… 155
교역 …… 46
구권리 …… 338
구남한 …… 338
구북한 …… 338
국가발명심의위원회 …… 171
국가상표심의위원회 …… 234
국가지식산권국 …… 139
국가품질감독국 …… 90, 112
국내우선권제도 …… 178
국제상표제도 …… 58
국제예비심사기관 …… 84
국제조사기관 …… 84
권리존속기간 …… 196
권리화 지원 …… 98
규제입법 …… 55
기술경제적 효과성 …… 163

ㄴ

남북경제협력 …… 46
남북경제협력공동위원회 …… 87
남북경제협력추진위원회 …… 48
남북교류협력법 …… 49
남북교류협력추진협의회 …… 54
남북교역 …… 47
남북상사중재위원회 …… 95
남북협력기금법 …… 49, 56
내국민 대우의 원칙 …… 71

ㄷ

단기특허 …… 143
독점배타권 …… 31
독점배타적 실시권 …… 193
디자인 무심사등록이의신청 …… 267
디자인 부등록사유 …… 265

디자인 분류 ···· 267
디자인권 ···· 30
디자인등록조례 ···· 147
디자인보호법제 ···· 40, 259
디자인보호제도 ···· 263

ㄹ

로카르노협정 ···· 70

ㅁ

마드리드 의정서 ···· 62
마드리드협정 ···· 70
모방출원 ···· 93
무심사주의 ···· 180

ㅂ

반도체 배치설계권 ···· 31
반입 · 반출 ···· 46
발명 및 창의고안에 관한 규정 ···· 69
발명(총)국 ···· 90, 112
발명공보 ···· 168
발명권 ···· 115
발명법 ···· 159
발명보호법제 ···· 40, 159
발명자증제도 ···· 97
발명장려제도 ···· 32
방식심사 ···· 180
법치주의 ···· 155
법통합 ···· 109
베른협약 ···· 35
변경출원 ···· 177
보전기간 ···· 179
봉사표 ···· 226
부등록상표 ···· 250
북한 발명공보 ···· 84
북한 법령집 ···· 73
분할출원 ···· 177
불사용상표 ···· 251

ㅅ

사업화 지원 ···· 98
사적독점보장제도 ···· 32
산업 르네상스 ···· 38
산업재산권 ···· 29
산업재산권분쟁조정위원회 ···· 191
산업저작권 ···· 34
상표 및 공업도안에 관한 규정 ···· 69
상표권 ···· 30
상표법 ···· 225
상표법 및 저작권법제 ···· 40
상표제도 ···· 225
상표조례 ···· 148
상호권 ···· 30
서비스표권 ···· 30
선사용권 ···· 136
선행기술 ···· 174
성문법 ···· 147
세계지식재산기구 ···· 30
소급입법금지의 원칙 ···· 135
소발명 ···· 211
속지주의 원칙 ···· 135
송무팀 ···· 335
식별력 ···· 239
신권리 ···· 338
신규성 ···· 33, 163
신기술보호제도 ···· 32
신심사주의 ···· 183
신지식재산권 ···· 31, 34

실시권 ········· 189
실용신안권 ········· 31
실용신안법제 ········· 40, 207
실용신안제도 ········· 210
실체심사 ········· 181
심사전치제도 ········· 180
심사주의 ········· 180
쌍방권리 독립의 원칙 ········· 135, 330

ㅇ

우선심사제도 ········· 185
원산지 표시 ········· 30, 249
원산지명권 ········· 113
원산지명법 ········· 114
원홍콩법률 ········· 148
유체동산 ········· 33
6 · 15 남북공동선언 ········· 47
융합 · 복합산업 ········· 38
이의신청 ········· 203
인격적 권리 ········· 115
인터넷 도메인네임 ········· 31
입헌주의 ········· 155

ㅈ

재산적 권리 ········· 115
재정 ········· 196
저작권 ········· 29, 286, 296
저작권법제 ········· 284
저작권자 ········· 285
저작권제도 ········· 284
저작물 ········· 285, 294
저작인격권 ········· 34, 296
저작인접권 ········· 30, 34, 289, 299
저작자 ········· 295
저작재산권 ········· 34, 297
전 한국 ········· 338
전용사용권 ········· 66
전용실시권 ········· 189
정무원 문화예술부 ········· 113
정보산업재산권 ········· 34
정보화 지원 ········· 98
제품수명 ········· 213
조기공개제도 ········· 184
조약우선권제도 ········· 178
조장입법 ········· 55
중국전리국 ········· 139
지리적 표시 ········· 30, 249
지배권 ········· 29
지식재산권 ········· 29
지식재산권 교류협력대책위원회 ··· 101
지식재산권 법제 ········· 40
지식재산권법 ········· 40, 124
지식재산권세관보호조례 ········· 149
지식재산권실무협의회 ········· 88
지식재산권조례 ········· 149
직무발명 ········· 75
진보성 ········· 33, 163

ㅊ

창의고안권 ········· 116
창의고안제도 ········· 207
창작성 ········· 33
창출 지원 ········· 98
첨단산업재산권 ········· 34
출원공개제도 ········· 183
출원보정 ········· 177

ㅌ

통상사용권 ···· 66
통상실시권 ···· 190
통일방법 ···· 108
통일조약 ···· 128
통일특허법 ···· 97
통일헌법 ···· 111
통합법(안) ···· 40
투자자산 ···· 48
TRIPS 협정 ···· 94
특별현저성 ···· 32
특허권 ···· 30, 114
특허권의 침해 ···· 190
특허독립의 원칙 ···· 135
특허등록대상 ···· 119
특허요건 ···· 172
특허전쟁 ···· 41
특허조례 ···· 147
특허증서 ···· 167
특허협력조약 ···· 37

ㅍ

파리조약 ···· 35
판례법 ···· 147
퍼블리시티권 ···· 34
표준특허 ···· 143
PCT 국제공개어 ···· 84
PCT 국제출원제도 ···· 62
PM사업 ···· 99

ㅎ

한국특허법 ···· 333
한국특허청 ···· 338
행정작용법 ···· 49
행정조직법 ···· 49
헤이그협정 ···· 70
협력사업 ···· 46
혼동가능성 ···· 240
홍콩특별행정구 기본법 ···· 146
확장법 ···· 41, 126
효력확장법 ···· 97